ENSAIOS
DE ROBERT MUSIL,
1900-1919

Coleção Textos

Dirigida por:

João Alexandre Barbosa (1937-2006)
Roberto Romano
Trajano Vieira
João Roberto Faria
J. Guinsburg (1921-2018)

Este livro contou com o apoio do Centro de Estudos Avançados
da Pontifícia Universidade Católica do Rio Grande do Sul – CDEA-PUC-RS
e foi impresso com o apoio financeiro do Ministério das Relações Exteriores
da República Federal da Alemanha por intermédio do Serviço Alemão de
Intercâmbio Acadêmico. A pesquisa que resultou nesta obra beneficiou-se
do apoio do CNPq e da Capes.

Equipe de realização – Supervisão textual: Luiz Henrique Soares e Elen Durando;
Preparação de texto: Margarida Goldsztajn; Revisão: Marcio Honorio de Godoy;
Ilustração: Sergio Kon; Projeto de capa: Adriana Garcia; Produção: Ricardo W. Neves
e Sergio Kon.

ENSAIOS DE
ROBERT MUSIL
1900-1919

KATHRIN ROSENFIELD
SELEÇÃO, TRADUÇÃO,
TEXTOS CRÍTICOS E NOTAS

A pesquisa desta obra beneficiou-se
do apoio do CNPq e da Capes.

Dados Internacionais de Catalogação na Publicação (CIP)
(Câmara Brasileira do Livro, SP, Brasil)

Ensaios de Robert Musil : 1900-1919 / seleção, tradução, textos
críticos e notas Kathrin Rosenfield. -- 1. ed. -- São Paulo : Perspectiva : CDEA-PUC-RS: Centro de Estudos Avançados da Pontifícia
Universidade Católica
do Rio Grande do Sul, 2021. -- (Textos ; 39)

ISBN 978-65-5505-046-2

1. Ensaios alemães - Escritores austríacos 2. Musil, Robert,
1880-1942 I. Série.

21-60675   CDD-834

Índices para catálogo sistemático:
1. Ensaios : Literatura alemã 834

Aline Graziele Benitez – Bibliotecária – CRB-1/3129

1ª edição

Direitos reservados em língua portuguesa a

EDITORA PERSPECTIVA LTDA

Av. Brigadeiro Luís Antônio, 3025
01401-000 São Paulo SP Brasil
Tel.: (11) 3885-8388
www.editoraperspectiva.com.br

2021

SUMÁRIO

Pequena Biografia de Robert Musil (1880-1942)......... 13
Critérios de Seleção dos Ensaios (1900-1919)........... 25
Prefácio – *K. Rosenfield*.............................. 27

ENSAIOS 1900-1919

Parte 1:
DOS FRAGMENTOS JUVENIS
AOS ESBOÇOS FICCIONAIS 61

1. Algumas Anotações dos Cadernos/Diários –
    Para a Ambientação 65

    Fantasia Paderewski.................................. 65
    Paderewski-Phantasie (c. 1899)
    Juízo do Sr. R.M. Sobre Si Mesmo –Para o Seu 21º
    Aniversário 66
    Urtheil des Herrn R.M. über sich selbst – Zu seinem 21. Geburtstag (1901)

Reflexões no Morro Franzensberg na Cidade de Brünn 67
Am Franzensberg (1902)

Conversa do Sr. Musil Com o Sr. Musil 69
Unterhaltung des H. Musil mit H. Musil (1905)

Conversa Com o Colega Von Allesch 71
Unterhaltung mit Von Allesch (1905)

Sobre Formas Históricas de Sensibilidade 73
Über historisches Empfinden (1905)

Reflexão Sobre Pessoas Como A.R. Meyer 74
Überlegungen zu Menschen wie Meyer (1899? – 1905-1906)

2.   Fragmentos Ensaísticos 77

[Forma e Conteúdo] 78
[Form und Inhalt] (c. 1910)

[Tipos de Narrativas] 85
[Typus einer Erzählung] (c. 1910-1911?)

Prefácio 87
Vorwort (1910-1911)

Prefácio Para as Novelas 87
Vorwort zu den Novellen (1911)

Prefácio Para as Novelas 89
Vorwort zu den Novellen (1911)

Novelas 90
Novellen (1911)

Sobre Duas Novelas "Uniões" de Robert Musil
e Sobre Crítica 92
*Über 2 Novellen "Vereinigungen" von Robert Musil
und über Kritik (1911-1912)*

Noveletinha 92
Novelleterlchen (1912)

Legado II 99
Vermächtnis II (c. 1935)

Considerações Teóricas a Propósito da Vida de um Poeta.... 100
Theoretisches zum Leben eines Dichters (1935)

[Sobre a Moral] 105
[Über Moral] (c. 1910)

A Moral Que Procuramos...........................106
Die gesuchte Moral (1910-1911?)
Quantificabilidade da Moral: A Moral do Poeta...........109
Quantificierbarkeit der Moral: Die Moral des Dichters (1910-1911)
Epígrafe:... R. Perfil de um Programa....................115
Motto:.... R. Profil eines Programms (1912)
Perfil de um Programa.............................120
Profil eines Programms
[Sobre Crítica].......................................125
[Über Kritik] (c. 1914)

Parte 2
DOS ENSAIOS À PEQUENA
PROSA FICCIONAL

3.   Ensaios, Crônicas e Resenhas...................131

Sobre Livros de Ensaios.............................131
Essaybücher (1913)
O Obsceno e o Doentio na Arte.........................140
Das Unanständige und Kranke in der Kunst (1911)
Espírito [Religioso], Modernismo e Metafísica............149
Das Geistliche, der Modernismus und die Metaphysik (1912)
Política na Áustria..................................156
Politik in Österreich (1912)
Análise e Síntese....................................162
Analyse und Synthese (1913)
Credo Político de um Jovem. Um Fragmento..............164
Politisches Bekenntnis eines jungen Mannes. Ein Fragment (1913)
Fertilidade Ética....................................173
Moralische Fruchtbarkeit (1913)
O Homem Matemático...............................177
Der mathematische Mensch (1913)
[Sobre o Ensaio]....................................182
[Über den Essay] (c. 1914?)

Crônica Literária/*A Humanidade Que Escreve* 188
Literarische Chronik. Die schreibenden Menschen (c. 1914)

Anotações Sobre uma Metapsíquica 192
Anmerkungen zu einer Metapsychik (1914)

Crônica Literária (Agosto 1914): A Novela
Como Problema [Sobre Kafka e Walser] 200
Literarische Chronik (August 1914): Die Novelle als Problem

[O Fim da Guerra] 208
[*Das Ende des Krieges*] (*1918 ou 1920?*)

Esboço Sobre o Modo de Conhecimento do Poeta 217
Skizze der Erkenntnis des Dichters (1918)

Os Austríacos de Buridan 226
Buridans Österreicher (1919)

4. 1908-1914 Pequena Prosa Crítica e Literária
    (Emergindo de Anotações e Observação Crítica) ...231

O Brumoso Outono de Grisolho 233
Grauauges nebligster Herbst (1908)

Sobre os Livros de Robert Musil 239
Über Robert Musils Bücher (1913)

O Papel Pega-Moscas 247
Das Fliegenpapier (1913-1914)

5. Epílogo e Transição Para o Entreguerras 251

O Melro 254
Die Amsel (1928)

Pós-Escrito
A ÉPOCA DE MUSIL
EM VERBETES – *K. Rosenfield*. 275

Sobre os Nomes Citados 345
Bibliografia e Siglas 361
Agradecimentos 367

PEQUENA BIOGRAFIA DE ROBERT MUSIL (1880-1942)

1880   Musil nasce em Klagenfurt (sul da Áustria), numa família de cientistas. O pai, Alfred Musil (1846-1924), engenheiro e conselheiro da corte, gozava de grande reputação e assumiu diversos postos importantes, entre os quais a cátedra de engenharia mecânica da Universidade Técnica de Brünn (Brno, 1891), um centro administrativo, além de um polo cultural e industrial do Império Austro-Húngaro. Os modelos do pai e do tio, Alois Musil, arqueólogo e orientalista (1868–1944)[1], exerceram, por si sós, forte pressão sobre o jovem Musil. Essa burguesia culta, que ascendeu graças ao mérito no serviço do império, esperava dos filhos carreiras à altura dos modelos masculinos da família. Também a mãe, Hermine, foi uma presença marcante na juventude do autor, tanto

---

1. Esse tio poderia ter sido a versão austríaca do britânico Lawrence da Arábia (não estivesse a Áustria entre os perdedores da Primeira Guerra Mundial). Ele teve uma carreira de político e diplomata como o oficial T.E. Lawrence, cuja *expertise* foi importante durante as crises do Oriente Médio (no Sinai, na Palestina e na Turquia) dos anos 1916-1918.

pelos afetos como pelos conflitos nos quais envolveu seu filho pré-adolescente. Diferente da calma modéstia paterna, a mãe tinha altas exigências de distinção intelectual e cultural (misturadas à altivez de classe). O jovem Musil guarda um misto de forte afeto, admiração e rebeldia para com a mãe, contrariando suas idiossincrasias emocionais e mundanas com relacionamentos amorosos pouco convencionais: primeiro, mantém uma duradoura ligação com Herma Dietz, moça do meio operário cujo retrato reencontramos em "Tonka", a terceira novela de *Drei Frauen* (Três Mulheres). Depois, recusa o noivado almejado pelos pais e casa com Martha Marcovaldi, senhora berlinense sete anos mais velha, divorciada e mãe de dois filhos.

1892-1897 Aos doze anos de idade, Musil opta pelo internato no colégio militar em Eisenstadt (1892-1894) e em Mährisch-Weisskirchen (1894-1897). Em seguida, tenta a carreira militar (entre setembro e dezembro de 1897), porém abandona a ideia, repelido pela grosseira brutalidade do ambiente.

1898-1902 Matricula-se na Universidade Técnica de Brünn. Durante os três anos de estudos, Musil divide seus esforços entre a engenharia e a matemática, a literatura, as artes e a filosofia; ressente-se do seu déficit de formação literária e humanística, que o coloca em posição de desvantagem em relação a seus amigos poetas e escritores; suas leituras preferidas nesse período são Friedrich Nietzsche, Fiódor Dostoiévski e Ralph Waldo Emerson, além da obra do físico Ernst Mach.

1902-1903 Musil trabalha ainda como estagiário na Escola Técnica Superior de Stuttgart, no laboratório do professor Julius Carl Bach, pioneiro dos testes de materiais.

PEQUENA BIOGRAFIA DE ROBERT MUSIL (1880-1942)

Pouco interessado no seu ofício, ele começa a escrever *Die Verwirrungen des Zöglings Törleß* (O Jovem Törless), romance que terminará em Berlim, na fase da redação da sua tese de doutorado em psicologia experimental e epistemologia.

1904   Musil se submete a um segundo vestibular, que autoriza o acesso à universidade nas áreas humanas (e aprende, entre outras disciplinas específicas, latim e grego); matricula-se em psicologia experimental com o então famoso professor Stumpf, em Berlim. Stumpf reúne estudantes talentosos de todas as escolas de psicologia (entre eles, futuros cientistas notáveis, como Wolfgang Köhler [1887-1967], um dos fundadores da teoria da Gestalt), mas também filósofos e críticos de arte, como Gustav Johannes von Allesch (1882-1967). Seus seminários proporcionam um treinamento rigoroso nos métodos experimentais e refinam o dom de observação e a análise precisa dos processos mentais, psicológicos e sensoriais – em particular, o complexo entrelaçamento das emoções com o entendimento intelectual, que está no centro do interesse de Musil. Ele aperfeiçoa um aparelho científico inventado por Newton, o "disco de variações" (*Variationskreisel*), que permite aos gestaltistas quantificar gradações de percepção.

1906   Publica *O Jovem Törless*, que tem sucesso imediato junto ao público e à crítica. No mesmo ano, Musil faz amizade com a culta e talentosa Martha Marcovaldi[2]. Martha se encontra em processo de separação de seu segundo marido, e impressiona Musil não somente pela sua intensidade emocional e sensualidade madura: ela é também uma mulher de vastas

---

2. Martha Marcovaldi, nascida Heinemann (1874-1949), pertencia a uma família judaica culta de Berlim.

leituras e pintora, com um olhar perspicaz e sensível e o gosto de uma inteligência audaciosa e sutil.

1907 Morte de Herma Dietz, a primeira companheira de Musil; no mesmo ano, Musil rompe também o noivado (arranjado pelos pais).

1907-1908 A tese de doutorado, *Beitrag zur Beurteilung der Lehren Machs* (Contribuição Para uma Avaliação das Doutrinas de Mach), examina a obra de Ernest Mach numa perspectiva crítica e epistemológica, no intuito de mostrar que a perspectiva materialista do empiriocriticismo ignora e oculta outros enfoques possíveis. Segundo Musil, diversos teoremas de Mach poderiam ser abordados de outra maneira (por exemplo, numa perspectiva idealista), se não prevalecesse o pressuposto positivista da doutrina.

1908-1909 Musil recebe dois convites para cargos universitários como assistente (em Munique e em Graz), mas recusa e volta ao trabalho no volume de novelas *Vereinigungen* (Uniões). Entre 1908 e 1910, Musil se move entre a Áustria, Roma e Berlim, ajudando Marta nos procedimentos relacionados ao divórcio.

1910 Pensa em aceitar um posto como bibliotecário em Viena para poder se sustentar, plano esse que se realizaria em janeiro de 1911. É nesse período que começa sua atividade ensaística mais explícita, embora o gênero ensaio já estivesse no horizonte desde o começo das anotações conhecidas hoje como *Tagebücher* (Diários).

1911 Publicação de *Uniões*, duas novelas inspiradas pelos relatos de Martha sobre assédio e sexualidade na adolescência. O insucesso desse segundo livro desencadeia uma crise profunda, prolongando a dependência dos pais e de atividades subalternas (bibliotecário). Nesse período antes, durante e depois da Primeira Guerra Mundial, Musil começa a redigir, além dos ensaios, uma série de crônicas de mínima extensão (um gênero que antecipa o estilo das histórias pós-modernas, como *Short Cuts*, de Raymond Carver), experimentando com a ficcionalização de impressões instantâneas que comprimem, em um espaço exíguo, sensações e reflexões de alta complexidade. Elas integrarão, com a novela longa "Die Amsel" (O Melro), o volume *Nachlaß zu Lebzeiten* (Obra Póstuma de um Autor Vivo), publicada somente em 1936.

1914 Aceita o cargo de redator da revista *Neue Rundschau*, até a eclosão da guerra, em agosto; mobilizado, participa da primeira batalha de Isonzo, na Itália (1914-1915). Destaca-se na missão de resgate dos desaparecidos numa avalanche catastrófica – esforço extenuante que agrava sua precária saúde cardíaca. Transferido para o Ministério da Guerra, dirige o *Die Soldaten-Zeitung* (Jornal do Soldado), com a incumbência de manter o moral da tropa – uma atividade que o familiariza com as sistemáticas mentiras institucionais.

1918-1919 Elaboração da traumática experiência da guerra; questionamento do envolvimento pessoal na culpa coletiva; fundação da sociedade "Catacumba" com o ativista socialista Robert Müller e outros intelectuais, que debatem possíveis concepções da sociedade futura. Nesses anos de profunda miséria, fome, falta de moradia, gripe espanhola e migrações sem precedentes, Musil tenta se sustentar com ensaios e críticas, além de trabalhar na peça *Die Schwärmer* (Os Entusiastas). Já começa a colecionar material para *O Homem Sem Qualidades* – discursos do Príncipe Liechtenstein, um dos modelos do conde Leinsdorf,

ENSAIOS DE ROBERT MUSIL, 1900-1919

anota conversas em uma das instituições filantrópicas da dra. Eugenie Schwarzwald (cujos traços reencontramos na Diótima do romance), observa o estilo dos revolucionários mais jovens (E.E. Kisch) conversando na mesa da mecenas com o casal Reichle (modelo para o casal Fischel do HsQ).

1920 No outono desse ano, Musil obtém um posto como assessor do Ministério da Defesa, com a tarefa de introduzir novos métodos de formação intelectual e de treinamento. Retoma leituras vorazes que visam mapear as ideias da cultura e da sociedade que deveria nascer das cinzas e da destruição da guerra – autores como Ludwig Klages e Maurice Maeterlinck, Thomas Mann e Alfred Döblin, Houston Stewart Chamberlain e Friedrich Wilhem Förster.

1922-1924 Na primavera de 1922, Musil tem contatos com emigrantes húngaros – o cineasta Béla Bálazs, dr. Hugo Lukács (psicólogo adleriano), Soma Morgenstern e György Lukács. Continua suas atividades de crítica de teatro e escreve peças (*Vinzenz und die Freundin bedeutender Männer*), pequena prosa e novelas ("Tonka"). A saúde declinante da mãe, que faleceria em 1924, coloca Musil num estado de alma "suspenso" para o qual se fixa na sua obra o conceito de "outro estado" (*anderer Zustand*). A novela "O Melro" é a plasmação dessa experiência que escapa aos critérios do pensamento racional. O crescente interesse pelo cinema culminaria na resenha da primeira teoria do cinema mudo de Béla Bálazs, *O Homem Visível*. Ao longo dos anos 1920 até 1933, Musil passa períodos alternados em Berlim e em Viena. O final de 1924 é um marco para o romancista: lendo *A Montanha Mágica* de Thomas Mann, Musil é impressionado com o potencial ensaístico desse romance e começa a conceber seu próprio romance como uma variante desse novo estilo reflexivo que integra o pensamento ensaístico na ficção. Por alguns anos, o título do romance que hoje conhecemos como *O Homem Sem Qualidades* é ainda denominado como *A Irmã Gêmea*, e seu lançamento foi precocemente anunciado para o final do ano 1925, na editora Rowohlt. É um ano de otimismo, no qual Musil se filia ao "Grupo 1925", um grupo de artistas contemporâneos e radicais, entre os quais se destacam Johannes Becher, Bert Brecht, Ernst Bloch, Alfred Döblin, Max Brod, E.E. Kisch, Joseph Roth.

1925   Março. As truculências do austrofascismo se radicalizam com o primeiro assassinato político do escritor judeu Hugo Bettauer. Musil organiza uma manifestação contra o "acirramento assassino" para a Associação dos Escritores de Língua Alemã na Áustria.

1926   Musil, ainda otimista, concede uma entrevista em que delineia o enredo e os objetivos de sua obra *A Irmã Gêmea*, mas em seguida começa a sofrer de severos bloqueios que congelam o avanço do romance. Publica ensaios, crítica e ficções curtas e começa uma terapia com o psicólogo individual dr. Hugo Lukács para superar seu bloqueio de escritura (final de 1927).

1928-1929   No início de 1928, ele se sente como "um homem que escreve como se tivesse começado no último momento a correr pela sua vida"[3]. Além disso, sofre de severas crises biliares e de sua deficiência cardíaca, que levaria a sucessivos ataques cardíacos em 1929. Enquanto luta para finalizar o primeiro volume de *O Homem Sem Qualidades*, sua peça *Os*

---

3. K. Corino, *Robert Musil: Eine Biographie*, p. 1909.

Entusiastas sofre um fracasso escandaloso na estreia em Berlim (2 de abril 1929). Todo esse ano é difícil – a situação da editora Rowohlt fica precária e Musil considera negociações com S. Fischer e Zsolnay.

1930 Em janeiro, Martha Musil começa a se desesperar com a miséria provocada pela quebra da Bolsa de 1929. Musil, que ganhou o Prêmio G. Hauptmann, espera em vão o pagamento do valor e o casal teme pela sobrevivência. Em julho de 1930, Musil participa de uma enquete da revista *Nowy Mir* e afirma: "Acredito que a Revolução é um grande esteio espiritual para todos nós que esperamos ainda algo bom da humanidade." Nos primeiros meses de 1930, capítulos soltos de *O Homem Sem Qualidades* são publicados em revistas de Praga, Viena e Berlim, e no dia 6 de outubro de 1930, Rowohlt anuncia finalmente a publicação do primeiro volume do romance. Dois anos depois, em 30 de outubro de 1932, é anunciado o lançamento do segundo volume.

1933 17 de janeiro. Musil é o favorito entre os pré-selecionados para o Prêmio Goethe da cidade de Frankfurt (entre os candidatos, apareciam Edmund Husserl, Martin Buber, Ludwig Klages, Herrmann Hesse). No entanto, a situação política (quinze dias antes da eleição de Hitler, ocorrida em 30 de janeiro de 1933) muda o voto dado ao vencedor do prêmio em favor de um autor menos crítico, Hermann Stehr. Nas semanas seguintes, Musil trabalha no ensaio "Considerações de um Homem Lento", uma reflexão sobre as perspectivas políticas, sociais e culturais do novo regime, que ele espera ainda poder publicar na revista *Neue Rundschau*. No entanto, todas as possibilidades de publicação se fecham para Musil; seu *Homem Sem Qualidades* está na lista negra do regime nacional-socialista. Musil e Martha retornam à Áustria, onde o chanceler Dollfuss instaura um regime autoritário-clerical, na esperança de poder combater o avanço do nacional-socialismo (dois anos depois, ele morre num atentado feito por simpatizantes do nacional-socialismo). Durante esse ano, Musil estuda as publicações sobre os princípios ideológicos e os métodos do nacional-socialismo (por exemplo, os ensaios de Paul Fechter e Wilhelm Sauer); sua posição na cena literária é cada vez mais precária e ele começa a pensar em suicídio. Os historiadores de arte Bruno Fürst e Otto Pächt organizam o Robert Musil-Fonds, que lhe garante ajuda financeira para continuar seu romance.

1934-1935   Em dezembro de 1934, Musil apresenta sua palestra "O Poeta Nessa Sua Época", que defende o livre-arbítrio do indivíduo contra a radical integração no estado coletivista. Quatro meses depois, Adolf Frisé, o futuro editor da obra de Musil, publica no órgão editorial do Terceiro Reich o artigo "R. Musil ou o Destino-Limite da Arte". Esse artigo suscita a resposta da Secretaria de Fomento dos materiais impressos: "Literatura indesejada". Em junho de 1935, Musil participa do Congresso Para a Defesa da Cultura em Paris; ciente das táticas totalitárias na Alemanha e na Rússia de Stálin, Musil exorta seus colegas a defender a cultura e os artistas contra todos os regimes abusivos, fascistas ou comunistas. Consternação dos artistas (majoritariamente comunistas) e uma campanha de difamação (liderada por Bodo Uhse e E.E. Kisch) é a consequência. Mais tarde, ainda em 1935, Musil publica (na editora Humanitas, Zurich) sua *Obra Póstuma em Vida*, que será criticada na revista *Literatura Internacional* com a

ENSAIOS DE ROBERT MUSIL, 1900-1919

acusação de "individualismo agressivo". Ernst Ottwald, autor da crítica, era um escritor comunista que se refugiou na União Soviética[4]. O livro é proibido pela ss no início de 1936. É emblemático o desconforto tanto da esquerda engajada como do autoritarismo fascista com a reivindicação musiliana de autonomia moral e artística. Ela marginalizaria a obra de Musil ainda nas décadas de 1960 e 1970.

1936 Maio. O autor sofre um AVC durante uma sessão de natação. Bruno Fürst o salva do afogamento.

1937 Em março, Musil faz suas duas últimas palestras com o hoje famoso título "Sobre a Tolice", que deixa uma profunda e duradoura impressão na mente do jovem Bruno Kreisky, pronto para o exílio. Quando Kreisky é eleito chanceler da Áustria na década de 1970, ele promove a fundação do Arquivo R. Musil, em Klagenfurt. Em abril de 1937, o European Council da American Guild For Cultural Freedom nomeia Musil, Freud, A. Höllriegel, Franz Werfel e o físico E. Schrödinger membros do conselho. No isolamento crescente, com muitas famílias judaicas já partindo para o exílio, Musil recebe os últimos pagamento do Fonds. Aprofunda sua leitura da obra de Max Scheler *Essência e Formas da Simpatia* e faz um projeto para um livro de aforismos, *Aus einem Rapial* (Folhas de Borrão), partes do qual são publicados no anuário da editora Bermann-Fischer. Ele lê livros como a biografia de Marie Curie e correspondências de Wilhelm von Humboldt, vai ao cinema e mantém seu trabalho na continuação de *O Homem Sem Qualidades*.

1938 Em 13 de março, ocorre a anexação da Áustria por Hitler, e, em agosto, Musil e Martha partem para

4. Ibidem, p. 1926.

a Suíça, de onde Martha informa sua filha (casada na Pensilvânia) dos campos de concentração do regime nacional-socialista. Em novembro, Thomas Mann doa ao casal Musil uma soma considerável. Musil agradece pela generosidade "com felicidade e remorso" – o remorso refere-se às alfinetadas invejosas e ressentidas que o autor anotara sobre Mann nos seus cadernos. Os anos na Suíça são marcados por imensa insegurança e perigo de extradição, pelo isolamento e falta de dinheiro que impede Musil de procurar a ajuda médica de que tanto precisa. Seus romances estão na lista negra, suas editoras, à beira da falência, os antigos mecenas e apoiadores perderam suas fortunas e partiram para o exílio. Mesmo assim, Musil permanece trabalhando na continuação de *O Homem Sem Qualidades*, e comunica-se ocasionalmente com visitantes. A solidão é tão grande que o aniversário de sessenta anos é lembrado apenas pelo padre Lejeune, que ajudou o quanto pôde o casal Musil a sobreviver na Suíça.

1942   Abril. No dia 12, Musil escreve ao seu mecenas Henry Hall Church que espera poder passar a limpo a primeira metade do último volume de *O Homem Sem Qualidades*. Dois dias depois, em 14 de abril, ele morre de um AVC.

CRITÉRIOS DE SELEÇÃO DOS ENSAIOS 1900-1919[1]

A seleção de ensaios e fragmentos que apresentamos nesse primeiro volume reflete os critérios e a experiência de leitura da tradutora, além da necessidade de fazer, dentre milhares de páginas de prosa ensaística, uma seleção que caiba em dois volumes de cerca de trezentas páginas. Embora exista grande interesse pela obra ficcional de Musil, os Ensaios musilianos são ainda bastante desconhecidos fora de um pequeno círculo de especialistas. Entre eles, podemos citar Érica Gonçalves de Castro, que publicou alguns belos artigos sobre os Ensaios e *O Homem Sem Qualidades*[2]. Musil iniciou sua prática de escritura

---

1. Esta tradução segue as edições em papel mais acessíveis de Adolf Frisé, que publicou a obra musiliana com um aparelho de referências e notas: *Kleine Prosa und Schriften*. Ed. Adolf Frise. Reinbeck bei Hamburg: Rowohlt, 1978 (sigla KP); idem, *Tagebücher*, 2 v. Ed. Adolf Frise. Reinbek bei Hamburg: Rowohlt, 1976 (sigla TB I e TB II). Edições mais especializadas encontram-se na bibliografia.

2. Ver, de Érica Gonçalves de Castro: Uma História das Ideias em Vez de uma História do Mundo: A Dimensão da Formação em "O Homem Sem Qualidades", *Literatura e Sociedade*, v. 23, n. 27; O Romance Possível: Ensaísmo e Narração em "O Homem Sem Qualidades", de Robert Musil, *Estudos Avançados*, v. 31, n. 89; A Arte de Recitar o Homem: Aspectos da Relação Entre Ensaio e Experiência em Montaigne e Musil, *Remate de Males, Sobre o Ensaio*, v. 31, n. 1-2. Cito ainda as publicações recentes dos ensaios "Sobre a Estupidez", tradução de Simone Pereira Gonçalves; "Ruminações de

com os Cadernos de trabalho (Diários), cujos fragmentos e anotações transformaram-se aos poucos em "Pequena Prosa" – isto é, ensaios, novelas, dramas e esboços não acabados, distribuídos entre os Cadernos/Diários (*Tagebücher*, que compreendem mais de duas mil páginas) e o volume Pequena Prosa (*Kleine Prosa*, de quase duas mil páginas).

Como numa Fita de Moebius, as anotações fragmentares dos Cadernos vertem nas reflexões dos ensaios e alimentam as ficções, e as novas reflexões que surgem na ficção voltam a desdobrar-se nos Cadernos/Diários.

A fim de assinalar esse nexo, escolhemos dos Cadernos/Diários apenas alguns fragmentos para a ambientação: anotações de um jovem engenheiro de vinte anos de idade refletindo, de um lado, sobre o mundo, de outro, sobre a clivagem que separa o conhecimento objetivo de uma outra forma de "pensar" que emerge de certos estados de alma e de movimentos mais vagos da vida interior. O gênero ensaio é, para Musil, literalmente uma tentativa de criar melhores nexos entre esses dois mundos, esforços para revitalizar a vida ética através de uma reflexão ao mesmo tempo solta e precisa que vincule o conhecimento com a ficção.

A apresentação de textos em duas partes – 1. Dos Fragmentos Juvenis aos Esboços Ficcionais; e 2. Dos Ensaios à Pequena Prosa Ficcional (subdivididas em dois capítulos para cada parte) – mostra a progressão da (auto)observação para o pensamento e o programa ético e estético de R. Musil.

---

um Lerdo", tradução de Flávio Quintale. Essas e outras obras da fortuna crítica musiliana no Brasil encontram-se na bibliografia.

PREFÁCIO

*Musil tinha razão em não reconhecer, em pessoa alguma,
distinção superior à sua; entre aqueles que eram considerados
escritores, não havia em Viena, e talvez nem em todo o domínio
da língua alemã, um único que tivesse a sua importância.*

ELIAS CANETTI[1]

O crítico e jornalista suíço Armin Kesser relatou certa vez que
Musil preparou, nos anos 1930, um conjunto de ensaios que
esperava publicar como auxílio para a leitura de sua obra ficcional. O presente volume tenta cumprir o desejo do autor, que
foi impedido pelas agruras do exílio e da guerra. Para além da
trajetória do matemático racional – que encontra sua vocação
de romancista e pensador ensaístico –, esse conjunto de fragmentos, ensaios e esboços ficcionais procura fornecer o vetor
que leva dos Cadernos e Ensaios às novelas e ao romance *Der
Mann ohne Eigenschaften* (O Homem Sem Qualidades).

A voz ensaística de Musil forma um contraponto interessante ao pêndulo estéril entre as posições dominantes do início

1. *O Jogo dos Olhos*, p. 175.

do século xx: de um lado, o hiper-racionalismo que se legitima com o progresso científico e industrial da modernidade; de outro, os pendores artísticos, espirituais e esotéricos, que reivindicam a importância de uma longa tradição cultural, ou de inspirações e intuições sem verificação racional. Musil critica em ambas tendências a estagnação do pensamento que se orienta segundo os modelos do passado, caindo numa visão simplista que opõe a rígida veneração do conhecimento positivo a um estéril culto da arte e do patrimônio histórico e cultural. Essa rigidez atiça ora a crença do conservadorismo religioso e da politização clerical, ora apostas políticas baseadas apenas em critérios materiais, científicos e econômicos: ambos lados se recusando em pensar os múltiplos desafios que se entrelaçam na modernidade tecnológica e social, social e espiritual. Em toda parte, Musil vê a resistência para enfrentar as novas possibilidades e os novos problemas da modernidade. Um verdadeiro bloqueio trava o desenvolvimento de relações mais criativas e sutis entre o potencial intelectual hiperdesenvolvido e a sensibilidade apegada a convenções antigas, entre as novas condições de vida materiais e as convenções mentais e imaginárias da tradição. No lugar dos necessários elos criativos entre a razão e a alma, a sociedade contemporânea oscila entre o orgulho triunfal pelas conquistas da racionalidade e a estetização emotiva (neomisticismo, decadentismo, pessimismo cultural) que se fecha à sobriedade da razão. Diante desse impasse, Musil define a tarefa do ensaísta e escritor relevante como a busca de alternativas intelectuais que respeitem tanto a exigência de precisão científica como o respeito às necessidades da alma.

Nas mãos de Musil, o ensaio retorna ao formato exigente do gênero, tal como definido por Montaigne: "ensaio" no sentido literal, como tentativa, esforço, experimento para abrir novos caminhos reflexivos[2]. Essa exploração se fez necessária como alternativa, de um lado, à rigidez hiper-racional das ciências

---

2. A esse respeito, Érica Gonçalves de Castro dedicou o instigante artigo "A Arte de Recitar o Homem: Aspectos da Relação Entre Ensaio e Experiência em Montaigne e Musil", *Remate de Males, Sobre o Ensaio*, v. 31, n. 1-2.

PREFÁCIO 29

exatas e dos sistemas discursivos tradicionais, de outro, como antídoto às confusões vagas da intuição. Sem fugir das exigências do entendimento nem da riqueza da imaginação, Musil usa o ensaio como um gênero de mediação entre dois domínios que são complementares, e não opostos.

Nos ensaios deste primeiro volume, já aparece a radiografia dos problemas que não apenas desaguariam na Primeira Guerra Mundial, porém se repetiriam de modo ainda mais drástico nos anos de 1920 e 1930. Estes ensaios fornecem *insights* sobre a impressionante perspicácia musiliana, que "mostrou a catástrofe eclodindo dos fatos culturais e políticos, muito antes de esses sintomas se tornarem manifestos para o sensório mais rude dos seus contemporâneos. Ele os registrou quando estavam ainda observáveis, isto é, no momento de sua eclosão"[3].

O registro ensaístico fornece o lastro para o romance *O Homem Sem Qualidades* e prepara o interessante acavalamento das perspectivas e épocas na ficção romanesca: embora o romance seja situado no ano de 1913, muitos dos objetos, acontecimentos e circunstâncias já abordam o entreguerras. Os dispositivos tecnológicos (carros, caminhões, aviões, cinema), mas também as formas de pensamento falam dos acontecimentos dos anos de 1920 e 1930[4] e da repetição de equívocos que Musil já analisara na primeira década. Tudo isso fica mais claro com a leitura dos ensaios, que Musil queria ver publicados nos anos de 1930, como lembra Oskar Maurus Fontana:

Musil trabalhou com intensidade na preparação de uma coletânea de ensaios – e esperava do volume considerável repercussão, sobretudo porque os ensaios permitiriam dimensionar melhor a relevância de sua obra literária, dando mais clareza à sua ficção. [...] Ele ficou muito sentido de não poder apresentar essa coletânea ao público.[5]

A presente seleção de ensaios começa a preencher essa lacuna.

3. Armin Kesser apud K. Corino. *Robert Musil: Eine Biographie*, p. 1449.
4. Ver a excelente análise de M. Perloff, *Edge of Irony*, p. 71-103.
5. Erinnerung an Robert Musil, em K. Dinklage (ed.), *Robert Musil: Leben, Werk, Wirkung*, p. 335.

30   ENSAIOS DE ROBERT MUSIL, 1900-1919

Infância e Juventude de um Escritor-Ensaísta (1880-1900)

Musil se criou no auge da *belle époque*, no contexto social e familiar da classe média educada[6] – aquela *Bildungsbürgertum* que ascendeu graças ao mérito ancorado na ideia de formação moderna: já mais científica e tecnológica, embora respeitosa ainda da grande tradição humanística. O pai fez carreira como engenheiro e catedrático destacado na área da engenharia de máquinas; o avô foi um dos empresários que ascendeu com a construção da rede de ferrovias. A competência intelectual e científica dessa classe industriosa não encontrou na Áustria seu corolário político natural: a consciência republicana e a experiência propriamente "burguesa" tal como tinham se afirmado na Inglaterra ou na França[7]. As liberdades cívicas da classe média eram concessões muito recentes na Áustria, e as posturas e ambições sociais dos pais de Musil permaneciam travadas por todas as reverências que lembram o Biedermeier – aquele espírito da restauração do sistema monárquico pelo Sistema Metternich, que pôs fim ao caos provocado pelas guerras napoleônicas e ao mesmo tempo esmagou as aspirações liberais despertadas pela Revolução Francesa. Os pais e avôs de Musil viveram o fim do longo período de obséquios reverenciosos às estruturas feudais do império[8] que obliteraram qualquer ideia audaz de mudança

6. Sobre esse assunto, o recente livro *Belle Époque: A Cidade e as Experiências da Modernidade*, organização de Carmen Negreiros, Fátima Oliveira, Rosa Gens, conta com um ensaio da autoria de Érica Gonçalves de Castro e de Guilherme Ignácio da Silva, "Uma Ausência Sintomática: À Procura de Viena no Romance de Robert Musil", p. 55-71.

7. Sublinho esse aspecto, pois ele foi raramente explicitado e analisado nos trabalhos seminais sobre a Áustria do fim do século xix e início do xx. Carl E. Schorske, por exemplo, em *Fin-de-Siècle Vienna: Politics and Culture*, não o destaca, deixando de lado o nexo da consciência cultural austríaca com as posturas iliberais na Alemanha, analisadas exaustivamente por Fritz Stern em suas várias obras presentes na bibliografia deste trabalho.

8. A restauração dos sistemas monárquicos na Europa foi sacramentada no Congresso de Viena em 1815, e estendeu-se, com breves interrupções (em 1848), até o final do império. Apenas após a derrota militar infligida pela Prússia, em 1866, a Casa Imperial começa a permitir um processo de liberalização que favorece a classe média. Ver detalhes sobre o contexto específico da cultura austríaca e alemã em A Época de Musil em Verbetes.

social, considerando-a uma afronta a uma ordem inquestionável. Musil anota nos diários reminiscências infantis que refletem posturas típicas de inquietude dessa classe média culta, mas politicamente neutra, diante das primeiras greves e reivindicações (mais que justificadas) dos trabalhadores.

O medo da criança com relação aos russos e aos trabalhadores não teve influência posterior. É importante ponderar como foi possível que pessoas boas, como meus pais, suspeitassem de antemão que trabalhadores grevistas e inquietos fossem pessoas más. Quanto prazer e alívio sentiram quando as tropas do exército foram direcionadas para nossa cidade de Steyr! [...]. Na casa paterna, raramente uma palavra política.[9]

O espírito pacato dos pais e a postura apolítica do meio social se tornariam alvos de rebeldias juvenis. A tensão com a mãe distancia Musil da família, em particular das ambições culturais e sociais maternas. É uma revolta que pode ter sido reforçada pelo trauma da meningite reincidente e quase fatal que o menino sofrera entre 1889 e 1892. Os delírios e alucinações dessa doença deixaram profundas marcas e uma espécie de solidão interior na mente do autor[10] – núcleo de uma autonomia interna precoce que leva Musil, com apenas doze anos, a subtrair-se aos constantes e às vezes violentos conflitos com a mãe. Essa liberação, entretanto, o insere num meio ainda mais opressivo e autoritário: o internato do ginásio militar de Hranice/Mährisch--Weisskirchen (plano de fundo do primeiro romance). A breve experiência no exército, repudiado tanto pela brutalidade física como pela grosseria mental, intensifica o distanciamento da própria classe social. Dos tempos de estudante na Escola Técnica Superior de Brünn (1898-1903), Musil lembra: "Mais tarde, em Brünn, a postura distanciada do jovem solitário, que se mantém à parte; entre outras coisas, foram considerações racionais que me fizeram simpatizar com o socialismo."[11]

9. *Tagebücher*, v. I, p. 914.
10. Musil elabora esses traumas ao projetá-los sobre suas personagens (Verônica em *Uniões*, Clarisse em *O Homem Sem Qualidades*).
11. *Tagebücher*, v. I, p. 914-915.

Algumas dessas "considerações racionais" o leitor pode entrever no ensaio aqui traduzido "Politisches Bekenntnis eines jungen Mannes" (Credo Político de um Jovem), que explica o desenvolvimento social e democrático como uma necessidade inscrita na lógica do desenvolvimento racional e científico, que exige novas formas de trabalho coletivo.

Em Brünn, Musil participa da cena cultural invejável[12] com seu característico gesto de observador aberto, mas que sempre se reserva seu próprio juízo. Faz uma rápida iniciação na vida literária, que estava praticamente ausente da sua formação técnica. A leitura de *Crime e Castigo*, de Dostoiévski, em junho de 1899, destaca-se como um acontecimento que provoca "tremenda tontura", que o autor maduro lembra ainda em 1914 como "experiência de um grande abalo que nunca mais retorna dessa mesma maneira"[13].

Ao mesmo tempo, o engenheiro-poeta surpreende-se com os preconceitos dos intelectuais e do público culto a respeito da nova racionalidade científica e matemática. Esse espírito moderno não é para ele um impedimento para a expansão da alma e do espírito, como pensava a maioria. Sem cair nos entusiasmos tecnológicos dos futuristas ou dos construtivistas, Musil constata de maneira sóbria os méritos inquestionáveis das ciências. Afinal, a ciência forneceu novos e poderosos estímulos para a imaginação poética, ao tornar reais os sonhos míticos mais antigos da humanidade, providenciando "botas de sete léguas", formas quase mágicas de comunicação além de inúmeros bens e possibilidades antes inimagináveis. O jovem engenheiro, à vontade no mundo das turbinas e das pesquisas aerodinâmicas[14], registra o descompasso que separa a audácia do intelecto do conservadorismo das emoções.

---

12. O Teatro Municipal de Brünn era mais que um templo da cultura para a classe média abastada, que venerava Goethe, Friedrich Schiller, Friedrich Hebbel e Franz Grillparzer; atendia também a um público operário e intelectual de muito bom nível, abrindo espaço para os vanguardistas da época (Henrik Ibsen, Gerhart Hauptmann, Arthur Schnitzler, Hermann Bahr e Hugo von Hofmannsthal). Além dos excelentes atores locais (Leo Slezak, Maria Jeritza), contava com grandes grupos e estrelas de Viena e outras capitais, inclusive destaques como Sarah Bernhardt. (K. Corino, op. cit., p. 147.)

13. R. Musil, *Kleine Prosa*, p. 1461; e K. Corino, op. cit., p. 140.

14. *Tagebücher*, v. I, p. 948.

A sensibilidade estética e da imaginação poética falharam em acompanhar o repentino avanço do entendimento racional, de forma que Musil vê o desafio para o artista contemporâneo na abertura para o pensamento científico e capacidade de introduzir elementos da ousadia matemática no mundo mais fluido e vago da sensibilidade. Como romper o bloqueio defensivo das almas sensíveis que repudiam, com lamentos sentimentais, a razão científica e veem em toda parte os supostos efeitos nocivos da fria racionalidade sobre a cultura, a alma e as artes[15]? Num primeiro momento, esse engenheiro e matemático tem a empáfia quase cínica dos jovens ambiciosos da época, um traço que o autor atribuiria, mais tarde, à sua personagem Ulrich, o "homem sem qualidades". Aos vinte anos, o estudante de engenharia enquadrava-se ainda no padrão típico do intelectual-esteta de sua classe social, identificado com as ambições de sucesso e carreira de figuras balzaquianas do século XIX – entre elas o diplomata Friedrich von Gentz. Gentz é o modelo do intelectual individualista e autocrático da era Biedermeier; é um Rastignac[16] alemão, transferido para a Áustria de Metternich, onde esse jornalista brilhante usou seus contatos com oportunismo inescrupuloso para galgar altos postos: "Entre dezessete e vinte anos – a simpatia imediata com o princípio Gentz[17]. O indivíduo espiritual sem escrúpulos. [...] pertenci de modo periférico aos ditadores de classe."[18] – escreveria Musil mais tarde sobre esse período de sua vida.

15. Para desestimular o imaginário heroico, Musil anota experimentos mentais nos seus diários, colocando perguntas como as seguintes: o que vale, por exemplo, o corpo ágil que ele treina em aulas de esgrima, ao lado daquele novo ideal do esportista profissional, o boxeador? Ou: como compete o melhor atleta contra um motorista ou piloto – questão crucial que se desdobra na irônica justaposição do ideal clássico de beleza, Apolo, e do ideal futurista, a máquina a vapor (*O Homem Sem Qualidades*, p. 37).

16. Eugène de Rastignac é um dos jovens ambiciosos que caracterizam o mundo burguês e a mobilidade social que esse proporciona na obra *A Comédia Humana* de Honoré de Balzac (Rastignac aparece em *Le Père Goriot*, 1835, e em outros romances).

17. Friedrich von Gentz (1764-1832), tradutor de Edmund Burke e simpatizante do liberalismo inglês, começou sua carreira como jornalista em Berlim. Soube aproveitar relações pessoais para ascender rapidamente a um posto de conselheiro imperial na corte austríaca de Francisco I. Trocando sem escrúpulos suas convicções liberais por princípios rigidamente hierárquicos, ele se tornaria conselheiro e amigo íntimo de Metternich*.

18. *Tagebücher*, v. I, p. 914-915.

A *"Experiência Valerie"* –
Primeiro Contato Com a Outra Realidade Mística (1900-1904)

De repente, entretanto, Musil rejeita a simpatia frívola com os "ditadores de classe" que compartilham o espírito de afirmação autoritária e buscam a proximidade dos homens de poder como Metternich e Bismarck. Ele começa a distanciar-se doravante das ambições de liderança elitista dos intelectuais, críticos e poetas[19]. O detonador desse distanciamento da mentalidade de competição e controle foi uma experiência marcante no verão de 1900: a "experiência Valerie" – uma efêmera, porém intensa paixão por uma jovem cortejada por um séquito de admiradores, todos de férias no mesmo vilarejo nas montanhas. O breve encontro com essa moça (um tipo feminino novo e exótico na época) parece ter tido o efeito de uma verdadeira transfiguração amorosa, quase uma experiência de conversão, que mudou de modo radical a visão de mundo do futuro autor.

Musil silencia essa experiência durante um longo tempo de maturação. Fragmentos tardios e nunca publicados descrevem como uma mera brincadeira galante se transformou em abalo místico. Naquele encontro com Valerie, o estudante queria, apenas por convenção don-juanesca, tocar a mão da moça. Contudo, esse gesto de flerte inconsequente tem o efeito de um "raio", que transportou o par para a outra realidade do êxtase amoroso:

o destino quis que ela deixasse essa mão repousar por um momento na minha, como que desmaiada, e no próximo instante uma chama ardia dos braços até os joelhos, e dois seres estavam tolhidos pelo raio do amor, ao ponto de quase cairmos pela encosta, onde terminamos por sentar no gramado, abraçados em estado de paixão profunda. Nos separamos nessa

19. Décadas mais tarde, Musil resume essas impressões numa anotação: "Muito antes de os ditadores surgirem na realidade, nosso tempo já produziu sua veneração espiritual. Vide Stefan George. E também Kraus e Freud, Adler e Jung. Vejamos ainda Klages e Heidegger. O denominador comum é provavelmente um desejo de domínio e liderança, saudades da essência do salvador. Será que há traços comuns nos líderes? Por exemplo, valores firmes – [rótulos] sob os quais, entretanto, podemos pensar coisas totalmente diferentes…" Ibidem, p. 896 [verão de 1938].

tarde, seguida de uma noite insone, uma noite de tempestades interiores, repleta de "tremendas" decisões e, na manhã seguinte, eu já estava longe. Fugi com meu amor da causa e do objeto desse amor, deixando para trás nada além de um aviso que lhe escreveria [explicando] tudo[20].

Na mesma noite, Musil abandona precipitadamente a hospedaria e se instala num outro vilarejo a poucos quilômetros, entregue à contemplação desse outro universo revelado. Flutua numa redoma translúcida, vê o exato mesmo mundo – porém alterado, virado do avesso, emborcado, pristino, aberto e favorável a tudo – uma cápsula extática. Ele continua lendo seus livros, porém as mesmas leituras de antes são agora totalmente diversas. O *Also sprach Zarathustra: Ein Buch für Alle und Keinen* (Assim Falou Zaratustra: Um Livro Para Todos e Para Ninguém), de Friedrich Nietzsche, o *Essays* (Ensaios), de Ralph Waldo Emerson, e *Le Trésor des humbles* (O Tesouro dos Humildes), de Maurice Maeterlinck, são reconfigurados e transfigurados pelo estado alterado – uma solidão que é presença a tudo e a todos, um dar e receber:

O que fiz nesse lugar seria, se tivesse de contar para alguém, o puro nada. Era início do outono ou fim do verão, o céu varrido limpo, um pesar alegre pairando no ar, o sol das montanhas tinha aquele doce calor sonolento que nos fecha os olhos. Não me lembro de ter caminhado saindo pela porta da frente, pois me senti alçado como aqueles fios de aranha outonais que flutuam no ar nesse período. Deixei-me ser carregado para um lugar qualquer, de preferência para aquelas pradarias das altas montanhas que estavam por perto e, desse modo esquecido de mim, eu trocava o lugar algumas vezes por dia, ou eu lia um pouco de alguns dos livros que tinha trazido comigo. [...] haviam se dissolvido por completo as fronteiras entre os pensamentos e seu pertencimento [...]. Tudo era como redomas rosadas, jazendo "no fundo de um mar de ternura e pensamento" ao qual ele pertencia como parte integral. Uma fórmula para esse enigma seria: ele entrara "no coração do mundo".

20. E. Wilkins, Musil's "Affair of the Major's Wife" with an Unpublished Text, *The Modern Language Review*, v. 63, n. 1, p. 82; e K. Corino, op. cit., p. 159s. Musil analisa com sobriedade a natureza do halo místico desse tipo de experiência e investiga suas relações com a vida cotidiana.

36   ENSAIOS DE ROBERT MUSIL, 1900-1919

Foi um arder doce e desmaiado. Ardia no mundo como arde um toco de lenha nas chamas, e o mundo ardia à minha frente. O que ocorria com os livros acontecia também com as coisas. A árvore que eu via não tomava para si o que precisava para ser árvore, mas doava-se, tomando em troca de mim minha nostalgia. Tudo era líquido, um fluido espiritual móvel por inteiro, e nele os resíduos sólidos ainda não sedimentaram, separando-se das ondas. Um movimento forte ampliava-se em círculos cada vez renovados, mas sem isso tudo ter um objetivo. Tudo era animado, mas nada era firme. Nada permanecia como verdade definitiva, tudo era apenas provável. Todo o saber aprendido até então apagou-se como morto, como se um sentido superior nos livrasse da conformidade vulgar. No entanto: o que encanta nesse agora, e está cheio de sentido inominável, vibrando com a força da vontade, emudece na hora seguinte e mostra nada além do seu insignificante rosto cotidiano.[21]

Citei o fragmento em sua totalidade porque essa experiência autobiográfica se tornaria o cerne vivo da reflexão ensaística e da obra ficcional. Além disso, o enigma desse estado "outro", fora do alcance da racionalidade, contribui para uma mudança de caráter e uma flexibilização do racionalismo autoritário no qual Musil fora criado. Ele começa a dessolidarizar-se das poses adolescentes – tanto dos modelos de sucesso e afirmação ditados pelo meio como das influências literárias convencionais.

Começa uma longa reflexão – não tanto sobre essa paixão que, no fundo, não passou de abraços de uma tarde, mas sobre aquela outra dimensão existencial, aquele estado efêmero e inexplicável que resiste ao entendimento racional, porém ao mesmo tempo se parece com uma fonte de energia, visão e inteligência de outra ordem. Depois do êxtase místico que durou alguns dias, emborcando átomo por átomo todo o seu modo de pensar e sentir, o jovem volta ao estado normal e constata que tudo mudou, embora nada tenha mudado do ponto de vista

---

21. Esses fragmentos místicos, reelaborações do manuscrito perdido "Paraphrasen", foram traduzidos por mim a partir das citações a Musil feitas na biografia escrita por K. Corino, op. cit., p. 164s. Corino, por sua vez, cita artigos e livros a partir de E. Wilkins, op. cit., p. 82 e de E. Kaiser; E. Wilkins, *Robert Musil. Eine Einführung in das Werk*, p. 35s., 298-303.

objetivo. Acolhe essa experiência de estar-fora-de-si (sentido literal de *ek-stasis*) como algo precioso e distinto das efusões esotéricas e sentimentais que começam a ocupar considerável espaço na cena pública. Decide observar e investigar esse núcleo místico para distingui-lo dos sintomas de carência afetiva e espiritual dessa época de transição entre a tradição religiosa e o espírito laico ou ateu da modernidade. Musil tem horror do sentimentalismo esotérico que busca sucedâneos baratos para a fé – um mal de época que o filósofo Karl Mannheim comentou mais tarde da seguinte maneira:

Em toda parte, [pessoas] à espera dos profetas e líderes. O ar carregado com pequenos e grandes profetas. Um jura pela bíblia de R. Steiner, o outro pela de O. Spengler. Há ainda Blüher, Keyserling e centros que prometem a reforma de culturas inteiras; há os apóstolos de Wyneken e os de George. O que reina é uma inaudita disposição de homens e mulheres à espera de uma redenção qualquer, o que predomina é um certo vazio, um sentimento de falta que não se consegue preencher.[22]

Cauteloso, Musil fala pouco de sua experiência singular que, por enquanto, desafia seu juízo; decide registrá-la como o outro (não racioide) do entendimento e como um desafio ao seu modo de ser intelectual. Ao mesmo tempo, começa a se interessar pela história do misticismo e pelas diferentes modulações do neomisticismo, que já atrai seguidores para círculos tão diversos quanto o teórico da cultura Maurice Maeterlinck ou o fundador da antroposofia, Rudolf Steiner; há ainda os adeptos do psicólogo, filósofo e guru Ludwig Klages e do poeta Stefan George, além de eruditos sérios, como o filósofo Martin Buber, entre muitas outras personalidades. São respostas ao enfraquecimento da crença religiosa sob a pressão do esclarecimento racional e da nova sociabilidade dispersiva, que já estava na mira da filosofia de Nietzsche. Essa reflexão se prolonga com o ceticismo linguístico (já presente na filosofia nietzschiana) que

---

22. K. Mannheim, *Heidelberger Briefe*, S. 81, apud N.C. Wolf, *Kakanien als Gesellschaftskonstruktion, Robert Musils Sozioanalyse des 20. Jahrhunderts*, p. 557.

ressurge na postura antimetafísica de Mach, no *Tractatus Logico-Philosophicus* de Ludwig Wittgenstein e na crítica de linguagem de Fritz Mauthner, como também numa onda imensa de pseudorreligiões, crenças estéticas, esoterismos e espiritismos, sem falar nas concepções fantasiosas em torno do inconsciente freudiano por conta da rápida divulgação da psicanálise[23].

Musil "tinha uma visão impiedosa do patrimônio literário austríaco e alemão. Sabia onde estavam seus picos altos", mas também "quanta trivialidade estava sendo servida em nome de reverências nacionais"[24] ou de rompantes inovadores. Seus ensaios se debruçam sobre as ideias dominantes de sua época com inteligência epistemológica notável. Não por acaso orienta, primeiro, seus interesses para uma avaliação crítica do empiriocriticismo do físico Ernst Mach, um dos cientistas mais antimetafísico do seu tempo. Ao mesmo tempo que aprecia os méritos do rigor positivista da ciência, observa de forma metódica os domínios que esse método não alcança – por exemplo, aquelas percepções e disposições alteradas que se apoderam de nós em certos estados efêmeros e flutuantes, intensidades que não se deixam prolongar, mas que têm uma intensidade avassaladora e exercem forte impacto apesar de sua fugacidade. Com base em sua experiência extática pessoal, ele aprende a distinguir os sentimentos autênticos, cuja essência descontínua e sem extensão merece o estatuto radicalmente diverso do místico, da "metafísica de butique", aquela excitação vazia e voracidade estética que buscam reiterar ou prolongar esses estados com meios intelectuais, trivializando assim seu núcleo místico autêntico. Musil vê em toda parte essas saudades pseudomísticas que invocam o "eu transcendental" de Novalis e as intensidades íntimas de

---

23. Sobre as afinidades e o ceticismo crítico de Musil com relação ao neomisticismo, ver os excelentes livros de H. Gschwandtner, *Ekstatisches Erleben: Neomystische Konstellationen bei Robert Musil*; e I. Scharold, *Epiphanie, Tierbild, Metamorphose, Passion und Eucharistie: Zur Kodierung des 'Anderen' in den Werken von R. Musil, C. Lispector und J.M.G. Le Clézio*.

24. Ver David S. Luft, em K. Corino, op. cit.; e texto do ed. David S. Luft, em R. Musil, *Precision and Soul: Essays and Addresses*, p. xix.

PREFÁCIO 39

Friedrich Hölderlin[25], ao passo que o romancista prefere o misto mais sóbrio de pragmatismo e transcendência que encontra em Emerson, aquele "amigo dos instrumentos mais grandiosos, como cabos oceânicos e logaritmos"[26].

O primeiro resultado desse rigor intelectual e inteligência emocional musilianos é o romance *O Jovem Törless*, no qual já aflora a temática do "Outro Estado" místico, que merece a atenção não apenas de adolescentes intuitivos, como também da inteligência precisa do matemático puro. Mas se o autor considera óbvia a necessidade de criar mediações mais criativas entre intelecto e alma (um dos eixos programáticos desse romance), o público o vê apenas como uma ilustração da psicologia científica. Essa recepção, que reduziu *Törless* a um romance psicológico ou psicanalítico, leva Musil a aprofundar, de um lado, seus conhecimentos de Freud e, de outro, abordagens e teorias de outros ramos da psicologia e da psiquiatria – de William James a Ernst Kretschmer e de Alfred Adler e Konstantin Österreicher aos gestaltistas. Desde cedo, Musil concebe a literatura não só como um espelho imaginativo dos discursos e das teorias que animam a sociedade, mas como um espaço de reflexão no qual seu valor pode ser posto à prova de modo mimético com experimentos imaginários que testam sua validade. Toda essa concepção poetológica reforça sua preferência pela forma do ensaio. Em 6 de abril de 1905, ele define seu programa, que visa ampliar os horizontes para além das simplificações teóricas e das dicotomias que aprisionam o pensamento moderno na polarização de consciente–inconsciente, racional-irracional, entendimento--intuição: "O balanço entre consciente e inconsciente necessariamente terá que ser feito num futuro próximo, e tudo indica que o resultado será surpreendente (quando compararmos o fator constante [do pensamento racional] com aquela Outra Coisa em nós)."[27]

---

25. R. Musil, *Tagebücher*, v. I, p. 363.
26. K. Corino, op. cit., p. 136; R. Musil, *Der Mann ohne Eigenschaften*, p. 39.
27. R. Musil, *Tagebücher*, v. I, p. 139.

O ensaio é, para Musil, uma alternativa mais flexível à excessiva teorização que já começa a dar certos aspectos dogmáticos à psicanálise nascente – sobretudo quando a vulgarização ainda reduz seus conteúdos a fórmulas simplórias. Lançando mão de experiências, teorias e formas ficcionais diversas, a forma ensaística permitiria distinguir melhor entre pulsão e inconsciente, e reconhecer nos conteúdos do inconsciente as marcas do entendimento que conferem sua complexidade "senti-mental", comprovando o íntimo elo entre sensação e entendimento. Desse complexo psicológico ele procura separar o Outro Estado: aquela experiência (mística) além da comunicação racional clara que recebe sua evidência de premissas e convenções estabelecidas merece, no entender de Musil, uma investigação mais ampla, pois ela tem uma lógica mais sutil e abrangente do que a ideia do irracional ou do inconsciente freudiano[28]:

Antes disso [do balanço consciente-inconsciente], entretanto, teremos de assegurar os dados e passá-los em revista. Uma vez que, nesse momento, não tenho conhecimentos significativos na área, minha tarefa será me tornar aprendiz junto aos românticos e místicos. Minha única atividade crítica seria reduzir essas ideias ao seu conteúdo senti-mental, isto é, separar o que é possível apenas a partir de uma perspectiva metafísica, como, por exemplo, na filosofia da natureza de Schelling.[29]

Diferente da nova economia epistemológica contemporânea, que tendia a adotar uma posição reducionista, materialista e antimetafísica – exemplos são Mach ou os esforços de cientificidade da primeira teoria freudiana –, Musil não considera necessário nem proveitoso suprimir as sutilezas do idealismo filosófico, tampouco as distinções do vocabulário diferenciado da filosofia transcendental de Immanuel Kant a Friedrich Hegel e Friedrich Schelling. Seu modo de pensar (ensaístico) exige

---

28. Em outras palavras, Musil distancia-se de Freud não como teórico, mas como poeta, cuja tarefa é outra que a do analista. Não pretende competir em questões teóricas da psicanálise e da psiquiatria.

29. Ibidem, p. 139s.

maior esforço, não se permite as simplificações e ardis retóricos das teorias que, muitas vezes, negligenciam ou escondem as zonas ambíguas que exigiriam hipóteses idealistas, imaginativas ou poéticas, além das materialistas. Musil suspira: "Quem pensa de modo artístico é hoje ameaçado pelos que não pensam com arte e também pelos artistas que não pensam."[30]

Esse suspiro se revolta contra o sentimentalismo reativo das almas sensíveis e as simplificações dos movimentos das vanguardas, que compartilham com os cientistas o ufanismo do progresso. Em nome de seus programas racionais, eles sacrificam inúmeras sutilezas artísticas que, no entender de Musil, talvez sejam importantes para a costura do intelecto e da sensibilidade. Para ver mais claro nesses assuntos, Musil registra seus primeiros fragmentos ensaísticos – por enquanto, apenas nos cadernos dos seus diários; volta-se (como faria Walter Benjamin na mesma idade) para o idealismo alemão e para os poetas-pensadores do romantismo. Hölderlin, Novalis, Ludwig Tieck representam a inteligência intuitiva que sabe combinar argumentos racionais com flexibilidade imaginativa, embora sejam "hipersensíveis" que não têm a persistência e precisão racional metódica de Kant, Hegel ou Schelling. Num gesto paradoxal característico, Musil cultiva, ao lado e no interior de seu racionalismo científico, as especulações sutis e profundas dos românticos e do idealismo alemão. Brinca com olhares invertidos – depois de julgar os românticos como hipersensíveis, imagina tanto o que eles pensariam de nós quanto como avaliariam as ousadias da sensibilidade moderna. Assim, Musil anota: "Como os poetas de Jena julgariam D'Annunzio?" E responde que os românticos talvez repudiassem o sensualismo de D'Annunzio, considerando-o "carente da dimensão mental, [e] eles provavelmente achariam sua sensualidade vulgar"[31].

---

30. R. Musil, Essaybücher (September 1913) [Sobre Livros de Ensaios], *Kleine Prosa und Schriften*, p. 1450-1457.

31. *Tagebücher*, v. I, p. 139.

Mudando o ponto de vista, Musil chega à conclusão de que as economias do racionalismo moderno, com seus dualismos e dicotomias, se privam do trabalho fértil de pensar e imaginar as mediações necessárias para a "espiritualização da sensualidade". No lugar desse trabalho propriamente cultural e civilizatório,

[o] ponto de vista moderno tomou um outro rumo – pagão – nas suas práticas dualísticas: descarregar as tensões espirituais para o domínio físico, [p. ex., no esporte] usando a sensualidade como válvula. Sem essa perspectiva dualística, a sensualidade passa por decadente também na modernidade.

No entanto, no que diz respeito à espiritualização da sensualidade ela mesma (e espiritualização é algo diferente das espirituosas justificações e emoldurações), houve pouquíssimo progresso. Os românticos de Jena[32], com seu enorme potencial de gozo sensível, sem dúvida se sentiriam perdidos [na sensibilidade crua de hoje].

Em contrapartida, eles talvez não estivessem à altura dos modernos nem no domínio dos sentidos, nem no domínio da perícia mental [tal como agora foram separados um do outro].[33]

O que se destaca como diferencial nas abordagens musilianas dos movimentos literários do seu tempo são as ponderações precisas que o autor aprendeu com a metodologia científica moderna: o cientista moderno se obriga a delimitar o ponto de vista, os pressupostos e as direções da investigação, traçando assim os limites dentro dos quais afirmações são válidas. Essa precisão permite ao jovem engenheiro, que recém ingressara no mundo literário, superar certas limitações de críticos muito mais experientes, como Hermann Bahr, com quem o jovem Musil aprendeu bastante. Bahr diagnosticou muito bem as ambivalências dos movimentos que contribuíram para a modernidade – o misto de dor e triunfo, desespero pela ruína

32. Os representantes mais destacados do pré-romantismo de Jena (*Frühromantik*) são Novalis e Friedrich Schlegel (embora Musil considere também Friedrich Hölderlin um romântico). Esse primeiro período do romantismo na Alemanha situa-se entre os anos de 1797 e 1804.

33. Ibidem, p. 139-140.

da tradição e esperança nas utopias projetadas no futuro. Entretanto, sem um treinamento científico sólido, o homem de letras recai nas armadilhas da compreensão superficial da racionalidade das ciências exatas: entende o *ponto de vista* materialista (de Mach, Freud etc.) como um dogma religioso, e não como *uma maneira entre outras* igualmente possíveis de considerar o objeto sob investigação. Assim, ele conclui um dos seus ensaios sobre "Die Moderne" (A Modernidade), com apelos programáticos que traem os moldes imaginários do passado – apenas traduzidos numa doutrina materialista[34]:

Sim, confiaremos doravante apenas nos sentidos, naquilo que as sensações anunciam e ordenam. São elas as mensageiras de fora, onde está a verdade e a felicidade. A eles serviremos [, deles...] vem a dádiva da vida. Apenas precisamos nos abrir, acolhendo na entrega amorosa a semente que frutificará.[35]

São metáforas vetustas, quase bíblicas, alheias à mutação do pensamento lógico-matemático que redefine constantemente os marcos dos seus métodos: aquela precisão que Musil pretende introduzir no universo estético e ético, no intuito de evitar os deslizes das emoções e da sensibilidade artística para os velhos modelos afetivos, linguísticos e artísticos que nos atrelam ao passado. Esse projeto o distancia tanto do tratado filosófico e científico como da excessiva vagueza das intuições poéticas e da tradicional crítica de arte. Musil escolhe o ensaio – entendido, no sentido de Montaigne, como "tentativa" – como forma de mediação entre o pensamento das ciências exatas e o das humanas.

---

34. H. Bahr, Die Moderne, em G. Wunberg; J.J. Braakenburg, *Die Wiener Moderne. Literatur, Kunst und Musik zwischen 1890 und 1910*, p. 189-199.
35. Ibidem, p. 190.

44 ENSAIOS DE ROBERT MUSIL, 1900-1919

A Experimentação Com a Forma Ensaística:
Entre Intuição e Razão (1904-1914)

> Nós, alemães, não temos – à exceção do grande ensaio
> de Nietzsche – livro algum a respeito do ser humano;
> nenhum sistematizador e organizador da vida.
> O pensamento artístico e o científico ainda não
> se tocam em nosso mundo. As questões da zona
> intermediária entre ambos permanecem sem solução.
>
> ROBERT MUSIL, Metapsíquica[36]

A descoberta de Nietzsche, entre os dezoito e vinte anos, é para
Musil uma experiência de iniciação. Nietzsche é o primeiro
"espírito livre" que conecta a cultura germânica com a tradição intelectual e literária dos "libertinos" e moralistas que se
desenhou na França desde o século XVI: Michel de Montaigne,
Saint-Simon, Montesquieu, entre outros, criaram fortes elos
entre o pensamento moral e o estético, conectando as experiências empíricas e científicas com o fundo moral e emocional da
sociedade. Essa zona intermediária é explorada também nos
ensaios de David Hume, Burke ou Emerson na tradição anglo-
-saxã. Burton Pike, na sua introdução à versão estadunidense
dos ensaios musilianos, escreveu:

Musil percebe o mundo nem de modo empírico, como é o caso no ensaio
anglo-saxão, nem com abstração sistematizada germânica; suas frases
elaboradas são a expressão de um temperamento austríaco, para o qual
a multiplicidade e a polivalência são a medida da realidade.[37]

Longe de imitar o pan-esteticismo de Nietzsche[38], Musil escolhe o ensaio como forma híbrida entre o tratado argumentativo
e a imaginação ficcional, pois a percepção mais solta e poética

---

36. Anmerkungen zu einer Metapsychik (April 1914) (Observações Sobre uma
Metapsíquica [Abril 1914]), *Kleine Prosa und Schriften*, p. 1015-1020.

37. B. Pike, Prefácio, em R. Musil, *Precision and Soul*, p. XI-XII.

38. Walter Benjamin criticaria mais tarde o ponto de vista exclusivamente estético
de Nietzsche em *A Origem do Drama Barroco Alemão*; ver W. Benjamin, Der Ursprung des Deutschen Trauerspiels, *Gesammelte Schriften*, Band I/1, p. 281: "o abismo
do esteticismo se abre...".

evita a desmesura da razão (que se fecha no marco dos seus pressupostos metodológicos), ao passo que a percepção aguçada pelo rigor do método aprende a evitar a desmesura fantasiosa. No laboratório dos cadernos de anotações (diários), o escritor começa a elaborar seu estilo ensaístico característico: abre os horizontes, incluindo nas suas considerações os múltiplos pontos de vista que formam um *dégradé* de matizes. Suas próprias visões e as dos outros fornecem contrastes que dão acesso a inúmeros aspectos imprevistos *entre* as estéreis dicotomias que opõem a razão e a sensibilidade; e é nesse plano que Musil coloca também o inominável místico – o "místico" que Musil considera não como um sentimento religioso, mas como uma segunda modalidade da percepção e do pensamento, como um "outro estado" que coexiste entrelaçado no estado racional. Esse "outro estado" é perfeitamente compatível com o ateísmo e os interesses racionais e científico. Com sobriedade judiciosa, o escritor injeta na linguagem ensaística as metáforas poéticas que desdobram modulações e pontes entre a intuição e o intelecto racional.

Essa disciplina talvez seja o principal distintivo que distancia Musil de muitos dos seus contemporâneos – sobretudo na sua maneira de viver-e-conter seu elã místico juvenil sem se entregar aos (auto)enganos emotivos de muitos outros intelectuais. O autor tomou tempo para deixar decantar a névoa confusa desses sentimentos, sem instrumentalizar sua energia em um gesto de afirmação intelectual – uma sobriedade que distingue o jovem Musil, por exemplo, do jovem Walter Benjamin, que na mesma idade não resistiu à tentação de derramar seus entusiasmos místico-eróticos num prolixo tratado juvenil[39]. A autocrítica de Musil soube evitar esse constrangimento. Deixou repousar na gaveta seu pecado pseudomístico (o manuscrito "Paraphrasen"[40]) até o núcleo místico-erótico

39. W. Benjamin, *Gesammelte Schriften*, Band I, *Metaphysik der Jugend* (Metafísica da Juventude) é um híbrido entre tratado e confissão, com redundâncias e vaguezas que não fazem honra ao melhor que Benjamin escreveu.

40. Uma das reminiscências desse manuscrito perdido é a "Fantasia Paderewski" (*Tagebücher*, v. II, p. 828-831) – um conjunto de aforismos poéticos que o autor decidiu

46   ENSAIOS DE ROBERT MUSIL, 1900-1919

depurado reemergir – agora em formas ficcionais, despojadas da experiência meramente subjetiva e da tentativa de teorização do abalo pessoal[41]. O gosto e o senso crítico de Musil se beneficiaram do rigor de sua mente treinada nos métodos científicos: resistem aos pendores neomísticos e aos entusiasmos literários em voga, que tiveram efeitos inebriantes sobre o jovem Benjamin e muitos outros intelectuais da época[42].

"Precisão e alma" será a fórmula do ideal invocado por Ulrich, o herói de O Homem Sem Qualidades: um misto de sensibilidade e rigor que o ensaísta pratica desde os seus primeiros fragmentos ensaísticos. Todas as suas impressões pessoais são postas à prova pela inteligência investigativa, que não se poupa nenhum esforço: rastreia os conceitos da psicanálise e da psicologia experimental, lança mão da teoria da Gestalt. Sempre avesso a taxonomias e teorias fechadas, estuda a nosologia psiquiátrica de Ernst Kretschmer e compara seus resultados com os casos clínicos de Freud e Konstantin Österreicher, ao mesmo tempo que leva em consideração o enfoque social da psicologia individual de Alfred Adler.

Essa precisão desdobra a perspicácia estética e empírica de Musil em lucidez moral e política, como se vê nos primeiros ensaios sobre a pretensa modernização do catolicismo e as opções políticas que se impõem a uma mente aberta na

---

não publicar. Musil depura seu páthos juvenil, um processo que ocupa as páginas dos diários, onde encontramos versões ensaísticas mais sóbrias e contidas (p. ex., o fragmento "Juízo do sr. R.M. Sobre Si Mesmo" (Tagebücher, v. II, p. 815) ou "Franzensberg" (Tagebücher, v. II, p. 820s.).

41. Ver "Tonka", "O Melro" e o capítulo 32 do primeiro livro de O Homem Sem Qualidades.

42. Com o mesmo senso crítico, Musil rejeitaria mais tarde também o manuscrito que Benjamin apresentou em 1914 à revista Neue Rundschau, pois a Metafísica da Juventude não passa de uma confissão dos elãs juvenis mais íntimos – sentimos nela a admiração pelo mestre Wyneken, o diretor do internato Haubinda, que iniciou Benjamin nas ideias de reforma educacional e nos movimentos de juventude; tem os ecos de amizades e amores poéticos, em ambíguas modulações afetivas que oscilam entre pendores estéticos e amorosos, entre desejo erótico e afirmação intelectual – um estilo confessional que trai as ambições de liderança. Ver K. Rosenfield, R. Musil e W. Benjamin: Duas Visões do Neomisticimo, apresentação no Congresso Internacional R. Musil, W. Benjamin e Seus Contemporâneos, PUC-CDEA, Porto Alegre 2019.

modernidade. O autor ironiza a "modernização" espiritual da Igreja, que não passa de uma ideologização da religião às custas de uma inescrupulosa liquidação do núcleo metafísico da fé. O ensaio musiliano é uma "tentativa de encontrar um outro tipo de ser humano", um tipo que aceite a árdua busca do equilíbrio (ético) do intelecto e da emoção. Contudo, a disciplina intelectual e a sutileza emocional que Musil procura não estão na ordem do dia dos movimentos artísticos e muito menos da demagogia ideológica e política, cujas simplificações cruas da linguagem e do pensamento se fazem sentir e começam a sugar no seu vórtice a opinião pública, as polêmicas dos movimentos educativos e os enfrentamentos jornalísticos[43]. É nesse sentido que Musil se autodenomina um "anarquista conservador" que recusa a identificação com ideologias ultrapassadas, como o "cristianismo, o monarquismo, o liberalismo e a democracia social", pois como essas ideias jamais foram postas em prática, os partidos "conferem a essas ideologias um halo de relevância e santidade, o que é, além de todo o resto, um pecado contra o espírito"[44].

Em todos os seus ensaios – sobre os rumos da literatura, do gosto e da ética, sobre psicologia e religião, sociedade e política –, Musil sempre volta à questão do equilíbrio entre precisão racional e vagueza intuitiva. Critica o racionalismo que não pensa até o fim as inúmeras consequências possíveis das descobertas científicas (ávido por explorar suas aplicações tecnológicas); do mesmo modo, fustiga também o idealismo das belas almas, dos intelectuais e artistas que se recusam a pensar seus ideais à luz do pensamento científico. Eis o pecado original dos intelectuais e artistas modernos, que ignoram o cálculo matemático, embora esse já penetrara no âmago de todas as atividades, ditando, à revelia da consciência dos artistas e do

---

43. Ver Sobre os Nomes Citados, "Lueger, Karl", "Müller, Johannes" e "Langbehn, Jullius".

44. Politisches Bekenntnis eines jungen Mannes: Ein Fragment (November 1913) (Credo Político de um Jovem: Um Fragmento [Novembro 1913]), *Kleine Prosa und Schriften*, p. 1009-1015.

público geral, o padrão dos hábitos e das práticas reais em todas as camadas da sociedade.

Se é verdade que a racionalidade desalmada se degradou em mecânica utilitária de aparelhos (tecnológicos, partidários, empresariais...) cada vez mais autônomos, não é menos grave o diálogo de surdos do idealismo vazio e fechado sobre seus redundantes postulados, um idealismo que dispensa qualquer comprovação prática de sua validade na vida real. Ambas as atitudes terminam no imobilismo que "deixa acontecer" o pior sem necessariamente querê-lo ou intencioná-lo – uma "fatalidade" fabricada por conta própria que iria se comprovar no ano de 1933, com a eleição que levou o nazismo ao poder.

Cesura e Recomeço Com a Primeira Guerra Mundial (1914-1918)

Os impasses que o ensaísmo musiliano diagnostica desde a primeira década do século XX chega ao seu paroxismo na crise catastrófica do verão de 1914, quando o atentado de Sarajevo permite à ala militarista conjurar o fantasma de um cerco hostil que obrigaria a Áustria a se lançar numa guerra defensiva. Musil descreve com precisão o entusiasmo bélico atingindo o nível de uma verdadeira transfiguração eucarística – um sentimento que o autor critica posteriormente como "psicose de guerra": "Sentimos como uma humildade inominável nos comprimia e fundia, o indivíduo de repente reduzido a nada além de seu esforço elementar para proteger a tribo. Esse sentimento deve ter preexistido em algum lugar e agora despertava de novo."[45]

O autor constata que essa euforia de união, que finalmente anulou todas as divisões sociais e conflitos políticos, "representava uma felicidade e uma imensa certeza prazerosa para além da seriedade" do perigo mortal; a veemência do sentimento coletivo anulou

45. *Kleine Prosa und Schriften*, p. 1020.

PREFÁCIO

qualquer tentativa de racionalizá-lo [...] e daria a impressão de um pretexto [...]. A morte não se parecia mais com pavor, os alvos normais da vida perderam o gosto da tentação. Os que são destinados a morrer ou a sacrificar sua propriedade estão agora cheios de vida e de riqueza: essa ideia não é mais um exagero, mas uma experiência candente, algo incomensurável que mesmo assim sentimos hoje como algo firme, como uma coisa concreta, uma potência originária na qual, no máximo, o amor representa uma pequena parcela[46].

Muitos críticos observaram que esse patriotismo fervoroso seria incompatível com as posturas distanciadas do ensaísta[47] e do autor do romance *O Homem Sem Qualidades*, e o próprio autor concorda, pois ao mesmo tempo que se sentia sugado por esse vórtice da fusão com a massa, seu olhar crítico não deixou de registrar as terríveis dissonâncias:

Ao lado de toda a transfiguração, [percebi] as horríveis canções nos cafés. A excitação e a sede de confrontos a cada nova notícia. Pessoas se jogam debaixo de um trem porque não foram recrutadas.

[...]

Nas casernas, a desordem, a irrupção do furor. [...] O sentimento: se não tomarmos cuidado, todos irão se atacar e dilacerar mutuamente...

Carl Einstein[48] está em transe, todo o resto está apagado. Mesmo em casa com sua mulher, só pensa em limpar os botões do uniforme. Nem entra mais no escritório.[49]

Quando Musil revisa essa e as outras experiências que teve como soldado no *front* e como redator do *Jornal do Soldado*, vê confirmado (de modo doloroso e pessoal) o princípio central que ele mesmo abordou como ensaísta, epistemólogo e

46. Ibidem.

47. Assinalemos apenas dois entre os muitos comentaristas: Alexander Honold e Regina Schaunig, e a excelente síntese de Harald Gschwandtner

48. Até artistas, como o expressionista Carl Einstein, esqueceram de sua antiga "semântica" antimilitarista nos anos que precederam a guerra, quando escreviam para "alarmar a sociedade burguesa". No verão de 1914, "começaram a marchar na linha, transformados em diletantes do milagre bélico, exibindo um comportamento não menos maluco que os outros", escreve K. Corino, op. cit., p. 493.

49. *Tagebücher*, v. I, p. 298; K. Corino, op. cit., p. 492s.

romancista: a ideia da maleabilidade ilimitada do "caráter", que se dissolve e reconfigura com as pressões e formas impostas de fora (o eu irredimível de Mach[50]). Quando as pressões aumentam, nada sobra do indivíduo, seu plasma se precipita nos moldes externos: "A guerra me acometeu como uma doença, uma febre que acompanha uma doença."[51] Musil constata que apenas uma exigência moral e um esforço extremos podem evitar esse inquietante ceder de um "eu" em constante metamorfose.

A precipitação patriótica do autor foi, de fato, uma exceção rara no padrão normalmente tão distanciado desse cético. Musil analisará mais tarde os fatores que contribuíram para sua entrega ao entusiasmo bélico das massas que tomou conta não só da Áustria e da Alemanha, mas da Europa como um todo.

A realidade da guerra faz retornar a sobriedade e a (auto) crítica do autor mostra-se nos matizes dos seus relatos jornalísticos e anotações nos diários. Até nos artigos do *Jornal do Soldado* ele fustiga a inépcia soberba dos oficiais, sua corrupção e indiferença, a hipocrisia propagandística que mascara o misto de covardia e crueldade do pântano burocrático dos quartéis-generais. Musil pontua as mentiras dos boletins oficiais, por exemplo, corrigindo aqui e ali os relatos elogiosos sobre a pretensa coragem exemplar dos arquiduques. Onde o texto oficial ressalta sua audácia no ataque ao teleférico de Corvara, Musil acrescenta que os príncipes assistiram "a um quilômetro de distância" e retifica uma menção análoga numa outra posição

---

50. Ensaios posteriores, como "Der deutsche Mensch als Symptom" (O Alemão Como Sintoma) ou "Das hilflose Europa oder Reise vom Hundertsten ins Tausendste" (A Europa Desamparada ou Viagem das Considerações Infinitesimais), fornecem análises mais sistemáticas da ideia da natureza humana como massa plástica ou amorfa à espera de moldes externos. Ver *Kleine Prosa und Schriften*, p. 1368s. e 1081s.

51. "eu estava em crise em 1914. Minha tarefa na revista *Neue Rundschau* consistia em procurar novos talentos juvenis, e ela não me agradava. *As Uniões*, o enorme esforço penoso, e o insucesso com essas novelas ainda me paralisavam. *Os Entusiastas* ainda não passava de uma neblina de matéria espiritual, sem esqueleto dramático [...] Meus *Ensaios* não me satisfaziam, as anotações para os diversos temas talvez não estivessem sem interesse, mas nada me parecia ser essencial" (*Tagebücher*, v. I, p. 956).

PREFÁCIO 51

com os seguintes detalhes: "Local de observação é uma caverna rochosa na qual ninguém jamais foi ferido."[52]

Musil se indigna com a irresponsabilidade do comando supremo e os abusos de poder dos generais e oficiais, mas nunca se dessolidariza dos pequenos soldados e camaradas com os quais viveu a experiência transformadora da morte iminente e onipresente. É em nome deles que entende sua atividade de redator como "interpretação do mundo e da vida".

Os últimos ensaios deste primeiro volume – "Das Ende des Krieges" (O Fim da Guerra); "Skizze der Erkenntnis des Dichters" (Esboço Sobre o Modo de Conhecimento do Poeta) e "Buridans Österreicher" (Os Austríacos de Buridan) –, publicados entre o outono de 1918 e fevereiro de 1919, são testemunhos da sóbria elaboração musiliana daquele curto período de alívio depois do horror delirante da guerra que o historiador Ernst Troeltsch chamou de "país dos sonhos do armistício", "quando cada um podia ainda pintar sua própria ideia do futuro – uns de modo fantástico, outros como pessimistas ou em tintas heroicas, sem saber as condições ou consequências práticas do tratado de paz que estava em processo"[53].

Trata-se dos meses que antecedem a assinatura do humilhante Tratado de Versalhes, que condenou a Alemanha e a Áustria a reparações exorbitantes, comprometendo as gerações futuras. Ainda na esperança de uma solução mais branda e racional, Musil juntou-se ao ativista socialista Robert Müller como cofundador da sociedade Katakombe (Catacumba).

---

52. Ver R. Musil, *Tagebücher*, v. I, p. 33. Ver também o artigo de Regina Schaunig, Von einer unnennbaren Demut geballt und eingeschmolzen: Musil als Feldliterat, *Oberleutnant Robert Musil als Redakteur der Tiroler Soldaten-Zeitung* (Derretido e Intensificado Pela Humildade: Musil Como Literato de Campanha, *O Oficial R. Musil Como Redator do Jornal Tirolês do Soldado*), sobre as críticas que Musil dirige à inépcia e corrupção do oficialato:: "Em maio e junho de 1916, Musil esboça um drama intitulado *O Pequeno Napoleão* (*Panamá* é o título de trabalho), que tematiza a corrupção, incompetência e leviandade dos oficiais autocomplacentes e arrogantes, cuja imbecilidade condena os soldados no *front* a inomináveis sofrimentos e mortes desnecessárias. A campanha jornalística contra os abusos de poder transforma-se internamente em *oratio pro domo*." (p. 3s.)

53. Apud F. Stern, *The Politics of Cultural Despair*, p. 223.

Reunindo intelectuais e artistas com o objetivo de elaborar ideias e projetos para a reestruturação da sociedade por vir, os amigos enfrentam o desafio de repensar as estruturas sociais e institucionais a partir de princípios de dignidade que reconheçam as necessidades dos trabalhadores – sejam eles manuais ou "do espírito" (*geistige Arbeiter*) – na sociedade de massas moderna. No entender de Musil, a racionalidade tecnológica não gerou apenas problemas, mas também inéditas possibilidades; o desafio é *como* ordenar e planejar os rumos futuros desse caldeirão de potencialidades em fermentação.

Musil transformou essas últimas semanas de 1918 num severo exame de consciência. Retorna todos os dias às salas desertas do Ministério da Guerra e vasculha os arquivos em busca de documentos que esclareçam como a Áustria entrara nessa guerra. Tardiamente, ele retifica a visão enganosa que a propaganda bélica disseminara desde muito antes do atentado de Sarajevo. Essa minuciosa investigação sem dúvida elucidou fatos inquietantes, como o seguinte, que o historiador Alexander Watson descreve no seu livro recente sobre a Primeira Guerra Mundial:

A característica mais desconcertante da liderança austro-húngara era a facilidade com que encarara a guerra. A ala militarista agressiva prevaleceu quase sem encontrar resistências relevantes, apesar de a investigação oficial não ter levantado qualquer prova do envolvimento do governo sérvio no assassinato do príncipe herdeiro. E a população – inclusive as elites intelectuais preparadas – seguiam com entusiasmo e prontidão para o sacrifício [...].[54]

Sem desmentir sua experiência pessoal de solidariedade com os soldados que arriscaram suas vidas na guerra, Musil reconhece a parcial cegueira do patriotismo coletivo e, com isso, a responsabilidade pessoal e coletiva pela catástrofe:

54. A. Watson, *Ring of Steel*, p. 11. O diplomata Leopold von Adrian-Werburg, um dos jovens influentes na política externa do Império Austro-Húngaro, admitiu, no seu memorial de julho de 1914, a irresponsabilidade das lideranças austríacas: "Fomos nós austríacos que começamos a guerra, não os alemães, e muito menos a Entente – isso eu posso dizer com certeza!" (Ibidem, p. 7).

PREFÁCIO

É claro que fomos nós que causamos o estrago: deixamos tudo acontecer; foi "aquele" quem fez "aquilo", sem que ninguém de nós o impedisse. Entre nós, como entre os outros. Como é equivocada também a outra retórica frequente: que apenas não tivemos a firmeza suficiente, que nos deixamos seduzir.[55]

Na véspera das negociações de Versalhes, Musil oscila entre esperança e temor de retaliações odiosas dos vencedores – temores que seus ensaios procuram aplacar com apelos a uma racionalidade que considere os múltiplos aspectos e interesses das relações internacionais, renunciando à momentânea satisfação de vontades punitivas. Essa honestidade sincera na elaboração da culpa distingue Musil da grande maioria, que esperava, sem revisão de consciência, um tratado favorável aos perdedores:

até mesmo os pessimistas acreditavam que a Alemanha não sofreria consequências piores do que a perda de algumas de suas colônias e uma parte da Lorena. Os alemães não estavam minimamente preparados para o tratado que lhes iria ser apresentado, e do qual o próprio presidente Wilson disse que tinha a plena intenção de ser amargo. [...] A Alemanha se sentiu traída e cheia de ressentimento[56].

Esse ressentimento, alimentado pelo velho pecado – a recusa de pensar a complexidade das relações sociais e políticas da modernidade –, iria dividir internamente cada uma das repúblicas criadas, de um golpe, entre 1918 e 1919, além de dividir e envenenar as relações entre as nações europeias. Já no desfecho da catástrofe, Musil assiste à radical polarização que oporia doravante conservadores, social-democratas e os simpatizantes dos bolcheviques russos que flertam com revolução na Viena exausta – um flerte protagonizado por intelectuais e poetas (como o jornalista E.E. Kisch e Franz Werfel, um poeta do *establishment* vienense, sem muito talento para o papel de revolucionário), enquanto os ideólogos e

55. Die Nation als Ideal und als Wirklichkeit (Dezember 1921) (A Nação Como Ideal e Como Realidade [Dezembro 1921]), *Kleine Prosa und Schriften*, secção IV, parágrafo 2, p. 1062.
56. F. Stern, op. cit., p. 223.

54 ENSAIOS DE ROBERT MUSIL, 1900-1919

eminências pardas permaneciam invisíveis nos bastidores. Musil descreve a cena com sua habitual ironia:

Não tivessem a dinastia e as instituições abdicado quase que por livre e espontânea vontade, a revolução tampouco teria ocorrido. Os representantes da soberania do povo ocuparam, com hesitação, as posições vacantes – nada além.

No início, o *Jornal dos Trabalhadores* (Arbeiterzeitung) nos dava a impressão de saber o que queria; há dois dias, no entanto, sua postura está murcha, falta-lhe um tema adequado. O partido parece temer um comprometimento caso colabore com os nacionalistas e os socialistas cristãos. Inclusive se tem a impressão de que não há plano algum, nem vontade [de agir]. É uma amarga herança o fato de os austríacos germanófilos sempre terem sido o povo do governo; eles não são organizados no nível político e estão sem vontade nacional.

Kisch se esforça para introduzir nessa situação seu bolchevismo. Perguntou para minha mulher hoje, antes da reunião da Guarda Vermelha na Deutschmeisterplatz: "Você virá, me ver? Hoje à noite terei à minha disposição quatro mil espingardas. Muito sangue vai correr ainda"; ele diz isso com um ar de sincera contrição. (Há quatro semanas, ele declarava que cada homem a cair no *front* seria doravante um crime capital!)

Ele pensa não ter comido nem dormido há 48 horas (mas foi visto num café, no meio de uma refeição). Ele está bastante rouco, dispersivo, e não se consegue ouvir dele nem mesmo duas frases com nexo. Com ele anda Werfel, que ficou nesses dois dias pálido, magro e rouco por completo. Ao que parece, não tem ideia do que faz, acredita ter influência sobre as pessoas no sentido de uma mudança pacífica. Ele é cômico ao extremo. Kisch, ao contrário, dá uma impressão histérica. Procura a todo custo colocar-se no centro de uma ação de Estado. Espírito do espírito do expressionismo. (Mas talvez esse tipo de prazer com a teatralidade seja a condição *sine qua non* de um papel histórico.) É visível que o principal é o que se dirá dele; sua ambição inconfessa é dar um *frisson* à Central de Imprensa Militar (*Kriegspressequartier*). [Ocultos na sombra,] dois anarquistas de verdade turbinam Kisch e Werfel.

De noite, o boato de que dez mil prisioneiros de guerra italianos estariam avançando em direção a Viena. As senhoritas Röhrich já estão fazendo as malas.[57]

---

57. Revolutionstagebuch (02/11/1918) (Diário da Revolução [02/11/1918]), *Tagebücher*, v. I, p. 342s.

PREFÁCIO

Esse retrato das agitações um tanto teatrais dos revolucionários austríacos confirma a suspeita de muitos autores que apontaram a grande diferença entre a revolução de novembro de 1918-1919 na Alemanha e o desmoronamento, quase sem confronto interno, do Império Austro-Húngaro[58]. Musil observa suas próprias reações e as posturas dos seus amigos, conhecidos e colegas, anotando as impressões no seu diário. Esses instantâneos funcionam como um filtro para a decantação e a análise de ideias e sentimentos confusos. Porém, apesar da percepção às vezes dura e irônica, os retratos das figuras públicas nunca tomam a forma do ataque pessoal. Quando Musil observa Kisch e Werfel, busca entender o estado de ânimo coletivo; quando escreve resenhas sobre Hermann Bahr ou Walther Rathenau, não deixa de reconhecer os méritos dos autores e define com precisão cirúrgica quais passagens lhe parecem duvidosas. Na obra de Rathenau, por exemplo, a descrição da experiência mística é elogiada, ao passo que Musil considera os capítulos em estilo (pseudo)teórico como abusivos – uma observação interessante no contexto da teologia política, que começa a ganhar tração com autores como Carl Schmitt[59]. Do mesmo modo, as resenhas musilianas prestam homenagem à excelência da crítica cultural e literária de Bahr, denunciando de modo pontual apenas o estilo e as ideias que se aproximam dos vícios característicos da época – por exemplo, do estilo de Johannes Müller, que revelaria em breve seu clericalismo racista e eugênico[60].

58. Norbert Christian Wolf mostra as muitas vozes divergentes a esse respeito no seu recente livro *Revolution in Wien: Die literarische Intelligenz im politischen Umbruch 1918/19.*

59. Musil teria provavelmente estendida sua crítica da teorização da coisa mística às analogias que Carl Schmitt estabelece entre o milagre e o estatuto excepcional do soberano. Na sua obra *Politische Theologie,* p. 43, Schmitt estabelece um estreito paralelismo entre a figura jurídica do estado de exceção (monopólio do soberano) e a ideia teológica do milagre.

60. Nisso Musil se distingue do pendor à polarização intelectual típico da época – exemplo: a diatribe dos irmãos Thomas e Heinrich Mann, com seus mútuos ataques públicos: Heinrich desqualificado como literato lacaio da civilização francesa, Thomas como um dos "fofoqueiros das profundezas" que fornecem "as ideias de sustentação para o espírito monstruoso" do autoritarismo do entreguerras. A ironia visa o irmão Thomas, cujo "espírito de decência e correção frutificou ao longo de meio século, trazendo-lhe os louros do poeta nacional". Ver Thomas und Heinrich Mann, *Die Zeit,* 13 fev. 2014. Disponível em: <http://www.zeit.de/>.

De 1900 a 1919, esta seleção de anotações, fragmentos e ensaios oferece *insights* na transformação de um jovem engenheiro e matemático com veleidades poéticas em pensador e escritor maduro, e já às voltas com sua obra-prima *O Homem Sem Qualidades* – romance no qual essas reflexões ora fragmentares ora desenvolvidas até as últimas consequências reaparecem, transfiguradas em ficção.

ENSAIOS
1900-1919

PARTE 1

DOS FRAGMENTOS JUVENIS AOS ESBOÇOS FICCIONAIS

Esta pequena seleção de fragmentos dos diários foi incluída para ilustrar as dúvidas e reflexões do jovem engenheiro e cientista na sua rápida trajetória para a nova carreira de escritor, crítico e ensaísta. Eles ilustram o entrelaçamento íntimo da reflexão crítica e do estilo ensaístico com a produção ficcional que desponta em textos como "O Brumoso Outono de Grisolhio"; "Sobre os Livros de Robert Musil", ou "Papel Pega-Moscas"[1] – esse último uma das micronarrativas mais bem-sucedidas de Musil.

Os fragmentos dos anos 1901-1904 rastreiam o modo como Musil se familiariza com o mundo da literatura dos dezoito aos vinte anos, apesar de ainda estar quase sem formação prévia em matéria literária. Ele absorve rapidamente (e supera!) as influências decadentistas dos círculos poéticos e o impacto, de início avassalador, dos filósofos da moda – Nietzsche e Dostoiévski, Klages e Maeterlinck. E, não obstante um nítido e intenso envolvimento com o neomisticismo em voga na época, é notável seu agudo senso crítico e autocrítico, que rapidamente

---

1. "Grauauges neblilgster Herbst", "Über Robert Musils Bücher", "Das Fliegenpapier".

62   DOS FRAGMENTOS JUVENIS AOS ESBOÇOS FICCIONAIS

distingue e seleciona o que tem valor nas produções alheias e nas próprias tentativas poéticas, por exemplo, quando renuncia à publicação do manuscrito "Paraphrasen", redigido sob o impacto de uma experiência místico-erótica no verão de 1900. O estilo desse manuscrito de aforismos[2], hoje perdido, pode ser deduzido de fragmentos como "Padarewski~Phantasie" (Fantasia Paderewski), cujos motivos, ideias e tom lânguidos ainda estão presos aos moldes do decadentismo e do neomisticismo – estereótipos da época que encontraremos, uma década depois, também na *Metaphysik der Jugend* (Metafísica da Juventude) de Walter Benjamin. A diferença é que Benjamin insiste em publicar seu manuscrito, ao passo que Musil parece tomar distância de suas efusões juvenis no próprio ato de escrever e se tortura por alguns anos em busca de formas de expressão adequadas, autênticas e precisas que objetivem sua intensidade íntima. Os fragmentos "Urteil des Herrn R.M. über sich selbst" (Juízo do sr. R.M. Sobre Si Mesmo") e "Franzensberg" são etapas nessa busca de objetivação, que exige a rejeição da pompa enfática do exercício de estilo e a limpeza das camadas de sentimentalidade que abafam a experiência singular.

Os fragmentos escritos entre 1900 e 1904 deixam entrever o árduo trabalho de (auto) crítica que permite a Musil conquistar aquela prosa sóbria, dura e delicada cujo lirismo é reduzido a uma batida de fundo e que admiramos até hoje no primeiro romance, *O Jovem Törless*. A ideia de amalgamar a intensidade lírica com reflexões que pertencem à prosa ensaística e ao romance histórico nasce da luta por precisão – uma agudez reflexiva que se esboça nos fragmentos aqui apresentados. Eles são testemunhos da lenta e difícil gestação do inovador romance

2. Existem apenas alguns fragmentos desse manuscrito perdido, por exemplo a "Fantasia Paderewski", aqui traduzida, que evidencia a lúcida autocrítica do jovem aspirante. "Paraphrasen" parece ter tido semelhanças com um dos textos juvenis que Walter Benjamin publicaria em 1914 (*Metafísica da Juventude*), cujo manuscrito foi apresentado primeiro à *Neue Rundschau* e rejeitado provavelmente pelo redator-chefe, Robert Musil. Não há nada de surpreendente no fato de Musil ter rejeitado a obra: afinal, tudo nesse volume de aforismos evocava o próprio pecado da juventude que Musil cometera, quatorze anos antes, com suas "Paraphrasen".

ensaístico *O Homem Sem Qualidades*, que tomaria forma duas décadas depois, e da consciência precisa que o jovem escritor tinha da dificuldade e da envergadura do seu ambicioso projeto (essa consciência já está explícita no fragmento "Juízo do sr. R.M. Sobre Si Mesmo").

Os esboços dos diários constituem uma espécie de oficina do artista, um lugar de decantação e higiene da alma e do entendimento, em que se procura depurar o "pântano da alma juvenil", descartando os "sentimentos emprestados" e selecionando o que é de fato relevante nos estímulos artísticos preexistentes; Musil chega ao *insight* de que essas "associações vindas de fora" criam nos jovens poetas e críticos a "ilusão de sermos alguém", embora estejam "longe de estar prontos" (a descoberta encontra mais tarde seu lugar no primeiro romance[3]). No mesmo diapasão, um outro fragmento ("Reflexão Sobre Pessoas Como A.R. Meyer", feita entre 1900 e 1905) traz uma série de anotações críticas sobre a transição do gosto histórico para o decadentismo que marcou a iniciação literária musiliana. Observa-se também um distanciamento de movimentos como o *Jung-Wien* (A Jovem Viena), encabeçado por figuras como Hermann Bahr e Hugo von Hofmannsthal, ou do círculo de Stefan George.

Outro desafio para esse cientista-escritor é o peso da crítica e das convenções impostas pelo gosto de uma elite cultural dominante. A posição de autor inovador, porém ainda desconhecido, é difícil na vida literária vienense, como na berlinense: ele precisa se defender, de um lado, dos preconceitos anti-intelectuais de um público tradicional e, de outro, do hiper-refinamento dos *connaisseurs* em matéria de arte, cujo esnobismo cultural muitas vezes blinda o gosto e a sensibilidade. Musil raramente encontrará um espaço de debate aberto para suas ideias incomuns, e sua tranquila altivez (muitas vezes confundida com arrogância) expressa uma segurança artística e uma firmeza intelectual que já estão além do polimento estético dos

---

3. R. Musil, *Die Verwirrungen des Zöglings Törleß*, p. 13.

64 DOS FRAGMENTOS JUVENIS AOS ESBOÇOS FICCIONAIS

escritores que o iniciaram na literatura. Musil já é o poeta-pensador que reflete além das fronteiras das correntes intelectuais e acadêmicas consagradas – o que se mostra, por exemplo, nos desentendimentos com o amigo Alesch, o *connaisseur* treinado e crítico de arte acadêmico[4]. Musil terá de lutar ao longo de toda a vida para afirmar o valor de sua criatividade inovadora e a complexidade de sua visão no âmbito de críticos e artistas mais estabelecidos e bem relacionados no mundo da arte. Sua visão abrangente, que antecipa inúmeros aspectos relevantes do desenvolvimento tecnológico e social por vir e seu caráter um tanto recluso dificultam suas habilidades de relacionamento muito mais desenvolvidos em autores como Elias Canetti e Hermann Broch, Thomas Mann ou Walter Benjamin.

Esse desconforto atravessa as amizades com colegas, como se vê no fragmento documentando uma conversa com o colega Von Allesch, redigido na época dos estudos de psicologia em Berlim (1904–1905). Musil já terminara, mas ainda não conseguira publicar, *O Jovem Törless*; entre colegas, concorrentes e rivais, ele está no limbo da incerteza do valor objetivo do seu romance – que representa o resultado de sua luta contra os "sentimentos de papel" – ou seja, do esteticismo típico da virada do século. A dolorosa conversa com Allesch (que incarna para Musil o esteta típico) pontua a distância que começa a separar o romancista inovador que Musil já é dos artistas, críticos e pensadores médios que o rodeiam (e menosprezam).

---

4. Um exemplo da violência aberta das lutas intelectuais da época é o artigo de Walter Benjamin sobre a morte de Rilke. Benjamin não só aproveita a oportunidade para demolir e ridicularizar a imagem do poeta, porém dedica mais da metade do texto a um acerto de contas com o crítico Franz Blei, num sintomático ataque contra a geração mais velha.

1. ALGUMAS ANOTAÇÕES DOS CADERNOS/ DIÁRIOS – PARA A AMBIENTAÇÃO

Fantasia Paderewski
(c. 1899)[1]

Juntou-se a nós o homem das mãos sonhadoras
Indicando às nossas almas caminhos que ninguém jamais
  vislumbrou
E seus dedos sonhavam
Como devotos em paisagens cercadas de nuvens
Na branda luz do sol

E com os segredos de suas cordas intocadas
Um luto infinito parecia emanar de seus olhos
Envolvendo-nos, pobres de nós → <E seus> Dos olhos que aí
  sonhavam

---

1. Paderewski~Phantasie (wahrscheinlich vor 1899), *Tagebücher,* v. II, p. 828-831; c.1900-1901. Paderewski foi um dos mais famosos pianistas poloneses, cujas interpretações de Chopin fizeram tanto furor que aparecem frequentemente na literatura da época; ver o verso de T.S. Eliot "Ficamos, por assim dizer, de ouvir o último polonês / Expelir Prelúdios pelos dedos e cabelos", em "Retrato de uma Senhora", em T.S. Eliot; C. Baudelaire, *Poesia em Tempo de Prosa,* p. 22.

66 DOS FRAGMENTOS JUVENIS AOS ESBOÇOS FICCIONAIS

Com a vida perdida em meditações
De sua sensualidade melancólica <um manto com franjas de
açafrão do outono, saudoso e sensual>

E nosso orgulho e
[ilegível] as mulheres irônicas e sentimentais com carícias zom-
bando de si mesmas
nuvens em floco pareciam flutuar pela sala
e cálidos lombos femininos arqueando-se para nós
como se um luto infinito
[...] nos espreitasse, desamparados[2]

Juízo do Sr. R.M. Sobre Si Mesmo – Para o Seu 21º Aniversário (1901)[3]

Ele, com frequência, tem ideias sutis. Também fala delas, porém
sempre as transpondo antes, de um modo bem característico,
para outro âmbito psíquico.

Numa caminhada, por exemplo, lembrou o seguinte:

---

2. Esse fragmento fazia parte de um manuscrito nunca publicado com o título "Para-phrasen". Sua maior parte se perdeu, fora alguns fragmentos como essa "Fantasia", cuja atmosfera reflete o frêmito de certas experiência juvenis intensas, de devaneios místico-eróticos, que o jovem poeta procura elaborar de modo aforístico – naquele estilo neo-místico em voga que encontramos em autores como Maeterlinck e Klages, e mais tarde também nos manuscritos do jovem Walter Benjamin. Musil planejou a publicação desses aforismos em 1901, mas ele mesmo deve ter tidos dúvidas e um olhar autocrítico que terminou ocasionando a perda de "Paraphrasen". No fragmento "Juízo do Sr. R.M. Sobre Si Mesmo" já percebemos o olhar autoirônico e a autocrítica que levaram Musil a aceitar os conselhos do crítico Hans Flögel, um jornalista e crítico literário que Musil consultou na época. Flögel deu o excelente conselho de deixar repousar numa gaveta esses candentes epigramas e poemas. Posteriormente, Musil lembrou com gratidão desse conselho, pois sem ele "eu teria errado meu caminho" (Tb I 316; K. Corino, *Robert Musil: Eine Biographie*, p. 174). Nos Cadernos/Diários encontramos a anotação de que os poemas e aforismos juvenis "emergiram de uma alma pesada e saudosa [e] não tinham muito valor" (Tb I 773). O valor poético e ético surge da reelaboração: do paciencioso trabalho de esquecer, recomeçar, refinar que encontramos em *O Jovem Törless* ou *Uniões*.

3. Urtheil des Herrn R.M. über sich selbst (Zu seimem 21. Geburtstag) (1901), *Tage-bücher*, v. II, p. 815s.

ALGUMAS ANOTAÇÕES DOS CADERNOS/DIÁRIOS – PARA A AMBIENTAÇÃO   67

Costumamos falar mal do romance histórico e consideramos impossível que se possa escrever um bom livro sobre o passado. Hoje, contudo, sentimos às vezes a tentação de fazê-lo. Movidos por uma carência da alma. Escrever num registro histórico se torna uma experiência espiritual, transformamos a paisagem dentro de nós, traduzimo-nos para um outro sistema de medida e avaliação.

Consegui extrair essa frase da mente do meu amigo R.M. porque já o conheço bem.

Antes disso, em vez de fazer declarações, ele costumava dizer apenas: "Vou escrever um romance histórico." Sorrindo em um ricto.

É claro que ele ainda está longe de realizar de fato o projeto de um romance histórico. E, por isso, pode acontecer de ele ser considerado um falastrão, no mínimo um excêntrico, e justamente as pessoas cultas e finas não conseguem se compatibilizar com ele – isso quando não sentem repulsa.

O sr. R.M. o sabe e o atribui à sua postura distanciada e orgulhosa. Pois quando ele ainda amava a srta. Valerie, esse pequeno estigma do ridículo se dissolveu na imensa quietude da alma que aquele momento proporcionou.

Então ele era um ser inteiro, enquanto agora, por vezes, aparece de novo aquele dilaceramento que seu amigo Gustav outrora descobrira.

Reflexões no Morro Franzensberg na Cidade de Brünn (13.11.1902)[4]

De manhã, caminhando devagar pelo Franzensberg, naquele caminho que passa por cima dos bordéis cujos pátios estão abertos para o olhar. Tinha na cabeça aquelas passagens extenuantes de Paderewski.

4. Am Franzensberg (13.11.1902), *Tagebücher*, v. II, p. 821.

Pensei. Se alguém tocasse essa música sem parar, nutrindo minha alma... e senti que isso me afastaria por completo da vida e me voltaria por inteiro para essa outra coisa, porque a vida não é capaz de fornecer algo equivalente. É esse momento que agora me envolve em véus e suave luz, [mas] ele irá morrer em breve, como todos esses estados [efêmeros], e todas essas ideias [que brilham por um instante e logo desvanecem].

Ideias desse tipo não têm uma consistência firme e determinada. Tendem a resumir-se em algo muito simples e genérico – até em lugares-comuns. Isso, no entanto, não é critério [para desprezá-los]. Pois o conteúdo de uma ideia se mede pelo poder de criar vida em nossa alma.

Certos atos sutis e espirituais são como gotas de um perfume refinado. Têm efeitos intensos, embora o deleite de sua ação dure apenas minutos, horas, dias. Mas a duração, o volume de uma sensação, tem (devo admiti-lo de mau grado) seu valor próprio – muito embora costumemos negligenciar esse fato. Não há nada a fazer: nossa vida dura um tempo determinado, e cada hora se abre como um buraco hiante, filho da morte, que devemos preencher. E nada se preenche com aquelas coisas sutis. A sutileza, os atos espirituais são dons, dádivas, "abstratos" da vida, que não têm dimensão psíquica. Eis por que não preenchem as horas. Para poder fazê-lo, eles precisam antes se transformar em vida, e o critério é para qual estado ético eles podem nos transportar e quanto tempo eles podem agir sobre nós. Se bem que possam permanecer moralmente relevantes, eles empalidecem eticamente. Descrevem círculos na alma, e o fator "volume" depende da amplidão desses círculos, da duração do movimento, das horas nas quais nós somos ainda éticos.

...Uma outra espécie é a dos grandes Amantes, Cristo, Buda, Goethe... eu, nos dias de outono em que amava Valerie. Esses não buscam qualquer verdade, mas sentem que algo no seu íntimo se recompõe como um todo. Isso é algo humano, um processo criatural. E esses [místicos] têm a aptidão de sopesar ideias, *insights* e valores uns em relação aos outros, pois a coisa

ALGUMAS ANOTAÇÕES DOS CADERNOS/DIÁRIOS – PARA A AMBIENTAÇÃO

nova que neles se forma tem raízes em camadas exigentes [que sabem distinguir e escolher][5].

Em cima da minha escrivaninha – na minha frente – há rosas de gelo[6] num prato de metal lavrado. E embora isso seja muito belo, não sinto nada – nada.

Conversa do Sr. Musil Com o Sr. Musil (13 de maio de 1905)[7]

— Vamos conversar um pouco conosco mesmo, sr. Musil. Você tem dias em que não gosta dos artistas, você disse?

— Sim.

— E outros em que foge dos filósofos?

— De fato. Ora uns não são filosóficos o bastante, ora os outros não são humanos o bastante.

— E hoje?

— Hoje estou com os artistas. Tive uma irritação no instituto, seguido de uma noite com artistas cuja alegria inocente me deu prazer.

— Alegria inocente é quase um lema; é assim que a tradição vê o artista.

— Hum, é verdade. Você toca em um ponto delicado.

— Perdão.

— Sem problema. Um dia teremos de conversar sobre isso com franqueza. Devo admitir que, embora acredite ser um artista, não sei o que é isso. A filosofia me irrita. Sofro com essa confusão. Sofro de fato. Minha noção da filosofia se tornou mais exigente; ela começa a englobar aquilo que até agora considerava ser o traço essencial do artista.

5. Inserimos assuntos e referências implícitas, para facilitar a compreensão.

6. *Schneerose*, literalmente "rosa de gelo", é uma flor que se parece com pequenas anêmonas brancas e cresce no degelo da primeira primavera. O nome científico é heléboro negro.

7. Unterhaltung des H. Musil mit H. Musil (13. Mail 1905), *Tagebücher*, v. I, p. 149.

— Você já aludiu a isso em conversas que tivemos no passado. O filósofo não tolera o artista com profundas reflexões, você disse.

— É isso. As reflexões têm que ser cada vez mais profundas e cada vez mais exatas.

— Mas esse argumento se dirigiria, num primeiro momento, apenas contra escritores como Maeterlinck, Novalis, Emerson e outros desse tipo. Eles não estão à altura das suas próprias ideias, deixam-se fascinar e iludir pelas suas intuições e coisas do gênero. E um poeta, um escritor sério, é apenas aquele que consegue transpor tais ideias para um ser humano, descrevendo seus efeitos nas relações humanas etc. O filósofo talvez não tenha talento suficiente para isso?

— É provável; mas ao poeta talvez falte o pensamento. Ele não consegue dar ao pensamento aquela forma sutil que exige o gosto do filósofo.

— Mas precisamos dessa sutileza? O poeta não deveria procurar e vivificar suas ideias num nível médio?

— Eu também já pensei nisso. Em particular em relação com a psicologia. Ela adquiriu nos dias de hoje métodos muito exatos e indiretos, com os quais sabe expor processos que, de outro modo, são totalmente inacessíveis à observação – uma espécie de espelho cerebral. É provável que essa perícia se aprofunde ainda mais. Iremos descobrir camadas cada vez mais profundas. Mas será que isso irá alterar a representação do escritor? Pois esse sempre trabalha apenas com os complexos que se oferecem ao primeiro olhar. Do mesmo modo que o pintor representa não os átomos, mas corpos rodeados de ar natural, o poeta trata dos pensamentos e emoções que estão na superfície, e não dos elementos psíquicos.

— E não é que agora se elogia o escritor que penetra nas profundezas?

— Pois é aí que eu busco o que possa me distinguir! E, ao que parece, isso não acontece graças à auto-observação, esse instrumento inútil! Em vão se aposta nela, ela não satisfará nossa ambição. Por isso ganham renovado significado para mim

ALGUMAS ANOTAÇÕES DOS CADERNOS/DIÁRIOS – PARA A AMBIENTAÇÃO

aquelas teorias hoje desqualificadas sobre o jogo das forças da imaginação, a bela aparência e coisas do tipo. Mas agora estou cansado, hoje não chegaremos ao fim dessas considerações. Boa noite, sr. Musil.

— Boa noite, sr. Musil.

Conversa Com o Colega Von Allesch (5 de julho de 1905)[8]

5. VII. [1905] Hoje, depois de um seminário com Schumann, conversei com Von Alesch e dois outros. Falamos do Renascimento e do catolicismo, e de lá passamos para Huysmans, que Alesch elogiou sobremaneira. Eu disse que não gostei nem um pouco de *À rebours* (Às Avessas). Von Alesch: "Ah, mas é uma coisa muito fina, em particular o estilo. Há belezas estilísticas tão sutis…" Eu retruquei: "Essa sutileza tem algo de artificial; ela não é real, nem concreta." A.: "O que quer dizer 'real'…? E desde quando seria um erro ser artificial?"

Essa breve conversa me estragou o humor pelo resto do dia. Parecia que eu não conhecia o valor estético das coisas artificiais. O que mais me inquietava era que, desde o dia na Galeria, eu fiquei suspenso numa certa inquietação. Inventei a expressão "baconismo sensitivo" e tentei consolar-me com isso. Mas não há como negar: um tipo que eu nunca quis compreender está me cercando agora. O tipo do homem esteticamente sensitivo. Eu sou moralmente sensitivo. Particularmente desde a época de Valerie. Antes disso eu me juntava aos estetas. Mais tarde, comecei a considerá-los, a partir de um certo grau, como parte da cultura de estufa. Tipos inacabados como Strobl reforçavam essa ideia.

Sentimentos construídos, emoções de papel. Agora topo com um homem que dispõe de muitas associações culturais. Ele

8. Unterhaltung mit Von Allesch (5. Juli 1905), *Tagebücher*, v. I, p. 153-154. Alesch/ Allesch: Johannes von Allesch (1882-1967), psicólogo e crítico de arte, colega de estudos de Musil em Berlim (Musil escreve o nome Alesch).

finge poder curtir sentimentos que eu apenas consigo nomear. Tenho que desvendar esse tipo; isso me causa uma excitação como no tempo em que cheguei como semibárbaro ao círculo dos alunos de ginásio.

6. vii. [1905] Disse para Alesch antes da preleção de Stumpf: "Na verdade, estou zangado com você – pois como alguém pode gostar de Huysmans?" "Ah, é que ele tem um finíssimo estilo de cronista; narra de modo tão calmo –, realmente como nas antigas crônicas latinas, e com os volteios mais sutis ele repentinamente dá um novo aspecto à trama." Retruquei: "Se fosse assim, eu o apreciaria profundamente. Compreendo apenas que ele tenha sido apreciado há uma década, quando ainda era mérito ser decadente ou desfiar emoções seletas; mas hoje? Ele enumera coisas refinadas, porém isso é tudo que faz com elas." "Oh, ele não se limita a enumerá-las, ele tem de fato esse tipo de gosto; perfeitamente real." "Real? Eis a palavra que ontem você pretendia não entender; fico feliz." "Não, eu apenas não entendia como você podia negá-la em Huysmans." "Mesmo assim. Mesmo que se admita que ele tenha lido todos esses cronistas (o que menos importa), e admitindo que ele os ame verdadeiramente, eu continuo a localizar o real num matiz mais profundo." "...?" "Sim, posso imaginar um tipo de homem no qual esse é o caso, embora suas sensações, mesmo assim, não merecessem o predicado 'real'." Nesse ponto, atingi a posição mais favorável; será que A. o sentiu? Infelizmente, a conversa voltou para o estilo, pois eu duvidava que Huysmans realmente acertasse o estilo do cronista. Eu achava que Hofmannsthal, Schaukal e muitos outros escrevem melhor. A. não queria admitir isso de jeito nenhum. Finalmente, constatamos que ele lera Huysmans no original. Isso me estragou todo o humor. Claro: o jovem que só lê os franceses no original! Não foi que, assim, eu perdera de novo?

Após a preleção falamos de Altenberg, de quem ele não gosta. Dessa vez eu o elogiei como sutil estilista. Estilo comprimido! E, claro, não deixei de mencionar que isso, em se tratando de Alesch, já seria um clichê. Mas evitamos a discussão.

ALGUMAS ANOTAÇÕES DOS CADERNOS/DIÁRIOS – PARA A AMBIENTAÇÃO   73

Não lhe disse ainda o que espero dele para a minha vida. Mas já o lisonjeei; apenas em parte com intenções. Toquei na versatilidade dele e no fato de que, nesse assunto, eu teria pecado por omissão. Ele ficou visivelmente tocado. Contudo, não mencionei as dúvidas que tenho com relação a essa versatilidade. Por isso, sinto um pouco de vergonha. De qualquer modo: é um tanto à custa do meu orgulho que eu preciso, primeiro, aprender dele, para depois ver se há ou não algo a aprender desse homem.

Sobre Formas Históricas de Sensibilidade (8 de julho 1905)[9]

Ontem li na *Neue Rundschau* um ensaio de Scheffer sobre a sensibilidade renascentista que, de repente, me extraiu de um profundo mau humor.

Mostrava-se que uma compreensão mais sutil de certos trabalhos da literatura moderna pressupõe conhecimentos históricos específicos. Por exemplo, em uma das chamadas "novelas italianas", de C.F. Meyer[10], *Die Hochzeit des Mönchs* (O Casamento do Monge), no trecho em que Dante sobe por uma ampla escadaria iluminada por tochas e entra no palácio, devemos ao mesmo tempo nos lembrar da passagem de um poema em que o poeta lamenta o triste destino de quem deve, no exílio, subir e descer as escadas de moradias alheias. Em *Gestern* (Ontem), de Hofmannsthal, há o truque cênico sutil do cardeal que se senta precisamente sob o busto de Aretino[11]. Os nomes Sperelli[12], Gioconda e muitos outros na obra de D'Annunzio estão repletos de referências históricas etc. Exatamente a mesma coisa com os quadros: que

---

9. Über historisches Empfinden (8 de julho de 1905), *Tagebücher*, v. 1, p. 155.

10. Conrad Ferdinand Meyer (1825-1898), escritor suíço; publicou suas *Novelas Italianas* em 1895.

11. Pietro Aretino (1492-1556) foi um poeta, dramaturgo, satírico e estelionatário italiano com grande influência nas artes e na política do seu tempo.

12. No romance *Il piacere*, de D'Annunzio, o conde Andrea Sperelli d'Agenta é um autorretrato do autor.

deleite novo para quem sabe que o fervoroso cortejo de bacantes foi pintado pelo frígido Van Dyck! Ou saber, como me explicou Alesch, que tal imagem da madona é permeada por um motivo que une as roupas dos anjos aos lírios nas mãos da Virgem etc.

O deleite histórico cria realmente um tipo muito fino de pessoa. E se quisermos conhecer o homem que criou uma obra de arte, talvez não haja outra possibilidade.

E mais: se quisermos escapar aos vácuos que nos rodeiam, não há outra saída a não ser essa. Esse é o meio mais adequado e eficaz para sempre manter um certo nível.

Mas também é certo que há dois tipos bem distintos: eu e os históricos. Muitas vezes não sinto nada com relação a um quadro ou um poema, e outra pessoa vai achá-lo sutil. E ambos temos razão. A sutileza na perspectiva histórica tem algo em comum com os gestos angulosos das figuras bizantinas coladas num fundo dourado que sufoca toda a vida.

Gozar disso requer renúncia a alguma coisa. Ainda não sou capaz de avaliar isso. De todo modo, é sumamente importante uma reflexão sobre ambos os tipos.

Reflexão Sobre Pessoas Como A.R. Meyer (1899? – 1905-1906)[13]

Homens como A.R. Meyer são caraterísticos do nosso tempo. Eles são os "oniamantes"[14]. Isso é possível apenas porque eles também são os arquitetônicos[15], o que os vincula a gente como Hofmannsthal, Stefan George etc.

13. Überlegungen zu Menschen wie Meyer (1899? – 1905-1906), *Tagebücher*, v. I, p. 98. A.R. Meyer foi um editor de lírica expressionista e tradutor de Ossian e de Paul Verlaine (não confundir com C.F. Meyer).

14. Musil ironiza o humanismo sentimental daqueles críticos que acreditam que a sensibilidade atual pode englobar todas as variações emocionais históricas, remontando até o dionisíaco dos gregos.

15. "Arquitetônico" tem aqui o sentido de uma sensibilidade construída historicamente e montada sobre as sutilezas dos *connaisseurs*. Em sentido pejorativo, ver esta anotação sobre o amigo Alesch: "Sentimentos construídos, emoções de papel. Agora ▶

ALGUMAS ANOTAÇÕES DOS CADERNOS/DIÁRIOS – PARA A AMBIENTAÇÃO   75

Precisamos da arquitetônica já para uma coisa tão simples quanto apreciar um poema de um passado mais remoto. Eu, para dar um exemplo, sinto-me tocado apenas de vez em quando. Portanto, penso que só pode ser isso o que acontece com os outros. A diferença é que os outros estabelecem entre tais pontos[16] uma conexão da ordem do entendimento e do conceito, e transpõem essa conexão para a ordem do sensível-sentimental. Eles urdem belezas que eu também posso urdir e que reverberam em mim; mas esse tipo de beleza falha em me fazer sentir.

Tais produtos ganham seu acabamento apenas quando conhecemos também a vida dos seus criadores. É o truque artístico mais corriqueiro. Embute-se na arquitetônica o conhecimento histórico que a sustenta e torna possível antes de tudo; o tipo histórico.

▷ topo com um homem que dispõe de muitas associações culturais. Ele finge que pode sentir tais sentimentos." Em outras passagens, Musil oscila, ambivalente, entre apreço e repúdio: "O deleite histórico cria realmente um tipo muito fino de pessoa. E se quisermos conhecer o homem que criou uma obra, não há outra possibilidade." Voltaremos a outros trechos mais abaixo.

16. "Tais pontos" refere-se aos raros momentos em que a maioria dos leitores ou espectadores se sente realmente tocada pelos motivos e formas do passado. Musil tenta imaginar quantas operações cognitivas são necessárias para despertar de novo o interesse pelas formas artísticas antigas. É toda uma rede de pensamentos que transfere a emoção rarefeita para ideias e conceitos, traduzindo, por assim dizer, essa participação afetiva rara em uma excitação mais conceitual, moderna e atual.

2. FRAGMENTOS ENSAÍSTICOS

Instantâneos da oficina musiliana, esses fragmentos são reflexões sobre as possibilidades da narrativa moderna e sobre os impasses de sua segunda obra, *Uniões*, produzida nos anos 1907-1910. O autor procura avaliar o que tem valor no seu programa literário. Depois do sucesso do primeiro livro, *O Jovem Törless* (1906), Musil desafiou o gosto do público e da crítica, transformando a literatura em laboratório para experiências estéticas e éticas muito além das normas da narrativa contemporânea. O resultado é uma obra de difícil leitura e o fracasso de *Uniões* junto ao público e à crítica.

Nos fragmentos aqui traduzidos, Musil passa em revista os tipos tradicionais de narrativa para ver com mais clareza quais poderiam ser os caminhos para uma arte do futuro. O primeiro tipo parte das tendências psicológicas predominantes no início do século xx. Musil critica nesse tipo de narrativa a concorrência antiartística com a psicologia científica, que reduz a empreitada narrativa à mera ilustração de regras e leis já evidenciadas por psicólogos e psicanalistas. O segundo tipo visa ilustrar o desvio de uma regra: exemplo típico seriam as novelas de Barbey

DOS FRAGMENTOS JUVENIS AOS ESBOÇOS FICCIONAIS

d'Aurevilly, que Musil destacava como "dignas de leitura"[17]. O terceiro tipo seria a narrativa experimental à procura de novos sentimentos. O quarto é a modalidade, ainda vaga, que Musil tem em mente quando começa as duas novelas do volume *Uniões*. Ela consiste na suspensão da trama convencional (enredo fornecendo as causas e consequências da ação), substituindo-lhe o encadeamento de estados de alma, cuja lógica deve ser adivinhada pelo leitor, pela mobilização de suas próprias experiências.

Os demais fragmentos – esboços de prefácios e reflexões sobre as duas novelas de *Uniões* – testemunham a profunda crise criativa e a impiedosa autocrítica à qual se submete o autor.

[*Forma e Conteúdo*]
(*sem título – c. 1910*)[18]

Parece-me inquestionável que num texto possamos distinguir, pelo menos em parte, a forma do conteúdo. E, para uma reflexão crítica, isso também me parece ser útil. Por outro lado, salientar que a obra de arte se constitui de uma unidade indissolúvel de forma e conteúdo (que conteúdo = conteúdo assim formado, e forma = forma assim preenchida) é não apenas profícuo, mas também inegavelmente legítimo.

Não Se Pode Distinguir Entre Forma e Conteúdo

"Luzes nadam sobre o rio, crianças cantam sobre a ponte. – Sobre o rio nadam luzes, sobre a ponte cantam crianças."[19]

---

17. *Tagebücher*, v. I, p. 44.

18. Form und Inhalt (Ohne Titel – um 1910), *Kleine Prosa und Schriften*, p. 1299-1303. Neste fragmento, Musil avalia os graus de precisão e vagueza que distinguem a prosa discursiva, a narrativa poética e a lírica. A proporção de objetividade e vagueza metafórica, de referência clara e atmosfera nebulosa, diferencia os gêneros literários (lírica, romance, conto, novela, drama e ensaio). Musil retoma e sistematiza investigações que já afloraram nos fragmentos dos Cadernos (Diários) acima.

19. "Lichtlein schwimmen auf dem Strome, Kinder singen auf der Brücken. – Auf dem Strome schwimmen Lichtlein, auf der Brücken singen Kinder." Acima, em tradução livre.

Apesar do metro equivalente (o qual é, portanto, uma medida insuficiente da forma), a impressão estética é bastante diversa, embora a ideia seja a mesma. Ambas as frases expressam perfeitamente a mesma "situação fática", o seu "objeto intencional" é o mesmo. No discurso utilitário comum, tal como no científico, não estabeleceríamos nenhuma diferença entre elas. Não encontramos aqui, no sentido lógico-gramatical, diferentes possibilidades de significação ocasional. Será que se pode negligenciar isso? Podemos nos alçar acima do fundamento semântico da língua, mas não nos desfazer dele.

Essas duas configurações esteticamente tão distintas designam, portanto, a mesma situação fática, ou seja, elas contêm pensamentos que se referem, de modo intencional, ao mesmo objeto, o que não quer dizer outra coisa senão que elas têm o mesmo sentido e conteúdo.

Não é difícil notar, porém, uma diferença psicológica. No primeiro caso, o acento dominante está nas luzes, no segundo, no rio; a representação que nos é sugerida é diferente. E ainda há outros momentos do mesmo tipo. É por meio de todos eles que surge o "pensamento assim formado", o qual o crítico Blei chama de o conteúdo propriamente dito. Entretanto, como há na base dele algo que chamamos, no sentido corrente, de pensamento e conteúdo, seria melhor buscar um outro conceito para isso. Além disso, não é difícil notar que o "objeto do poema" não é, evidentemente, a situação fática, o fato de que luzes nadam no rio etc., mas sim a "atmosfera". E esse objeto é realmente diferente depois da alteração que foi feita. A unidade entre o objeto do poema e a forma é, portanto, muito estreita, de modo que sequer podemos pensar na possibilidade de separá-los nesse exemplo. O mesmo ocorre no poema de Baudelaire, no qual a mulher é caracterizada somente pelo fato de pensarmos nela *nesse* ritmo, *nessa* sucessão de imagens etc. Essa conexão me parece muito mais frouxa no Homero traduzido por Schröder[20].

20. Homero, *Die Odyssee*, é uma da mais famosas edições entre bibliófilos do século xx. Ela foi editada sob a direção de Harry Kessler, com ilustrações de Maillol e Gill, e é considerada como a inauguração da editora Kranach Presse.

Prosa Científica, Ensaio

Também a prosa científica tem um lado estético. Ele não pode ser excluído da formação dos conceitos. É característica a distensão entre forma e conteúdo. Para o mesmo conteúdo podemos encontrar as formas mais diversas. Elas "acrescentam algo", mas não mudam o essencial. Precisamente nisso repousa a adequação da linguagem para a comunicação científica.

No caso do ensaio, vemos claramente uma diferença segundo o objeto – por assim dizer, segundo a sua distância do tratamento científico. Se tomarmos, por exemplo, Maeterlinck ou algum místico intuitivo (cuja prosa pertence ao ensaio, não ao tratado científico[21]), passamos da clareza para a penumbra das palavras. As coisas que devem ser ditas aqui não se deixam dizer diretamente. O acervo disponível de relações intencionais[22] não basta. Tampouco em combinações, como nas definições dos cientistas. Isso surge quando entramos no domínio religioso, estético, ético e do indivíduo. No lugar da descrição entra a perífrase. A circunlocução, que é um rodeio. O que se destaca em relevo é uma imagem um tanto borrada de algo velado. Também nos *dégradés* mais finos nas tonalidades claras. Velamentos são

---

21. Musil distingue aqui, de um lado, a literatura mística, que recorre a ricas metáforas poéticas para captar a experiência insólita do místico; de outro, um ensaio como as *Ekstatische Konfessionen* (Confissões Extáticas) de Martin Buber, que se aproxima de uma análise histórica das formas de expressão místicas.

22. "Relações intencionais" designa o sistema de referências racionais (conscientes, objetivas) que os conceitos claros do entendimento imprimem às sensações, intuições, afetos e sentimentos. Musil mantém a ideia fundamental de Kant, cuja *Crítica do Juízo* distingue entre duas funções da imaginação: ela ora serve e se submete ao entendimento (as representações que a imaginação apresenta são analisadas pelo entendimento que resume seu juízo lógico num conceito do objeto); ora a imaginação funciona de modo autônomo, entrando num "jogo livre da imaginação e do entendimento", "brincando" com as múltiplas relações hipotéticas que poderiam existir entre as representações subjetivas e os conceitos do entendimento, mas sem chegar a um conceito determinado do objeto. Ver K. Rosenfield, *Estética*.

possíveis dos mais diversos modos. Podemos estabelecer, com a nitidez que aqui em geral é possível, quando X quer dizer mais ou menos a mesma coisa que Y. Nisso, ele pode se servir de outros pensamentos e de outros meios da prosa. Visto a partir do núcleo essencial, o conteúdo do todo não está de acordo com a forma. Embora apenas seja possível encontrar perífrases para ele mediante unidades de forma e conteúdo. A imagem, o tom da dicção, o hiato e tudo que irradia da forma é importante individualmente; porém, em meios a eles, pensamentos com significação objetiva também são importantes. Aqui, forma e conteúdo afastam-se em parte.

Ademais, o ensaio puramente voltado para a prosa factual também tem valores formais, na sua construção, no seu andamento, naquilo que os matemáticos[23] chamam de beleza do processo de prova, e coisas do tipo.

Romance, Novela, Drama

Todo conto, todo romance e todo drama tem seu "problema"[24]. Mas não compete à prosa objetiva o tratamento desse problema. Um problema dessa ordem pertenceria ao ensaio. Deve haver, na vida de todo grande poeta ou crítico, aquela linha divisória onde ele se torna ou um, ou outro. O problema, quando tratado no ensaio, arrisca tornar-se cansativo, arrastado. Na hora de pôr a mão na massa e partir para a vivissecção, é um momento de profanação mental. Na hora em que sentimos um "mas ele disse" no

---

23. Um exemplo de beleza da prova matemática é o teorema de Euler, que encontrou uma fórmula para três números muito notáveis, os quais, *a priori*, pertencem a áreas que pouco têm em comum: o número *pi* (=3.14…), o número *e* (=2.718… que é usado para funções exponenciais), e o número *i* (número "complexo", fundamental para álgebra). A formula de Euler estabelece a seguinte relação simples entre eles: $e^{(2*pi*i)}))) +1 = 0$ (e potência 2.pi.i mais 1 igual a zero). Eis um exemplo de fórmula sublime de concisão, ligando coisas em princípio muito estranhas umas às outras. Devo esse exemplo a um amigo matemático, Pierre Leterrier, que me ajudou a melhor compreender as metáforas matemáticas musilianas.

24. "Problema" designa aqui um conteúdo ou argumento racional, o núcleo da problemática intelectual.

lugar certo como um enriquecimento, uma depuração da nossa vida, é um momento de grande sagração. Nisso influi também a estranha relação entre pensar e fazer. Não porque o "impacto" do fazer no mesmo âmbito seja mais poderoso do que o dos pensamentos, mas porque o "ter feito" é algo como se casar: um reflexo de espelho a nos fazer exigências, uma consequência rediviva de coisas que já se perderam em nós. No romance ou no conto, os pensamentos não são explicitados, mas sugeridos. Por que, nesse caso, não seria melhor escolher o ensaio? Precisamente porque esses pensamentos não são algo puramente intelectual, mas algo intelectual emaranhado com o emocional. Porque pode ser mais poderoso não explicitar tais pensamentos, mas incorporá-los. Por que o técnico aprende certas coisas melhor na fábrica do que na teoria da escola superior? E também porque esse tipo de apresentação age mais forte sobre a vontade. Não é verdade que histórias de índios e aventuras levam os meninos a fugir de casa? Não fomos todos nós crianças com esse impulso de viver aventuras? A força sugestiva da ação é mais forte que a do pensamento. O próximo grau seria: sonhar lendo um livro. No grau mais alto, enfim, tudo o que é da ordem da vontade já foi absorvido pelas representações, e o derradeiro resto dela, que percebemos apenas indiretamente, se manifesta na amplitude aumentada das oscilações da alma, que irradiam dos pensamentos dissecados.

Huysmans, D'Annunzio

Em *Às Avessas*, Huysmans procura novos valores na esfera das sensações. Também ele já o faz com o auxílio de processos intelectuais. Cada uma dessas duas séries, porém, permanece isolada, e assim surge a impressão desagradável de uma busca afogueada e impotente. D'Annunzio procura inserir páginas de Nietzsche no seu *Il trionfo della morte* (O Triunfo da Morte), mas elas não cessam de destoar. Podemos explicar o mau passo culpando o material ou o poeta.

Partindo do material, chegamos ao fato de uma zona espiritual que representa o *status nascendi* em torno da linha que separa entendimento e sentimento. O sentimento é algo pouco articulado. Por isso, os psicólogos até hoje brigam pelas taxinomias dos sentimentos. Ainda que a presença do sentimento pertença ao âmbito da evidência do *cogito ergo sum* cartesiano, seu conteúdo, "aquilo que sinto", não o faz. Mesmo distinções grosseiras, por exemplo, a trivial distinção entre ódio e amor, muitas vezes não são possíveis. O que chamamos, na vida cotidiana, de sentimento, são estados e processos complexos. Elementos emocionais, sensoriais, motores e intelectuais se entrecruzam neles. Na sua descrição, recorremos todos a tais experiências vividas. Não existe uma nomenclatura direta, pois tratamos de objetos não fixos, porém fluidos. Ao poeta, no entanto, compete justamente essa zona. O que há de puramente intelectual, ele o deixa para o *scholar*, que o examina em profundidade e em detalhe. Inclusive na descrição de objetos concretos ele visa a coisa emocional. Ele não expressa as cores em micromilímetros de comprimento de onda, embora isso seja muito mais preciso. Ele descreve não as proporções de um rosto, mas diz: esse rosto é como... O abc da nossa vida interior é limitado; sua combinatória é inesgotável.

Na Arte Não Valem Outras Leis de Validação Que as da Nossa Vida

Por isso, a arte tem valor moral, pois o que fosse imoral na vida também o seria na arte. Ela tão somente isola, não levando em consideração totalidades inacentuadas. – Também na arte somos seres que têm pensamentos, sentimentos e sensações. Só é sublimada a afirmação da vontade, sublimação essa que, na vida, corresponde aos estados de contemplação. Arte é contemplação. O artista opera com pensamentos, sentimentos e sensações. Já mencionei o modo específico do seu proceder: a arte não nasce

84   DOS FRAGMENTOS JUVENIS AOS ESBOÇOS FICCIONAIS

quando o artista "pratica arte", como já se afirmou, lançando mão ingenuamente da ideia do "mundo das aparências artísticas"; a arte está na natureza do objeto. Ele ou é pensado assim, ou não é pensado de todo. O artista não brinca[25]: ele promove conhecimento com precisão científica. – É claro, ele não chega a verdades, conhecimentos universalmente válidos, objetividades. Contudo, isso se deve ao objeto, não a ele[26]. Ele não é um conciliador, mas um conquistador; abre picadas na paisagem; cria perfis, cortes transversais em fluxos[27], e não matrículas de imóveis. É possível que a ciência nunca possa acompanhar o poeta nessas paragens, embora também na teoria do conhecimento existam princípios de arbitrariedade. O poeta está menos à frente do seu tempo do que num território destinado apenas a ele. Ele é um produto evolutivo da luta pela dominação do mundo. Isso distingue o poeta de hoje e de amanhã de Homero.

E podemos distinguir entre poetas excêntricos e cêntricos[28].

Gênese do poema e do romance, distinções da possibilidade única vistas a partir da gênese. A possibilidade única ideal. Indeterminabilidade da coisa individual.

Forma e conteúdo são "objetos não independentes". Não se pode separá-los, apenas distingui-los. São muito menos

25. Desde Schiller, a concepção da arte como jogo e da beleza como bela aparência começa a deslizar para a ideia da literatura como "mera ficção", sem conteúdo real. O relativismo pós-moderno é apenas sua expressão mais acentuada. Musil luta contra esse pendor irrefletido rumo ao relativismo radical, que já começa a se enrijecer – paradoxalmente, também através dos "Manifestos" das próprias vanguardas, que procuram emancipar-se da tutela das estéticas acadêmicas e afirmar-se em oposição à racionalidade científica.

26. O objeto peculiar da arte é o domínio das relações oblíquas e hipotéticas, fluidas e indeterminadas; de ritmos, atmosferas, sequências de imagens, auras. Sua dinâmica resiste à clareza discursiva, modula a expressão conceitual, mas não a exclui: mantém a precisão do conceito como horizonte.

27. Musil insiste na literatura como expressão de realidades complexas, de potencialidades vivas, dinâmicas e abertas para o futuro.

28. É provável que a distinção se refira, de um lado, a escritores que não escrevem em consonância com as ideias do seu tempo (Musil se considerava um artista em desacordo com sua época; ele sabia que suas ideias pioneiras iriam se revelar apenas em décadas posteriores); do outro, a escritores afinados com o público contemporâneo. *Abseitig* (literalmente, "ex-tranho") significa estranho, alheio, vindo de fora, como oposto a *inseitig*: familiar, corriqueiro, em sintonia com o grande público.

FRAGMENTOS ENSAÍSTICOS

possíveis de separar no caso da lírica, pois ela é não somente a arte sujeita a regras e normas, mas também a arte padronizada da expressão verbal. Não se trata de distinções hierárquicas (a não ser na medida em que a maneira subjetiva do poeta se vincula a essas distinções nos exemplares nunca totalmente puros: o poeta lírico sendo geralmente mais um retórico, ao passo que o épico é mais um pensador). É de se supor que para cada conteúdo exista mais de uma possibilidade de forma? Se o discurso fosse a expressão pura do intencionado, poder-se-ia negar tal proposta. Num plano ideal, portanto, poderíamos dizer que a unidade é inseparável. Na prática, no entanto, nem a meta é tão nítida, nem o meio é tão preciso. O que ocorre não é que queremos dar forma a algo e procedemos a dar-lhe forma, mas sempre damos forma a algo diferente daquilo que inicialmente queríamos. As zonas de imprecisão são imensas no domínio estético. A relevância das obras sequer pode ser estabelecida de modo exato. A x o que é de x, a y o que é de y; mas também o inverso. Com isso, uma obra ganha o mesmo potencial, a inesgotabilidade e a indescritibilidade de uma coisa. A obra ideal, na qual forma e conteúdo coincidem perfeitamente, é uma ficção.

[Tipos de Narrativa]
(sem título, 1910-1911?)[29]

1. Tipo de uma narrativa: Exemplo: "Demônios"[30]. A menina dessa narrativa sofreu um trauma infantil erótico, devido ao qual todas essas alucinações se tornam agudas numa época posterior. Isto é, constrói-se um caso *particular* a partir de *regularidades psicológicas*, a ocorrência desse caso é mostrada de maneira causal.

---

29. Typus einer Erzählung (Ohne Titel – 1910-1911?), *Kleine Prosa und Schriften*, p. 1311.
30. Ver Fiódor Dostoiévski, *Os Demônios*.

Vantagem: A firmeza e frieza desse modo de apresentação (sempre recomendável como estrutura de base).

Desvantagem: Leis ou regularidades psicológicas trazem apenas dados recentes conhecidos por muitos, mas não por todos.

2. *Tipo*: Visar novamente à construção causal. Dessa vez, contudo, o interesse não está na demonstração da lei, mas no modo como um caso individual peculiar se produz graças a essa lei. Pensa-se, de certa forma: todos esperam que, nesse caso, se produza isso ou aquilo; o que acontece, entretanto, é algo completamente diferente! Mostra-se, por meio de uma análise sutil, a urdidura desse caso. O interesse está agora na configuração desconhecida de leis conhecidas, no ganho de importância de aspectos negligenciados dessas leis, nos pequenos fatos que repentinamente adquirem influência, nas condições sob as quais o conhecido se modifica!

3. *Tipo*: Mostrar *novos sentimentos*, descrevendo emoções desconhecidas para as quais, pela primeira vez, encontram-se as palavras. Obviamente, elas resultam também num novo cálculo, dependendo da sua configuração.

4. *Tipo* (*ainda vago*): Procurar expressão para novas coisas íntimas, renunciando, porém, a inseri-las numa conexão causal. Oferecer uma cadeia de tonalidades e atmosferas que formam um contínuo e, com isso, parte de uma conexão causal. De certa forma, sua parte emocional. Não se mostra: a ação B deve se seguir à ação A; mostra-se que o sentimento b (ligado a B) segue-se ao sentimento a (ligado a A), e como isso parece óbvio para o leitor. Mostra-se apenas uma sequência emocional, uma sequência de atmosferas, através das quais surge, no limite, a aparência de um nexo causal. *Das verzauberte Haus* (A Casa Encantada)[31].

31. Trata-se da segunda novela de *Uniões*, *Die Versuchung der stillen Veronika* (A Tentação da Quieta Verônica), anteriormente publicada sob esse título.

Prefácio
(1910-1911)[32]

Quando se pratica com muita seriedade uma ocupação que pertence às aptidões pessoais, surge a necessidade de descontrair nossa postura a seu respeito, torná-la mais flexível, dando-lhe a fluidez do embalo. Não há bom cavaleiro que não conheça a tentação de montar em um cavalo mesmo que vestido de traje social, nem tenista que não gostaria de bater uma bolinha mesmo de paletó, gola levantada e chapéu na cabeça.

Isso não representa um estado atenuado com relação ao do atleta treinado; é, ao contrário, uma experiência *sui generis*. Não uma improvisação, mas aquela gana de – após coisas que já foram medidas e sovadas e medidas de novo, que foram executadas até nas suas menores dobras e que possuem, em cada palavra, inúmeras relações com o todo, coisas cheias de responsabilidade – escrever outras coisas onde nos servimos da escrita apenas para expelir algo, colocá-lo aí, deixá-lo estar aí.

Prefácio Para as Novelas
(1911)[33]

Há uma exigência, parcialmente justificada, da crítica que diz: formem poetas, não tagarelem! As novelas[34] pecam demais contra essa exigência. A desculpa está na necessidade material, que obriga a um modo formal. Essas coisas não podem ser extraídas nem com uma técnica narrativa que aborde de modo econômico o motivo do escritor, nem com contemplações que operem sem situações. A questão decisiva é se essas coisas têm valor.

---

32. Vorwort (1910-1911), *Kleine Prosa und Schriften*, p. 1312. Trata-se de esboços de prefácios para as duas novelas reunidas no volume *Uniões*, de 1911.

33. Vorwort zu den Novellen (1911), *Kleine Prosa und Schriften*, p. 1312s.

34. Autocrítica de Musil aos defeitos de *Uniões*.

88 DOS FRAGMENTOS JUVENIS AOS ESBOÇOS FICCIONAIS

Não quero dizer que eu não poderia ter dado às minhas novelas uma forma mais épica ou uma forma melhor. Momentâneas limitações pessoais, acasos no modo como um trabalho surge: tudo isso determina o resultado. É possível dizer que do mesmo germe podem surgir inúmeros espécimes diferentes. Como isso em geral não acontece, o essencial está no germe: se ele estiolou é um detalhe.

Existe um feixe de exigências a amarrar o conceito de novela. Houve um momento em que esses dois trabalhos estiveram prestes a se tornar esboços *à la* Maupassant[35], e depois houve uma impossibilidade interna. Se dela sobrou algo, isso é bom.

A cabeça de alguém que trabalha assim[36] é como uma cela despojada: paredes nuas a fitar incessantemente o mesmo espaço exíguo, uma janela pela qual nada se vê além do céu vazio. É desse tipo de ira e fervor obstinado que devem ter brotado os sistemas medievais do pensamento escolástico, que se preocupavam até com o número de fios de cabelo dos anjos. Tais predileções não condizem com o gosto atual, mas é esse o sabor dessas novelas.

Numa época em que escritores falam com desprezo do seu ofício e exigem amplos espaços sociais diante de si, deve ser dito que essas novelas são em alto grau literatura, produtos de gabinete.

Estão envoltas no anelo de comandar um batalhão de personagens, jogar vida no papel com uma colher de pedreiro, colocar em pé problemas de carne e osso – daquele jeito vago e oscilante em que eles nascem na vida –, envoltas até mesmo no anelo de *não* escrever, preferindo organizar, agitar, fundar jornais, liderar a Federação Hanseática[37]. Estão envoltas na cons-

35. Maupassant é, para Musil, sinônimo de ironia, cinismo, niilismo – ou seja, de uma atitude distanciada que enfraquece a envergadura ética e o envolvimento do narrador, do autor e do leitor. O que inviabilizou o projeto inicial de transformar o episódio de infidelidade de Martha em uma narrativa satírica é a concepção séria que Musil tem da literatura como forma da eticidade ("Sempre considerei o estético como algo que equivale ao ético").

36. Musil refere-se ao escritor que trabalha com o fervor monacal de Flaubert e a seriedade fervorosa de Dostoiévski.

37. Associação comercial e industrial antifeudal de Berlim (1909-1914).

ciência de que escrever rouba a força para fazer tudo isso, que teríamos de deixar tudo isso para os outros – assim e apesar de tudo elas surgiram, dia após dia, mês após mês, por anos de obstinada ira e privação, buscando extrair da energia ascética as suas formas diretas.

Prefácio Para as Novelas (1911)[38]

A dificuldade de "fabular" é geralmente superestimada. Para quem tem talento, ela não deve ser grande. Uma vez o andaime das ideias em pé, cumpre revesti-lo com cenas que tenham a tonalidade adequada. Qualquer mote pode se tornar o teor de uma cena; não é difícil de ver. O escritor se pergunta quais são suas peças determinantes e se põe a montá-las. Por exemplo... Desse modo, teria nascido um romance; o fato de que isso não aconteceu é coisa de poeta, e provavelmente um atrativo (que então fica um pouco fora do livro – um atrativo biográfico –; tais momentos não são totalmente irrelevantes do ponto de vista estético[39]).

Importante é a questão de princípio, a questão técnica: temos de admitir que no romance há algo profano, algo frívolo e coisas desse tipo – por outro lado, essa renúncia mística diminui também o impacto[40]. É fácil atinar com as razões, difícil é compreendê-las. Efeito sugestivo da narrativa factual, depois pontos de repouso, alternância de irradiação e concentração.

Nas presentes novelas, há apenas concentração de um rigor quase matemático, um cerradíssimo mosaico de pensamentos. É interessante a técnica como consequência da postura

---

38. Vorwort zu den Novellen (1911), *Kleine Prosa und Schriften*, p. 1313s .

39. Ver o retorno constante desse elemento, ainda nos anos de 1920 e 1930 – por exemplo, no ensaio "A Europa Desamparada", a propósito do valor estético e ético de alguns versos de Goethe.

40. Musil reflete sobre a aura estética e sua desmistificação nos gêneros modernos: a narrativa romanesca que atende ao grande público.

90 DOS FRAGMENTOS JUVENIS AOS ESBOÇOS FICCIONAIS

fundamental: tudo o que é narrativo foi incorporado nos detalhes marginais, nas imagens, na frase.

Não há dúvida de que um livro sobre o qual se diz essas coisas será pouco lido na Alemanha.

Eu mesmo, quando o leio inteiro, sinto-me cansado e um pouco irritado. Mas umas dez páginas aqui e ali não cessam de me encantar. Só se pode amá-lo e condená-lo. Porém, como um caso singular, temos de aceitá-lo e compreendê-lo.

Novelas
(1911)[41]

Bem na superfície há temperamentos, caracteres[42]. Um pouco abaixo, os honestos têm nódoas de canalhice; os canalhas, nódoas de honestidade; os grandes têm momentos de estupidez etc. Nessa esfera vivem o épico e os grandes retratos humanos no drama. Aqui, os mestres são Tolstói e Dostoiévski, Hauptmann e Thackeray. Mais abaixo ainda, os homens se dissolvem em bagatelas. É a esfera em que, no meio de um acesso passional, paramos. Sentimos que aí não há mais nada que nos seja próprio, nada além de pensamentos, relações gerais, que não têm mais a tendência nem a capacidade de formar um indivíduo. As novelas se situam nessa esfera, tirando seus conflitos dela, da sua existência[43]: dessa esfera profunda e levada a sério; não do vazio e da nulidade, mas do entusiasmo trágico que por ela nutrimos.

Em todas as tragédias amorosas, há a mesma superficialidade: a casual entrada em cena de um terceiro. Rilke o disse, exigindo o adultério que acontece entre duas pessoas apenas. O adultério entre duas pessoas (e executado por meio de um

41. Novellen (1911), *Kleine Prosa und Schriften*, p. 1314.
42. Isto é, tipos nobres, torpes, corajosos, covardes, doces, ferozes etc.
43. Esfera de um além, de um estado outro, que Musil admira, por exemplo, na abertura dos poemas (*Dinggedichte*) de Rilke. Ver Glossário, "racioide" e "não racioide".

terceiro qualquer, representante da primeira esfera[44]) por causa da consciência de que existe aquela esfera mais íntima, onde os amantes se dissolvem em vazios irrelevantes, em coisas que valem tanto quanto qualquer outra, na qual a pessoa singular é apenas o ponto de passagem de reflexões que dizem respeito a todos, lutando para aproximar-se ainda mais dos amantes e vertendo na consumação do amor.

Ou, com as palavras do poeta: "Não é todo cérebro algo solitário e único? [...] uma solidão fria, ampla e clara como o meio- dia. Sentiam que o segredo de estarem juntos repousava naquela solidão."[45] Isso antes, porém. Depois, um acaso, uma viagem forçada, um homem estranho com toda a nitidez de sua existência ridícula.

A técnica: entre romance e novela não há, para o escritor, nenhuma outra diferença além da de importância[46]. Os limites pelos quais se tentou separar drama, romance e novela são propriedades de segunda ordem. Em particular, entre romance e novela conta apenas o grau de participação[47], a medida daquilo que colocamos de nós mesmos (no drama, isso conta muito pouco). Poderíamos dizer que essas narrativas surgiram da náusea de narrar.

---

44. Musil se refere ao enredo de sua novela *A Perfeição do Amor*.

45. Referência a trechos da novela de Musil *Die Vollendung der Liebe* (A Perfeição do Amor). Ela descreve a progressão paradoxal do sentimento do mais intenso amor que se realiza e "perfaz" o adultério.

46. Musil salienta de novo o componente pessoal, biográfico, do valor que o escritor atribui à novela.

47. Musil voltará à questão "participação" (empatia) no ensaio sobre a teoria de cinema de Bela Balázs: esse sentimento de estar participando magicamente de processos e aptidões espirituais corresponde, no domínio poético, à intensidade produzida pela técnica metafórica de condensação e deslocamento.

92 DOS FRAGMENTOS JUVENIS AOS ESBOÇOS FICCIONAIS

Sobre Duas Novelas "Uniões"
de Robert Musil e Sobre Crítica
(1911-1912)[48]

O procedimento mais frequente da crítica consiste em agrupar obras em torno de seu autor, e autores em torno de tendências quaisquer da época. Isso se deve ao historicismo, e hoje rende pouco mais que a inócua satisfação proporcionada pelos ilusórios nexos causais.

Uma forma melhor de consideração literária seria renunciar a resumir tudo segundo padrões que já existem apesar disso, elaborando do modo mais sistemático possível sobre o que é singular num autor, registrando o que há de inédito e único na sua obra, e não as redundâncias que o autor repete pela décima vez e sua época pela milésima. Assim, ganharíamos uma margem, a curva-limite do nosso sentir e pensar, a linha de sutura dos pontos finais de todos os caminhos, os momentos em que eles estacam e param diante do ainda não explorado. Dessa maneira, modificar-se-ia toda uma série de hierarquizações, e nós obteríamos, me parece, a única perspectiva cuja sistemática seria instrumento de uma vontade de progresso.

Noveletinha
(1912)[49]

Uma novela é: um pacotinho embrulhado com esmero que revela uma surpresa quando aberto. Uma pedra brilhante (de ideia) incrustada ao gosto da moda, diz Federmann. Ou também: uma

---

48. Über 2 Novellen "Vereinigungen" von Robert Musil und über Kritik (1911-1912), *Kleine Prosa und Schriften*, p. 1315.

49. Novelleterlchen (1912), *Kleine Prosa und Schriften*, p. 1323-1327. O título alemão *Novelleterlchen* é uma aglutinação de dois diminutivos (*-erl, -chen*), com uma terceira sílaba intermediária: *Novelle-et-erl-chen*. Noveleta por si só evocaria a associação com a opereta (variante mais leve da ópera): mini-novel-et-inha. Musil sublinha assim o motivo anódino da novela, que ganha valor pela elaboração artística.

onda crescente que se desdobra em cristas de espuma, quebra, desce e reflui (pois assim é a vida); a crista de espuma é o acontecimento da novela.

O que se busca é fazer de uma inocuidade um valor artístico que comprove a posição à parte do gênero novela. Fala-se ora da perspectiva, ou do feliz contorno, do traço representativo de um momento bem escolhido, tudo aquilo que visa amarrar a ação, o foco e o ponto de vista; ou, ao contrário, uma aptidão para sugerir, irradiar, esvair atmosferas vagas. O objetivo de ambas as técnicas é o mesmo: criar com um mínimo de introspecção a ilusão de um máximo de profundidade na vida. Como se isso se realizasse graças a um segredo estético!

O que dizem os críticos tem um ar artístico-técnico e resulta em que o gênero novela constitui um enclave pacífico, no qual até hoje passam por mestres escritores que escrevem – não obstante seus méritos – no suave ritmo intelectual das carruagens e diligências de outrora. Tome-se Heyse, Saar, Ebner-Eschenbach como exemplos. Mas a novela com certeza não é apenas um gênero para novelistas (que caracterização seria o simples título "aquarelista" para um pintor!); a novela é, de modo mais significativo e decisivo, um acaso qualquer que cruza o caminho do poeta como um problema – um problema que, por razões que por ora só dizem respeito a ele, não deve transformar-se em romance ou drama, porém mesmo assim não sai da sua cabeça. Ela é um espaço exíguo dado pela fatalidade e que agora deve ser aproveitado da melhor maneira. É assim que se mostra o que nela deve ser o essencial; aí, não enfrentamos mais um problema, porém a problemática do narrar.

Trata-se de saber para onde devemos olhar, o que focar; que arte é essa que praticamos? Ela luta pela sobrevivência dentro de nós, perdida entre miríades de fatos que fogem a qualquer representação ou reinvenção e que nos assaltam pelos jornais, cinemas, oportunidades de viagem, possibilidades efetivas de vivência e pelas festejadas conclusões sobre a nossa vida que o pensamento científico por vezes já é capaz de nos fornecer.

O ato do narrador de dar forma tem seu lugar apenas como um mediador entre o conceito e a concretude. Equivocam-se aqueles que arrastam "o seu escritor" para uma montanha, a fim de observá-lo de perto (mais equivocados ainda são aqueles que escrevem para serem arrastados[50]) e, ao notar como a voz do escritor soa oca nessas alturas – mais débil que o ruído de uma pedrinha caindo nesse ermo –, acreditam que se deva valorizar o rapagão adepto da natureza contra a artificialidade do poeta. O essencial da vida livresca é o esforço de juntar o que é disperso e confuso na vida, apresentando tudo isso num grau mais unificado, filtrado, ordenado e, assim, mais próximo do conceito; dar vida a uma ideia ou idear algo outrora vívido.

Quem escreve lembra, ordena lembranças, inventa lembranças a partir da ordem que emerge desse trabalho. É mais ou menos assim que começa; então, o sentimento se desdobra, fulgura como papel sob a luz de uma lâmpada próxima demais, forma-se um horizonte emocional diverso do da vida real. Um horizonte que é, de fato, não natural, mas que tampouco pertence aos meros sentimentos postiços (como alega um difamante despropósito): o que emerge é um peculiar intermúndio do espírito, repleto do movimentado ar do pensar e sentir, um espírito cuja transformação e relação alterada com a realidade prática só agora começa a ser objeto de análises estéticas[51]. Pode ser que, em algum tempo e lugar, tenha existido a narrativa de um indivíduo forte e pobre de conceitos, cujo narrar apenas voltava a apalpar os bons e maus espíritos da vivência imediata, apanhando lembranças que ainda faziam a sua memória se retorcer – a magia da coisa pronunciada, repetida, "debatida"

50. Musil repudia o gosto convencional (o apego ao "patrimônio cultural" e o falso *páthos* sentimental), mas critica também a busca obsessiva de experiências fortes, violentas e grotescas das vanguardas. Essa redundância inflaciona o valor da experiência vivida (*Erlebnis*), e desvaloriza a experiência intelectual e a reflexão (*Erfahrung*), contribuindo inopinadamente para o anti-intelectualismo, que tomará vulto na crítica cultural conservadora.

51. Cabe lembrar quão recente é a "ciência literária" (*Literaturwissenschaft*): as análises formais, estilísticas, históricas e estruturais da literatura começaram apenas no século xx!

e, assim, atenuada –; mas hoje esse narrar é um meio auxiliar de indivíduos ricos em conceitos, que o usam para se aproximar furtivamente de achados emocionais e abalos intelectuais que não podem ser compreendidos de modo geral, mas apenas no caso particular – talvez até diria: que não podem ser compreendidos com indivíduos plenamente racionais e competentes nos assuntos práticos da vida burguesa, apenas com componentes menos consolidados, mas que se sobressaem. De qualquer forma, eles têm que ser compreendidos (e não adivinhados, sugeridos etc.). A realidade que se descreve na novela é o pretexto para isso.

É óbvio que essa concepção da novela está em contraste com a mais popular e benquista, que exige do novelista uma apresentação decorativa de lugares-comuns há muito visitados pelo público – quem reflete sobre esse contraste corre perigo de ser visto como perverso, esteta ou carente de senso poético. Não há como combater essa visão; ela não é artística, mas zoológica[52]. Seria importante identificar repercussões dessa concepção convencional nos seus diversos disfarces – arte verdadeiramente nacional, arte ritualística segundo o modelo grego, arte como linguagem universal do sentimento, e coisas do gênero –, mas isso nos desviaria do assunto. Mais urgente é traçar com maior precisão o limite superior do assunto novela e arte, onde ela faz fronteira com o excesso de conceito ou com o conceito explícito demais. Não que corrêssemos perigo de alguém hoje ter a ideia de comprovar as leis da trigonometria em forma de poesia, mas porque há problemas que para muitos ainda se parecem com tarefas artísticas ou como tópicos essenciais de obras poéticas existentes – por exemplo, se uma personagem relevante teria o direito de agir sem moral, ou o dogma de que em assuntos decisivos não se poderia viver com uma mentira existencial etc. –, embora tais assuntos possam ser analisados e resolvidos

---

52. A ironia sugere que há um verdadeiro hiato entre a sensibilidade normal (cotidiana) e aquele estado "outro", cujo núcleo é compartilhado pelos místicos, artistas e leitores dispostos a acessar o avesso estético-artístico do pensamento conceitual.

com muito mais clareza sem poesia. A resposta a essa pergunta pertence à arte somente naquela ponta que não se pode responder, ou seja, onde as reflexões racionais não chegam mais a um categórico sim ou não. Podemos dispensar a polêmica sobre se todo o edifício dos nossos valores morais talvez dependa da sua aplicação aos casos particulares, a tal ponto que a estrutura das suas regras e leis gerais se parece com uma peneira cuja utilidade depende tanto da trama firme quanto dos buracos; basta dizer que há questões na vida tão dependentes das circunstâncias individuais e das condições emocionais que elas não admitem resoluções gerais. Portanto, o problema não é a oposição do indivíduo à ordem moral do mundo, o que, em última análise, sempre redunda em um preguiçoso compromisso entre simpatias e preconceitos – o problema é a própria ordem moral num caso que não pode mais ser decidido de modo universal e obrigatório. E esse problema é polissêmico, tem inúmeras soluções, nenhuma delas é a certa, mas cada qual precisa estar certa; o que há de reflexivo na arte encontra nisso seu limite e sua fundamentação.

Acontece que existem – e com isso voltamos ao ponto de partida – muitas narrativas instigantes, porém elas se perdem e desaparecem da consciência; não são experiências incisivas. Qual é a razão disso?

Antes de responder, uma pergunta intermediária: o sentimento por si só não basta? Pois na crítica sempre se diz: o sentimento desse escritor transparece... O livro repousa sobre um sentimento (sim, tudo depende, mas no final sempre se chega à fórmula) verdadeiramente poético. –? Certo. Porém: com isso a situação não muda em absoluto. Pois o que é sentimento nesse sentido? Experiências emocionais fortes e cruas são quase tão impessoais quanto sensações. O sentimento *per se* é pobre em qualidades; é a pessoa que o vive quem lhe inocula as peculiaridades. A meia dúzia de distinções existentes na qualidade e dinâmica dos sentimentos são irrelevantes, e não são elas que estão em causa. Trata-se de um vício de linguagem; o que está em questão é um entrelaçamento de sentimento e entendimento. É a experiência originária, o mediador íntimo entre duas ou mais experiências diversas, o que resulta no sentimento, seu halo intelectual-emocional e as vias de comunicação entre eles. É isso o que distingue o sentimento de Francisco de Assis, com seu lema "Ai, passarinhos, meus irmãos!" (sentimento esse que é como um imenso pólipo cujos tentáculos retorcem e distorcem poderosamente a imagem do mundo com suas milhares de ventosas), da emoção de um pequeno padre extático; e a derradeira nostalgia que paira em volta da decisão de Heinrich Kleist, quando considerada por si só, provavelmente não difere daquela de um suicida anônimo qualquer. Quando um ser humano nos *abala e influencia*, isso acontece porque se abrem os grupos de pensamentos nos quais ele sintetiza suas experiências vividas, de tal forma que os sentimentos ganham uma significância surpreendente nessa síntese complicada e recíproca.

E por que isso seria diferente no caso da personagem narrada? Qual é o x da questão? Acredito que, em nossa forma de arte, a busca pela solução quase sempre desemboca em uma mera hipótese. Supomos que dois seres humanos tenham relevância, da mesma forma que seu amor ou alguma outra relação entre eles; em torno dessa suposição, que fica entalada no íntimo dessas personagens como um andaime oco, começa a perlaboração e o desenvolvimento. Descrevemos como, em nossa imaginação, esses seres se comportarão na sequência da ação e do enredo, no foro íntimo e na objetividade externa; o que se fornece com isso são apenas as consequências daquilo que é essencial nesses seres, não a essência propriamente dita; essa essência continua subdeterminada, como tudo que precisa ser inferido das consequências às causas. Com isso, vivemos e assistimos apenas a partes da periferia, sem entrarmos nem no centro, nem na lei de construção de um amor peculiar e significativo. Mais do que isso: por esse caminho, nem sequer nos aproximamos da significação do enredo narrado. Pois o fato, por exemplo, de um desses dois seres cometer uma infidelidade pode tanto ser banal como também configurar um abalo relevante; o decisivo é o que esses seres fazem desse fato no seu íntimo; o que fazem por trás dessas superfícies da dor, do desemparo confuso, da fraqueza – amiúde bastante tempo depois. Sem esse entrelaçamento, tudo o mais, todo aquele resto da psicologia de uma pessoa é apenas uma bagatela marginal, muito embora possa condicionar causalmente os acontecimentos; são elementos inquestionáveis, que usamos para fins de análise precisamente devido à sua frequência e uniformidade. Se tentássemos recompor a imagem de um ser humano apenas com a multiplicidade de tais dados psicológicos, chegaríamos – não obstante a riqueza colateral de detalhes encantadores e da leveza da representação – a nada além da estrutura de uma individualidade reconstruída com o entulho de demolição de inúmeros outros indivíduos.

Sei que em tudo que foi dito há certo exagero. Pode ter grande mérito também o mero desenho claro e nítido da superfície da alma, que fornece o ponto de fuga e a perspectiva que torna palpável a significação. E o simples ato de colocar certas figuras, um ato que no fim das contas faz emergir *com* elas os pensamentos e a ação decisiva – eis aí a *ultima ratio* da arte. A apresentação de um sentimento pouco estruturado tem um impacto imediato, contudo, o efeito penetrante é tanto maior quanto mais corporificado é o elemento intelectual; um resquício de história de aventuras é indispensável e confere, de modo imperceptível, uma amplitude maior às vibrações da alma às quais a história nos transporta. Porém, não se pode negligenciar o momento da renúncia que está envolvido aí – o antagonismo do ato de apresentar contra a coisa apresentada ela mesma – e sobre o qual já insistimos. Controlar esse antagonismo é o problema técnico fundamental. No desenvolvimento amplo do romance, isso não oferece muita dificuldade. Nos confins estreitos da novela, é quase um caso de opções mutuamente excludentes. Renuncio à fortuna lógica de aplicar proposições gerais passo a passo a esse caso especial: o que é claro é que para tal teremos de encontrar uma nova técnica, de um equilíbrio especial. Por enquanto, bastaria reconhecer que essa nova técnica deve ser buscada.

Legado II
(c. 1935)[53]

É sempre com certa ingenuidade, ora maior, ora menor, que um jovem ambicioso acerta as contas com seus antecessores (desde então encontrei numerosos jovens que fizeram isso comigo), o que é um indicador da direção na qual a sua espontaneidade o levará. Queria descrever a minha, exemplificando-a com o passo seguinte, já mencionado[54]. Estava então [entre 1906-1908] ocupado com ideias que já pertenciam ao âmbito de *Die Schwärmer* (Os Entusiastas) e de *O Homem Sem Qualidades*, quando recebi um convite para escrever uma narrativa curta para uma revista literária. Fi-lo rapidamente, o que resultou na história "A Casa Encantada", publicada no *Hyperion* (1908). (Como e por que escrevi precisamente essa história pode ter alguma razão peculiar, sobre a qual eu talvez ainda fale.) Depois devo ter recebido outro convite, e por razões quaisquer quis rapidamente escrever algo que pertencesse à mesma temática do ciúme (na qual o ciúme sexual era apenas o ponto de partida: o que me preocupava mesmo era a insegurança da pessoa com relação ao seu valor ou talvez com relação à verdadeira natureza de si mesmo e da pessoa mais próxima). Tive até mesmo a intenção de fazer dessa história um exercício de estilo literário, ou um relaxamento e alongamento dos músculos espirituais em meu próprio proveito. Queria tratá-la mais ou menos ao modo de Maupassant, que eu mal conhecia, mas do qual tinha vagas ideias no sentido de "leve" e "cínico". Para quem leu *A Perfeição do Amor,* não haverá contraste mais incompreensível do que aquele entre essa minha intenção e sua execução. Tal contraste

---

53. Vermächtnis II (C. 1935), *Kleine Prosa und Schriften*, p. 956-957. Note-se o apreço duradouro que Musil guarda por essas novelas, ainda quase três décadas mais tarde. Entre as inúmeras reavaliações que Musil fez de sua carreira e, em particular, das novelas, recortamos ainda os seguintes parágrafos, redigidos entre 1932 e 1935.

54. Musil se refere à transição de *O Jovem Törless* (primeiro passo) a *Uniões* (passo seguinte da sua obra). Traduzimos apenas a parte desse legado que se relaciona às preocupações literárias em torno de *Uniões*.

equivale mais ou menos ao da intenção de escrever rapidinho uma pequena história e o seu resultado: trabalhei nas duas novelas durante dois anos e meio e, pode-se dizer, praticamente dia e noite. Elas quase arruinaram a minha alma, pois beira a monomania votar tanta energia a uma tarefa afinal pouco frutífera (uma novela permite alcançar maior intensidade, mas do ponto de vista quantitativo rende pouco), e eu sempre soube disso, porém não consegui sossegar. Portanto, ou temos aí uma mania, ou o episódio tem uma importância suprapessoal[55].

[...]

Considerações Teóricas a Propósito da Vida de um Poeta (1935)[56]

Quando escrevi meu segundo livro, as duas novelas *Uniões*, e em particular a primeira, comecei a procurar com grande esforço a resposta decisiva[57]. O anedotário desse episódio é o seguinte: fui solicitado a publicar uma narrativa para uma revista [*Hyperion*], então editada por FB [Franz Blei]. Minha intenção era de aproveitá-la, com rapidez e sem muito esforço, para azeitar as articulações em uma narrativa galante corriqueira – gênero que eu pretendia espiritualizar um pouco, de acordo com alguns pensamentos que então ocupavam minha cabeça. O prazo estipulado era de oito a quinze dias. Mas o que de fato resultou foi

---

55. Musil se orgulha da criação do que hoje chamaríamos de intimismo (como em Clarice Lispector).

56. Theoretisches zum Leben eines Dichters (1935), *Kleine Prosa und Schriften*, p. 969-972.

57. Trata-se da resposta à questão: qual seria a diferença entre escritura poética, pesquisa científica e ação? Musil abordou esse problema em outras reflexões desde a primeira década do século XX. Ver, por exemplo, "Forma e Conteúdo", supra. A solução monumental dessa pergunta é a peculiar forma ensaística de *O Homem Sem Qualidades*, a hibridez do ensaio dissolvendo os rígidos esquemas actanciais da narrativa tradicional, na qual causas provocam acontecimentos e ações, dessas últimas resultando consequências. Traduzimos apenas a segunda parte deste fragmento que relaciona a vida pessoal do autor com a escritura de *Uniões*.

um trabalho desesperado de dois anos e meio, durante o qual não me concedi tempo para mais nada.

A situação foi agravada pelo fato de que o resultado – uma narrativa pequena, cuja envergadura não deixava muito espaço para manobra – jamais surtiria um efeito proporcional ao esforço de trabalho.

Eis o que finalmente resultou disso tudo: um escrito cuidadosamente executado que, sob a lupa (de uma leitura atenta, ponderada e que sopesasse cada palavra), continha um múltiplo do conteúdo aparente. Eu nada fizera para aliviar a sua leitura. Muito pelo contrário: até mesmo a pontuação estruturava o conteúdo em função não do leitor, mas da lei de composição escolhida[58]. Recusei inclusive uma demanda cuidadosa, amável e sábia do editor.

Para mim, resultou disso um fracasso considerável.

"Mostra-se de novo, como acontece com frequência, que obras de estreia [*O Jovem Törless*] enganam": eis o que escreveram aqueles que eu já desagradara com o meu primeiro livro. Escreveram-no também aqueles que o saudaram como documento de uma experiência pessoal. E o escreveu até mesmo a maioria dos meus benfeitores. Em toda a minha vida, encontrei poucas pessoas que perceberam o que esse livro [*Uniões*] pretendia ser e o que ele (pelo menos parcialmente) é. É o único dos meus livros que ainda leio de vez em quando. Passagens mais longas, não as suporto. Mas uma ou duas páginas me caem bem a qualquer momento – descontando certas dolorosas falhas de expressão.

O que aconteceu nesses dois anos e meio e o que permite continuar as reflexões iniciais têm dois sentidos: 1. A apostasia – uma reviravolta nítida, pois já em *Törless* havia indícios disso – do realismo em prol da verdade[59]; 2. A apostasia da psicologia,

---

58. A lei da composição consiste na supressão do arco narrativo como cadeia de ações com causas e consequências; apoia-se apenas em estados íntimos, na expansão flutuante de sensações e reflexões descontínuas, em sentimentos e atmosferas difíceis de captar em palavras e resistentes a raciocínios coerentes.

59. Musil entende por "verdade" uma elaboração complexa dos conhecimentos oriundos das ciências humanas e exatas (que predeterminam nossas experiências e

que é um elemento realista, em prol de algo que se assemelha a ela, embora termine sendo completamente diferente, e ao qual por enquanto não quero dar um nome.

Nota ao item 1: O que o realismo entendia por verdade era: sinceridade, coragem, retrato das coisas tais como realmente são, sem embelezá-las. Isso é bom, deveria ser inesquecível, mas é pouco.

(Um livro sobre a verdade. O que se entendia então por verdade)

(Com um pendor para a brutalidade, compreensível enquanto reação)

É claro que a verdade é um conceito relativo não somente no sentido horizontal, pois, estando uma ao lado da outra, as coisas mais diversas valem como verdadeiras, mas também em profundidade. A verdade do realismo era a descrição fiel da superfície. A estruturação em profundidade, no entanto, leva à questão de como, em geral, a poesia se dá com a verdade, a convivência esquisita que ela mantém com esta.

Que utilidade o conhecimento tem para a poesia? Em que medida ela está ligada à verdade? Como ela a trata? O que ela é quando não é nem fotografia, nem fantasia; nem jogo, nem aparência? Sem dúvida, seria difícil, se não impossível, dar uma resposta satisfatória a essa questão. Uma série de perguntas em que cada uma é interessante, porém nenhuma pode ser respondida definitivamente. Certa vez, publiquei esboços a respeito, mas eles não têm a pretensão de serem suficientes. Provavelmente, haveria nesse assunto várias teorias paralelas com igual legitimidade.

Não sei sequer se consigo reproduzir corretamente aquilo pelo qual optei pessoalmente quando digo: a poesia não tem a tarefa de descrever o que é, mas o que deveria ser; ou aquilo

---

pensamentos) com as formas de expressão individuais e artísticas, além do esforço de transmitir ao leitor o frêmito desse feixe de experiências que ocorrem, simultaneamente, em diferentes dimensões (alma, mente, corpo, intelecto). Para uma análise diferenciada da interessante oscilação entre idealismo e materialismo de Musil, ver N.C. Wolf, *Kakanien als Gesellschaftskonstruktion: Robert Musils Sozioanalyse des 20. Jahrhunderts*, em particular, p. 71-86.

que poderia ser, enquanto solução parcial daquilo que deveria ser.

Em outras palavras: a poesia forja sentidos em imagens simbólicas. Ela dá sentido. Ela é interpretação da vida. Para ela, a realidade é um mero material. (Mas: a realidade também fornece modelos. E faz propostas parciais.)

Há duas questões ligadas a esse assunto: a. O que é sentido? b. Será que a poesia não faz nada além disso?

Nota ao item a: A compreensão que completa o sentido é algo diverso do entendimento sóbrio. Ela é não só ordenação do entendimento, mas, antes de tudo, ordenação dos sentimentos. Dar sentido é, em todo caso, também dar vida interior. Ela tem, sem dúvida – o que já foi dito explicitamente –, um parentesco com o religioso; é uma empreitada religiosa sem dogmatismo, uma religiosidade empírica. E ocasional.

A solução a tais perguntas encontra-se no fim de processos infinitos.

No entanto, mesmo que a solução seja quase impossível, as etapas individuais nos parecem algo bastante definido. É conhecida a diferença entre algo que vivemos como cheio de sentido e algo pobre de sentido. Não se trata necessariamente do sentido último. Ocorre o mesmo na arte.

Quando compreendemos algo, não dispensamos o pensamento, nem o fazemos com indiferença ou num estado de participação convencional: algo mexe conosco, somos despertados (isto é, somos arrojados a estados totalmente novos de sentimentos e pensamentos), reaprendemos sobre nós mesmos e sobre a vida.

Certa vez chamei a poesia de lição de vida em exemplos. *Exempla docent.* Mas isso já seria dizer demais. Ela dá os fragmentos de uma lição de vida.

[...]

Esse foi o caminho que se desenhava com as *Uniões*.

Resta retomar a questão sobre como isso se expressa na relação da poesia com a psicologia. Tive de percorrer um caminho que, em 24 horas apenas, levava do afeto mais intenso e íntimo para a infidelidade. Do ponto de vista psicológico, há centenas e milhares desses caminhos. Não vejo valor em descrever só *um* deles. (Por maior que ele tenha o maior valor: %.) Contudo, talvez a psicologia nos mostre um ou outro desses caminhos que tenha uma significação particular. Tipologia do adultério. Mas isso não é assunto de poeta. S–logia[60]. É uma questão de razão.

Pessoalmente decisivo foi que, desde o início, eu visava com o adultério o problema mais amplo da traição de si próprio. A relação do ser humano com seus ideais.

Como sempre, no entanto: eu não estava predeterminado. Eu poderia ter descrito tanto um determinado processo quanto vários outros.

Aí tomou forma em mim a decisão de seguir a "lei do maior esforço"/o caminho dos passos infinitesimais/o caminho da transição mais gradual, mais imperceptível.

Isso tem um valor moral: a demonstração do espectro moral, com as transições contínuas de algo ao seu contrário.

A isso acrescentou-se um outro princípio, o qual foi decisivo. Chamei-o de "princípio dos passos motivados". Sua regra é: que nada aconteça (ou que nada faças) que não tenha valor para a alma. Ou, em outras palavras: não faças nada meramente causal, não faças nada mecânico.

[...]

De fato, *Uniões* (Claudine) é uma antecipação com máxima precisão de uma experiência, sem qualquer ponto morto[61]. Trata-se de uma experiência que parece ser desencadeada por tênues sopros vindos de fora; mas, no seu aspecto decisivo, é totalmente inamovível pelo mundo exterior.

---

60. Refere-se a sociologia.

61. "Ponto morto" refere-se à falta de participação interior, à falta de vivacidade que acomete os hábitos mecânicos.

[Sobre a Moral]
(sem título – c. 1910)[62]

I. Uma pergunta meramente moral: os estados e fases de agregação[63] da moral.

II. Toda grande arte é ética/moral. Mas como se fosse em estado gasoso e avessa ao sólido e fixo. Exemplos. Disso se segue que arte não pode ser avaliada com moral sólida, senão não há arte. E daí resulta que não precisamos sempre acreditar no que artistas dizem. Eles são estimuladores, não pensadores sistemáticos

III. No entanto, há uma grande conclusão ética/moral que decorre disso tudo: escutar e esperar. Não ter preconceitos. Não querer triangular o caos.

IV. Uma questão estética: a corporificação da moral. Não é necessário desenhar homens morais. Toda arte é simbólica. Sua marca específica é sempre algo abstrato, uma ideia geral. Com ideias [particulares] configuradas ao redor. Cada obra de arte tem um corpo astral por trás de sua corporeidade. Por exemplo, até mesmo Maupassant, Zola

---

62. [Über Moral] (Ohne Titel – um 1910), *Kleine Prosa und Schriften*, p. 1304s. Esse conjunto de fragmentos sobre a moral investiga as afinidades íntimas entre o estético e o ético – tópico que aparece também nas obras de Friedrich Nietzsche e Ludwig Wittgenstein. Musil examina, na perspectiva do escritor, a validade de outros pontos de vista – o do moralista, do jurista, do filósofo. Como nos fragmentos anteriores sobre as novelas, a ética do escritor reside na sua capacidade de transitar entre os valores positivos da racionalidade e a fluidez das intuições estéticas. O autor se distancia das atitudes anti-intelectuais e da demonização das ciências exatas que confunde a literatura e a arte como um refúgio da realidade prosaica e de suas leis positivas. *O Homem Sem Qualidades* irá desenvolver essas controvérsias acirradas sobre as dificuldades de legitimação dos costumes e das leis, da moral e da ética. Um dos núcleos dessa elaboração romanesca é o "Caso Moosbrugger", um assassino de mulheres cujo caráter e comportamento causa perplexidade e desamparo entre os juristas e psiquiatras encarregados de solucionar e julgar o caso.

63. Referência aos diferentes estados da água (líquido, sólido, gasoso) e às suas gradações intermediárias (densidade do vapor, morfologia das nuvens, chuva, condensação, neve etc.). Musil gostaria de introduzir a multiplicidade de categorias das ciências exatas no pensamento de assuntos morais e espirituais, que continua ainda congelado em dicotomias pouco realistas.

106 DOS FRAGMENTOS JUVENIS AOS ESBOÇOS FICCIONAIS

Podemos organizar → segundo a validade universal
p. ex. lei = moral para todos
moral de classe
    moral individual

Em conformidade com o critério da firmeza, por exemplo, a lei se modifica em certos lugares antes do costume

Em conformidade com o critério do investimento emocional. Ele é muitas vezes mais rigoroso e veemente (*heftiger*) nas transgressões dos costumes, por exemplo, do que nas infrações que ofendem direitos estabelecidos por lei. Com frequência encontramos um investimento emocional imenso e obstinado nos costumes, em casos nos quais as práticas há muito vêm contrariando suas exigências[64].

A Moral Que Procuramos
(*1910-1911?*)[65]

É impossível duvidar do fato de que devemos ter um comportamento moral – isso é quase uma tautologia –, e podemos também dizer que a moral é o estado natural e estável para o qual se dirige toda coexistência (*Zusammenleben*). No momento em que alcançamos uma regularidade, já se formou uma moral. Isso vale também para o que se afirma do caráter de lei da moral. Provaram que a uniformidade inata das reações emotivas é algo secundário, repudiaram os *a priori,* transferiram-nos para o âmbito subjetivo, porém mesmo assim o caráter de uma lei factual permanece intacto.

Uma vez estabelecida no chão firme dos fatos (restabelecida, pois já Aristóteles estava nesse ponto), a ciência moral deveria reconhecer que as leis não são tão fáceis de circunscrever – o que

---

64. Musil pensa nas práticas eróticas liberais que se chocam com costumes ainda muito atrasados (casamentos arranjados pelos pais, exigência de virgindade, subordinação das mulheres etc.).

65. Die gesuchte Moral (1910-1911?), *Kleine Prosa und Schriften*, p. 1305.

é lei aqui está fora da lei acolá –; em última instância, recorremos às assim chamadas esferas morais – e o que é lei nessas esferas está mesmo aqui perfurado por contradições. Pensemos na simples interdição de matar com suas exceções na jurisdição (*Gerichtsbarkeit*): no duelo, na guerra – e com suas restrições para os casos de capacidade reduzida: ébrios, doentes –, restrições essas que borram a esfera do dever.

Por isso, não é raro ouvirmos falar que se trataria de leis alheias, contraditórias. Na verdade, contudo, não há nisso nenhuma contradição com o caráter da lei factual [das ciências exatas]. Também uma pedra nunca cai como o quer a lei, mas cada queda sofre desvios e é freada de diversos modos por influências colaterais, que podem ser formuladas na forma de leis concorrentes. Tomado ao pé da letra, falar de uma lei da natureza isolada é criar uma ficção que não existe em lugar algum – pois os fatos deixam-se explicar pela combinação de tais leis e, inversamente, há um caminho que leva dos fatos para as ficções, e este pode ser determinado com razoável clareza.

Diferente na moral. Aqui poderíamos muito bem partir também da lei: Deves matar – e determinar, por meio de restrições inversas com relação às anteriores, os casos nos quais essa lei sofre exceções. Por exemplo, entre os membros da própria tribo, quando se trata de certos animais tidos por sagrados etc. O caráter de "direito natural" que certas circunstâncias conferem a certas leis estaria nesse caso suspenso, e na verdade seria melhor considerar os mandamentos morais como fatos que se produzem por leis totalmente diferentes, leis que não são mais morais, porém evolutivas e históricas, sociais, psicológicas etc.

Temos de admitir que em nossa cultura ocidental e norte-europeia podemos explicar a quintessência dos fatos valendo como dever-ser – tal como esse dever-ser se formou de maneira prática e ficou documentado na lei e nos costumes – por meio de grupos de leis antagônicos – mediante as restrições que lhes correspondem. É nesse fato que repousa uma função essencial do poeta, como também a resistência e o ódio que ele encontra hoje em círculos muito amplos[66]. O traço amoral da poesia e da literatura de hoje não é amoral na sua essência, nem na sua busca de realizações – ele é amoral assim apenas porque as abordagens [da moral] não se deixam unificar num todo (em parte, portanto, devido a uma falta de receptividade do outro lado).

A bem da verdade, o protótipo do conceito de lei gerou-se no âmbito moral. No entanto, talvez seja agora hora de eliminar esse conceito de lei do âmbito moral. / Tentou-se estabelecer um conceito originário e central: felicidade – dever. O primeiro é psicológico, o segundo objetivo. Ambos têm seu valor nos devidos lugares, mas como base universal eles são inúteis / Também a vida prática é permeada de inconsequências. Quantas vezes alguém deveria ter deixado de fazer algo que, empreendido, lhe permitiu desenvolver toda a sua grandeza / Ao lado das tendências dissipativas dos indivíduos, temos que considerar como um fator a vontade geral e o espírito geral. É difícil fixar seu alvo. Do ponto de vista prático, é algo um pouco mais complicado do que uma média: os numerosos não exercem totalmente todo o seu impacto numérico, e os líderes não exercem todo o seu impacto qualitativo. Além disso, há um grande coeficiente de inércia. / Na prática, enquanto as coisas funcionarem, deixamos governar quem quiser.

Do ponto de vista individual, terá de se dizer simplesmente que é necessário um certo equilíbrio, uma certa constância. Isso não é nenhuma moral da felicidade (eudaimonia). O elemento-líder aí pode, no entanto, ser bastante diverso.

---

66. Referência à aparente imoralidade e à amoralidade da arte que desafia as convenções religiosas, questiona e subverte os costumes morais, evidenciando os preconceitos e critérios históricos anacrônicos que se misturam no conglomerado poroso de mandamentos que têm apenas a aparência de leis. Musil vê na arte e no ensaio possíveis contribuições para revitalizar o imaginário ético e tornar mais flexíveis, inteligentes e exigentes os critérios morais.

Quantificabilidade da Moral: A Moral do Poeta (1910-1911)[67]

I. Introdução

1. Apenas com a mensurabilidade (*Messbarkeit*) nasce a exatidão da ciência. Pelo menos no plano geral e amplo. Naquilo que é capital, no seu fundamento, o método das ciências exatas é nada além da constatação e determinação (*Feststellung*) dos fatos (*Tatsachen*) e o registro preciso de suas relações segundo medida e número. Por isso, é insensata e incompreensível a tendência moderna de desqualificar a relevância das ciências exatas como algo limitado. Imiscuem-se aí objeções bastante tolas por meio da dicotomia: idealista-materialista – objeções que, aliás, têm circulação também alhures[68].

2. A moral/ética foi durante muito tempo considerada como uma ciência idealista e especulativa (*Ideal-Wissenschaft*); hoje predomina sua abordagem como ciência empírica (*Erfahrungswissenschaft*). Entretanto, também nesse último domínio é legítimo o método de estabelecer as leis morais como leis ideais que são fictícias (*fiktiv*), pois não podem ser encontradas em forma pura em nenhum lugar da realidade; sua tensão interna entre si e com aquilo que é meramente factual (*dem Tatsächlichen*) produz o caso real ou, conforme as circunstâncias, o torna explicável.

3. Esse método específico[69] tirou sua dignidade dos êxitos das ciências exatas. Na moral, porém, essa dignidade é por enquanto um mero empréstimo, devendo ainda ser conquistada mediante êxitos próprios. E mesmo depois disso, ela terá de ser julgada pelas investigações da teoria do conhecimento e da metafísica.

---

67. Quantificierbarkeit der Moral: Die Moral des Dichters (1910-1911), *Kleine Prosa und Schriften*, p. 1307-1311.

68. Essa dicotomia desvaloriza o materialismo e eleva o idealismo.

69. Ver ponto 2: o método moderno da filosofia moral adotou o procedimento híbrido das ciências exatas, o de combinar a especulação abstrata, conceitual, lógica ou matemática, com a observação empírica dos casos concretos.

4. Por enquanto, é lícito qualquer outro método que leve a uma orientação prática, [à condição de] não demonstrar contradições internas.

II. Ensaio

1. Partimos daquilo que se chama lei. Por exemplo, "Não matarás". No entanto, vemos a primeira restrição da sanção do homicídio no caso do doente mental e daqueles de capacidade reduzida; a segunda, no do ébrio; a terceira, no do marido traído; a quarta, no do duelo; a quinta, no do revolucionário; a sexta, no do soldado. Essa "lei" é como um soco num material elástico, rapidamente amortecido e que finalmente se contradiz. Pois o soldado em guerra deve matar. No caso do revolucionário, isso é questionável. Em todos os outros casos, "perdoado". Deixando de lado a perversão da lei por enquanto, o que significa essa estranha ponderação das circunstâncias atenuantes? Vejo três coisas diferentes: no caso do doente mental, ela é uma concessão à inexigibilidade de conduta diversa (*nichts dafür Können*); no caso do embriagado, ela nos leva a uma restrição da responsabilidade objetiva (*Erfolgshaftung*); no caso do adultério e do duelo, finalmente, a um equilíbrio de reações antagônicas.

2. No caso do marido, do duelo, do revolucionário e do soldado, já vemos os princípios de uma quantificabilidade. No caso do marido traído, a restrição emerge camuflada por trás das considerações sobre violenta emoção que embaralha os sentidos, quando na verdade colocamos aqui a decisão na mão de um acaso, porque não ousamos sustentá-la na nossa própria; resistiríamos a punir o adultério com a pena de morte, mas mesmo assim achamos que, no caso de um espírito em colapso [o marido traído] também essa reação pode ser permitida. (ev[70]. não queremos decidir nós mesmos). Nos outros

---

70. Musil abrevia "eventualmente": ev.

casos, há tendências reconhecidamente aprobatórias e desaprobatórias que se opõem. A aprovação (*Billigung*) da ação minora o sucesso de sua desaprovação parcial, reduzindo-o, finalmente, a algo infinitesimal. Trata-se apenas de encontrar para tal processo uma expressão quantitativa.

3. A "inexigibilidade de conduta diversa".

a. A lei só diz respeito ao ato, ev. ao ato sob determinadas circunstâncias, nunca ao ator. O que é punido é, por assim dizer, o assassinato e não o assassino, isto é, a punição recebe sua medida pelo ato e, depois de pronta, é transposta para o ator. Embora se exija do juiz que seja um conhecedor da alma humana (*Menschenkenner*), é totalmente impossível que ele inclua o indivíduo no seu cálculo; ele apenas tem acesso ao que corresponde à espécie[71]. É com a ajuda desse [intermediário] que ele procura entender o ato. Portanto, também em relação ao doente mental ele emprega um conhecimento geral. E, no fim de contas, o que sabemos comumente sobre a inimputabilidade (*Unzurechnungsfähigkeit*)?

b. Já se discutiu sobre a determinação e a indeterminação da ação humana (*Un-Determiniertheit*). A determinação é indispensável para a ciência [jurídica]. No entanto, entre os determinantes encontram-se também os que formam o eu, a personalidade. É insustentável e desnecessário que o eu seja a "causa" da ação, pois o eu e a ação encontram-se vinculados um com o outro, e isso basta. O grau dessa vinculação é, por assim dizer, o grau da imputabilidade (*Zurechenbarkeit*). Ademais, a vinculação é, no caso do doente mental, um liame mais interno; nos casos da responsabilidade objetiva (*Erfolghaftung*), um vínculo mais externo[72].

71. Aqui, as coisas parecem ter se dilatado bastante nos últimos cem anos, sem mudar totalmente: mesmo com as considerações sociológicas, psicológicas, humanitárias etc., não se adquire uma relação com o "indivíduo" singular, mas com formas socializadas, gêneros e espécies de existir, sentir e viver que são suscetíveis de aprovação e de desaprovação

72. Essa reserva é interessante, pois ela antecipa considerações que permaneceram soterradas em certezas morais impostas por costumes. Hoje, a ideia desse parágrafo é

112 DOS FRAGMENTOS JUVENIS AOS ESBOÇOS FICCIONAIS

c. O conceito da inimputabilidade (*Unzurechnungsfähig-keit*) não pode ser compreendido do ponto de vista psicológico. O que acontece na alma de um alienado[73], a questão se ele não poderia, apesar de tudo, ter agido diferentemente, tudo isso nós não sabemos. É claro que ele agiu segundo sua vontade, ele é quem ele é; ele não é isento de sanção porque não o teria feito de modo voluntário, mas porque ele é quem ele é [um doente mental]. Essa concessão é digna de nota, ou seja, a concessão de inferioridade (*Minderwertigkeit*: sua subvalia moral) em oposição à superioridade (*Überwertigkeit*: sobrevalia moral). Pois dessa concessão participam sentimentos de simpatia – independentemente de tudo o que possamos em seguida acrescentar.

d. Costumamos dizer que não teria sentido punir uma pessoa inimputável, porque [a punição] não traria proveito algum. No caso do inimputável, o eu e a conduta estão inextricavelmente entrelaçados, a conduta é imputável no mais alto grau, mas a pessoa não é punível. (Pois quanto mais inimputável uma conduta, mais ela é imputável a um indivíduo e mais ele se torna sancionável). E isso precisamente não nos serve. Agora entra em discussão se no direito teria prioridade a pena como proveito-melhoria ou como vingança. Sou absolutamente partidário de que ambos permaneçam válidos. Porque se alguém me furtou algo, eu me satisfaço se ele é impedido de fazê-lo uma segunda vez, porém se ele me insultou, eu preciso de uma reabilitação, de uma reinstauração de um equilíbrio interno, de uma extirpação da infâmia (*Schmach*). Um meio eficaz (*effektives*) para tal é a vingança; ela pode ser substituída por formas mais sublimadas, como, por exemplo, o oferecimento cristão da outra face, contudo, a mera proteção que impede a recorrência não é aí suficiente. Além disso,

---

mais clara – basta pensar na discussão sobre "os sistemas" (costumes e hábitos de corporações policiais, do *show business*, da Igreja, da sociedade branca, da classe média abastada, de gêneros etc.) enformando a sensibilidade moral a ponto de não "sentirmos" mais as infrações induzidas e os comportamentos moralmente reprensíveis que sentiríamos se invertêssemos os esquemas comportamentais (ver o filme *Je ne suis pas un homme facile* [Eu Não Sou um Homem Fácil]).

73. "Idiota" era o termo técnico em uso na época de Musil para o "doente mental".

FRAGMENTOS ENSAÍSTICOS

eu acredito, não obstante as estatísticas, no efeito dissuasivo [da punição], portanto internemos uma pessoa incapacitada (*Unzurechnungsfähigen*) num manicômio. / De mais a mais, o Estado simplesmente assumiu – para atenuá-la – a vendeta[74].

e. Interessa nesse ponto o fato de que a inimputabilidade do agente amortece o sentimento de infâmia. Um louco não pode me insultar, porque ele está fora da comunidade no seio da qual o conceito do insulto surgiu e tomou sentido para mim. A concessão para um louco torna-se assim compreensível. Ele está além da reação jurídica e moral. O agente de entendimento reduzido (*Minderwertige*) está entre este [estatuto deslocado] e a sociedade humana, e será punido em função de sua semelhança com os tipos dela. É falso falar, no seu caso, de circunstâncias atenuantes; deveríamos antes falar em agravantes.

d. [*sic*] Responsabilidade estrita (*Erfolghaftung*): um ébrio deve ser tratado como um inimputável, mas (em geral) ele se colocou nesse estado com deliberação. Abrimos exceções para o ébrio habitual e a embriaguez patológica. Dever-se-ia sancionar as ações da personalidade embriagada na personalidade sóbria. Contudo, essas duas personalidades possuem um liame meramente ocasional. Por conseguinte, temos resistências (que a lei leva em consideração, já o código de honra social muitas vezes não[75]). E nesse caso "ele" deixou de agir com deliberação, pois embriagar-se é algo meio permitido, meio não e, uma vez embriagado, quem age é um outro, difícil de definir. Trata-se de um conflito quase antinômico. A psicologia nos deixa na mão aqui como também no caso da doença mental; embora saibamos vagamente que se trata de uma modificação parcial da personalidade normal, não sabemos nada de pertinente a respeito das gradações

74. Musil pensa, é claro, no duelo que ainda é um instrumento jurídico válido. Poderíamos pensar também na pena de morte como forma legal da vendeta. É interessante que Musil justifica essas formas de compensação não do ponto de vista do possível melhoramento do condenado, mas do ponto de vista de uma satisfação adequada para o lesado.

75. O direito ao duelo tem respaldo legal, ainda que a pessoa tenha cometido o insulto em estado de embriaguez.

possíveis, permanecendo a embriaguez total (*sinnlose Trunkenheit*) uma fonte de transgressão (*Unrecht*). Nós contornamos a questão dizendo que quem se embriaga arrisca-se por sua conta. Isso pode ser inteligente como dissuasão (*Abschreckung*), mas veda qualquer reação de repulsa (*Abscheureaktion*) [envolvida na atitude de quem pune[76]]. Não são circunstâncias imponderáveis que nos fazem sentir horror do agente (*Täter*) que causou um acidente – senão estaríamos na psicologia popular.

Agora pegamos ainda os casos como o do engenheiro cujo andaime desmorona, do chofer que atropela uma pessoa. Sentimos relutância em calcular a extensão da pena segundo o resultado (*Erfolg*), porém, mesmo onde isso não ocorre, haverá uma sanção apenas quando tiver ocorrido um resultado. O indivíduo e o ato estão aqui entrelaçados parcialmente por cadeias causais externas, o entrelaçamento não é necessário, ou, em um outro sentido, a ação não é imputável. Punimos a pessoa quando ela não agiu conforme o seu dever (embora deixemos de exigir que ela faça tudo o que é humanamente possível), mas nos preocupamos com isso apenas depois do resultado. Temos uma consciência obtusa. No entanto, isso é perfeitamente legítimo, pois com uma consciência mais aguda chegaríamos a coisas insuportáveis, a picuinhas sem fim. Teríamos que pôr na cadeia as damas por causa das perigosas caudas e agulhas nos seus chapéus, os italianos porque cospem etc.

f. [*sic*] Quanto ao duelo, deve-se ainda observar que o entrelaçamento do assassinato com a pessoa do ato é aqui socialmente regulamentado e transparente. O sentido do duelo é estabelecer que esse entrelaçamento tenha lugar apenas aqui e apenas sob essas circunstâncias particulares. Isso fornece a garantia de que ele não ocorrerá sob outras circunstâncias. Com

---

76. Musil considera o efeito dominó que pequenas concessões, razoáveis e "justas" à primeira vista, introduzem no sistema. Característico do procedimento experimental minucioso de Musil é o registro dos efeitos recíprocos que qualquer modificação introduz – suas considerações antecipam, por exemplo, o inevitável ressentimento surtido no longo prazo pelas pequenas injustiças e transgressões da letra da lei provocadas pela atitude louvável da tolerância, da inclusão e do espírito plural.

a constatação da singularidade da ação se reconhece, ao mesmo tempo, sua (pseudo)necessidade. Da mesma forma no caso do marido, do revolucionário e do soldado em guerra.

III.[77]

Nossos sentimentos de simpatia são ainda mais independentes do direito. Agrada-nos que [tal herói de romance ou drama como] Hagen von Tronje[78] seja um assassino. Entretanto, mesmo um artista dos mais obstinados não precisa aprová-lo moralmente. O que orienta a aprovação moral? Tomemos como medida o bem do coletivo: trata-se de um conceito extremamente oscilante e inacessível. Exigências inequívocas temos apenas em leis e convenções. Elas não são expressão da necessidade do coletivo, elas são variáveis e muitas vezes surgiram de interesses parciais, mas, finalmente, são a única coisa firme que temos. São os resíduos fossilizados do altruísmo. Contra elas erguem-se muitas vezes os interesses do indivíduo. Não demais. *Grosso modo*, todo mundo acha bom que não se pode matar e que os automóveis não podem circular a cem por hora. A esfera do conflito situa-se num andar superior.

Epígrafe:...
R. Perfil de um Programa
(1912) [79]

A alma é uma complicação de sentimento e de entendimento. Qual? Eis uma pergunta da psicologia. Ninguém pode se enganar, porém, sobre um ponto: nessa aliança, o fator crescimento

---

77. Sem título no original.
78. Guerreiro da epopeia germânica *Nibelungenlied* (A Canção dos Nibelungos).
79. Motto:.... R. Profil eines Programms (1912), *Kleine Prosa und Schriften*, p. 1315-1319.

depende do entendimento. O que se diz de riqueza, amplidão, profundidade e magnitude do sentimento, amabilidade, humanidade é um equívoco; basta notar quão simplórias são as relações e circunstâncias às quais se emprestam tais metáforas. É o entendimento que grava no sentimento essas tonalidades em quartos e oitavos tons.

Fortes experiências emocionais são, no mais das vezes, impessoais. Quem já odiou outra pessoa com tal intensidade que sua vida ou morte ficou por um fio; quem já mergulhou na catástrofe do pavor; quem já amou uma mulher até o fim de suas forças; quem já derramou sangue ou já se lançou de músculos frementes sobre alguém – sabe do que estou falando. "Perder a cabeça", reza a expressão.

A experiência emocional é, em si mesma, pobre em qualidades; apenas à pessoa que a vive importa a qualidade. A nuança, porém, não é nada além de fazer de uma experiência supostamente simples a mediadora entre duas ou mais experiências. A nuança é o sentimento, com seu entorno intelectual-emocional mais suas vias de ligação.

Não há outro meio além da nuança para distinguir o sentimento de um moribundo... do de um suicida qualquer: a derradeira melancolia em torno do desfecho. A grandeza de dois amores não é comensurável. O acervo de sentimentos sempre foi limitado ao longo do tempo histórico. O mesmo se repete vezes a fio; meia dúzia de refinamentos e perversões podem estar em falta ou não e, quando presentes, são rapidamente assimilados – isso é tudo.

Nossa época é superexcitada e bem-sucedida. Agressiva e brutal como nenhuma outra e engenhosa como nunca se viu, com um excesso fervilhante de vida, ela atropela o indivíduo, suga-o; anabatistas, protestantes sentimentais e poetas românticos estão encarcerados junto com pastores liberais de esquerda, bailarinas de Beethoven e crentes por motivos de saúde – todos aprisionados em microcomunidades salutarmente ridículas. – Ninguém pode negar que o menor movimento do imenso corpo dessa época já daria uma epopeia. – Mas seria imensamente parcial culpar alguém por deixar de lado esse material.

Ele se desenvolve. O escritor do nosso tempo, entretanto, ainda está por vir.

Quem ainda está assombrando por aí são os adeptos da estética recreacional[80].

Temos de ter algo bem claro: do que estamos falando: de uma arte que toma as massas por objeto ou por fim? Temos, como sempre, um conjunto de belas queixas, porém nada além de um conjunto, e toda essa conversa de arte "saudável", "vigorosa", "viril" – a que ela leva? À arte para indivíduos tomados como massa ou para *uma* massa tomada como indivíduo?[81]

E a resposta é: toda a história da humanidade conhece apenas dois tipos de efeitos artísticos. De um lado, o efeito que nos torna sensíveis e pensativos – efeito que, no teatro, transforma cem espectadores tocados pela mesma coisa em solitários que se repelem uns aos outros; que nos faz não amar um livro, mas retornar a certas páginas de tempos em tempos. De outro, o efeito brilhante, que eleva e arrasta a frêmitos patéticos, que produz, numa sala de pessoas reciprocamente indiferentes ou adversas em tempos normais, um aplauso próximo do transe dos dervixes, ou, quando se trata de um livro, alastra numa epidemia de entusiasmo que traz no seu bojo o tédio vazio do ano seguinte.

Há algo sugestivo nos efeitos do segundo tipo; eles pressupõem um certo valor mediano da obra, como é o caso também dos homens de grande influência pessoal, que tampouco podem ser inteligentes demais. (Espiritual e artístico, conteúdo e meio, espírito e encanto.)

(E os livros que agradam aos de cima e aos de baixo? Ou a primeira coisa não é verdadeira, ou eles contêm qualidades colaterais que permitem aos de baixo entusiasmar-se).

---

80. Musil refere-se às teorias que identificam literatura com entretenimento.

81. Referência ao conceito do "Volk" que considera a população como um indivíduo coletivo.

E temos que observar uma coisa: livros com forte vivacidade, livros com o vigor de atos são sucedâneos ou – são elucubrações ocultas. Ser deus e escrever uma teodiceia são duas coisas que não se pode comparar; podemos preferir a segunda (mas quem é capaz de escrever uma teodiceia renuncia à primeira).

Mas por que se escreve arte? Para dizer as mesmas coisas mais uma vez? Isso era legítimo nos tempos de antanho, mas não somos mais rapsodos. Por que não nos ocupamos com o princípio da relatividade? Ou com os paradoxos lógico-matemáticos de Couturat? Ou com ....?

Porque há coisas que não se pode solucionar de modo científico, e tampouco se deixam captar nos reflexos híbridos do ensaio, porque amar essas coisas é um destino: um destino de poeta. Sentimentos e pensamentos são impessoais e não artísticos, o modo de entrelaçá-los constitui a personalidade e a arte.

O pensamento do artista não está voltado a um alvo, sempre quando se concebe "alvo" como um juízo que reivindica a verdade. Pois nesse seu domínio não existe verdade. Fala-se demais em verdade psicológica, mas a verdade ética nem se menciona. Enxertar novas possibilidades nas almas!

Esse não é o programa da arte, mas o programa de uma arte – deve-se saber qual terreno se quer ocupar.

Essa arte pode adotar todo e qualquer objeto; a epopeia, o vício, a virtude – ela se caracteriza pelo modo como ela o faz – sem entusiasmos, questionando, refletindo, e construindo com elementos até então alheios a si.

Ela não é a única arte. O conceito de "arte clássica" não foi liquidado por Goethe; Goethe representa apenas algumas tentativas nesse sentido. O conceito de arte naturalista tampouco está morto e enterrado: é a tentativa – ainda não intentada – de um ponto de fixação móvel, da falta de unidade no disperso. O conceito de arte patética exigirá o estudo dos efeitos patológicos no público – há imensos campos de trabalho aí, a exigir apenas uma coisa: fazer tudo de novo, romper com as exigências tradicionais, examinar o corpo sempre estranho do objeto, arrancando-lhe, segundo as respectivas capacidades de conhecimento, um ou outro pedaço.

Toda ousadia da alma está hoje nas ciências exatas. Aprenderemos não de Goethe, Hebbel, Hölderlin, mas de Mach, Lorenz, Einstein, Minkowski, Von Couturat, Russell, Peano...

No programa dessa arte, o programa de uma obra poderia ser: Ousadia matemática, dissolver a alma em elementos, ilimitada permutação desses elementos, tudo se relaciona com tudo e pode ser construído a partir daí. Essa construção não prova que uma coisa consiste nisso ou naquilo, mas: é com isso que ela se relaciona. Também na apresentação teremos, portanto, apenas um enfileiramento de coisas. A suposta psicologia é, na verdade, um pensamento ético mais solto e livre – alguns dirão que isso é arte amoral; mesmo assim, só essa arte é moral. Suportemos isso por um tempo. Quem tem saudades do *être suprême* não deixa de estar numa certa relação factual com o masoquismo; igualmente a frigidez e a sensualidade absoluta, impessoal; ou a sensualidade absoluta e o impulso de intimidação, o rosnado, a virilidade potencializada, mas no fundo desumana – frigidez e desumanidade não deixam de ter uma relação.

Essas são relações de sentido, não só relações psicológicas. Há três tipos: a relação causal e científica; a individual-psicológica, que é concebida num caso único, sem compromisso, sempre protegida pela singularidade do caso; e o terceiro, no qual não se mostra a concepção, mas os sentidos eles mesmos; não as relações no caso singular, mas – para maior brevidade – no universal abstrato.

É nesses dois últimos casos que a novela e o romance se distinguem, de modo pacífico e técnico. A técnica é a metodologia da novela. É claro que a novela não pode ser um romance encurtado. Nos casos normais, tratamos de carne e ossos, e as significações ficam num horizonte longínquo; aqui estamos no nível das significações, e no horizonte delas flutua apenas uma tênue e longínqua neblina daquela carnação alheia. Se transformássemos cada parágrafo em uma cena, tudo seria perfeitamente

DOS FRAGMENTOS JUVENIS AOS ESBOÇOS FICCIONAIS

compreensível. Entretanto, precisamos sempre explicar tudo? Talvez. Contudo, ninguém pode levar a mal quando por exceção não se o faz. Isso é arte não sagrada.

Vamos para a arte unidimensional, não para a cúbica [sic[82]].

Um caso tem menos chance de ser sustentável que o outro; quero escolher nele vapor e neblina, "pessoas que se manifestaram". Não se apresenta nenhuma prova disso, apenas indícios.

Trata-se, em outras palavras, de "motivação envolvente". Uma arte motivada pelo nojo do costumeiro, com seus juízos estético-morais que não admitem tais coisas, nem as perdoam no caso concreto[83].

Podemos tirar a prova dos nove, desdobrar cada parágrafo, cada frase, converter o todo em cenas; as cenas serão boas; podemos avaliar o conteúdo de ideias, ele ficará abaixo do limite que se alvejou e não poderá ser expresso de forma abstrata. Será que isso não será compreendido? Será que no lugar da microscopia verão nebulosidades e confundirão ousadias com borrões? É uma expectativa que podemos suportar. Imaginemos com otimismo o destino de um livro como esse na Alemanha.

Amor que pretende transpor os limites e a autodestruição.

É uma arte perigosa, ela negligencia o que está mais próximo e também o todo acima das partes.

Início? Transporte-se à seguinte atmosfera:

Perfil de um Programa[84]

Um homem mora com uma mulher que ama e, num átimo, tem a visão de que ela o trairá. Apenas uma fração desse tempo é ocupada pela representação do nexo causal – fragmentos

82. O caráter fragmentar desse ensaio não permite discernir bem o sentido dessa frase.

83. Musil desenvolve nesse e nos próximos parágrafos seu programa experimental que rejeita a escrita sobre motivos convencionais, por exemplo, nexos psicológicos já conhecidos (o costumeiro); procura, ao contrário, aventurar-se no território de sentimentos e experiências ainda não conhecidos e que permanecem por enquanto nebulosos devido à falta de familiaridade.

84. Profil eines Programms, *Kleine Prosa und Schriften*, p. 1319-1322.

combinados de uma cadeia de possibilidades, tal como pode ser inventada num instante –, a experiência não diz respeito a essa insignificância, porém a algo difícil de nomear. Eu arriscaria dizer: o homem mencionado não se assusta porque sua amante poderia ser infiel, mas com o fato de que, mesmo assim, ela terá sido sua amada; opera-se nele a imaginação de um estranho nexo de emoções e sentimentos. Ele nada tem a ver com com- preender e perdoar, nem com conjecturas sobre como isso seria possível ou provável, porém com um compreender *interior*, um ser-tocado, um sentir-com e um intuitivo sentir-dentro. Mais precisamente: [o que o perturba] não é o ato do "compreender interior", mas sim o produto. Antecipo: quem compreende isso, compreenderá de que tipo de homem pretendo falar em seguida.

Mesmo sem esforços de minha parte para uma análise con- ceitual mais apurada desse complexo ainda indefinido, há de se observar (no que segue) que esse aspecto é de importância decisiva para a apresentação artística dos processos da alma. Pois nesse âmbito – pelo menos nos limites do terreno vago no qual se move a psicologia do poeta – podemos deduzir qualquer estado final de qualquer começo; o que obtemos, porém, e o resultado válido que procuramos não está nessa sucessão apa- rentemente obrigatória. Quero dizer: os caminhos que podem levar, no interior de um homem, do amor à infidelidade são, também do ponto de vista estético, faltos de interesse (não ofe- recem um interesse *plenamente* artístico), a não ser que cada passo nesses caminhos tenha, além da sua probabilidade psico- lógica, ainda a qualidade de algo que pode ser sentido, de uma intuição viva e sedutora – enfim, um valor. Também na arte o nexo causal revela-se apenas um pretexto para desdobrar, passo a passo, esse cacho de conexões que nos seduzem e conduzem a valores. (Também aqui o essencial é apenas o cacho de cone- xões que nos seduzem e conduzem, ao passo que a conexão causal se revela um mero pretexto que permite desdobrá-las.)

Assim, suponhamos que se deva escrever uma narrativa que contemple um desses estranhos nexos de sentimentos: também ela (na sua essência íntima) não poderá ser causal; isto é – desconstruindo a coisa nas suas duas subdivisões –, ela não será baseada em acontecimentos exteriores, nem ser psicológica. Pois os acontecimentos exteriores, tanto quanto os processos psicológicos são, a bem da verdade, apenas a parte impessoal do destino. (O psicológico é o que há de não individual na personalidade.) Ponderando com mais precisão: como não pode abrir mão dessas duas coisas, a narrativa terá de expressar de alguma maneira que não lhes atribui o seu *valor*.

A teoria de uma obra de arte, na medida em que cada obra de arte tem um estilo que lhe é próprio, é necessariamente paradoxal, isto é, ela não se ajusta a nenhum outro caso além daquele. Em geral, a causalidade não pode – mesmo que possa ter o papel subordinado de uma mera mediação do essencial – ser negligenciada, e inclusive contém um componente da própria coisa essencial.

Com os pés no chão de minhas reflexões cotidianas e racionais, estabeleço um vínculo entre os dois polos: de um lado, a felicidade firme de um momento de bem-aventurança; do outro, a infelicidade, a infidelidade – então vejo imediatamente que há um sem-número de nexos para esse caso: o egoísmo, que deixa subsistir em todo amor restos de poligamia, tudo o que chamamos de psicologia feminina (o sentimento de doçura que se tem pelo outro, vivido nos viscosos vapores de um nevoento jantar a dois – é mais vivamente uma experiência, um conteúdo), todo o feixe de possibilidades para bons e maus poetas – aqui eu também começaria com um procedimento causal, diria algo como: o surgimento de uma emoção não é contingente, se dermos crédito aos conhecimentos atuais sobre a alma, trata-se antes da expressão mascarada de condições prévias, as quais são então arroladas, uma após outra, no percurso da história.

Não nego que esse tipo de apresentação tenha vantagens, que não poderíamos atingir de nenhum outro modo, porém mesmo assim falta algo nessas pontes mediadoras. (Algo que, a cada passo, as dobre para que deságuem de novo no meu amor; ou, se elas possuem isso, já não são mais meramente causais). Trata-se ainda dessa determinante suplementar, nada além do grau mais profundo do adivinhar intuitivo, que faz com que já no amor sintamos a infidelidade como coexistente.

Em oposição à causalidade, poderíamos aqui falar de motivação (nos casos em que enfatizo o valor dessa possibilidade de acompanhar o sentimento do outro), e o fenômeno estético da compaixão[85] – embora não se queira reivindicar com isso qualquer acabamento teórico – pode ser dividido em três componentes que se imbricam ao se produzir.

Num primeiro momento, existem efeitos sugestivos. Que se permita esse termo tantas vezes usado de modo pouco claro; aqui, ele está no seu devido lugar, pois sobre ele repousa justamente o efeito da "ação". Pelo fato de um acontecimento ser narrado como efetivamente ocorrido, ou devido à narração de fatos, esse acontecimento não só causa uma impressão mais forte, mas há ainda efeitos muito específicos que irradiam dele.

A segunda parte do sentir-com consiste no entendimento; nesse caso, as cadeias emocionais que acompanham o que foi lido compõem-se no ouvinte das próprias experiências dele, as quais amiúde são muito diferentes daquelas da narrativa; graças a elas se compreende, porém somente como compreendemos algo que nos é estranho. Ao passo que o terceiro componente da *Einfühlung* – a qual aparenta ser apenas um grau mais elevado do entendimento –, a aceitação, o ser-tocado e coisas dessa ordem, repousa no fato de que o narrado é sentido como algo próprio, porém em novas vestes.

A determinante da qual falamos antes não é outra coisa além disso. A motivação deve penetrar até os derradeiros valores e conexões que ainda estão acessíveis para mim.

Cogitemos por um momento apenas – para compreender o que está em jogo – quantos bons livros estão sendo escritos na Alemanha, e quão poucos chegam a gravar na alma sulcos que

---

85. O termo alemão para compaixão ou empatia significa literalmente: "sentir-com".

não se apagarão em poucos dias, dando lugar à lisura anterior. A motivação não basta.

É óbvio que não queremos bancar o autor de uma metafísica ou história universal (tal como pretendia Hebbel); o *tertium separationis* é a seguinte condição: que as coisas que devem ser ditas[86] não possam ser expressadas de modo puramente conceitual, pois assim qualquer coisa diferente de uma apresentação exata seria de pouca valia. Não se trata de um método diferente, mas de um território diferente. Um tal território é aquela zona *entre* entendimento e sentimento, onde têm lugar as verdadeiras expansões da alma. Um entrelaçamento do intelectual e do emocional. E nisso está a prova de que o modo em questão é um modo artístico.

Eis o ponto principal, e dele teremos de deduzir algumas condicionalidades técnicas. Já mencionamos a marginalização dos nexos causais[87]. Com ela está relacionada a preponderância das imagens. Entretanto, não necessariamente. Bem entendido, poderíamos também desdobrar o todo num romance, revesti-lo de uma carnação; mas os pensamentos que eu desenvolvi....

Em outras palavras. Compreender uma pessoa significa reconstruí-la com os elementos da própria experiência.

É muito mais importante aprender a rastrear as intenções[88] do que julgar se uma obra é boa ou má.

Em vez de construir uma experiência preciosa ou um ser humano precioso a partir de elementos meramente adequados, podemos também ter a atitude inversa: construir uma experiência qualquer, meramente adequada, com elementos preciosos. A partir de um máximo de tais elementos.

---

86. Subentendido: na poesia e na ficção literária.
87. Musil explica nesse e em outros ensaios que o pensamento causal tem seu lugar no âmbito racional. Seu método consiste em escolher um marco de hipóteses que orientam a investigação. O pensamento poético (não racioide), ao contrário, permite-se transgressões e exceções das balizas firmes que orientam a racionalidade discursiva, estabelecendo elos imprevisíveis entre diferentes séries de causalidades.
88. Subentendido: do autor e das personagens.

Partindo não das razões meramente suficientes da causalidade, mas de motivos. Nada acontece por acaso, porém cada pensamento, que ao mesmo tempo é um acontecimento, é acima de tudo uma necessidade factual.

Precisamente isso é também a feição mais íntima numa apresentação causal. Pois aqui podemos... deduzir, mas o que se ganha, o vinculante, está... desdobrar obras [*sic*]. Sabendo-se isso, no entanto, não seria mais reto, mais factual, "viril", verdadeiro, renunciar a tudo de uma vez por todas e fornecer somente essa conexão?! Teremos de contar com resistências.

Com isso, renunciamos a usar um auxílio essencial: a sugestão!

[*Sobre Crítica*]
(*sem título – c. 1914*)[89]

Em casos muito raros é útil constatar se um livro é bom ou ruim. Pois muito raramente ele é uma ou outra coisa, na maioria é ambas. Faz sentido engajar-se a favor de um artista grande enquanto ele ainda não for reconhecido e também faz sentido demolir uma das pretensas grandezas. Faz sentido escrever sobre um livro quando é possível demonstrar algo ou quando o crítico sente subir uma explosão temperamental na leitura desse livro. Todavia, na verdade não faz sentido abordar livros à medida que são jogados no mercado pelos livreiros, descrevê-los e avaliá-los com a ajuda de no máximo cinquenta critérios convencionais. Contudo, é justo isso o que faz o crítico médio. No seu condicionamento sociológico ele é um jornalista disfarçado de "eternista".

Seria uma das tarefas mais importantes das premiações motivar uma pessoa precisa, sutil e espirituosa para que registre o inventário de conceitos com os quais opera nossa crítica. Sua

---

89. [Über Kritik] (Ohne Titel – vermutlich vor 1914), *Kleine Prosa und Schriften*, p. 1331-1334.

126 DOS FRAGMENTOS JUVENIS AOS ESBOÇOS FICCIONAIS

completa nulidade evidenciar-se-ia, ao que parece, pelo fato de que suas respectivas matizes se anulariam mutuamente, o que poderia ser mostrado por uma comparação mais abrangente. Isso não pode ser provado enquanto não estiver sido ordenado o material; mas faça-se a tentativa de ler todas as críticas que um determinado jornalista deposita num certo dia, digamos da revista *Aktion* até a NFP [*Neue Freie Presse*], passando pela *Neue Rundschau*, e na maior parte dos dias estaríamos rindo sobre a adequação. Ela reside na palavra e na vagueza, não no conceito.

Tais experiências me motivaram a escolher um desses conceitos críticos, para considerar seus principais modos de uso, embora sem investigá-lo da maneira exaustiva mencionada antes. Escolhi o conceito do psicólogo nas suas duas avaliações como psicólogo "profundo" e como psicologista.

Houve um tempo em que todo poeta (que mais ou menos se prestasse a tal[90]) recebia o predicado de psicólogo; a psicologia estava na moda. Hoje podemos dizer que esse predicado na maior parte das vezes tornou-se pejorativo. Um psicólogo era um conhecedor das almas com poderes demoníacos, já um psicologista é alguém que se contenta com as trivialidades da alma. Nisso se expressa uma mudança de postura acerca da causalidade[91] e, nessa medida, a mudança é condicionada e justificada pelo tempo. No entanto, nisso há também um total equívoco com relação à significância do psicológico para a arte, e esse uso extremamente vago origina-se de conhecimento insuficiente.

1. O acontecimento psicológico é um acontecimento como qualquer outro, uma parte da diversidade do mundo. Ele é interessante em si. Ele é realidade. A ênfase que recebeu tem a ver com a questão do naturalismo na arte, questão essa que não foi resolvida com experimentações malogradas. Nada contra a repentina ocupação do vácuo pelo expressionismo: fortes

90. Ou seria melhor dizer: por pouco que se prestasse a isso.
91. Enquanto artista, Musil rejeita o pensamento causal científico, que se obriga, pelo método escolhido, a escolher certas hipóteses e orientar a busca segundo esse molde predeterminado. Ver a mesma ideia acima, em "R. Perfil de um Programa".

conquistas espirituais requerem uma base ampla e um enraizamento multíplice na realidade.

2. Esse acontecimento, que na verdade deveria ser chamado de eidológico[92] (pois é um fenômeno), deixa-se ordenar segundo leis psicológicas. E nisso devemos perguntar: o que é psicologia? Ela é, apesar de tudo, uma ciência com metodologia definida, que ordena os processos interiores, se não de modo predominantemente causal, ainda assim segundo um certo método, estabelecendo relações recíprocas que não têm nada em comum com a ordem da obra de arte. Acima de tudo: ela procura verdade e factualidade. Devemos distinguir entre psicologia e psicanálise. Em princípio, porém, vale o mesmo para ambas.

3. Examinemos um assim chamado romance psicológico que seja uma obra de arte de verdade. Estritamente falando, sua psicologia é sempre errada, deve ser conscientemente concebida como um tanto errada. Ela não deve entrar em contradição com a experiência, pelo menos não sem razão. Mas ela é imprecisa. Tenhamos presente o sentido das duas máximas:

> Conhece-te a ti mesmo e conhecerás o universo.
>
> e
>
> Tudo compreender é tudo perdoar.

Nas duas, há a mesma significação – reconhecer-se e compreender o outro – que a psicologia recebe na obra poética. Ao se adotar essa máxima, resolve-se toda a discussão dos últimos dez anos sobre o valor ou falta de valor da psicologia para a literatura. Conheço o universo (com isso queremos dizer: o universo humano e moral) ao conhecer a mim mesmo. Não ao saber o que significa tempo de reação ou experiência de movimento-fantasma, coisas pelas quais se interessa o psicólogo. Não ao estender o esquema preparado pelos psiquiatras ou pelos psicanalistas que aplicam redes conceituais adequadas

---

92. Do grego *eidolon* (forma).

aos seus respectivos usos. É preciso reconstruir a experiência a partir de motivos.

> O que é psic [ologia].
> Psicol [ogia] e motivo
>> Motivo, *movere, movens*. Tudo o que movo.
> Oposição contra causalidade
> Oposição contra realidade
> Emcarnação e motivo.
>> (Problema do express[ionismo].)

O que é certo, porém, é o fato que p[sicologia] é nas mãos dos críticos alemães algo totalmente diverso daquilo que entendem pessoas que têm contato profissional com Psic. /

[...]

PARTE 2

DOS ENSAIOS À PEQUENA PROSA FICCIONAL

3. ENSAIOS, CRÔNICAS E RESENHAS

Sobre Livros de Ensaios
(setembro 1913)[1]

Este ensaio é uma resenha do livro de Hermann Bahr, Inventur[2].
Musil reconhece Bahr como um dos grandes críticos da época.
Mesmo assim ou talvez precisamente por isso, não deixa passar
sem críticas certas facilidades que esse se dá na sua crítica da
cultura. Quando Bahr inventaria as grandes crises da razão e
do espírito – o novo pensamento científico positivista e materia-
lista, a perda da crença religiosa, o ceticismo linguístico, o panes-
teticismo de Nietzsche e a psicanálise freudiana – e ao mesmo
tempo advoga por um frouxo holismo e uma conciliadora apolo-
gia da intuição, Musil fareja os vícios do pensamento jornalístico,
quando não os adágios de ensaístas católicos com nítida orienta-
ção autoritária como Johannes Müller, que Musil identifica com

1. Essaybücher (September 1913), *Kleine Prosa und Schriften*, p. 1450-1457. Trata-se
de uma resenha da coletânea de ensaios de H. Bahr, *Inventur*.
2. Além de Bahr, Musil resenhou também Felix Poppenberg, *Maskenzüge*, e Franz
Blei, *Die Puderquaste*.

o modernismo eclesiástico. Por mais que a bondade, a intuição e as oscilações entre sim e não sejam virtudes na mente dos grandes sábios (Dostoiévski, Goethe ou Nietzsche), por mais que seja admirável o pacifismo e a boa alma de Bertha Suttner[3], sua candura reduzida ao cliché jornalístico vira vício. Passar do pacifismo à pregação ingênua da bondade natural e às promessas da iminente redenção da humanidade é um desserviço à inteligência. O mesmo vale para a mistura de ideias e conceitos tão diversos quanto as teorias de Fritz Mauthner, Hans Vaihinger, William James e Ernst Mach. Musil aponta onde o estilo vago de Bahr cai na armadilha das "grandes sínteses" e de fórmulas com a união de "bondade" e "força", os aforismos populares de Goethe ou as máximas de Pascal apresentadas como panaceias para os males do mundo.

Musil identifica no ensaísmo de Bahr a síndrome do seu tempo que O Homem Sem Qualidades *irá ironizar no capítulo 16 como a "misteriosa doença de época": a frenética busca do novo que se deixa guiar pela saudade dos modelos antigos e pelo ressentimento. A crítica de Musil modula a Zeitkrankheit que Thomas Mann captará na década seguinte no seu romance* Der Zauberberg *(A Montanha Mágica), e antecipa o diagnóstico do idealismo oco que Fritz Stern irá analisar no seu livro* Kulturpessimismus als politische Gefahr *(A Política do Desespero Cultural).*

---

3. Ver Idealização da Cultura, em A Época de Musil em Verbetes, infra, p. 318s. Com faro seguro, Musil já percebe a tendência que iria se agravar no pós-guerra: o teólogo Johannes Müller (1864-1949), um dos promotores da refundação da vida comunitária baseada em princípios cristãos, nacionalistas e "socialistas" (cristãos), perseguiu de fato os sorrateiros desejos políticos da Igreja que Musil fustigara no ensaio de 1912. Müller torna-se diligente colaborador da educação alinhada com as diretrizes do nazismo, fornecendo teorias da sexualidade, doutrinas eugênicas e exegeses bíblicas antissemitas. Igualmente perigosa, embora mais louvável, foi a ingenuidade de Martha Suttner, a famosa pacifista austríaca que ganhou o prêmio Nobel em 1905 pelo seu apelo "Legt die Waffen Nieder!" (Abaixo as Armas!). Suttner considerou a paz como um estado natural originário que foi perturbado pela longa história do militarismo. Ela faleceu em 1914, um pouco antes da eclosão da Primeira Guerra Mundial. Para Musil, Müller e Suttner representam duas vozes exemplares do caótico idealismo contemporâneo; suas simplificações confusas encontram-se em inúmeros outros ensaios da intelectualidade da época. Suas boas, se bem que vagas, ideias de bondade e paz são fadadas ao fracasso, pois repousam sobre as velhas bases filosóficas, teológicas e humanitárias – em posturas anti-intelectuais anacrônicas.

Quem preferir o suspense das inseguranças às certezas talvez tenha feito uma opção de vida, porém tais naturezas picantes em geral fazem má figura como pensadores. Pois não querer saber algo que poderia ser asseverado, apenas para brilhar com belos pensamentos, é no fundo um gesto tão acomodado e filisteu quanto negar fatos em favor da paz de espírito. Sem dúvida, a mais ínfima dissertação matemática diz de uma postura espiritual melhor do que a obra arbitrária de Schelling[4] ou Eucken[5], ou de qualquer outro charlatão, destilando sentimentalidades em nossos cérebros[6].

Mesmo assim, a característica distintiva do gênero ensaio continua sendo que o seu âmago não pode ser traduzido em conceitos, do mesmo modo que não se pode transformar um poema em prosa. Isso o eleva acima da ciência popular, acima do floreado discurso inaugural do magnífico senhor reitor, e acima das miscelâneas acadêmicas póstumas. Os pensamentos do ensaio estão indissoluvelmente assentados em uma matriz de sentimento e vontade, de experiências pessoais e daquele rendilhado que se tece entre complexos de ideias; o que se pensa no ensaio recebe sua luz plena apenas na atmosfera espiritual de uma situação única da vida interior e precisa dela para irradiar. Ensaios não pretendem validade universal, agindo antes como pessoas que nos empolgam e nos escapam, sem que consigamos fixá-las de modo racional, e que nos contaminam

---

4. Friedrich Wilhelm Joseph von Schelling (1775-1854), filósofo alemão, um dos representantes do idealismo alemão, amigo e colega de Hölderlin e Hegel. A visão negativa de Musil deve-se, de um lado, a um certo obscurantismo místico da obra tardia de Schelling e, de outro, à conversão do filósofo a um catolicismo ultraconservador.

5. Rudolf Christoph Eucken (1846-1926), filósofo alemão, ganhador do Prêmio Nobel de Literatura de 1908.

6. As reservas de Musil contra os charlatões neorromânticos antecipam as análises posteriores de, por exemplo, Fritz Stern, em obras como *The Politics of Cultural Dispair* (A Política do Desespero Cultural); *The Failures of Illiberalism* (As Falhas do Iliberalismo). Nesse último livro, Stern mostrou que o "*pater noster* estético e cultural", isto é, a redundante e reverenciosa referência a Goethe e Schiller, fornecia desculpas para a denúncia indiscriminada da modernidade (p. 18-20). Essa relutância ao realismo e à abertura, por sua vez, alimentava perniciosas crenças contraditórias: darwinismo social, romantismo, pessimismo cultural, três componentes do desespero político bem ancorados na bagagem intelectual idealista e na instável disposição emocional (p. 84; 198).

espiritualmente com algo que não se pode provar. Pensamentos ensaísticos também têm a licença de conter contradições; pois o que num ensaio tem forma de juízo é apenas um instantâneo daquilo que só se deixa captar com instantâneos. Eles respondem a uma lógica mais flexível, mas nem por isso menos rigorosa.

O objetivo do pensamento científico é o modo inequívoco de formular e entrelaçar conhecimentos factuais. Ele atinge sua forma mais admirável quando faz sentir sua frieza maravilhosa em toda a sua nudez. O pensamento ensaístico não deve ser o contrário disso, mas a sua continuação. Ele é legítimo onde a meticulosidade científica não encontra o fundamento que legitimaria a sua aplicação com a necessária firmeza. Ela perde então toda a sua virtude e transforma-se em pedantismo despropositado. Vemos a confirmação disso nas tentativas filosóficas de extrair dos grandes ensaístas (por exemplo, de Emerson ou Nietzsche) aqueles elementos que pertenceriam à sistematização científica. Elas dilaceram o leito desse curso de ideias com retroescavadeiras, e no fim nada acham além de um velho sapato rasgado, um fiapo de ideias descartadas e outras trivialidades ridículas. Ainda são pouco investigadas as fronteiras do método de pensamento que aí têm validade e que devem ser respeitadas. Na perspectiva inversa, podemos alojar todo ensaio, toda metafísica e até toda mística sob a seguinte pergunta: o que sobra deles quando os consideramos do ponto de vista frontal da realidade? Eles murcham? Ou seus efeitos são imunes a essa perspectiva sóbria? O que cliva o entendimento? Os aspectos múltiplos do objeto quando considerado de modo consciente e técnico? E quando o entendimento se esboroa, isso seria culpa de um autor simplório? Poucas vezes encontrei uma investigação desse tipo, um questionamento do direito ao método. E isso apesar do fato de que nossa era, tão diligente em reformas e pensamentos artístico-espirituais, nos obriga todos os dias a fazer de conta que somos mais burros do que somos, para nos nivelarmos por baixo sentimentalmente. – Peço desculpas pelo estilo didático da introdução. Quem pensa de modo artístico é hoje ameaçado pelos que não pensam com arte e também pelos artistas que não pensam; será necessário lembrar onde estão os limites, direitos e deveres[7].

Bahr diz sobre Goethe: "ele sabia que a cada sim corresponde um não, e que apenas os dois juntos resultam na verdade oculta por trás deles e igual em ambos". Essa é uma epistemologia que pode ser deduzida da prática pensante do artista e que, no mais das vezes, é válida no âmbito dos problemas que lhe interessam. Bahr a estende e generaliza, concluindo: a verdade é sólida – mas em algum lugar elevado e não aqui para nós. E volta e meia ele se torna ainda mais cético. Escreve, seguindo Pascal, que a nossa vida flui da ignorância natural para a douta. Que sempre sabemos apenas que não podemos saber nada. E que só resta uma última verdade: que não existe verdade. Compreendo tal ceticismo. Ele transpõe as experiências de um âmbito parcial para o todo. Eis o seu erro.

Para ele [Bahr], o livro de Pascal se calca em uma variedade de filosofias. Pois duvidar do conhecimento é quase tão antigo quanto gozá-lo, e a história da nossa filosofia é uma luta de mais de dois mil anos entre ambos; com avanços e recuos. Volta e meia houve cargas de hussardos, com filósofos montados em tinteiros e cartapácios correndo para cá e para lá, parecendo ora que tudo podia ser conhecido – como para os góticos conceituais da escolástica –, ora que tudo era incognoscível – como para o viril Epicuro ou o devotamente ardiloso bispo Berkeley –; no fundo, porém, todas essas lutas somente arbitravam fronteiras traçadas em algum lugar, hoje reconhecidas sem qualquer *páthos* e, ao que parece, com sucesso. Quanto ao ceticismo radical, nenhum

---

7. Musil assinala a diferença que distingue formas de pensamento nos domínios estético-artístico e racional, científico, matemático; critica Bahr como expoente de uma falha compartilhada com inúmeros outros críticos que se recusam a reconhecer a importância dessa distinção – em grande parte porque não têm conhecimentos científicos suficientes. Consequentemente, estendem problemas epistemológicos e dúvidas a respeito da fundamentação teórica para o domínio dos fatos, dramatizando-os com a atmosfera do ceticismo radical.

136 DOS ENSAIOS À PEQUENA PROSA FICCIONAL

teórico jamais acreditou seriamente nele; teria contrariado seus queridos hábitos. Sua incondicionalidade negativa sempre foi apenas um gesto retórico, e seu valor sempre consistiu no afinamento muito positivo da consciência; ele nunca foi outra coisa além de uma geometria não euclidiana do entendimento, *more geometrico*, tal como qualquer outra.

É claro também que Bahr, esse general experimentado em mil disputas, não entende o assunto de outro modo. Há passagens nesse livro que contradizem as que arrolamos, e os teóricos aos quais ele se refere – Mach, Mauthner, Vaihinger, James[8] e aqueles que chamamos de pragmatistas – nem de longe concordam entre si nem tampouco formam uma mesma linha do desenvolvimento. E, para falar bem sério, Bahr no fundo quer dizer apenas isso: para certas questões, o entendimento não basta, nossa vida interior não pode depender apenas dele, e precisamos das garantias de uma postura sensível. E nisso ele está muito certo.

Ele arrola exemplos. Da emancipação das mulheres. Da nova teologia, que dá o modelo "para iniciarmos um cristianismo que nada poupa e que impregna todo fazer". Da social-democracia, na qual vê o maior fenômeno religioso do nosso tempo: diz, a propósito do fundamento mais sedutor dela, que o homem solitário jamais conseguirá atingir a si mesmo, que ele recebe da comunidade com os outros sentimentos, tensões e elevações das quais jamais seria capaz por conta própria. Que apenas ao se entregar o ser humano chega mais completamente perto de si mesmo. E, por fim, Bahr resume a essência decisiva de tudo isso num conceito de religião "pertencente a quem tem uma segurança da vida acima das possibilidades do entendimento, extraindo-a de modo imediato do sentimento intuitivo, com a certeza imediata do que é reto e justo, sem precisar de provas". Essa certeza é o "sentimento de nunca estar à mercê do acaso, de ser guiado pela necessidade". "A consciência de um poder

---

8. Ernst Mach (1838-1916), físico austríaco; Fritz Mauthner (1849-1923), escritor e filósofo cético austríaco; Hans Vaihinger (1852-1933), filósofo alemão; William James (1842-1910), filósofo e psicólogo estadunidense.

interior confiável a determinar nossa vida," o qual "nos exige nossas ações, causando dor e doença quando nos furtamos a elas, ao passo que o entendimento apenas nos aconselha certas ações. Nesse agir consciencioso, não seguimos princípios: esses meramente ressoam por simpatia com o agir."

Com volteios muitas vezes surpreendentes e peculiares, o pensamento de Bahr constrói um ser humano artificioso, que procura sua firmeza numa bondade pugnaz, na ação em devir, no agir em geral, na segurança do sentimento e na quieta constância; para esse ser humano, o bom deus – alhures facilmente concebido num sentido estético – na verdade é só a convicção na força das próprias pernas. Esse homem é o tema principal do livro. Com vigor – e com uma simplicidade um tanto coquete –, Bahr contrapõe o desafio pretensioso desse "bom" livro à indolência do nosso tempo. É deveras interessante como egoísmo e socialismo se interpenetram aí, como belicosidade e abnegação (além de outras coisas heterogêneas) se fundem numa síntese muito pessoal. Bahr escolhe as teorias como lhe convêm para isso. O que é delas seria indiferente se não influenciassem esses outros propósitos, pelo menos um pouco. Em sentido próprio, essas teorias fornecem as raízes de uma equação com muitas variáveis: Herrmann Bahr. No entanto, elas também são acirradas pela sedução do momento. Há no livro de Bahr uma ligeira ênfase em tudo que é alógico, e uma ligeira atenuação de tudo que é entendimento. Não se trata, é claro, dos limites do conhecimento, mas dos valores da alma. No fim das contas, porém, a alma também é mal aquilatada quando seus limites são estreitos demais. Considero que dessa vez Bahr deu um salto curto e confortável demais. Aterrissa em Johannes Müller[9], no modernismo eclesiástico, no

9. Teólogo (1864-1949) que se destacou por escritos em prol de uma refundação da comunidade em torno de princípios cristãos, nacionalistas e socialistas que evidenciam claras afinidades com as ideias do nacional-socialismo. Mais tarde, Müller se tornaria diligente colaborador da educação alinhada com as diretrizes do nazismo, fornecendo teorias da sexualidade eugênica e exegeses bíblicas antissemitas.

tolstoísmo cristão, em Bertha Suttner[10], afirmando sempre de novo, em perfeito estilo de Rousseau, que a bondade natural do homem surgirá assim que o libertarmos do entendimento maléfico.

Nada obriga a negar que o ser humano bondoso e simples seja um valor; isso é mais que um ideal festejado por cérebros caipiras. No entanto, há de se crer que o homem que sabe ser bondoso sem limitações – em suma: o homem do mundo por vir – nos imporá uma das tarefas mais difíceis, provavelmente cujas balizas já foram colocadas de modo incorreto. Não é por acaso que os poetas e escritores hoje preferem o homem mau e de algum modo dilacerado. Esse homem cede espaço às reivindicações de esboço de possibilidades éticas, como se faz com uma roupa cujas costuras cederam. Em contrapartida, o que hoje é apresentado diariamente como o homem bom, são e simétrico – também na literatura considerada séria –, é algo escandalosamente barato.

Bahr afirma com razão que a nossa arte não contém nada daquilo que acontece em nosso tempo; esses acontecimentos têm lugar no proletariado e nas ciências exatas. O homem revisado do seu livro, ao contrário, é valioso, embora se perca sem escrúpulos em más companhias. E quando Bahr pensa, no mesmo diapasão dos cientistas da escola de Haeckel, que "Deus está presente na ternura, intensidade e beatitude do sentimento de natureza, Ele está em toda parte ou podemos alcançá-lo de modo imediato através da compaixão e do júbilo coletivo", toma um caminho errado. O clima que anima as ciências naturais atuais não é aquela "reverência que ousa falar" depois de

10. Pacifista austríaca que ganhou o prêmio Nobel em 1905 pelo seu apelo "Abaixo as armas!". Com louvável ingenuidade, Suttner considerou a paz como um estado natural originário que foi perturbado pela longa história do militarismo. Ela faleceu em 1914, um pouco antes da eclosão da Primeira Guerra Mundial. Para Musil, Müller, Tolstói e Suttner, apesar das imensas diferenças de seus talentos e realizações, representam três vozes exemplares do caótico coro das ideias contemporâneas; suas simplificações confusas encontram-se em inúmeros outros ensaios da intelectualidade da época. Por mais que desejem avançar rumo à bondade e a paz, seus pressupostos tácitos repousam sobre as velhas bases filosóficas, teológicas e humanitárias, perpetuadas pelo paternalismo anacrônico que dispensa o conhecimento empírico e aposta na vitória das boas intenções e no poder da intuição (anti-intelectual).

"avistar Deus no microscópio": o clima atual consiste em acuidade, esforço e gana de atingir uma velocidade desmesurada; seu rosto é a face contorcida de um jóquei na reta final. E a postura humana das personagens que Bahr destaca como exemplos é – não obstante seus méritos especiais – qualquer coisa menos científica: eles parecem corredores com cãibras, dando passagem aos outros porque não suportaram o ritmo da competição.

É certo que sofremos com a relação minada entre as forças espirituais do presente. Os eruditos geralmente entendem pouco de arte, e a maioria dos artistas parece imobilizada por essa era da racionalidade unilateral, como contemplativos singelos, indignados quando o passeio bucólico desemboca no canteiro central de uma avenida comercial. Não sabem como apreender e dirigir a gigantesca paixão intelectual da nossa era. E embora possam estar à sua frente em matéria de sentimento, racionalmente não a conseguem acompanhar. De fato, eles não sabem nada de preciso sobre as energias espirituais que estão em obra à sua volta, energias que se desdobram em milhares de configurações. Esses arúspices leem nas entranhas do tempo as suas falhas, suas insuficiências profanas, sóbrias, antiartísticas. E procuram atochar em nossa época algo completamente irrelevante, uma forma, uma postura grandiosa, sempre algo que não é trabalhar-com-outros[11], porém algo rematado, definitivo, redentor – uma arte. Bahr diz que [os modelos arrolados por ele] ignoram as respostas às perguntas de nossa época. Mas não seria porque essas respostas nunca se despojam da certeza intrínseca? O que lhes falta é, pelo contrário, aquela inquieta insegurança que um entendimento mais agudo lhes introduziria. E muitas passagens desse livro lhes darão a garantia da boa consciência. O próprio Bahr não é assim, tenho certeza, mas esse capricho favorece por engano essa gente miúda.

---

11. Musil pensa nas formas inovadoras e tipicamente modernas do trabalho intelectual – as equipes de pesquisa e as trocas entre cientistas num âmbito multinacional – sem as quais as ciências não teriam avançado, transformando as estratificações sociais hierárquicas e dando os impulsos para a democratização da sociedade.

140 DOS ENSAIOS À PEQUENA PROSA FICCIONAL

O Obsceno e o Doentio na Arte
(1º de março de 1911)[12]

O autor deste ensaio é o escritor do livro de suspense psicológico publicado há alguns anos como sua primeira obra, elogiada com entusiasmo pela crítica séria. O livro se chamava *O Jovem Törless* e até hoje ainda não atingiu uma tiragem que ultrapassasse a "idade crítica"[13].

É sem dúvida tedioso ordenar pensamentos há muito familiares para um público razoavelmente inteligente só para satisfazer um objetivo alheio. Mas há circunstâncias em que tudo o que nos parece conhecido precisa ser repetido em público. Flaubert foi proibido em Berlim. Alfred Kerr já disse, em palavras breves e irrefutáveis, que isso ocorreu em flagrante violação da lei, pois esta diz: o atrativo sexual é permitido quando ligado a um objetivo artístico. Em Frankfurt am Main, todavia, foi proibida também uma palestra de Karin Michaelis sobre a idade crítica da mulher; em Munique, a palestra foi autorizada apenas a públicos de um sexo só, ora masculino, ora feminino. Pode-se imaginar como as autoridades e o público alemão estariam em unanimidade em outros casos, como os seguintes: que um *marchand* e promotor das artes ousasse expor xilogravuras japonesas com corpos espantosamente entrelaçados, em formidáveis cópulas lembrando cachos de uva; membros tateando como antenas pelo chão ou torcendo-se em torno de si mesmos como saca-rolhas no inefável vazio da decepção subsequente; olhos suspensos como bolhas trêmulas em cima

12. Das Unanständige und Kranke in der Kunst (1. März 1911), *Kleine Prosa und Schriften*, p. 977-983.

13. Musil ironiza a fraca difusão de obras artísticas que abordam temas obscenos, contrariando um dos argumentos da censura – o do perigo de contaminação das massas. No século XIX, as mulheres entraram na "idade crítica" da plena maturidade sexual aos trinta anos, uma ideia que fornece o título da palestra censurada de Karin Michaelis. É possível que Musil aluda *en passant* ao fato de que as vendas de *O Jovem Törless* não chegaram a trinta mil exemplares em cinco anos.

de seios murchos. Ou que um artista se atreva a representar o procedimento – no fundo, tão convencional na classe média – que franceses, como Félicien Rops nas suas cartas, chamam com entusiasmo de "beijo no monte sagrado", referindo-se às costas arqueadas em luxúria canina do homem e ao semblante distante e indiferente da mulher. Ou que um escritor decida descrever como um homem, olhando para as mãos trêmulas de sua mãe, começa a mentir, repetindo sempre que essas mãos estariam ficando cada vez mais cansadas e mais trêmulas – algo nem um pouco verdadeiro, completamente inventado, só para magoar. Ou que alguém descrevesse: uma mulher, parente próxima, na mesa de operação, o bisturi já cravado; ou a sensação de se agarrar, num acidente, o corpo de uma mulher, como se fosse um objeto a ser despido; o horizonte estreitado da consciência no momento das decisões instantâneas. Sensações que se aproximam, sem reflexão, de zonas que nunca visitamos. Mesmo assim, uma voz fala – pouco, em tom objetivo, medical –, uma espécie de chefe de orquestra, um cavalheiro, embora ao mesmo tempo algo esteja ali deitado, inerme, oferecendo-se, uma ferida, meio estranha ao local, como uma flor, meio sanguinolento, mucoso, aberto, no meio da pele alva esticada da página[14], como uma boca... uma associação automática... beijar, colar naquilo a pele indefesa dos lábios. Por quê? Quem saberia dizer? Alguma semelhança longínqua, alguma nostalgia? Por uma fração de segundo, pavor e repulsa; depois de novo: gestos rápidos e comandos. De repente, uma liquidação imprevista como um raio, como a própria vida, uma liquidação que há muito espreitava esse momento fortuito de debilidade: comandos, gestos também em nosso íntimo, e ainda nessa solidão consigo mesmo se segue aquela linha idiota, a trilha, a alma zunindo vazia em torno da concretude mais confiável,

---

14. *Mitten in der weitgespannten Haut der Seite*: aqui, *Seite* refere-se à página de um livro, não a um flanco do corpo, como pensam os tradutores estadunidenses dos ensaios. Musil trabalha com a imagem-engodo que confunde realidade e representação: da ferida real que evoca a fenda vaginal da mulher na mesa de operação, a frase passa sub-repticiamente para a imagem da representação dessa cena na página do livro.

amassando e embolando tudo. – Eis uma inibição (sentida e concebida talvez como revolta contra o senhor professor e contra a tensa objetividade dos colegas, talvez um assustado e tênue chocar-se contra si mesmo, lá no fundo, no escuro), um dissolver-se em palpitações; folhas de uma bola de papel amassada: Eu... palpitar devagar, oscilante; tudo ao redor distante, pálido, processos em regra apressados são cortados ao meio, excitações parciais, nada disso levado a cabo, mas ainda assim sexuais, ainda assim ilícitos, ainda assim prometeicos, tornam-se palpáveis pela primeira vez. E são chamados – às vezes, alçados por um curto momento graças à própria andadura das palavras científicas, precisa e calma –, com a crueza da plena luz do dia, para enfrentar sua luta pela existência, na hostilidade cheia de sofrimentos que ternamente os sufocará na vida inofensiva que os rodeia. Mas um escritor insistiria: também uma mãe, também uma irmã, quando nuas, seguem sendo mulheres nuas, e para a consciência talvez o sejam justamente quando essa coincidência se mostra mais repreensível; assim é na arte, apenas com um engenho aperfeiçoado.

O senhor Von Jagow apenas deixou de perceber a meta artística associada ao que é representado, num caso que seria de fácil compreensão e entendimento, posto que gravita em torno de ações pelas quais ninguém poderia ser seriamente culpado[15]. Essa meta não estava sobreposta de modo didático, porém dissolvida em gestos e problemas humanos que conferem à arte o seu valor e pairam, como um frêmito luminoso, no modo de falar sobre eles. Entretanto, há casos em que, apesar de todo o valor humano do representado e de toda a arte da apresentação, e apesar do reconhecimento que não lhes é negado, essa meta artística suficiente para justificar a obra é negada ou preterida em favor de outra; hoje em dia, excluir esses casos da representação artística está na pauta não apenas de chefes de polícia e promotores, como também de revistas com pretensões

15. Traugott von Jagow é uma referência ao chefe de polícia de Berlim que confiscou um número controverso da revista literária *Pan*.

artísticas. Tendo aludido a essas últimas, falarei mais claramente delas: há coisas sobre as quais não se fala na comunidade artística da Alemanha. Esse fato envergonha e enraivece não apenas a mim, e lhe oporei o ponto de vista segundo o qual, na arte, podemos não só representar como também amar o imoral e execrável.

Nisso, eu pressuponho (o que ninguém com razão negará categoricamente) que, do ponto de vista da sociedade, o imoral, o execrável e o doentio existem e têm sua razão de ser. Pois há apenas três possibilidades para essa afirmação: ou o indecente e o doentio, quando representados por um artista, deixam de sê-lo; ou precisaríamos supor (à exceção dos casos em que eles entram em cena somente para produzir um contraste que permita formular acusações etc. – casos que, aliás, não existem) que o amor do artista por essas coisas é algo diferente daquela seriedade de realista que se exige alhures (em outras palavras – para não admitir, nem por um segundo, aquela confusão catita com artistas finórios e pândegos –, algo como uma seriedade de artista); ou o indecente e o doentio têm também na vida seus aspectos positivos.

As três afirmações são, cada uma à sua maneira, corretas.

A arte pode escolher o indecente e o doentio como ponto de partida, porém o que acaba sendo representado – não a representação, mas o indecente representado e o doentio representado – não é mais nem indecente, nem doentio[16]. Dispensando

16. Nesse início de parágrafo está o salto intelectual-e-sensível que distingue o pensamento de Musil das argumentações convencionais em torno da censura. Musil não propõe a tese alquímica, enobrecendo a representação artística com o poder de transfigurar o que na vida é chocante e repreensível. O argumento dele é bem mais desafiador – tanto para o intelecto como para a sensibilidade: ele afirma que quem se der o trabalho de observar melhor as realidades mais repreensíveis descobrirá que o perverso apenas modula as relações normais, viáveis, regradas e convencionais (coisas e relações que amamos e praticamos sem prejuízo). Descobrir as tênues diferenças, as nuanças que fazem deslizar o normal em direção ao patológico é proveitoso não só para reprimir e sancionar (como faz a censura), mas permitiria dissolver os tabus rígidos, os preconceitos, a hipocrisia e a moral dupla, tão nocivos para uma sociabilidade mais digna. Pensando na influência de Mach sobre Musil, percebe-se como o romancista elabora criativamente a noção, então nova, da "função" com a qual o atomismo epistemológico de Mach desconstruiu as ideias estáticas a respeito das leis psicológicas

DOS ENSAIOS À PEQUENA PROSA FICCIONAL

qualquer papo carola sobre a missão do artista, chegamos assim a um axioma que resulta da mera consideração sóbria das funções específicas que levam à produção de uma obra de arte. Pois com a arte não podemos satisfazer outros desejos que não os artísticos. Os outros podem ser saciados na realidade, sem complicações e dispersões, e sua satisfação adequada só é possível na realidade. Sentir o desejo de representação artística significa – mesmo quando foram os desejos da vida real que deram o impulso inicial – que não se tem a necessidade urgente da sua satisfação direta. Representar algo significa representar suas relações com centenas de outras coisas, pois de modo objetivo isso não é possível de outra maneira, já que apenas assim podemos tornar algo palpável e tangível. Igualmente, no domínio científico o entendimento surge apenas com comparações e conexões, tal como se forma o entendimento humano em geral. E mesmo que essas centenas de outras coisas sejam, por sua vez, indecentes e doentias, suas relações não o são; a descoberta dessas relações não o é.

Nas ciências não é diferente: nos livros científicos encontramos de tudo, as inócuas indecências anatômicas e perversidades, cujo retrato interno seria quase impossível de reconstruir a partir de uma alma sadia. Não nos deixemos iludir por disfarces defensivos, como a empatia, a responsabilidade social ou a (jocosa) máscara de salvador dos médicos: o que nos interessa nesses processos diretamente é a busca do saber. E a arte também busca o saber. Ela representa o indecente e o doentio por meio da sua relação com o decente e o sadio, o que nada mais é que ampliar o seu saber do decente e do sadio.

No artista, toda impressão recebida se decompõe em seus elementos: algo que fora evitado, uma impressão indeterminada, um sentimento, uma moção da vontade solta-se das suas conexões enrijecidas pelo hábito, adquirindo de repente relações inesperadas com objetos completamente diversos,

ou da condição humana, opondo-se às filosofias que amarram o humano em torno de núcleos essenciais (por exemplo, a "substância ética" de Hegel ou ideias como a liberdade, conceitos como a razão etc.) ou de postulados como os "sentimentos morais".

cuja decomposição involuntariamente entra em ressonância. Assim, criam-se novos caminhos e estilhaçam-se antigas conexões, a consciência cava novas vias de acesso. O resultado: uma representação apenas aproximativa do processo a ser descrito e, ao redor, um obscuro ressoar de certas afinidades da alma, um moroso movimento de amplas conexões de sentimento, vontade e pensamento. Eis o que acontece de fato, e eis como se apresenta no cérebro do artista um processo doentio, feio, incompreensível ou apenas negligenciado pelas convenções. E assim ele deveria se apresentar também no cérebro daquele que recebe e entende essa apresentação: entrelaçada como está em cadeias de relações, tomada por um movimento que a eleva e arrasta consigo e que, assim, dissolve a pressão do seu peso. Esse todo é o objeto que é apresentado, e nele repousa – e em nada mais, em nenhuma moralidade histriônica do ator que toca lira no teatro da corte – o efeito catártico da arte, que de imediato dessensualiza esse objeto. O que na realidade permanece comprimido como uma bola, na arte é dissolvido, destrinchado, entrelaçado – bem-aventurado e humanizado. Basta ter tido nas mãos a obra de um doente para compreender a diferença.

É bem verdade que a arte não representa de modo conceitual, mas com imagens sensíveis. Ela não trata do universal, mas dos casos particulares, cujas complicadas ressonâncias sem dúvida carregam os ecos do universal. Enquanto o médico, num caso análogo, se interessa pelas relações causais e sua validade universal, o artista se interessa pelas relações individuais dos sentimentos. Ao cientista interessa um esquema sintético daquilo que realmente existe, enquanto o artista, ao contrário, procura uma ampliação do registro daquilo que ainda é possível na interioridade do indivíduo; é por isso que a arte não tem, em definitivo, inteligência jurídica, porém uma outra forma de inteligência. As pessoas, os estímulos e os acontecimentos que ela cria são representados em vista não panorâmica, unilateral. Portanto, amar algo como artista significa sofrer um abalo – um abalo que, em última análise, não está ligado ao valor ou desvalor desse algo, mas a um aspecto que nele se abre repentinamente. A arte, quando tem valor, mostra coisas que poucos viram. Ela conquista, em vez de pacificar.

Ela encontra aspectos e conexões valiosos também em acontecimentos que aterram os demais. Na maioria dos conflitos entre arte e opinião pública, esses valores ou não são reconhecidos, ou – e esse é o caso mais típico – a mera tentativa de reconhecê-los já é repudiada, devido às circunstâncias aterradoras envolvidas na sua aquisição. Ensina-se ao artista que não se encontraria, na pessoa sadia, nenhum dos elementos da impressão abaladora que ele analisa; essa impressão seria repugnante de cabo a rabo. A isso só podemos retrucar uma única coisa (além do lembrete de que por bastante tempo houve evidências de que o Sol girava em torno da Terra): é preciso comprar essa briga no alicerce último de tais contradições, defendendo que, nesses tempos que tanto se angustiam com decadência e sanidade, o modo como se busca o limite entre saúde e doença, entre moral e amoral, é ainda muito tosco e geométrico. Pretende-se definir e respeitar essa tal linha divisória (e que toda ação deve se situar aquém ou além dessa linha), ao invés de reconhecer que não há venenos espirituais por excelência, apenas o efeito venenoso da predominância funcional de um ou de outro componente das misturas da alma. A isso é preciso acrescentar que o excesso de elementos tolerados causa doenças não menos repugnantes do que as de seus contrários, e que toda ação, todo sentimento, toda vontade, toda afirmação de interesses (e tudo mais que ainda se pode enumerar para lançar a suspeita de deficiência de alma e mente contra um poeta e suas personagens) pode, em si mesmo, ser tanto sadio como doente. Em toda alma sadia há nódoas parecidas com as que encontramos nas doentias e, para decidir o seu valor, tudo depende do conjunto, da complicada relação de números, planos, pesos, tensões e valores que se tece entre elementos – elementos ora isolados como sadios ou doentios, mas que não podem e nem devem ter essa significação de maneira definitiva, dependendo antes apenas do resultado das suas relações no caso específico de uma alma específica[17].

Na verdade, não há qualquer perversão ou imoralidade que não tenha, por assim dizer, sua saúde e moral correlatas. Isso pressupõe que, para todos os elementos que as compõem, encontram-se elementos análogos também na alma sã e apta para a convivência sociável. Essa pressuposição é correta, e não será difícil para nenhum poeta prová-la, sejam quais forem os exemplos que se lhe apresentem. Toda e qualquer perversidade pode ser representada. Ela se presta a tanto porque deriva da estrutura do caso normal – de outro modo, seria impossível compreender a representação. A dessensualização desta se baseia na dinâmica dessa estrutura, que assim fornece a possi-bilidade de humanizar o modelo. Como a estrutura pode reve-lar, em certos pontos, componentes valorosos, também o pode a valorização. Eis a chave combinatória que torna possível o amor artístico também pelo imoral e pelo perverso.

A dessensualização se aplica a uma imagem intelectualizada ou "enriquecida", como diriam os químicos. Mas a ela também pode corresponder, na vida real, um modelo exato e preciso. Embora não se deva negar que lá exista o doentio e o imoral, no âmbito do pensamento é preciso definir diferentemente o limite entre ambos. Um exemplo: teremos de reconhecer que um assassino sexual pode ser doente; que ele pode ser sadio, mas imoral; ou que ele pode ser sadio e moral. Fazemo-lo quando consideramos assassinos comuns.

---

17. Todas as considerações funcionais e econômicas, quantitativas e dinâmicas que Musil expõe nesse parágrafo parecem ter íntima afinidade com as ideias hoje associadas a Freud. Os escritos teóricos sobre os pontos de vista econômico, dinâmico e tópico do inconsciente freudiano, contudo, são bem mais tardios. Musil se baseia na psicologia da Gestalt, cujos fundadores conheceu em Berlim. A teoria da Gestalt constitui-se nas décadas seguintes com os trabalhos de Kurt Koffka, Wolfgang Köhler e Max Werthei-mer (esse último, como Musil, foi estudante de Stumpf). O mérito da teoria da Ges-talt para Musil é que ela leva em consideração o condicionamento da percepção pelas circunstâncias sempre mutantes, mas ao mesmo tempo reconhece até certo ponto a objetividade dos fatos observados. Para uma discussão detalhada, ver S. Bonacchi, *Die Gestalt der Dichtung*; e A. Harrington, *Reenchanted Science: Holism in German Culture from Wilhelm II to Hitler*.

Quando uma arte que não se esquiva de tais sutilezas traz à tona determinados valores, seria indevido e pusilânime indignar-se contra ela. Ninguém tocaria nesses assuntos se não houvesse certos valores a atraí-lo, e o ponto de vista dos cidadãos robustos e corados, que exigem a todo custo uma arte alemã saudável, é muito limitado. Não precisamos negar os riscos. Existem meios desejos que não bastam para ousar sua realização na vida real, mas que podem ensaiar essa realização na arte, e pode haver pessoas que, para tanto, usam a vida como se fosse arte. No entanto, com uma condição: nesse processo, ou elas experimentam aquele efeito que metamorfoseia as energias (aí é bastante indiferente se essas pessoas, além de fazer arte, são também doentes), ou não se pode mais propriamente falar de arte. Não obstante, tudo isso pode não ser suficiente para excluir todo e qualquer efeito colateral, e pode ser também que o público absorva de bom grado apenas a matéria-prima crua. É verdade também que a arte exerce maior poder que a ciência sobre pessoas com interioridades mais móveis e indisciplinadas e que, portanto, ela é mais perigosa; isso, contudo, são dificuldades e não razões impeditivas. Também a ciência traz no seu séquito saqueadores do espírito, e nem por isso a proibiremos quando o seu desenvolvimento atingir mais penetração na sociedade como um todo (que já se anuncia). O que se faz para a ciência terá de ser feito também para a arte: efeitos colaterais indesejados terão de ser aceitos com vistas ao alvo principal; realçando-se o que há de maravilhoso no alvo principal, poderemos negligenciar os efeitos nefastos. Pois se deve reformar para frente, não para trás. Patologias sociais e revoluções são evoluções tolhidas pelo conservadorismo burro.

Também na vida real teremos de aprender a pensar de modo diferente, se quisermos compreender a arte. Definamos como "moral" algum objetivo comum que admita, porém, um número maior de estradas vicinais. E estipulemos um movimento nessa direção que tenha suficiente vontade de progredir para não correr o risco de se estatelar em todo calombo que surja no caminho.

Espírito [Religioso], Modernismo e Metafísica (fevereiro 1912)[18]

Musil desmascara as reformas que procuram modernizar a Igreja Católica como táticas de politização que pervertem o núcleo fundamental da religiosidade: a fé e o sentimento místico que constituem uma experiência além da normalidade cotidiana. Max Weber iria desdobrar esse enfoque num ensaio intitulado "Politik as Berufung" (Política Como Vocação), que denuncia a perigosa vocação do político "que se permite entrar em contato com potências diabólicas espreitando todo tipo de violência"[19]. Mas além da crítica da religiosidade institucionalizada, a reflexão se espraia para considerações éticas mais amplas, que levantam também a questão da finalidade última das ciências – uma questão que cala fundo em nossa era de ameaças climáticas, geopolíticas e sociais: "A prova decisiva – não a prova da verdade, porém a da relevância ou importância do conhecimento científico – nunca foi apresentada", diz Musil nos últimos parágrafos deste ensaio, colocando uma lente de aumento sobre o caráter compulsivo e moralmente duvidoso da pesquisa científica. Obcecada com o próprio progresso, ela não se preocupa com sua legitimidade, mas apenas com: "o domínio sobre a natureza, a tecnologia, as comodidades, toda essa maneira inventiva de nunca acabar com os preparativos para começar a viver; um progresso que, no fundo de seus gestos vigorosos, oculta o medo da síntese".

A corrente modernista [da Igreja Católica] – que nisso, e não apenas na maneira da apresentação pessoal[20], constitui [quase] um protestantismo – representa a tentativa de permear a religião com a razão burguesa; esse modernismo se volta tanto

---

18. Das Geistliche, der Modernismus und die Metaphysik (Februar 1912), *Kleine Prosa und Schriften*, p. 987-992.

19. *Gesammelte Politische Schriften*, p. 447

20. Diferente do catolicismo, a religião protestante postula a relação direta e pessoal do crente com o divino.

150 DOS ENSAIOS À PEQUENA PROSA FICCIONAL

contra a razão quanto contra a própria coisa religiosa[21]; os sofri-mentos e os êxtases de seus mártires exalam os mesmos eflú-vios das arrebatadoras encenações teatrais do amador burguês: o hálito da paixão mesclando-se ao mau hálito de dentes ruins.

Como fenômeno histórico, porém, esse modernismo é o der-radeiro resultado sintomático daquela luta fatídica que o cato-licismo travou contra o Estado, uma luta que começou com a Igreja sendo levada a tentar dominar o Estado ao modo dele, e que terminou com ela sendo dominada por ele ao modo dela – isto é, com a invisível truculência espiritual[22]; o Estado eclesiás-tico transformou-se em Igreja estatal, e o modernismo não é um revés da Igreja, mas uma patologia orgânica. De fato, já não se consegue enumerar em quantos assuntos o catolicismo se deixou permear pela racionalidade burguesa; basta lembrar como até mesmo o batismo está hoje associado ao registro civil burguês – o batismo que menos nos confere um nome para sermos seu portador do que nos permite sermos carregados por um nome nos primeiros passos do caminho para a interioridade –; [assim o batismo] está hoje associado ao documento de identidade, à necessidade de [um gesto] compreensível e racional, à exigên-cia de claras marcas distintivas e de uma nomeação duradoura

---

21. Musil critica a postura anacrônica do catolicismo austríaco, que começou sua modernização tarde demais e confunde reforma religiosa com utilitarismo político, desencadeado pela notória desconfiança dos conservadores católicos em relação à sociedade moderna, liberal e cosmopolita, que se afasta das deferências eclesiásticas e aristocráticas do passado. Assim, os notáveis da Boêmia e das regiões alpinas agarra-ram-se aos velhos hábitos da era absolutista, ao passo que a Casa Imperial, depois das derrotas nas batalhas do Piemonte (1860) e em Königsgraetz (1866, contra a Prússia protestante), se via obrigada a concluir uma aliança com a classe média, dependendo doravante dos liberais. Ver C.E. Schorske, *Fin-de-Siècle Vienna*, p. 140s.

22. Os teóricos do Estado moderno (Marsilio de Pádua e Thomas Hobbes), sugere Musil nas rápidas frases iniciais, se apoderaram da retórica escolástica para "dominar a Igreja ao seu modo". A "truculência espiritual" expressa o processo de moralização de todos os domínios da vida civil-burguesa – efeito colateral da relação pessoal do crente com seu deus, que desloca a instância ética para o indivíduo e sua consciência íntima. As ironias deste ensaio aludem aos efeitos paradoxais criados pela dialética do esclarecimento, que começa a esvaziar conceitos como os da soberania do monarca e do Estado ou o da Graça divina, transformando o cidadão e o sujeito humano em fundamento da ação moral. Ver M. Weber, *Die protestantische Ethik und der Geist des Kapitalismus* (A Ética Protestante e o Espírito do Capitalismo); e R. Koselleck, *Kritik und Krise* (Crítica e Crise).

(necessidade essa que impossibilita o ser humano, substituin-do-lhe o indivíduo[23]); tudo isso relacionado com aquele destino intelectual e espiritual de dimensões incalculáveis, que devassa a alma e a despoja da proteção do anonimato, obrigando-a assim a descargas energéticas meramente defensivas e sempre iguais, descargas que tornam inalcançável tudo o que ela talvez pudesse realizar se não tivesse primeiro de se defender da pessoa que controla tudo com dedo em riste – da pessoa que paralisa qualquer ousadia do espírito [expondo a alma] como uma retaguarda desprotegida. Por isso não é menos característico que a razão invocada pelo modernismo da Igreja – no intuito de legitimar suas reivindicações – seja a mesma razão que sustenta também o Estado moderno; e, do mesmo modo, é natural nessa situação que a Igreja, quando se mostra hostil à razão e declara com firmeza alguma espiritualidade, tenha de fazer isso de modo senil, soletrando dogmas, e carente, há muito, de qualquer compreensão do valor imenso de sua própria desrazão que ela falhou em viver na sua plenitude.

A razão da sociedade civil-burguesa estatizada – e, lamentavelmente em um grau extremo, também a da Igreja – é, no seu traço fundamental, uma razão simples, sóbria e, como ela mesma o cunhou: econômica; ela resiste à tentação de alçar-se do chão seguro da experiência comprovada, e mesmo em suas hipóteses consideradas as mais ousadas ela o faz apenas no grau estritamente necessário para obter uma visão sintética. É uma razão cautelosa – e, poder-se-ia objetar: covarde? –, que coloca a própria segurança em primeiro lugar; ela pergunta apenas se as coisas que afirma são verdadeiras – nunca se essa verdade também seria proveitosa; até se poderia dizer que a noção do *valor*

---

23. Todo esse parágrafo tem como horizonte implícito a crítica nietzschiana do cristianismo e de sua aliança com a prudência burguesa – daquele processo de interiorização de dogmas e conceitos; regras e leis que Hegel teoriza na sua *Fenomenologia do Espírito*. Essa dialética culmina, para Hegel, na autoconsciência civil-burguesa; Schopenhauer e Nietzsche a veem como o (triste) processo da individuação que despoja o ser humano pleno do acesso ao seu próprio potencial "dionisíaco", e o amputa da força da "vontade" schopenhaueriana.

DOS ENSAIOS À PEQUENA PROSA FICCIONAL

de uma verdade degenerou sob o reino de suas avaliações uniformes, tornando-se quase incompreensível[24]. [Eis] O tipo de razão que renuncia a produzir conhecimentos verificados – ou seja: conhecimentos com os quais podemos laminar ferro, voar nos ares e produzir alimentos –, mas que se propõe a descobrir e sistematizar conhecimentos capazes de dar à emoção novas e ousadas direções, mesmo se ficassem sendo meras virtualidades plausíveis – ou seja, [a mentalidade confiante no estado hierárquico rejeita] uma razão que usasse o pensamento apenas para fornecer ao ser humano um andaime intelectual, e isso de algum modo ainda incerto: tal razão hoje já é incompreensível mesmo como necessidade.

A consequência disso não é apenas aquele déficit emocional sempre denunciado da nossa época, que transformou a Europa em suas horas vagas numa feira ruidosa; resultou disso ainda um amorfo superávit de emoções, uma geleia que nutre também o modernismo religioso – além de abastecer todas as outras formas de oração e dança saudáveis e da dignidade humana liberta dos espartilhos. Por isso, não existe coisa mais nociva do que exigir mais sentimento da nossa era racional, pois isso resultaria num novo insumo de sentimentos inarticulados e há muito sem potencial de desenvolvimento; e não há nada mais miserável que aquela espécie de céticos e reformadores, padres liberais e humanistas eruditos que soltam gemidos sobre a "falta de alma" e o "materialismo árido", sobre a "insatisfação causada pela ciência pura" ou o "gélido mecanismo dos átomos"; eles renunciam à exatidão do pensamento porque ela não exerce nenhuma sedução sobre eles e recorrem a um suposto "conhecimento emocional" que deveria satisfazer o ânimo, restabelecer

---

24. De novo, Musil evoca o limite da razão e do entendimento, que demarca o domínio de outras formas de verdade – as verdades religiosas e os juízos estéticos – que não podem ser demonstradas no âmbito dos discursos racionais ou da experiência empírica. A tentativa da Igreja de navegar nas águas mais fáceis e populares da comunicação racional contaminou *essas* verdades – intuitivas, outras – com a lógica banal dos discursos racionais; Musil critica a falta de rigor teológico que destrói a sensibilidade para as formas de expressão mística e religiosa.

a harmonia "necessária" e o horizonte equilibrado da visão do mundo, embora com tudo isso não inventem nada além de um espírito genérico, uma alma do mundo ou um deus que tem a marca da carolice acadêmica pequeno-burguesa que o produziu; no melhor dos casos, isso gera uma superalma (*Überseele*) que lê jornais e mostra certa compreensão pelas questões sociais.

Com certeza, a emoção de São Francisco [de Assis] difere do transe de um artesão qualquer que se emascula e crucifica num entusiasmo religioso; sua diferença e distinção, todavia, estão apenas no entendimento que se entrelaça com a intensidade íntima, pois não há conhecimento emocional, nem qualquer outra forma de conhecimento que possa sustentar-se quando se volta contra o conhecimento científico. Dentro de certos parâmetros, este exclui todas as outras possibilidades, e apenas os parâmetros eles mesmos – a escolha dos modos de investigação, limitados ao que pode ser conhecido de modo seguro e efetivo segundo as necessidades de um intelecto meramente racional e pragmático – podem ser superados ou, se se preferir, subvertidos. Há apenas *um* modo de conhecimento; no entanto, reconhecer no conhecimento o único produto do entendimento racional é um mero hábito histórico. De fato, os primeiros homens que fundaram a nova orientação – Galileu, Copérnico, Newton e seus pares – ainda tinham um feitio totalmente eclesiástico; seu método não pretendia introduzir nenhum desvio [da doutrina], mas levar de volta à ortodoxia e reforçá-la. Contudo, é como numa falange de soldados alinhados: quando falha o ombro de um único homem, a linha começa a se inflectir de modo imperceptível e de repente se rompe. Sem que nenhum deles o pretendesse, uma cadeia começou a se formar, e do desenrolar gradual de perguntas evoluiu aos poucos um estreitamento das necessidades espirituais, culminando na mania de um progresso que não consegue mais conter-se a si mesmo, já que a matéria cede diante dele. A prova decisiva – não a prova da verdade, porém a da relevância ou importância do conhecimento científico – nunca foi apresentada, a não ser que o próprio progresso e suas consequências sejam essa prova: o domínio sobre a natureza, a tecnologia, as comodidades, toda essa maneira inventiva de nunca acabar com os preparativos para começar a viver; um progresso que, no fundo de seus gestos vigorosos, oculta o medo da síntese.

Nos blocos gigantes dessa desacolhedora arquitetura do conhecimento podemos, aqui ou ali, recuperar um canto perdido que nos permite sermos anticientíficos sem cairmos em idiotices. [Encontramos um desses cantos] Entre as primeiras e derradeiras aporias: nos fins das cadeias causais; nas fronteiras da validação das leis; no impacto das necessidades práticas que repercute até mesmo na configuração da teoria; nas dificuldades de colmatar o sistema sem contradições; – ou ainda nas trivialidades despercebidas: pois a ciência tem sensibilidade e interesse apenas pelo que se repete na mudança, não pelas coisas únicas, não pelos acontecimentos singulares; e até mesmo o acaso de uma pedra caindo de um certo telhado permanece para ela um simples fato, uma contingência cuja estrutura ela não precisa investigar mais a fundo, enquanto a lei – a lei da queda livre – desempenha apenas um minúsculo papel, e o resto é: talvez tenha chovido, e depois o sol brilhou, e o vento soprou… Fatos, contingências, e se quiséssemos ainda assim explicar os fatos a partir de leis meteorológicas, teríamos de deduzi-los novamente, por meio de tais leis, de outros fatos: do fato que o sol brilhou num outro lugar e que choveu e que a pressão atmosférica foi essa aqui e aquela acolá… e a imensa solidão dos meros fatos, das contingências, de tudo aquilo que não é nada além de acontecimento, está atravessada bem no meio da visão de mundo, embora uma geração caracterizada por seu alegre zelo pelo conhecimento científico não lhe dê importância – essa solidão se desvela já após os primeiros passos no caminho científico, e o santo do conhecimento fica cara a cara com o deserto visionário sem fim.

No entanto, qualquer que seja o ângulo de ataque, assim que se atravessa as fronteiras que a ciência se colocou a si mesma, há pouco conhecimento a esperar, e todas as metafísicas são ruins pela simples razão de que usam erroneamente o entendimento. Elas empregam sua ambição com o objetivo antinatural de provar a realidade do além, em vez de procurar torná-lo "possível" (o que atenderia a um gosto um tanto mais exigente). Assim, constroem uma ponte, mas a terra à qual essa ponte leva é desapontadora. Em termos kantianos: são transcendentais mexendo com transcendências que não passam do mero tédio. Qual metafísica não empregaria – por exemplo, quando colocada diante da tarefa de pensar a dureza; o peso; a extensão espacial; a persistência temporal; as constantes elétricas, ópticas, magnéticas, térmicas das coisas como propriedades de uma alma – qual metafísica não empregaria toda a sua ambição na prova de que isso seja possível, que podemos afirmar aquele formigueiro de monismos, espiritualismos, idealismos etc., em vez de tentarmos conceber primeiro que tipo particular de almas seriam essas, com suas manias mudas de expressar-se sempre de novo com o mesmo gesto, com sua obstinação adensada em leis, com sua imparcialidade de enfermeira que cuida da queda de meteoros do mesmo modo que trata do sangramento nasal de um vagabundo; as metafísicas que têm o péssimo gosto de desvelar-se justo aos sábios. Passemos para a tarefa inversa: observemos que tipo de configuração anímica seria necessária para o homem que vive no círculo desses seres como um excêntrico desarraigado e um tanto dúbio entre pedantes peculiares, um excêntrico que, como eles, sabe renunciar a tudo que é firme, a tudo que é durável, que renuncia a ser um indivíduo, preferindo surpreender os pedantes em sua fraqueza: espreitando junto ao útero da fêmea gigantesca o momento fatídico da cópula dos pedantes com seus ridículos gestos maníacos, gozando-o com a vulnerabilidade superior do cérebro.

Apenas a Igreja comprovou, durante a Escolástica, que podia construir um sistema intelectual desse tipo – um sistema que transforma o ser humano no objeto da metafísica, sem se preocupar como funciona o resto desse sistema. É natural que esse sistema tenha depois desmoronado, embora por causa de um

156 DOS ENSAIOS À PEQUENA PROSA FICCIONAL

descuido de fácil conserto. Pois [bastava a Igreja admitir que] até mesmo um paradoxo precisa, como fundamento, de uma verdade para além da qual possa se içar, e essa verdade (então o edifício da doutrina aristotélica) se esfarelara após servir por dois mil anos. Ela poderia ter sido facilmente substituída pela nova verdade. A Igreja, entretanto, não sentiu essa necessidade. Ela há muito já fechara o livro de seus ensaios biográficos, tomando o exitoso rumo do sucesso de público massificado em repetidas reedições anastigmáticas.

Política na Áustria
(dezembro 1912)[25]

"Política na Áustria" reflete sobre as complexas relações entre política propriamente dita e a política cultural que envolve as relações implícitas e os costumes, as ambiguidades e os não ditos, os gostos artísticos e literários. Musil assinala o atraso austríaco – aquele déficit de desenvolvimento cívico e político que termina por afetar os costumes e a cultura, e trava a modernidade. Na Áustria nunca se criou, como em outros países europeus, uma consciência burguesa e cívica definida; a supressão das ideias da Revolução Francesa abafou os movimentos políticos e sociais, e, depois das Guerras Napoleônicas (1815), a diplomacia do príncipe Metternich cooptou a classe média para uma aliança com a Casa Imperial. Assim, a classe média ascendeu socialmente com benefícios materiais e culturais que compensavam sua exclusão da política. Durante toda a era Biedermeier, a classe média mantém uma atitude de docilidade apolítica que a priva da experiência parlamentar e assim a deixa despreparada para enfrentar a era democrática[26].

---

25. Politik in Österreich (Dezember 1912), *Kleine Prosa und Schriften*, p. 992-995.

26. Ver Sistema Metternich; Do Biedermeier à Belle Époque; O Legado da Era Barroca, em A Época de Musil em Verbetes, infra, p. 283-287. A crítica musiliana tem algumas afinidades com a crítica da cordialidade brasileira e do sistema do favor que o leitor brasileiro conhece dos ensaios de Sérgio Buarque de Holanda e de Gilberto Freyre.

Essa problemática atitude cultural e apolítica fica oculta na inflação retórica que prefere pôr no primeiro plano o problema das nacionalidades. No entender de Musil, as fricções e intolerâncias étnicas são consequências da resistência à modernidade e às mudanças sociais e políticas que a transformação contemporânea exige: quem realmente tomasse consciência da modernidade deveria aceitar a necessidade do trabalho coletivo em todos os níveis, além de renunciar à veneração dos gênios e heróis e a todo tipo de liderança ou organização autocráticas.

Faz-se uma associação unilateral e estreita demais entre a noção de política e o difícil problema das nacionalidades[27]. Isso porque esse problema – embora seja de fato difícil – há muito se transformou em uma fórmula cômoda; um desvio e uma procrastinação inconfessos de um assunto sério. Agimos como namorados fátuos, sempre a superar novas separações e resistências porque já adivinham que nada saberão fazer um do outro uma vez removidos os obstáculos; entregamo-nos à paixão, que em geral é só um pretexto para não termos sentimentos. Quando chegarmos ao fim do grande acerto de contas, afortunadamente as péssimas maneiras a que nos acostumamos serão capazes de conferir a aparência desmazelada do idealismo até mesmo a estímulos triviais. Entretanto, por trás de tudo balançará o vazio da vida interior, como o estômago arruinado do alcoólatra.

Há poucos países que fazem política com tanta paixão quanto a Áustria, e nenhum no qual, não obstante uma paixão comparável, a política é indiferente a tal ponto como aqui; paixão como pretexto. Por fora, tudo é tão profundamente parlamentar que se abatem a tiros mais pessoas que alhures, com todas as engrenagens parando a toda hora, à espera da próxima

---

27. O Império Austro-Húngaro formava um agregado de inúmeros países da coroa (*Kronländer*) com identidades étnicas diversas. Depois da soberania concedida à Hungria em 1867, os demais países aspiraram ao mesmo privilégio, provocando tensões que culminariam na eclosão da Primeira Guerra Mundial.

DOS ENSAIOS À PEQUENA PROSA FICCIONAL

inflexão partidária; altos funcionários, generais, conselheiros da Coroa podem ser insultados, pode-se intimidar superiores com a ameaça de uma denúncia ao Parlamento, ganha-se dinheiro com política e trocam-se bofetadas. Mas é tudo mais ou menos uma convenção, um jogo de cena previamente combinado. O medo que se provoca, o poder que se exerce, as honras que se acumulam, permanecem inverídicos para a alma – apesar de serem perfeitamente autênticos no que diz respeito às relações reais e geralmente tidas por importantes –, são como espectros, algo em que se acredita e que se respeita, mas que não se sente. Levamo-los a sério a ponto de em nome deles empobrecermos, porém a vida toda parece assim orientada numa direção que não é o seu sentido último. Poderíamos ver nisso um idealismo grandioso, embora negativo. A ação nunca dá firmeza nem padrão aos austríacos. Não podemos crer na sua religiosidade, nem na sua ingênua docilidade de súditos fiéis, nem nas suas preocupações; eles apenas estão à espreita por trás de tudo isso; eles têm a fantasia passiva dos espaços não preenchidos, e, com inveja ciumenta, concedem tudo, fora o direito à compenetração séria de cada pessoa com seu trabalho – uma falta mais que prejudicial para a alma. Os alemães, ao contrário, têm uma relação tão íntima com seus ideais que se parecem com aquelas fiéis esposas coladas nos seus maridos como um maiô molhado.

No estado atual, contudo, o que tem mais peso é a falta de sentido, e o passatempo preferido é fazer barulho. E mesmo quando se flexiona os músculos isso ainda é um sinal de fraqueza, ao passo que alhures a encenação da fraqueza já anuncia massas e forças represadas. Assim, o parlamentarismo alemão se parece com um pangaré no arado cujo protesto contra a chicotada não passa de um abano de rabo pelo flanco dolorido, e na vida pública [alemã] vemos paixões que não impedem, lá no fundo, bocejos entediados vindo do âmago sóbrio[28].

28. A expressão alemã é mais gráfica que "âmago": *Eingeweide*, "tripas".

Nós, porém, não sabemos quem, nem o que deixamos reinar sobre nós; volta e meia começa um furacão e todos os ministros caem num instante, como ginastas experimentados[29] – *porém*: eis que o furacão se acalma e seus sucessores já ocupam a exata mesma posição dos anteriores. Ocorreram pequenas mudanças – elas garantem alguma satisfação profissional, embora restem incompreensíveis para o público externo; mesmo assim, também esse público se declara de pronto satisfeito e serenado. Há algo inquietante nesse ritmo obstinado sem melodia, sem palavras, sem emoção. Deve haver, em algum lugar desse estado, um segredo, uma ideia. No entanto, não há como evidenciá-la. O que está em questão não é a ideia do Estado [austro-húngaro], o problema não é dinástico, nem se refere à simbiose cultural dos povos diversos que compõem o Estado (a Áustria poderia ser um experimento de dimensão mundial!) – e há de se suspeitar que tudo isso seja apenas o movimento traduzindo a falta de uma ideia propulsora, como o cambalear de um ciclista que não pedala para frente.

O mal-estar político costuma ter suas causas no mal-estar cultural. As políticas na Áustria não têm fins humanos, mas apenas austríacos. Nela, não se adquire um Eu nem uma identidade, se bem que seja possível alcançar inúmeras outras coisas com ela; e tampouco há qualquer Eu que possa manifestar-se a partir dela. Os instrumentos da democracia social não são, aqui, suficientemente firmes, nem há qualquer outro contraste – por exemplo, entre, de um lado, o pulsar espiritual de algumas pessoas com inquietações, vivendo como parasitas magníficos dos resíduos da Alemanha mercantil, de outro, o legalismo (*Rechtmässigkeit*) dos proprietários de terras que vivem com dois pés na *Bíblia*, e com os outros dois enraizando-se no solo[30]. A estrutura social é até o topo um misto homogêneo dos modos do

---

29. Referência a ginastas bailarinos como a trupe de George Gurdjieff, bailarinos acrobatas que transformam o "cair" em números virtuosísticos para o palco.

30. A alusão aos "quatro pés" dos proprietários rurais ironiza a inteligência um tanto bovina desses aristocratas conservadores.

160   DOS ENSAIOS À PEQUENA PROSA FICCIONAL

Bürger e do cavalheiro cordial[31]. Nosso estado natural é a disposição fina e saudável. Um ajudante de cabeleireiro que durante suas artificiosas ondulações confessou seus ideais às damas da alta aristocracia, por pouco não fez uma carreira como poeta alemão, não tivesse ele vestido numa festa, por engano, um casaco de pele que ainda não lhe pertencia. Ele já ia e vinha nas mais nobres casas, lia suas poesias durante os chás, e nossa famosa imprensa burguesa, sem dúvida, não teria resistido por mais tempo a esse calígrafo das cabeleiras. Pois a *finesse* é também o fraco dela.

Não há aqui nas terras austríacas a grande antítese de ideias opondo a burguesia e a aristocracia. Ela encontrou sua expressão, também alhures, apenas de modo superficial e distorcido – ou seja, no âmbito do liberalismo – e hoje é ocultada pela antítese econômica: proletariado/propriedade, embora esta seja apenas um desvio na marcha daquela. No entanto, em Estados de maior importância, com comércio mundial e plano de fundo de relações internacionais, desenvolveu-se, nesse meio tempo, algo novo, um paradoxo[32]: uma base quebradiça e desprovida de espírito, em cujas frinchas e frestas a cultura viceja – não obstante as atitudes desfavoráveis do Estado – e viceja melhor que na superfície razoavelmente adequada [dos favores estatais]. A arte não cumpre mais seus fins por intermédio do Estado, como antigamente em Atenas ou Roma, mas em vez de se valer da perfeição do todo e contar com ele (o que permitiria

---

31. *Bürger*, em alemão, não é bem o burguês, mas um termo que alia a identidade cívica, a econômica e a social do cidadão; ao passo que o cavalheiro (sobretudo em compostos como *Kavaliersmoral*, *Kavaliersdelikt*) é o sujeito dúbio, sobrevivente da sociedade aristocrática e do antigo patriciado que perderam sua legitimidade, embora exerça ainda seus privilégios, desconsiderando as leis e os costumes que valem para a grande maioria. Eis a razão pela qual acrescentei o adjetivo "cordial", tão evocativo para as relações brasileiras. Ver Do Biedermeier à Belle Époque, em A Época de Musil em Verbetes, infra, p. 284s.

32. Musil refere-se aqui a Estados como a França e a Inglaterra, onde lutas históricas definiram as lógicas específicas da Igreja e do Estado, da aristocracia feudal e do terceiro Estado burguês. A crise da modernidade contemporânea exige a redefinição das relações entre a razão científica (o racioide) e outras formas de pensar (o não racioide ou a lógica poética, intuitiva, mística, estética).

inúmeras intensificações), vale-se de suas imperfeições, lacunas e fraquezas, as quais não permitem mais nem alcançar a plenitude, nem estrangulá-la de uma vez. O que distingue a identidade cultural do nosso tempo de todos os outros é a dissolução pelo número incontável, a solidão e o tornar-se anônimo de cada pessoa singular numa massa crescente, e isso traz uma nova postura espiritual, cujas consequências ainda são incalculáveis. Como exemplo mais falante, observe-se aquela mínima parcela da nossa arte séria, que se destaca pela sua incapacidade de ser ao mesmo tempo boa e de agradar a muitos; isso é, de fato, uma novidade única, que ultrapassa de longe as disputas convencionais sobre arte e estética, significando, ao que parece, o início de uma nova função da arte.

No entanto, a condição real dessa cultura [moderna] é a burguesia no sentido do espírito cívico e burguês. Pois entre as atribuições burguesas está a de produzir famílias – à condição que essas de pronto se dissolvam; a obrigação, portanto, de evitar a tradição, os ideais hereditários e os costumes, e de eliminar todas aquelas coisas que servem para aprender a andar, mas que impedem a corrida livre. A missão cultural burguesa é de não cuidar ela mesma da cultura – devido aos negócios –, mas de gastar determinadas somas *para* a cultura. Não produz homens fascinantes, protótipos, nem tampouco aquela tentação ligada a eles: a tentação do flerte com um tipo ideal oriundo do círculo mais próximo e mais recente da realidade humana, em vez de inventá-lo – com fantasia ilimitada – a partir das possibilidades humanas. A cultura burguesa deixa o criador, que não mais pertence ao seu próprio âmbito, ser um desconhecido – um ser que é mais ideia e intuição do que homem de carne e osso –, de forma que ele possa criar no laboratório das almas-de-diversas-formas, sem ter a responsabilidade do fabricante oficial que é obrigado, de imediato, a garantir a utilidade do seu produto. E até mesmo a incompreensão com que [a cultura burguesa] acolhe os cultos termina sendo uma vantagem para esses, pois a indecisão no juízo é hoje o que será a falta de preconceito de amanhã.

162   DOS ENSAIOS À PEQUENA PROSA FICCIONAL

Na Áustria, essa força cívica e burguesa não existe; o destino ainda quer que cada austríaco seja criado como austríaco apenas por uma recomendação pessoal, e continua sendo muito difícil não honrar esse costume. Por isso, amamos as catástrofes que nos livram da responsabilidade; por isso precisamos da infelicidade que produz veementes gesticulações e apaga cada indivíduo, tornando-o convencional. Vivemos nossas vidas políticas como uma epopeia heroica da Sérvia, já que o heroísmo é a forma mais impessoal da ação. A pequena Jeanne de Domrémy foi uma vaqueira vestindo calças, o penitente ganhou suas pulgas ao longo da ascese, o herói tem que observar os limites da ação heroica que coloca entraves como a jaula a um animal; sua vestimenta ficou dura como uma tábua pelo sangue, o suor e o pó, mas ele não pode tomar banho, tem assaduras da roupa rígida – ele chacoalha como um núcleo maluco no seu invólucro; seu horizonte é apertado e não passa do que vê a *fovea centralis*, seus olhares ficam emperrados em poucos objetos. A indigência pertence ao herói como a febre à doença. Cada façanha violenta tem por isso alguma aura patológica, uma consciência reduzida, uma derradeira ascensão em redemoinhos e rompantes progressivos. O herói político na Áustria, no entanto, encarna a redução da consciência também sem ascensão. É um vício maligno, adquirido em frequentes doenças, um vício que, com razão, não é levado a sério, mas que não se perderá enquanto não existirem conteúdos que mobilizem o raio inteiro da consciência.

Análise e Síntese
(15 de novembro 1913)[33]

Musil mostra, neste fragmento, que análise e síntese são complementares e inseparáveis, ironizando a ilusão de a poesia oferecer uma grande síntese do pensamento científico fragmentar, frio e

---

33. Analyse und Synthese (15. November 1913), *Kleine Prosa und Schriften*, p. 1008s.

analítico. A aposta em sínteses "intuitivas", ou "holísticas" da arte repousa na resistência reativa e no desconhecimento das ciências modernas.

Pessoas que pensam sempre são analíticas. Poetas são analíticos. Pois cada símile é uma análise espontânea. Compreendemos um fenômeno ao reconhecer como ele surge ou como é composto, com o que tem de analogia, elos, relações. Do mesmo modo, é claro, podemos dizer que cada símile é uma síntese. Cada compreensão também. Óbvio: são as duas metades do mesmo ato. Mesmo assim, hoje em dia há muitos literatos que se irritam com a análise e se orgulham de suas sínteses. Eles se justificam assim: quem pratica continuamente sínteses e análises parciais (ou seja, quem pensa continuamente) descobre que tudo tem relação com tudo, tudo pode ser deduzido de tudo, qualquer acontecimento se desmancha em similitudes e combinações sem fim. Isso é perfeitamente verdade (a razão está na contingência histórica à qual cada um de nós deve seu modo de ser interior, seus agrupamentos em valores distintos etc.), mas é lamentável quando esse fato é manejado como um jogo, jogado sem intensa paixão e sem grande talento. Aí os demais começam a condenar a "mera" análise, a "mera" psicologia (mesmo quando nem se trata de psicologia, mas de experimentos éticos), criticam a ancoragem deficiente [das abordagens racionais] em sentimentos de valor, o racionalismo estéril (embora não se trate de pensamento racional, mas de um pensamento emotio-racional e senti-mental), e outras coisas desse gênero. O seu engano é que eles [esses críticos indignados] confundem os artistas, nos quais adivinham sua própria falta natural de talento, com a coisa em questão[34]. Eles sabem que a familiaridade que temos com as possibilidades interiores não se traduz de imediato na

---

34. A "coisa em questão" seria o jogo experimental que renuncia ao entretenimento, a fim de testar as possibilidades imaginárias, encontrar novos horizontes éticos e abrir caminhos para melhores formas sociais do futuro.

realidade desse potencial, mas esquecem, na sua indignação, que essa nova realidade requer um passo para frente, não para trás[35]. Eles sabem que uma pessoa que procura ser um modelo sugestivo ou criar uma obra de arte precisa de qualidades além da reflexão e da fantasia moral, porém esquecem que essas qualidades devem se unir ao pensamento, ao passo que a maioria procura convencer o artista a deixar de pensar[36]. O afrouxamento infinitesimal da compreensão intuitiva da humanidade com certeza não cria o Novo Homem, embora ele seja a única via para aqueles que têm o dom de produzir novos seres humanos. Recomenda-se antes uma desconfiança particular contra todo e qualquer desejo de simplificação da literatura e da vida, contra as saudades das atmosferas homéricas ou religiosas, contra o clamor por uniformidade e completude.

Credo Político de um Jovem. Um Fragmento (novembro 1913)[37]

Para Musil, uma nova atitude política moderna e democrática depende da capacidade de compreender e abraçar a racionalidade moderna e de repensar as formas anacrônicas da Bildung. A formação da classe média culta na Alemanha e na Áustria teve o hábito de *isolar a cultura numa redoma* (*apolítica e anticientífica*) *e de demonizar a racionalidade, perpetuando o nefasto espírito* Biedermeier. *Para Musil, essa atitude ignora o mérito do processo científico, que beneficiou, há séculos, a democratização da sociedade e, com isso, a cultura. A parte final do ensaio – cenas do manicômio, da igreja e do zoológico – são parábolas da impotência do indivíduo e dos grupos educados no espírito*

35. Sarcasmo contra a tendência de atrelar a inovação poética a velhos modelos. Ver, no mesmo sentido, o ensaio a respeito sobre Hermann Bahr.
36. Musil fustiga o vício da época: o idealismo frouxo que confunde intuições com preconceitos e clichês.
37. Politisches Bekenntnis eines jungen Mannes. Ein Fragment [November 1913] *Kleine Prosa und Schriften*, p. 1009-1015.

Biedermeier: *seres adestrados, e uniformizados, repetindo gestos maníacos e tiques sem sentido.*

Lembro um aforismo de Goethe que, anos atrás, me causou um impacto peculiar. Ele diz: só podemos escrever sobre assuntos dos quais não sabemos muito. – Poucas pessoas compreenderão a profunda e feliz pertinência dessa confissão – nem o que há nela de infeliz. O que nela se expressa é um fato característico da alma: a fantasia trabalha apenas na vagueza crepuscular. Há uma forma de pensamento que cria verdades; ela é nítida como uma máquina de costura, colocando um ponto depois do outro. E há um pensamento que nos faz felizes. Um pensamento que te invade com impaciência e te deixa de pernas bambas; ele vem em pleno voo como uma tempestade, empilhando na tua frente conhecimentos cuja certeza preencherá tua alma pelos próximos anos e dos quais, mesmo assim, nunca saberás se são corretos. Sejamos honestos: esse pensamento te lança, de repente, no topo de uma montanha, de onde enxergas teu futuro com beata certeza e amplidão, assim como veria as coisas – a bem da verdade – um maluco, um maníaco-depressivo no estágio inicial da euforia. Ainda não gritas nem fazes bobagem, porém pensas de modo solto e grandioso, como quem opera com nuvens, ao passo que o pensamento saudável alinha seus tijolos, fiada por fiada, inevitavelmente conferindo cada gesto contra os fatos. Tu, o indivíduo singular, és empobrecido por esse pensamento que não te leva além das respostas a algumas perguntas que, naturalmente, não nutrem tua alma. O pensamento ordeiro te esteriliza. No entanto, é preciso aferir o teu pensamento de vez em quando, usando aquele como fiel da balança, sujeitando-se a ele; nunca é bom afastar-se demais dele se não quisermos nos perder no ilimitado – que ao mesmo tempo é o insignificante. Quem não sente a secreta vergonha que acompanha a ardorosa resolução de evitar a ciência, não compreenderá a confissão de Goethe. Essa pessoa terá de perdoar o que me prontifico a escrever nas próximas semanas.

Nunca antes me interessei por política. As pessoas metidas com política, deputados ou ministros, pareciam-se com os serviçais de casa que cuidam dos assuntos triviais da vida, zelando para que o pó não se acumule e que a mesa seja posta na hora certa. Naturalmente, elas cumprem os seus deveres tão mal quanto todos os serviçais, mas desde que o essencial funcione, ninguém se mete. Quando por vezes eu lia o programa de um partido político ou os discursos do parlamento, a leitura apenas confirmava minha visão de que essa era uma atividade humana de todo subalterna, que não deveria ter o poder de nos comover internamente. Porém, no fundo de tudo isso estava um velho preconceito meu. Não sei quando o adquiri, nem qual seria seu nome. Eu gostava do mundo como ele era. Os pobres sofrem; eles formam uma cadeia de inúmeras gradações que desce de mim até o animal. Na verdade, passa além do animal e vai mais abaixo, pois nenhuma espécie animal vive em condições tão indignas de animais quanto certos homens vivem em condições desumanas. E os ricos me divertem pela sua incapacidade de gozar de sua riqueza nas esferas relevantes da alma, fato que os torna grotescos como aqueles insetos que brilham no ar, irisados, embora quando vistos de perto seus corpos não passem de ridículos saquinhos peludos com um pobre fiapo de nervo no meio. E os monarcas me agradam pela sua majestade, que se parece com a bonomia dos homens um tanto esquisitos, que os outros aceitam com uma amável piscadela cúmplice. E a religião me agrada porque há muito tempo somos descrentes e continuamos a viver, com toda a seriedade, em Estados cristãos. E outras coisas mais desse gênero.

Nisso não havia o mero prazer da multiplicidade dos fenômenos, nem o mero abalo quase filosófico provocado pela natureza tenaz, elástica e inquebrantável do ser humano, elevando este macaco indigno a senhor do mundo; não, havia nisso sobretudo a apreciação da imensa desordem interior que se manifesta quando abusamos do próximo, porém temos pena dele; quando nos submetemos a ele, sem por isso levá-lo a sério; ou quando falamos de um assassinato com consternação, mas com tranquilidade de um massacre. Parecia-me que essa desordem da vida – desordem sem lógica e afrouxamento de forças e ideais outrora rigorosos – seria um solo fértil para um especialista na lógica dos valores da alma. Já que a existência humana é ousadíssima na conjugação de elementos contraditórios, embora se constitua de inconsequências e covardias, faltaria apenas o passo seguinte: ousar mais ainda, porém em pleno estado de consciência. É onde estamos hoje – no lugar em que cada sentimento espreita em duas direções e pratica o vale-tudo sem se comprometer com nada, a ponto de perder sua capacidade de lucubração; e é nesse ponto que deveria ser possível reaferir todas as possibilidades íntimas, inventar do zero e finalmente aproveitar também no domínio moral as técnicas laboratoriais sem o viés das ciências exatas. Ainda hoje acredito que isso nos projetaria, com um grande salto, para uma nova época da história universal, superando enfim o desenvolvimento tão lento e cheio de retrocessos entre o homem das cavernas e o atual. Para dar nome aos bois: eu era um anarquista conservador.

O pensamento que me trouxe à mudança talvez pareça ridículo. É breve e simples: ele me dizia – tu mesmo já és, naquilo que almejas, uma criatura da democracia, e o futuro só pode ser alcançado por meio de uma democracia mais pura e potencializada.

Sempre considerei a ideia de que todos os homens no fundo são iguais e irmãos um exagero sentimental, e ainda o faço, pois minha sensibilidade sempre sentiu mais repulsa do que atração pelas sensibilidades alheias. Acredito ver com clareza, porém, que as ciências são um resultado da democracia. Não apenas porque nelas os grandes colaboram com os menores, e os maiores mal superam a média da geração seguinte. O decisivo é antes que a democratização da sociedade que se processou nos últimos dois séculos viabilizou a cooperação de seres humanos em número maior que nunca e que, nesse número maior – ao contrário do que diz o preconceito aristocrático – ocorreu uma seleção mais relevante de talentos. Não desconheço a banalização que ameaça a atividade científica quando ela se torna um formigueiro a pulular; ainda assim, acredito que o número dos grandes avanços se mantém em boa proporção com os médios, pois o gênio nunca faz algo novo, apenas algo diferente, e as realizações dos talentos médios lhe fornecem a possibilidade de condensar seus esforços. Só assim se aplica o voo que o conhecimento e o domínio sobre a natureza alçaram desde então.

Seria ingrato contrapor a esses esforços e realizações do entendimento a queixa de que eles nada fizeram pela alma, ou que desde que tiveram início, os delicados assuntos da alma teriam sofrido um processo de atrofia. Os esforços da ciência destruíram, isso é verdade, todas as felicidades da alma, também aquelas que são simples no bom sentido do termo, pois criaram o solo para felicidades mais complexas; entretanto, não foi a missão da ciência criar, além das próprias realizações, também as complexidades da alma. Essa é nossa missão e tarefa. O entendimento científico, com seus critérios rigorosos, isento de preconceitos e firme na determinação de sempre questionar cada novo resultado quando ele promete a menor vantagem intelectual, realiza num âmbito de interesses secundários aquilo que deveríamos realizar nas questões da vida.

No entanto, também os retrocessos que sofremos por sua causa têm origem na sua ascendência democrática. Trata-se do empobrecimento do foro íntimo: o todo da alma que se fragmenta em partes individuais ou o desenvolvimento de grandes cérebros especializados com almas infantis. É lastimável ter de ouvir as opiniões de cientistas quando julgam questões além de sua área, e é triste ver também que o matemático não compreende o historiador da cultura, e o economista nada entende da vida do botânico. Essa divergência de gosto é algo mais que um epifenômeno da confusão causada pelo desenvolvimento desproporcional das ciências. Pois se os cientistas fossem filhos e membros de uma sociedade equilibrada, a ciência resultaria numa formação holística do espírito, equilibrada e contida pelo bom gosto, e parte de um exercício social. Se fosse assim, a formação deles e a nossa seriam tão comparáveis quanto o potencial físico de um gentil-homem do Renascimento o é com o desempenho de um recordista esportivo moderno. Nos tempos atuais, porém, os jovens – oriundos das mais diversas regiões da sociedade humana – aparecem munidos dos hábitos mais diversos, com pretensões e esperanças múltiplas; ao acaso, eles parafusam suas cabeças em determinados lugares da ciência e de assuntos científicos diversos, levam uma vida frugal, apartados uns dos outros e na ignorância das culturas alheias – e assim prolongam a vida daquela aldeia da alma na qual nasceram.

E não é apenas nas ciências que encontramos essas perdas e ganhos – o mesmo vale para as artes. Pois há coisa mais deliciosa, eu pergunto, que a liberalização do sentimento estético que devemos ao afrouxamento das regras morais e do gosto convencional e uniforme? E isso não resultaria, em última análise, do número imenso da humanidade massificada? É esse afrouxamento que viabiliza a mobilidade extraordinária dos pontos de vista e nos permite reconhecer o bem no mal e o feio no belo. A ele devemos que as apreciações rígidas (que se postam como se fossem dados) se dissolvam, permitindo a reconfiguração dos seus elementos em novas formações da nossa fantasia moral e artística. O mesmo processo, entretanto, também faz com que essas novas conquistas deixem de ter qualquer efeito; daí o particularismo artístico, a multiplicidade impotente de pequenas comunidades, a imoderação na iconoclastia e na invenção de novidades a inchar as artes além da medida, pois não se preocupam mais com o público. Eis a fonte da desconfiança para com o novo que, por ser novo, é suspeito de necedade, embora prolongue, apesar de tudo, a insensata e generalizada sede de redenção artística: a ilusão de podermos retornar àquela simplicidade homérica na qual seja possível submergir e repousar unidos. Mesmo assim, para mim um fato está fora de questão: nunca mais abriremos mão das vantagens assim conquistadas e iremos superar os seus efeitos nefastos. Temos tudo a ganhar ao intensificarmos o desenvolvimento que nos levou até onde estamos.

Eis, em linhas gerais, a ideia. E minha convicção já me impõe outra da qual meu sentimento nada quer saber. Ainda estou nos preliminares teóricos que devem me capacitar a concretizar a minha vontade. Estou em busca de um programa econômico que garanta uma democracia pura e empolgante – e atrativa para massas ainda maiores. Sem dúvida, até lá hei de votar em partidos social-democratas ou liberais, segundo as circunstâncias o exigirem, embora esteja claro que precisamos de algo que nos guie para além do nível rasteiro dos partidos atuais; e, para cada uma dessas ideias, precisaremos de um programa econômico como diretriz executiva. É aí que me pergunto, bastante ingênuo: quem irá lustrar meus sapatos, descarregar meus excrementos, rastejar no breu das minas? O ser humano irmão? Quem executará os gestos cuja realização acabada exige que alguém passe a vida toda operando a mesma máquina do mesmo jeito? Posso imaginar muitas coisas das quais hoje se faz pouco caso e que, não obstante, têm a sua magia assim que feitas de livre e espontânea vontade. Mas quem se submeterá aos inúmeros outros trabalhos que apenas a necessidade impõe? Pois eu quero viajar com mais conforto que hoje e receber minha correspondência com maior presteza. Quero ter melhores juízes e melhores apartamentos. Quero comer melhor. Não quero me incomodar com o policial. Com todos os diabos: eu, ser humano, habito a Terra, e essa minha morada não deveria alcançar um conforto maior que o miserável serviço de hoje?!

Entrementes, fazemos política, pois não sabemos nada. Prova-o com clareza a maneira como a fazemos. Nossos partidos existem pelo medo da teoria. A cada ideia, pensa o eleitor, sempre se pode opor uma outra ideia. Por isso, os partidos protegem uns aos outros da meia dúzia de ideias velhas que herdaram. Não vivem daquilo que prometem, mas de frustrar as promessas dos outros. Essa é a sua tácita comunidade de interesses. Chamam de *Realpolitik* a esses impedimentos mútuos que permitem atingir apenas algumas pequenas metas práticas. Nenhum deles sabe de fato aonde pararíamos se seguíssemos as propostas dos setores agrários, dos grandes industriais ou dos social-democratas. No fundo, nem querem fazer política, apenas representar segmentos e captar a atenção do governo para modestos pedidos. Eu não objetaria se eles deixassem a política para os outros; mas por enquanto conservam ideologias desvalorizadas por vínculos com vantagens econômicas passageiras ou com outras ideologias antiquadas, como o cristianismo, a monarquia, o liberalismo, a social-democracia. E como nunca as põem em prática, conferem a essas ideologias um halo de relevância e santidade, o que é, além de todo o resto, um pecado contra o espírito.

Estou convicto de que nenhum programa econômico de qualquer partido é exequível e de que nem vale a pena refletir sobre como melhorá-lo. Esses programas se dissolvem na primeira lufada de vento, como a imundície que se acumula pelos cantos parados; eles fazem as perguntas erradas, que não aceitam mais um sim ou um não logo que um anelo qualquer abala o mundo. Não tenho provas, mas suspeito que há muita gente que compartilha minhas esperanças.

Por enquanto, porém, tudo está quieto, e ficamos como que numa redoma de vidro, sem ousar a menor batida porque tudo poderia estilhaçar. Estamos enredados com as nossas melhores coisas – a arte, as invenções –, com os negócios financeiros... sim, amamos o dinheiro como uma espécie de deus, uma espécie de acaso, uma instância de decisão isenta de responsabilidade. Haveria real esperança de que uma organização social qualquer irá promover os artistas bons e tolher os ruins? Saberá ela reconhecer o valor de inventos ou outras ideias quando esse valor se manifestar apenas muitos anos depois? No fundo, temos a certeza arraigada de que o Estado é um palerma consumado. Também o dinheiro, embora não seja distribuído com justiça, se distribui pelo menos segundo a sorte e o acaso – isso ao menos nos poupa da desesperança compacta que é o Estado.

E assim vêm os dias depressivos. Uma hora atrás terminei minha visita ao manicômio de Roma, seguida de um momento na igreja ao lado. Para que não pareça uma chave de ouro, direi de uma vez: tudo aí se parecia com a nossa situação. Sete homens: o médico, eu e cinco guardas parrudos entramos na seção dos loucos agitados. Numa cela individual, desvairava um homem nu; ouvíamo-lo gritar já de longe. Era loiro e musculoso, e a sua barba estava empapada por espessa baba. Repetia sempre a mesma coisa: lançava o torso em um brusco movimento circular, com um espasmo de todos os músculos, e sempre com o mesmo gesto da mão, como se quisesse explicar algo a alguém. E gritava algo que ninguém compreendia, sempre a mesma coisa. Para ele, devia ser aquela coisa importante que ele tinha de esclarecer e martelar nos ouvidos do mundo; para nós, não passava de um urro disforme. Depois, entrei na igreja para escutar o canto das freiras francesas. Uma vozinha arrastava-se trêmula, não se sabia se era uma voz jovem ou velha, mas as vozes das irmãs a alcançaram e acalentaram na fria incerteza do espaço cósmico. Três passos na frente de mim, porém, um bem-aventurado cantava, estragando tudo. Era um daqueles velhos que precisam de evacuações espirituais três vezes ao dia e que o deus dos católicos supostamente ama tanto. Senti-me asfixiado pelo bafio desse catolicismo de camponesas solteironas e virginais. Será que precisamos de todos esses rodeios vis para um breve canto sublime? Rodeios são obrigatórios? Trancos, espasmos, coisas sem nexo, conexões inesperadas? Seria demais pegar apenas uma parte e abrir caminho? Será que tudo se produz por conta própria, em algum momento, casualmente? E nunca na linha reta do conhecimento claro e da vontade retilínea? Lembrei do jardim zoológico de Roma, não longe daquela igreja; tudo me parecia como ele. Lá, um animal anda para lá e para cá, para lá e para cá. Preso sem grades. Eu o vi ontem. Não seria isso também o homem: um animal que se desgarrou do espaço cósmico, vindo parar aqui? Preso sem grades. Para lá e para cá. Para lá e para cá. Não entende por que não consegue escapar. Sem sentimentalismos e com toda a sobriedade: é isso o que ele é. – De qualquer forma, perdi o bom humor com esse achado literário. O que pesa sobre a minha alma é o velho prazer de achar tudo em vão. Sinto-me derrotado. Mas ainda tenho a vontade!

Fertilidade Ética
(fevereiro-março 1913)[38]

O egoísmo é uma ficção dos filósofos morais (*Moraltheoretiker*); para o sentimento, alvejar apenas o próprio bem não é, de modo algum, um assunto meramente pessoal. O egoísmo puro seria nada mais que a total surdez de sentimentos, o automatismo sem acompanhamento da consciência, o curto-circuito entre o estímulo sensorial e [o ato d]a vontade, sem a intermediação de um sentimento-de-mundo. [Mas] o facínora, o grande criminoso, o homem frio como gelo são, na verdade[39], variantes do altruísmo, do mesmo modo que o donjuanismo já foi reconhecido como uma forma peculiar do amor.

Já foi provado que toda moção altruísta se origina de atos de egoísmo; do mesmo modo, poderíamos provar que em cada ato egoísta se camuflam impulsos altruístas, sem os quais o primeiro seria impensável. Ambas as deduções, nessa articulação extrema, são igualmente jocosas: não passam de solenidades conceituais em cérebros moles, um ideário involuntariamente lúdico porque o assoalho dos sentimentos cedeu sob o seu peso.

O que emerge como fato quando investigamos exemplos de egoísmo é sempre uma relação emocional com o mundo ao redor, uma relação entre eu e tu que tem peso em ambas as extremidades. De modo análogo, nunca existiu um altruísmo

---

38. Moralische Fruchtbarkeit (Februar-März 1913), *Kleine Prosa und Schriften*, p. 1002-1004.

39. Os romances russos (Dostoiévski), o simbolismo e o decadentismo (Huysmans, *Là-Bas*, 1898; Baudelaire, *Les Fleurs du Mal*), criaram os retratos de figuras libertinas ou assombrosas como o grande criminoso Gilles de Raies, o pedófilo e *serial killer* do século XVI. O ensaísmo jornalístico populariza esse gosto com títulos como *Vier Grotesken* (Quatro Histórias Grotescas), de Franz Blei (1901). Ver U. Spörl, *Gottlose Mystik in der deutschen Literatur um die Jahrhundertwende*, p. 148 s.

puro. Houve apenas seres humanos que tiveram de ajudar aos outros porque os amavam, e outros que tiveram de prejudicá--los porque os amavam sem saber como expressá-lo de outro modo. Ou ainda aqueles que fizeram ambos porque odiavam. No entanto, também o ódio e o amor não são nada além de modos fenomenais equívocos (*Erscheinungsweisen*), sintomas contingentes daquela mesma força que pulsa em certos seres humanos e que não podemos chamar com outro nome a não ser agressividade moral, a compulsão quase fantástica de reagir de algum modo veemente aos outros seres humanos, de se derramar para dentro dos outros, ou de aniquilá-los, ou de criar em relação a eles qualquer constelação repleta de invenções íntimas. Tanto o altruísmo como o egoísmo são possibilidades de expressão dessa fantástica profusão moral, mas ambos não são nada além de duas dentre suas incontáveis formas.

O mal tampouco é o contrário do bem, nem sua ausência, porém um fenômeno paralelo. Não se trata de opostos morais fundamentais ou mesmo definitivos (*letzter moralischer Gegensatz*), como sempre se supôs; é provável que esses termos sequer tenham especial validade conceitual para a teoria moral, sendo mais noções sintéticas impuras do uso prático. A oposição diametral corresponde a um estado de pensamento arcaico (*früher Denkzustand*[40]) que apostava todas as suas fichas nessa dicotomia, mas é pouco científica. O que confere a todas essas dicotomias morais a aparência de importância é o fato de elas terem sido confundidas com [o imperativo]: a combater *versus* a apoiar. Com efeito, essa oposição autêntica que se imiscui em todos os problemas é um componente importante da moral, e toda teoria que procurasse desbastar ou contemporizar esse par seria prejudicial. [O truísmo] "Compreender tudo é tudo perdoar" não é um equívoco pior do que a ideia de que decidir se um fenômeno moral é perdoável ou imperdoável esgotaria

---

40. Musil se refere aos mitos mais arcaicos do mal que multiplicam o catálogo das forças malignas, sem a diferenciação de compilações mais sofisticadas, como *Enuma Elisch, Epopeia de Gilgamesch* ou os mitos gregos clássicos.

a sua relevância. Aqui se cruzam duas coisas que devemos distinguir a todo custo. São considerações práticas e relações factuais que determinam o que deve ser combatido ou apoiado, e elas podem ser explicadas de modo satisfatório se deixarmos alguma margem para as contingências históricas. O fato de punirmos um gatuno não requer causas e razões últimas para justificá-lo, apenas as presentes e atuais. Contudo, nisso não há o menor traço de contemplação ou fantasia moral. Se, ao contrário, alguém prestes a punir se sentir paralisado, se ele de repente sentir esboroar o seu direito de fazer violência ao outro, a ponto de se buscar expiação ou de encher a cara nos bares, esse bloqueio nada mais tem a ver com o bem e o mal – porém ele se encontra num estado da mais veemente reação moral.

A intensidade com que a moral é sentida como algo que pertence fundamentalmente à ordem da aventura e das experiências vívidas é comprovada quando até os seus teóricos tendem a deixar para trás a terra firme do utilitarismo, amiúde buscando potencializar o imperativo "Tu deves!" ao grau de uma experiência singularíssima, a fim de que o sentimento de aventura – o dever grandiosamente disfarçado de forasteiro – venha de fora e bata à nossa porta. O imperativo categórico e tudo aquilo que desde Kant é considerado como uma experiência moral específica não passa, no fundo, de intriga casmurra (*bärbeissig*) à procura das emoções perdidas[41]. Contudo, o que assim se encena no primeiro plano é algo totalmente secundário e sem autonomia, algo que pressupõe as leis morais em vez de criá-las; é uma experiência auxiliar da moral, não o seu núcleo central.

Entre todos os preceitos morais algum dia pronunciados, o "ama teu próximo como a ti mesmo" ou "faz o bem" não são os mandamentos com a atmosfera altruística mais intensa; essa última pertence, ao contrário, ao preceito segundo o qual a virtude pode ser ensinada. Pois o fato é que toda atividade racional

---

41. Os diários e os ensaios abordam as metamorfoses dos sentimentos religiosos em novas formas de sensibilidade laica – sentimentos estéticos, éticos, sociais e políticos.

DOS ENSAIOS À PEQUENA PROSA FICCIONAL

precisa de outro ser humano, e cresce apenas pela troca de experiências compartilhadas. A moral, entretanto, na verdade começa apenas na solidão que separa cada um de todos os demais. É por causa dessa coisa incomunicável, dessa reclusão dentro de si que os seres humanos precisam do bem e do mal. O bem e o mal, o dever e a infração são formas com as quais o indivíduo estabelece um equilíbrio sentimental entre si e o mundo. O importante, porém, é não apenas estabelecer a tipologia dessas formas, mas compreender a pressão que as cria ou a opressão sobre a qual elas repousam, as quais têm muitas variedades[42]. A ação é uma linguagem balbuciada que determina quem é um herói, quem um santo, quem um criminoso. Até mesmo um assassino sexual guarda, em algum recesso d'alma, mágoas íntimas e dengos secretos, em alguma parte o mundo o melindra como a uma criança, e ele não tem outra maneira de expressar isso além da que está ao seu alcance. Existe no foro íntimo do criminoso uma [ambígua] falta de resistência e [ao mesmo tempo] uma resistência contra o mundo, e ambas existem em todos os seres humanos que têm um destino moral de peso. Antes de aniquilar um ser como esse – e seja ele o mais abjeto –, deveríamos ganhar acesso ao que nele resistia, para resguardar e conservar o que foi humilhado e subjugado pelo outro lado[43]. Pois ninguém prejudica mais a moral do que aqueles apóstolos do bem e do mal que rejeitam qualquer contato com certos fenômenos ao cultivar apenas um morno repúdio à sua forma[44].

42. Ver F. Kafka, In der Strafkolonie (Na Colônia Penal), *Sämtliche Erzählungen*, p. 100-126; W. Benjamin, Zur Kritik der Gewalt (Crítica da Violência – Crítica do Poder), *Gesammelte Schriften*, v. II; J. Lacan, L´Agressivité en psychanalyse (A Agressividade em Psicanálise), *Écrits*, p. 104s.

43. O "Caso Moosbrugger" em *O Homem Sem Qualidades* é um desses trabalhos ficcionais de compreensão da lógica íntima do crime e do resgate da dimensão terna e comunicável na gama de gradações morais que levam à alienação abjeta.

44. No ensaio "On the Edge of Revelation", J.M. Coetzee homenageia a impressionante capacidade musiliana de entrar em corpos e mentes alheios – do erotismo feminino ao imaginário paranoico de um assassino sexual "movendo-se, sem qualquer esforço, entre a experiência sensível, sensual e a abstração intelectual". On the Edge of Revelation, *New York Review of Books*, 18 dez. 1986. Disponível em: <https://www.nybooks.com/>.

O Homem Matemático
(abril-junho 1913)[45]

Musil homenageia a matemática como o grande veículo civiliza-tório e aproxima a sofisticação dessa forma de racionalidade ao desenvolvimento da mais refinada linguagem poética. O ensaio é uma resposta à convencional demonização da racionalidade matemática e da ciência pela crítica da cultura.

Entre os enganos insensatos que circulam devido ao desconhecimento da essência da matemática, existe a metáfora que atribui aos generais importantes o papel de "matemáticos do campo de batalha". Na verdade, o cálculo lógico desses generais não deveria passar do âmbito seguro das quatro operações, se não quisessem provocar uma catástrofe. A repentina necessidade de um silogismo que tivesse a moderada complicação e opacidade de uma simples equação diferencial condenaria milhares de homens desamparados à morte certa.

Com isso não estamos falando mal do gênio dos generais, mas a favor da natureza peculiar da matemática. Conforme se diz, ela seria a derradeira economia do pensamento, e isso é em parte verdade. Entretanto, pensar é, em si mesmo, algo extenso e incerto. Mesmo que tenha começado como simples parcimônia biológica, há muito se tornou uma complicada paixão do pecúlio, que se importa tão pouco com a dilatação do proveito quanto o avaro se preocupa com sua pobreza voluptuosamente prolongada até o paradoxo.

Há processos que a gente simplesmente jamais terminaria, como a adição de uma sequência infinita, que a matemática, em condições favoráveis, leva a cabo em poucos instantes. Para complicados cálculos de logaritmos, e mesmo para equações

---

45. Der mathematische Mensch (April-Juni 1913), *Kleine Prosa und Schriften*, p. 1004-1008.

integrais, já existem máquinas que resolvem a tarefa; o trabalho do matemático de hoje se reduz a alimentar a máquina com os dados do seu problema e girar uma alavanca ou coisa parecida. Desse modo, até o bedel de um catedrático consegue eliminar do mundo problemas cuja solução, há duzentos anos, teria exigido uma viagem do ilustríssimo catedrático para visitar o sr. Newton em Londres ou o sr. Leibniz em Hannover. E também o número infinitamente maior das operações ainda não automatizadas justifica chamarmos a matemática de aparelhagem ideal do espírito, cuja meta e apogeu é pensar de antemão todos os casos possíveis, até os mais remotos.

Eis o triunfo da organização espiritual; eis a antiga estrada real do espírito, outrora exposta às intempéries e aos salteadores, suplantada pelo vagão-leito de um moderno trem expresso; eis a economia, vista com os olhos da teoria do conhecimento.

Surgiu a pergunta sobre quantos desses casos possíveis são de fato usados. Muito se cogitou acerca de quantas vidas humanas, quanto dinheiro, quantas horas criativas e ambição foram gastos na história desse imenso sistema de pecúlio, sobre quanto ainda hoje se investe nele, e quanto de cada qual é preciso para não esquecer aquilo que se conquistou até o presente; ademais, tentou-se medir o que isso representa com relação à utilidade que daí se tira. No entanto, também nesse assunto o pesado e, sem dúvida, complicado aparelho da matemática provou sua economia e, em estrito senso, sua qualidade incomparável. Pois foi por seu intermédio que toda a nossa civilização emergiu, não conhecemos outro meio; as necessidades às quais serve encontram-se satisfeitas por inteiro, e a abundância dessa máquina rodando em ponto morto é um desses fatos singulares que se furtam a qualquer crítica.

E só quando se olha não para o seu proveito externo, mas para dentro da própria matemática, para a proporção das suas partes não utilizadas, é que se descobre o outro semblante dessa ciência, sua verdadeira face. Ela não visa a finalidade, mas procede de modo antieconômico e passional. – O homem comum não precisa da matemática muito além do que dela aprendeu na escola elementar; o engenheiro, apenas o bastante para orientar-se na coletânea de fórmulas de um manual técnico, o que não é muito; até mesmo o físico trabalha em geral com meios matemáticos pouco diferenciados. Se acaso precisam de algo mais, costumam estar entregues à própria sorte, pois o matemático não se interessa por essas adaptações da matemática aplicada. Assim acontece que os especialistas são, em certos domínios importantes da matemática, não matemáticos. Todavia, para além desses domínios, há imensos territórios acessíveis apenas para os matemáticos: um tremendo enredo de nervos acumulou-se em torno dos pontos de inserção de alguns poucos músculos. Em algum lugar desse cipoal trabalha o matemático solitário, numa cela cujas janelas não dão para fora, mas para as celas vizinhas. É um especialista, pois hoje nenhum gênio seria capaz de dominar o todo. Acredita que a disciplina que cultiva um dia renderá também alguma serventia prática, mas não é isso que o instiga; ele está à serviço da verdade, isto é, do seu destino, e não dos fins deste. Por mais que o resultado sejam economias mil, no seu imo há uma entrega radical e uma paixão absoluta.

A matemática é o denodado luxo da *ratio* pura – um dos poucos luxos que existem hoje. Há também alguns filólogos que praticam coisas cuja serventia nem eles mesmos entendem bem, e mais ainda os colecionadores de selos ou gravatas. Mas esses são caprichos inofensivos que passam longe dos assuntos sérios da nossa vida, ao passo que a matemática abarca, precisamente nesse domínio, algumas das aventuras mais divertidas e incisivas da existência humana. Acrescentemos um pequeno exemplo: podemos dizer que, do ponto de vista prático, vivemos totalmente dos resultados dessa ciência – resultados esses que se lhe tornaram indiferentes. Assamos o nosso pão, construímos nossas casas e movemos nossas carruagens graças a ela. À exceção da confecção manual de alguns móveis, roupas e sapatos, e dos filhos, tudo de que somos providos é mediado por cálculos matemáticos. Toda essa substância que anda, corre e fica de pé ao nosso redor não só depende da matemática para se tornar compreensível, mas com efeito surgiu graças a ela, repousa sobre ela naquilo que constitui a sua existência determinada. Pois os pioneiros da matemática formaram ideias úteis sobre certos fundamentos, dos quais decorreram silogismos, operações e resultados, dos quais os físicos se apoderaram para produzir novos resultados e, por fim, vieram os técnicos, amiúde usando apenas os resultados para neles basear novos cálculos, e assim surgiram as máquinas. Porém, de repente, depois de tudo adquirir a mais bela existência, voltaram os matemáticos – aqueles que ruminam o mais íntimo das coisas – e descobriram que havia algo absolutamente irreparável nos fundamentos de tudo isso; de fato, eles examinaram o fundo mais fundo e viram que o edifício inteiro estava suspenso no ar. Mesmo assim, as máquinas funcionavam! Há de se supor, portanto, que nossa existência não passe de uma pálida fantasmagoria; vivemos a vida com base num engano sem o qual ela não teria surgido. Nada hoje em dia dá tanto azo a sentimentos fantásticos quanto a matemática.

O matemático assume esse escândalo intelectual com postura exemplar, isto é, com confiança e orgulho da periculosidade mefistofélica do seu entendimento. Eu poderia acrescentar ainda outros exemplos, como aquele dos físicos matemáticos que de golpe começaram a negar a existência do espaço e do tempo. Contudo, eles não o fizeram com devaneios oníricos como o fazem filósofos de vez em quando – o que todos lhes perdoam, afinal, são filósofos –, mas com razões que de súbito ganham vulto na presença concreta de um automóvel e sua verossimilhança aterradora. Basta então esse exemplo para nos darmos conta do tipo de gente que são esses matemáticos.

Nós outros, ao contrário, perdemos a coragem desde os tempos do Iluminismo. Um pequeno malogro foi suficiente para perdermos confiança no entendimento, e agora permitimos que qualquer alardeador estéril fustigue como racionalismo vão as ambições de um D'Alembert ou Diderot. Choramingamos em prol do sentimento e contra o intelecto, esquecendo que sem ele o sentimento não passaria – salvo casos excepcionais – de uma coisa desajeitada e gorducha como um cachorrinho pug. Assim arruinamos a nossa literatura, ao ponto que a leitura consecutiva de dois romances alemães nos obriga ao purgante de um cálculo integral para desincharmos de novo.

Não venham com a objeção de que, fora da sua especialidade, os matemáticos são cabeças ocas ou triviais, ou de que a sua lógica deixa até a eles na mão. A lógica não tem poderes aí, e eles fazem na sua área exatamente o que deveríamos fazer na nossa. Aí jaz a valiosa lição e o caráter exemplar da sua existência; eles são uma analogia do homem de espírito que um dia há de vir.

As reflexões finais que aqui acrescentarei não serão despropositadas, à condição de repararmos que no meio das brincadeiras com a essência da matemática há também um tanto de seriedade: lamuriamo-nos por achar que a nossa época é carente de cultura. Isso pode significar muita coisa, mas no fundo cultura sempre foi uniformidade, seja por meio da religião, seja pelas formas sociais ou pela arte. Para voltarmos à unidade das formas sociais somos numerosos demais. Para a religião vale o mesmo – fatos que aqui apenas menciono sem querer prová-los. E no que diz respeito à cultura: somos a primeira época incapaz de amar seus poetas. Mesmo assim, em nosso tempo há não apenas energias espirituais de uma atualidade como jamais as houve, como também uma consonância e uma uniformidade do espírito nunca dantes vistas. Seria tolo afirmar que tudo isso gira em torno de um mísero saber, pois há muito a meta de todos é o pensar em si. Com suas exigências de profundidade, ousadia e novidade, o pensamento por enquanto se limita ao domínio do estritamente racional e científico. Esse mesmo entendimento, porém, se alastra vorazmente, e tão logo apanha o sentimento, se transforma em espírito. Cabe aos poetas ousar esse passo. Eles não precisam aprender um método qualquer para cumprir essa tarefa – nada de psicologia ou coisa parecida, pelo amor

DOS ENSAIOS À PEQUENA PROSA FICCIONAL

de Deus –, apenas serem exigentes. O que fazem, no entanto, é pasmar-se com a sua situação e se consolar com blasfêmias. E embora os contemporâneos não consigam transpor por conta própria o seu alto nível intelectual para as coisas humanas, eles sentem o que fica abaixo do seu nível na arte.

[Sobre o Ensaio]
(sem título – c. 1914?)[46]

Esse fragmento é uma primeira tentativa de fundamentar as características do gênero ensaio como mediador entre as duas formas diversas de pensar – a da racionalidade cotidiana e aquela outra que estabelece uma relação mais que racional com o mundo, consigo mesmo e com os outros. Ele começa a reestruturar as reflexões anteriores sobre moral, religião e política, e sobre as relações íntimas entre estética e ética na perspectiva do ensaio como gênero literário.

Para mim, o termo ensaio [*essay*] está ligado à estética e à ética[47].

Parece que o termo remonta a Wage[48], e na maioria das vezes é usado pelos eruditos para designar os rebentos mais leves da sua obra, escritos com suspensão parcial da responsabilidade; "ensaio" também quer dizer tentativa. Hei de usá-lo nesse último sentido; no entanto, pretendo investi-lo de uma significação diversa.

O ensaio é: o que se faz de modo relaxado num domínio no qual se pode trabalhar com precisão...? Ou: o mais rigoroso que for possível alcançar num domínio no qual não se pode trabalhar com precisão[?]

---

46. [Über den Essay] (Ohne Titel – etwa 1914?), *Kleine Prosa und Schriften*, p. 1334-1337.

47. Como Wittgenstein, Musil vê afinidades eletivas entre estética e ética.

48. É provável que Wage seja um crítico literário que abordou o ensaio ou a questão dos gêneros afins, mas não foi possível localizar uma referência mais precisa.

Tentarei provar a segunda hipótese.

Descrição do domínio: de um lado, há o campo do conhecimento conceitual e científico[49]. Do outro, o campo da vida e da arte. Por enquanto, não se pode dizer nada mais preciso. Precisamos perguntar, primeiro, como é delimitado o domínio da ciência e do conhecimento. Para o nosso uso, a melhor formulação não é: ele anula totalmente a dimensão subjetiva. O "totalmente" seria um exagero. Pois certa subjetividade fria e racional permanece, como permanecem também momentos contingentes e deliberados. Portanto, diríamos melhor: seus resultados são objetivos. Nele reina o critério da verdade. Trata-se de um critério objetivo que pertence à natureza desse domínio. Há verdades matemáticas e lógicas. Há fatos e concatenações de fatos que são universalmente válidos. Eles constituem leis ou sistemas. Em ambos os casos – eis a exigência mínima –, eles dão ensejo a uma abrangente ordenação espiritual e mental.

Todavia, há domínios que não dão ensejo a tal ordenação. Tentemos, por exemplo, descolar dos livros as figuras humanas que os escritores ali conjuram; quando aplicamos a essa sociedade as leis morais da sociedade humana, descobre-se que cada ser livresco consiste de vários humanos: ele é bom e repugnante ao mesmo tempo, ele não tem caráter, é inconsequente, não age de modo causal – em suma, não podemos de modo algum ordenar e catalogar as forças morais que o movem. Não podemos indicar nenhum outro caminho a essas figuras humanas a não ser o caminho contingente do enredo do livro. Não há resposta à pergunta de se Törless tinha razão ou não em torturar Basini, se a sua indiferença com respeito a essa questão indica que ele tem razão ou não. Só um autêntico ensaio poderia explicar por que essa questão não pode sequer ser colocada. Lemos um poema na qualidade de seres humanos que pertencem a um âmbito moral, com deveres, obrigações e intenções; e, durante a leitura, tudo isso se modifica um pouco, de uma maneira que podemos apreender

---

49. *Wissenschaft* significa, literalmente: "disciplina do conhecimento" – termo genérico que abrange tanto as ciências humanas como as exatas.

apenas com o sentimento, sentimento esse que rapidamente se perde. Algo semelhante vale também para experiências que nos acometem em momentos invulgares, como no amor, em uma ira incomum e em toda relação excepcional com pessoas ou coisas. Entre esses dois domínios situa-se o ensaio. Ele tem a forma e o método da ciência. E tira da arte a sua matéria. ("Vida" não seria bem o termo correto, pois o conceito compreende também conexões regidas por leis. Quando falei acima de vida, pensei somente no que nela é análogo à arte.) O ensaio procura criar uma ordem. Não fornece personagens, mas uma concatenação de pensamentos, isto é, elos lógicos; e, tal como as ciências naturais, parte de fatos para pô-los em relação[50]. Mas no ensaio esses fatos não são universalmente observáveis, e a sua concatenação é, em muitos casos, tão somente singular. Ele não oferece uma solução total, porém séries de soluções particulares. Ainda assim, ele afirma e investiga.

Maurice de Maeterlinck disse certa vez: o ensaio dá, no lugar de uma verdade, três boas probabilidades. Mais adiante levantaremos a questão de quando uma probabilidade pode ser chamada de "boa". No entanto, antes de tudo, perguntemos mais uma vez porque há domínios nos quais a verdade não impera e nos quais a probabilidade[51] é mais do que uma aproximação à verdade.

Isso deve estar ligado à natureza dos objetos. O que é lógico num sentido amplo mantém a sua validade ao longo do tempo. Contudo, vem-se procurando a diferença[52] precisamente na sua

---

50. Segundo sentido do termo "ensaio" enquanto "tentativa".

51. Em *Tagebücher*, v. 1, p. 459-469, Musil estuda a teoria da probabilidade em livros como o de Heinrich Emil Timerding, *Analyse des Zufalls*. Ver sobre esse assunto N.C. Wolf, *Kakanien als Gesellschaftskonstruktion: Robert Musils Sozioanalyse des 20. Jahrhunderts*, p. 90-92 e 230s.; W. Moser, Diskursexperimente im Romantext, em W. Baur; E. Castex (eds.), *Robert Musil: Untersuchungen*, p. 185; C. Hoffmann, *Der Dichter am Apparat*, p. 217-222; H.-G. Pott, Geist und Macht im essayistischen Werk Robert Musils, em M. Zybura; K. Wóycicki (eds.), *Geist und macht: Schriftsteller und Staat im Mitteleuropa des "kurzen Jahrhunderts" 1914–1991*, p. 222s.; mas especialmente J. Bouveresse, Nichts geschieht mit Grund: das "Prinzip des unzureichenden Grundes", em B. Böschenstein; M.-L. Roth (eds.), *Hommage à Musil*, p. 124–143; F. Vatan, *Robert Musil et la question anthropologique*, p. 101-133.

52. Isto é, o que distingue o lógico do intuitivo.

função. O conhecimento intuitivo foi colocado em contraste com o habitual, na intenção de derivar dessa diferença a dignidade do saber místico. Intuição, porém, existe também no âmbito puramente racional. Ademais, o conceito é usado na ciência e na filosofia para...[53]. A função mística, entretanto, não corresponde a essa forma de intuição, porém a uma variante muito mais abrangente e menos pura do ponto de vista conceitual[54]. O homem não somente pensa, mas sente, deseja, se emociona, age. Tal como há ações puramente automáticas, sem participação do pensamento, existem também pensamentos puramente racionais, sem participação do sentimento ou da vontade. E existem também outros. Quando um pensamento se apodera de nós, nos assalta etc., ele cumpre no domínio senti-mental o que um conhecimento revolucionário cumpre no domínio puramente racional. A profundidade do seu efeito é um sinal da comoção de grandes massas sentimentais. Massas: pois aqui se trata não de sentimentos no sentido estrito do termo, mas dos sentimentos fundamentais, as disposições emocionais que compõem a individualidade[55]. Estamos diante de um campo pouco investigado. No entanto, podemos supor que um dos fatores são as características emocionais do indivíduo (aquilo que se chamava temperamento), sua reatividade, suscetibilidade etc., constituindo uma disposição relativamente estável. Outro fator seria o conjunto das experiências pessoais, incluindo as intelectuais e espirituais. Elas são armazenadas numa soma de complexos entretecidos

---

53. Musil pensa, sem dúvida, no uso filosófico do termo "intuição", *Anschauung*, em Kant: exibir o conteúdo de um conceito.

54. Musil introduz aqui a ideia do "pensamento vivo", de um pensar não cristalizado nem congelado em convenções (epistemológicas ou emocionais, espirituais e religiosas) que podemos acionar de modo mecânico.

55. Musil refere-se à diferença das linguagens sensoriais (que veiculam sentimentos) e discursivas (que comunicam o entendimento objetivo). As duas linguagens, contudo, interagem, se diversificam e ampliam as possibilidades de significação. Ver acima o fragmento "R. Perfil de um Programa (1912)", sobre a importância do entendimento na geração dos sentimentos (enquanto distintos de emoções primárias). Podemos ver a abordagem desse fragmento como um embrião das análises linguísticas e sociológicas do século xx, que resultam em trabalhos como os de Pierre Bourdieu em torno do *habitus*.

DOS ENSAIOS À PEQUENA PROSA FICCIONAL

mediante associações[56]. A melancolia, embora esteja entre as patologias da mente, firma seu domínio graças às associações, que dela recebem sua tonalidade. O pessimismo filosófico, o estoicismo, a sabedoria epicurista não são, de modo algum, formações exclusivamente racionais, mas também experiências[57]. Uma associação racional só pode ser verdadeira ou falsa. Uma associação sentimental também pode ser verdadeira ou falsa; mas, além disso, ela nos "concerne" ou não[58]. E há associações que só funcionam graças a esse segundo momento. Elas permanecem totalmente confusas e incompreensíveis para uma pessoa que não sente sua ressonância. Todavia, ao que parece, mesmo assim constituem um modo de comunicação legítimo, embora sem universalidade obrigatória. A ocorrência de tais modos de comunicação entre seres humanos é muito mais frequente do que se supõe (casais que se arremedam, o efeito sugestivo dos líderes etc.). Também o homem singular percebe um mesmo pensamento ora como morto, não sendo nada além de uma sequência de palavras, ora como algo vivo e intenso[59].

56. Desde o "complexo de Édipo", o termo "complexo" tem conotação freudiana. No horizonte *gestaltista* de Musil, ele é usado no sentido da configuração, da aglomeração de elementos e estratos heterogêneos que estabelecem novas e múltiplas relações. Musil, embora considere a primeira *teoria* freudiana (princípio do prazer) como simplória, reconhece a relevância dos *relatos clínicos* da psicanálise, as descrições ensaísticas do recalque, das defesas e "formações reativas"; é provável que Musil tenha lido o ensaio "Beiträge zur Psychologie des Liebeslebens" (Contribuições à Psicologia do Amor), publicado em diversas formas entre 1910 e 1924. Ver S. Freud, *Gesammelte Werke*, 18 v., "Über die allgemeinste Erniedrigung des Liebeslebens" (Sobre a Tendência Universal à Depreciação na Esfera do Amor), v. VIII, p. 83, quando o componente terno e o sensual não se juntaram de modo ordeiro (*ordentlich*). Ver também A.R. Damásio, *O Erro de Descartes*, p. 156s. e, em particular, p. 180-185.

57. Musil toca aqui no entrelaçamento dinâmico entre emoções e pensamentos. A melancolia (isto é, a depressão) não é apenas uma patologia que afeta os sentimentos, mas se retroalimenta e se apoia em hábitos do pensamento e do raciocínio. Formas de pensamento filosófico, por sua vez, tiram sua relevância não só da pertinência do argumento e da validade dos conceitos, mas muitas vezes do impacto emocional de sua apresentação, da "energia passional de um pensamento".

58. Musil mostra que as metáforas usadas para definir emoções qualitativamente diferentes já contêm análises dos processos afetivos: algo que nos toca, nos co-move, e-mociona remete a processos muito diversos, isto é, aos modos de entrelaçar afetos e pensamentos.

59. Ver o desdobramento romanesco da "energia passional de um pensamento" na novela "O Melro", onde A-um e A-dois se entregam ao pensamento de Nietzsche não pela sua consistência filosófica, mas porque seu materialismo demoníaco responde à sua disposição emocional juvenil.

Quando um pensamento subitamente ganha vida, causando a fusão instantânea de um grande complexo sentimental (simbolizada com agudíssima pertinência na conversão de Saulo em Paulo) em que de repente ganhamos uma compreensão diversa de nós mesmos e do mundo: aí temos o conhecimento intuitivo no sentido místico.

Numa escala reduzida[60], esse mesmo tipo de conhecimento constitui a dinâmica constante do pensamento ensaístico. Sentimentos, pensamentos, complexos volitivos participam desse processo. São funções não excepcionais, porém normais. O fio da meada de um pensamento arranca os outros da sua posição, e esses seus deslocamentos – mesmo se meramente virtuais – determinam a compreensão, o timbre, a segunda dimensão do pensamento.

Como a diferença não está na função, ela só pode se fundar na natureza específica desse domínio. Sabemos o quão mais limitado é o círculo do nosso conhecimento do que o dos nossos interesses.

Excluímos os interesses místicos, pois seu objeto é metafísico e porque eles aspiram a um conhecimento, ao passo que no ensaio pretendemos apenas uma transformação humana.

Pertencem ao âmbito do ensaio: Maeterlinck, Emerson, Nietzsche, em parte Epicuro, os estoicos, os místicos (abstraindo-se o transcendente), e também Dilthey, Taine, a historiografia nomotética. Eis a vertente humana da religião.

Estamos diante de uma nova subdivisão da atividade espiritual. Há vertentes que visam o conhecimento, outras que visam a transformação do homem. Complexos sentimentais lutam pelo primado. Preceitos de séculos ou de gerações. Novas relações emergem entre os homens.

---

60. Musil se propõe a "reduzir" a dimensão metafísica com seu aparato especulativo e filosoficamente sistematizado. Ver os parágrafos seguintes. Diferentemente dos românticos, cujas teorias estéticas evidenciam tendências entusiásticas a especulações religiosas ou sistemáticas (Ver Novalis, Stéphane Mallarmé e seus projetos "bíblicos", a enciclopédia como *Bíblia*, livro-sistema do qual todos os domínios do conhecimento e das práticas podem ser derivados), Musil procura manter uma sobriedade realista. Não se refugia na margem estético-poética aquém e além do conhecimento, mas mantém sempre aberta a conexão do intuitivo com o domínio lógico e a experiência empírica.

188 DOS ENSAIOS À PEQUENA PROSA FICCIONAL

Naturalmente, é valiosa uma elaboração racional dos diversos resultados. Pelo menos uma ordenação sistemática. No entanto, ela luta com dificuldades que nunca se pode superar totalmente, devido à polissemia da expressão. História dos movimentos da alma.

Adendo:

Aqui impera o esquema hegeliano do movimento do conceito em três tempos ascendentes.

Rathenau é o exemplo da degeneração do ensaísta em diletante filosófico.

Outro domínio limítrofe do ensaísmo é o editorialismo político. Explora-o sem enriquecer seu cabedal.

Schleiermacher, Schelling, Hegel, Lassalle.

A falta de sistemática faz com que os homens poetem enquanto vivem como porcos. Romantismo pelintra, expressionismo, pendores excêntricos. Conversa de surdos.

* * *

Crônica Literária/A Humanidade Que Escreve (c. 1914)[61]

Musil avalia os gêneros literários e não literários que sejam mais adequados para responder à complexidade da sociedade moderna e aos desafios intelectuais e éticos que as novas formas de pensar, medir, calcular colocam para a comunicação racional, emocional e moral. À velha dicotomia que opõe o tratado filosófico à poesia, o mito ao logos, Musil opõe o ensaio como "tentativa" para encontrar novas mediações entre precisão e alma, entre criatividade imaginária e clareza racional.

61. Literarische Chronik. *Die schreibenden Menschen* (etwa 1914), *Kleine Prosa und Schriften*, p. 1338-1340.

A humanidade que escreve. Quem medisse em quilômetros de linhas ou em quilos de papel tudo o que se publica a cada ano só na Alemanha, veria sem dificuldade que estamos diante de uma conformação social mais que estranha. Pois algo deve estar errado com o viver-a-vida quando o êxodo para o papel alcança tais dimensões. Fosse a palavra escrita apenas um meio de comunicação, igual à palavra falada e distinta dela apenas pelo maior raio de ação, não poderíamos dizer o mesmo; pois nesse caso, escrever serviria para a troca de experiências, de modo que a escrita e as trocas cresceriam na mesma proporção. Na verdade, porém, escrever transformou-se hoje mais num meio, não digo de solidão, mas de se segregar em grupos de pessoas. Mesmo folheando apenas as bibliografias da produção científica – da qual não se espera nada além de visar a comunicação –, fica-se logo espantado não com a especialização, mas com o fato de que cada ramo se expande até se tornar um microcosmo cuja literatura vai além do que a vista alcança, fechando-se como uma esfera impenetrável em torno dos que nela habitam. E mais: há pessoas que sacrificam sua vida à literatura sobre filatelia ou criação de cães e que, no ocaso da existência, devem reconhecer, abaladas, que erraram a medida – mais teria valido se dedicar somente aos selos europeus ou à criação de cães de caça. Há revistas para torneiros, para relojeiros, sapateiros, chapeleiros e para bombeiros. – O estranho, claro, não é a especialização dos assuntos – isso é um simples fato –, mas o hermético universo humano no qual entramos como que por descuido ao abrir tais revistas. Aí topamos com a grandiosidade de um sr. Fulano de Tal, que teria preparado com verdadeiro gênio o terreno para a penetração do sapato estadunidense na Europa, ou com o sr. Sicrano, que há vinte anos coloca os ricos tesouros da sua experiência e sua firme virilidade a serviço da instituição dos bombeiros, com espírito idealista e viva consciência de classe. E há também uma revista técnica que publica as contribuições beletrísticas da comunidade dos engenheiros. Todavia, nas ciências, a efusão autoral é quase tão cômica quanto, e no fundo a mesma. Pois não exigimos que

DOS ENSAIOS À PEQUENA PROSA FICCIONAL

uma pessoa honesta tenha que se doar por inteiro à sua profissão? Os europeus de outrora eram cristãos ou judeus, hoje são neofriesianos, geoeconomistas ou cromoquímicos[62] – também de alma. Dissiparam-se as grandes nuvens, e das massas de sentimentos dispersos formam-se pequenas gotículas esféricas que se aproximam de todos os lados[63]. O indivíduo como ser humano encontra-se hoje numa comunidade imensa e inapreensível; relações como nacionalismo, coesão racial ou *humanitas* que o vinculam a essa comunidade todo-abrangente escapam, apesar de bem-intencionadas afirmações em contrário, à sua sensibilidade (salvo honrosas exceções). A contragosto, o indivíduo sente que se dissolve em algo incomensurável, sem receber nada de palpável em contrapartida além de algumas comodidades logo embotadas pelo hábito e a garantia de que as coisas ficarão do mesmo jeito, sem maiores perturbações. Ele nada vislumbra das experiências inauditas que desde a infância supunha estarem à sua espera, fora uma ou outra bagatela que por acaso deriva ao largo. Ele está numa floresta sem conseguir sair do lugar, e de tanta árvore não

62. Musil ironiza os especialistas (em áreas como economia, química, lógica etc.), cujo conhecimento técnico preciso, porém limitado pelas premissas, e os interesses predeterminados da especialidade são uma das grandes ameaças para a sociedade moderna; a outra ameaça é a fuga para a imaginação e a intuição vagas. Nesse caso, o autor alfineta os seguidores do neokantismo de Jakob Fries. O "cromoquímico" e o "geoeconomista" podem ser entendidos como alusões a Walther Rathenau, cuja formação científica e *expertise* empresarial abrangem a química moderna e uma visão privilegiada da economia mundial.

63. As metáforas desse parágrafo são interessantes, pois contêm a concepção musiliana da transformação do antigo idealismo metafísico na pseudo-objetividade subjetivista dos tempos modernos. A "neblina" ideológica das elites eclesiásticas que forneceram os conceitos para as teorias do Estado teocrático e seu posterior realismo maquiavélico foi desmistificada pelo materialismo científico e profissional apenas para formar uma nova neblina, na qual cada indivíduo se fecha numa das trilhões de "gotículas" de ideias fixas de seu subgrupo. Sem a visão realista do todo, dos interesses e objetivos das demais "gotículas" que formam a via láctea do mundo humano, cada microcosmo profissional cria seu próprio idealismo alienado e inflado. Essa inflação da alma oculta as divisões e o isolamento dos indivíduos e grupos na sociedade, fornecendo apenas sucedâneos para o vazio intelectual e espiritual. Musil captou a infeliz gangorra entre o vazio e a hiperatividade obsessiva da sociedade moderna, cuja falta de visão a torna frágil e suscetível de manipulação, apesar dos incríveis meios tecnológicos e da massa de conhecimento que ela foi capaz de produzir. A frase seguinte alude às fórmulas simplistas – Estado-nação, raça, humanidade – que achatam realidades complexas.

é capaz sequer de enxergar a floresta. Daí vem a ânsia de reduzir a vastidão desconhecida a proporções menores, de se colocar no centro de um modesto mostruário, e logo todo o idealismo de que ele dispõe se localiza. De alguma maneira, a escrita também trata dessa questão sentimental. Proporciona a sensação de pertença e revela afinidades eletivas, faz com que algures nos ouçam com atenção: esse sentimento (ao lado da orientação universal da ciência) está tão colado às atividades oficiais e objetivas quanto as rodadas de chope aos congressos científicos. – Em particular no beletrismo filosófico e literário – dois domínios nos quais basta ser humano, como se supõe – viceja sem resistência aquilo que na vida real não passa de chinfrim. Não é aceitável que os seres humanos de fato tenham tanta coisa a dizer quanto pretendem depositar na literatura, e quando se examina o que é comunicado pelo seu conteúdo, raramente se encontra algo novo que justifique ou explique tal afã comunicativo. Olhando por esse ângulo, nota-se antes que em geral ocorre apenas o constante e excitado rearranjo de um velho inventário. A fantasia não voa nem divaga (ideia de antanho!), mas a escritura emerge tal qual o pequeno amanuense que chega em casa para desempenhar o papel de chefe de família: poder, ordem arbitrária, sujeição do mundo em efígie. *My book is my castle* (Meu livro é meu castelo); quem escreve sempre tem razão! É natural que, para esse tipo de literatura, não haja mais propriamente um público, porém só autores que se aproximam ou se afastam uns dos outros. O leitor não busca um guia, mas um confrade ideológico, pois ele mesmo é autor de uma *Weltanschauung* e de uma estética anônima; e – apoiado no engano de que todo juízo sobre arte é apenas subjetivo – busca no outro somente uma espécie de órgão executivo, um decorador de vitrine para o seu imo. – Daí resultam a extraordinária falta de impacto dessa literatura sobre o mundo e a sua degradação a uma autoafirmação vazia dos autores. Quando a vemos assim, executada cotidianamente por inúmeros europeus afora isso bem simpáticos, como um hábito inofensivo encaixado de modo indolor entre os deveres corriqueiros, cresce a impressão

192 DOS ENSAIOS À PEQUENA PROSA FICCIONAL

de que ela não passa de uma mania repulsiva, um vício adolescente tardio nas mãos de homens barbados.

Anotações Sobre uma Metapsíquica (abril 1914)[64]

Walther Rathenau (1867-1922) foi um industrial, político, escritor e estadista alemão. Seu pai, Emil Rathenau, fundou a multinacional do setor elétrico Allgemeine Elektrizitäts-Gesellschaft (AEG). Walther Rathenau estudou física, química e filosofia em Berlim e Estrasburgo, desempenhando a carreira empresarial com extraordinário talento organizacional; ao mesmo tempo foi um profícuo escritor de ensaios filosóficos e serviu como ministro das Relações Exteriores da Alemanha durante a República de Weimar. Ele foi assassinado a tiros em junho de 1922 por oficiais do exército da "Organização Cônsul", como figura emblemática da conspiração judaico-comunista – obsessão dos nacionalistas e fascistas em ascensão.

A obra resenhada por Musil é o livro Zur Mechanik des Geistes *(Sobre a Mecanização do Espírito), publicado em 1913. Desde o neologismo do título, Musil fustiga a ideia fixa da crítica da cultura dessa época: a pretensa superação da "mecanização do espírito" e da racionalidade moderna. Musil é particularmente duro com Rathenau por esse hiperintelectual trazer águas para os moinhos do anti-intelectualismo ao propor núpcias entre o faro dos negócios e os sentimentos místicos. O tom teórico desse pequeno tratado não escapa aos já velhos adágios que recomendam o culto da beleza, da natureza e do corpo como panaceias para a racionalidade científica, tecnológica e industrial – promessas na linha dos ensinamentos de educadores e reformadores como Ricarda Huch e Ellen Key. Embora não haja nada de novo nessa idealização da experiência imediata, viva e pulsante que deveria nos livrar do*

---

64. Anmerkungen zu einer Metapsychik (April 1914), *Kleine Prosa und Schriften*, p. 1015-1020.

peso da experiência cotidiana, racional e regida pela consciência, é surpreendente o fato de esse idealismo emergir da pena de Rathenau – o homem que é o emblema vivo do controle racional sobre o imponderável das emoções estéticas e passionais.

Sinal do tempo e dos pendores neomísticos instigados por autores como Maeterlinck e Klages ou pelo círculo de Stefan George, o ensaio de Rathenau elabora uma experiência estético-extática que Rathenau viveu durante uma viagem a Delfos e Taigetos em 1906. Seu diário Breviarium Mysticum *documentou as impressões dessa experiência eufórica posteriormente reelaborada como livro, inclusive com pesquisas e consultas a Martin Buber. Ele procura entrelaçar três visões místicas: primeiro, a visão da natureza – o "cenário da Grécia na sua grandiosidade sublime"; segundo, a da beleza – "o deleite renovado da criação artística"; e, terceiro, a visão do amor que Rathenau apresenta na sua forma sublimada e platônica – o "*élan *de sentir apaixonados sentimentos amorosos, sem necessidade de satisfazê-los"[65]. Musil critica esse híbrido de experiência pessoal e tratado, de espontaneidade subjetiva e objetivação teórica que se inibem e excluem mutuamente.*

A ideia de que as boas obras da vida terrena dariam forma de alguma maneira à nossa existência no além – é a ideia predileta da filosofia espiritualista de hoje, de um espiritualismo que não ousa mais prometer uma imortalidade pessoal. Ela lembra aquelas crianças carentes que, de noite, precisam levar seu brinquedo para a cama, arrastando-o para dentro do buraco negro do sono. Quando associada a uma sabedoria pedagógica pedante, essa ideia adquire uma comicidade demolidora, como no caso de Eucken e, às vezes, até de Bergson. Na obra de Novalis – o poeta que nunca esquece como seus pensamentos alguma vez estiveram, quando o cérebro balbuciante de Sophie os remodelava, também no corpo de sua finada noivinha – essa ideia adquire

---

65. Ver H.G. Kessler, *Walther Rathenau: His Life and Work*, p. 74s.

uma hipersensibilidade, uma intensificação inspirada (*berührte Potenziertheit*), uma brisa de pólen prestes a eclodir e de sementes a brotar e florescer – uma brisa que atravessa o mundo das ideias como a nuvem róseo-escura da desova do salmão. Ou então essa ideia de um espírito coletivo englobando o pessoal pode também comportar um *éthos* aberto ao mundo terreno, evocando uma canção ritmando a coluna militar em marcha, de braços dados, felicidade viril de irmãos, a *Marselhesa* de um enxame que, picado pelo medo, sai do escuro e no escuro desaparece. Um pouco disso temos em Emerson. Menciono essas impressões para mostrar algumas facetas da variedade emocional que habita nessas questões e para lembrar um pouco a responsabilidade que o além deve ao aquém. O que sinto dessas possibilidades no livro de Rathenau é a profissão de fé de quem se engaja pelos demais (*sich zu den andern Bekennen*). Adivinho que certas ideias que dominam esse livro começaram a fluir dessa fonte em momentos *anteriores* à escritura conceitual – mais que fluíram, jorraram (*dahergeströmt*); todavia, vejo também que outras possibilidades humanas não foram contempladas o bastante.

Quando Rathenau diz que o homem verdadeiro (*richtige Mensch*) – ele o chama de homem cheio de alma – tem um pendor pelo amor, pelo desprendimento (*Entäusserung*), pela Ideia, pela intuição, pela verdade intimorata; que seu caráter é fiel, magnânimo, independente; seu comportamento, segurança, gaia serenidade e firmeza; que ele é mais forte do que inteligente, seguro de si mais que experiente; que teria a alegre liberdade da vida, apego à elevação transcendente, piedade intuitiva –: então há de se reconhecer nisso o programa de um tipo de homem, um tipo que pode ser valioso – se for colocado numa obra de arte ou descrito num ensaio com a mesma reserva, uma derradeira reserva interior –, dependendo de como suas qualidades se afinarem por meio de conexões recíprocas entre si ou com outras. Entretanto, se, em vez de pintarmos um indivíduo, conferimos primazia à mera paleta, a esse sortimento de tintas morais, então as coisas mudam de figura e nos assalta um vendaval de reminiscências: lembramos que Dostoiévski era epilético, tal como Flaubert, e que em momentos profundos da sua existência o seu comportamento provavelmente nada tinha de "segurança e alegre liberdade da vida". Que Horácio debandou no meio da batalha. Que Schopenhauer derramava bile. Que Nietzsche e Hölderlin eram loucos. Que Wilde foi presidiário. Verlaine, um beberrão. Que Van Gogh meteu uma bala na própria barriga. Se essas são exceções, então gostaríamos de encontrar a regra, pois a cultura grega arcaica que Rathenau invoca para sua tese também amava, ao lado de Aquiles, Odisseu[66]; Nietzsche nos ensinou a distinguir o tipo apolíneo do dionisíaco; e até a história do dito maioral dos artistas apolíneos, Goethe, é – como Bahr mostrou em um trabalho mais antigo – uma lenda. Portanto, as exceções parecem estar de alguma maneira imbricadas com a regra.

E quando se afirma que o Egito e a Ásia não produziram nada além de arte desalmada, ao mesmo tempo que pensamos nas estranhas almas que chegaram até nós por gravuras e pedras[67]; quando se diz que o espírito dos povos cheios de alma paira acima dos fenômenos e se eleva à forma de contemplação soberana do Humor[68], "[de um humor] tratando as criaturas com um ar aparentemente sereno e distanciado,

---

66. Musil pontua as idealizações abstratas da personagem como caráter exemplar, assinalando a ambiguidade das grandes figuras literárias, que não se encaixam nos catálogos de virtudes éticas: admiramos e amamos Odisseu, *apesar* de seus cálculos ardilosos e traiçoeiros; e o próprio Aquiles não encarna apenas as qualidades listadas por Rathenau (magnanimidade, fidelidade, independência), mas é também cruel, violento e obstinado em excesso.

67. O humanismo convencional de Rathenau lança mão dos preconceitos da época de Johann Winckelmann, que via o mundo grego nobre, elevado e alvo como o mármore, sem as tensões, os desequilíbrios e as cores gritantes que de fato animavam não só a Acrópole, mas a vida da pólis como um todo – paradoxo que está no centro da polêmica anticlassicista de Nietzsche.

68. Outra alusão aos preconceitos classicistas – dessa vez, à *Estética* de Hegel, que eleva a poesia de Goethe à mais perfeita expressão do equilíbrio da razão da era civil--burguesa (expressada pela forma do humor subjetivo). O problema dessa visão é que ela precisa ignorar as dissonâncias da obra de Goethe: contradizendo a suposta serenidade da poesia, seus romances expõem os desequilíbrios e as tensões não resolvidas da mesma era.

porém mesmo assim cheio da mais alta compreensão"[69], ao mesmo tempo que lembramos que Dante, Goethe, Beethoven, Dostoiévski tinham pouco Humor, ao passo que o amável Thackeray tinha bastante; quando se menciona que a França não produziu nenhum poema, que a grande arte é sempre simples e reflete o Absoluto, ao mesmo tempo que se sabe que essas questões artísticas, vistas mais de perto, não são lá tão simples; quando se diz dos povos cheios de alma que em seu meio reina a fé, a lealdade, a guerra, ideais positivos, mantendo distância das coisas materiais, da paz, da erudição, da análise, ao mesmo tempo que muitos hoje sentem que também na erudição há virtudes marciais, sabem que a paz e a fé em regra formam uma unidade, lutam para que ideais não sejam colocados antes da análise, mas que cresçam depois dela: aí reconhecemos que aqui, apesar de toda a modernidade, o mundo volta a ser recortado em céu e inferno, embora as questões da terra floresçam precisamente *entre* ambos... brotando de alguma mistura (em particular, de uma mistura ainda a ser trocada em miúdos) do bem e do mal, do doente e do saudável, do egoísta e do altruísta[70].

Nesse ponto[71], o livro de Rathenau oferece uma desculpa preciosa. Ela reside naquele conjunto de estados humanos que chamamos, com um termo que se tornou familiar no ensaísmo, de alma ou de amor. Sua descrição nesse livro é bela, se bem que não ofereça, materialmente falando, quase nada de novo. Trata-se da experiência fundamental do misticismo (*Mystik*).

Essa experiência surge, e a descrição de Rathenau mostra sua maestria nessa passagem, de um esforço análogo à potência do amor, uma inominável capacidade de concentração, uma

---

69. Musil pontua o sorrateiro hegelianismo de Rathenau, cujas frases reeditam o tom e o espírito da *Estética* hegeliana.

70. Com impiedosa lucidez e cruel abundância, Musil expõe num parágrafo as contradições da rigidez normativa do ensaio de Rathenau.

71. Musil se refere à inevitável tomada de consciência das contradições que anulam a tese do ensaio de Rathenau, e expõe com sarcasmo que o ensaísta invoca a experiência mística como panaceia para o caos intelectual do livro.

conjuração íntima das forças intuitivas. O que precisa ser superado não é nem uma força, nem uma inércia, nem uma dor, mas uma paralisia. Esse amor mergulha na natureza e não se perde; ele paira, por assim dizer, com asas espraiadas acima do mundo dos fenômenos. O querer se dissolve, não somos mais nós mesmos e, no entanto, somos nós mesmos pela primeira vez[72]. A alma que desperta nesse momento nada quer, nada promete, porém mesmo assim permanece ativa. Ela não precisa da lei, seu princípio ético é o despertar e a ascensão. Não existe um agir ético, apenas um estado ético no âmbito do qual um fazer ou ser a-ético não é mais possível. Entre o que consideramos alto e o que consideramos baixo, entre o que amamos e odiamos, louvamos e desprezamos, a diferença é diminuta e concerne a somente uma coisa: se o devir da alma é obstado ou favorecido. – Não há um milímetro dessas frases que não esteja repleto de experiência vivida. Não há como caracterizar o estado em questão a quem não o conhece. Quem o conhece, sabe que a gnose emocional, as grandes transformações internas, as decisões cruciais da vida soem surgir como que do nada em tais momentos, postando-se diante de quem por elas passa. Então reconhecemos como totalmente irrelevante tudo aquilo que antes pensáramos com o frio intelecto (*unberührt*). Estamos no estado do despertar (*Erweckung*), que todos os místicos louvaram como a entrada em uma nova existência. Certos fatores centrais sempre participam da formação do emblema do mundo que aí recebemos; e nesse estado alterado paira um tom emocional insólito sobre o mundo, um mundo que parece ele mesmo estar alterado. E sentimos que esse movimento maravilhoso começa a se paralisar quando o intelecto procura apreendê-lo em palavras.

72. Na experiência amorosa, como na mística, ocorre a paradoxal perda da identidade própria (quem ama, se abandona por completo à pessoa amada) – uma perda que resulta, entretanto, numa redescoberta mais lúcida e rica da própria identidade. Mais adiante, Musil desdobra esse paradoxo (clássico na literatura sobre o misticismo) da alma mística que se eleva acima de todas as leis e convenções (morais, sociais, sexuais), mas apenas para refundar uma lei mais pura.

Posteriormente, quando voltamos a experimentar o feitiço desses estados de espírito, compreendemos a aversão ao intelecto e à análise, o desejo de retornar à suposta simplicidade, à dócil fé dos leigos, aos ideais cândidos, o repúdio ao ambíguo e capcioso (*Häkichten*); tudo isso pertence também (não por necessidade, mas naturalmente) à experiência mística, e já os gregos chamavam esse estado, empregando o vocabulário do amor, de "a grande singeleza". Reconhecemos aqui o âmbito dessas afirmações, até os confins da completa insustentabilidade, e é nos momentos visionários (*Eingebungen*) que esse âmbito se ilumina – ora em um clarão, ora em meias-tintas –, deixando-se demarcar com delicadeza.

Rathenau se impôs a tarefa de escrever uma filosofia a partir desse estado. O estado é humanamente importante.

Haveria três caminhos[73]. Podemos considerar a experiência vivida como algo raro e frágil (o que ela é, aliás), algo cujas condições investigamos, cujo conteúdo pomos à prova em conexão com outros conteúdos da vida e para o qual procuramos um lugar adequado dentro de nós. Não obstante os refolhos a serem espreitados, as zonas internas normais seguem sendo o eixo de direção (*Richtzentrum*). Ou então tentamos prolongar o estado de visão íntima como estado de vida, abrindo mão da normalidade em nome dele. Os místicos religiosos usaram para isso a terminologia convencional "Deus". Eles imergiam em Deus e dele eram expelidos de volta, mas Deus permanecia como possibilidade constante, como realidade às vezes alcançada, e esse estado recebia amplidão e constância por esse vínculo com sua existência. Isso não é mais possível hoje, porém sobra uma terceira via: já que nos pontos culminantes reconhecemos que as agitações do intelecto não têm valor, extrai-se a consequência necessária e procura-se construir um conceito

---

73. As três vias que permitem expressar a experiência extática são: a expressão subjetiva da epifania em metáforas e imagens que levam em consideração a fragilidade inominável desse estado; a vida do místico dedicada ao silêncio e à contemplação de Deus; a doutrina neomística ou teosófica, que costuma opor o intelecto e a experiência epifânica.

de espiritualidade humana a partir dessa experiência, com o objetivo de substituir ao intelecto esse espírito e com ele pensar o mundo. Essa tentativa é a proposta do livro em questão. É provável que seja uma tentativa sem esperanças, porém mesmo assim a ousadia da tarefa tem um mérito maior que o vulgar.

Na execução do ensaio de Rathenau faltou, contudo, a experiência vivida, e no lugar da mística viva e emocional colocou-se uma "mística" racional. Esse deslocamento é absolutamente típico para todos os esforços sistemáticos nesse domínio. O que sobra então do abalo da alma é apenas a obstinada fixação de um conjunto de conceitos que se formaram nos momentos mais íntimos e entre os quais todo o resto é interpolado com a ajuda de um espírito que naturalmente está fora do transe e que se distingue do entendimento científico apenas por renunciar às virtudes de método e à precisão deste. A evidência da intuição [mística] descamba em mero *aperçu* inconsequente; e o que surgiu como aforismo, como estalo espirituoso, algumas linhas adiante ganha foros de material sólido para a construção em processo, de forma que se cria uma pseudossistemática extraordinariamente singular, uma espécie de exasperado jogo de montar em que é preciso formar figuras predeterminadas com um certo número de peças. Se, além disso, um complicado estado íntimo é fixado com violência (como sempre é preciso ao se alinhar esses estalos), forma-se atrás da atenção crispada um certo vácuo de sentimentos, e o conteúdo anímico se esvai. O lugar das perdas íntimas é então ocupado por auxiliares emocionais vindos de fora; a metafísica como nobilitação e especulação heráldica a pendurar nas estrelas o couro esfolado da experiência vivida. O livro de Rathenau não constitui uma exceção a esse destino; demonstrações pontuais disso não são possíveis, pois essa é a sina do todo. Quis o infortúnio que os homens habilitados a tais questões tenham hoje pouco talento para as virtudes do pensamento aguçado e mal percebam que sem ele tudo se perde; ao passo que outros com talento intelectual em geral não se fazem sequer uma ideia das coisas nas profundezas da alma,

200   DOS ENSAIOS À PEQUENA PROSA FICCIONAL

nem suspeitam do que se perdeu quando essas coisas profundas são trazidas à superfície[74]. – Nós, alemães, não temos – com a exceção do grande ensaio de Nietzsche – livro algum a respeito do ser humano; nenhum sistematizador e organizador da vida. O pensamento artístico e o científico ainda não se tocam em nosso mundo. As questões da zona intermediária entre ambos permanecem sem solução[75].

Crônica Literária
(*agosto 1914*)
A Novela Como Problema
[*sobre Kafka e Walser*][76]

A Novela Como Problema

Uma experiência pode levar um homem ao assassinato, outra a cinco anos de solidão; qual seria a mais forte[77]? A novela e o romance distinguem-se mais ou menos assim. Um estímulo

---

74. Alusão à epígrafe do romance *O Jovem Törless*: "Assim que damos forma e palavras a algo, nós o desvalorizamos de modo estranho. Acreditamos ter mergulhado até profundezas abissais, mas, quando voltamos à superfície, a gota d'água nos nossos dedos pálidos já não se parece mais com o mar de onde veio. Imaginamos ter descoberto um baú de tesouros maravilhosos, mas, ao retornar para a luz do dia, trouxemos nada além de pedras falsas e cacos de vidro; e mesmo assim, o tesouro continua reluzindo inalterado na escuridão." Maeterlinck.

75. Sem ensaístas como Montaigne ou Nietzsche, seria difícil imaginar ficções como as de Shakespeare e Dostoiévski; sem Hume, Burke ou Emerson provavelmente não existiria a rica tradição romanesca anglo-saxã. É essa tradição ensaística, inexistente na Áustria e na Alemanha, que Musil procura prolongar, explorando, numa "escrita difusa, os elementos e produtos colaterais de um esforço amplo que não é de todo acidental". Ver D.S. Luft, *Robert Musil and the Crisis of European Culture 1880-1942*, p. 97s.

76. Literarische Chronik (August 1914) Die Novelle als Problem, *Kleine Prosa und Schriften*, p. 1465-1469.

77. Musil dispensa as normas descritivas do gênero novela e introduz uma distinção especulativa ou idealista entre novela e romance. De acordo com essa hipótese, a forma pura da novela seria uma "veloz captação" de um afeto, o escritor se dando apenas o tempo de esboçar alguns vetores intelectuais que permanecem condensados e ocultos, como hieróglifos; no romance, ao contrário, o escritor canaliza as emoções para os vasos capilares da reflexão, ele diversifica, refina e intensifica a carga emocional com as ponderações do entendimento intelectual.

repentino que permanece isolado no âmbito espiritual[78], desemboca na novela; um outro, que se prolonga e se estende ao ponto de tudo absorver, desemboca no romance. Um escritor importante pode a qualquer momento escrever um romance importante (e também um drama), desde que disponha de personagens e de um poder de invenção que lhe permita imprimir-lhes a sua maneira de pensar e sentir. Pois os problemas desvelados pelo romance conferem importância apenas ao escritor médio; o escritor forte deprecia todos os problemas: uma vez que seu mundo é outro, esses problemas parecem pequenos como montanhas num mapa-múndi. No entanto, somente em casos raros o mesmo escritor irá escrever uma novela importante. Pois uma novela não é ele mesmo, porém algo que desmorona sobre ele, um abalo; nada que lhe seja inato, mas um fado, um golpe do destino.

Nessa experiência singular, o mundo de golpe cala e o olhar emborca; nesse exemplo singular, ele acredita ver como as coisas são de verdade: eis a experiência da novela. *Essa* experiência é rara, e quem desejar provocá-la de modo reiterado se engana[79]. Os que dizem que o escritor a teria sempre a confundem com a corriqueira intuição criadora, sem saber do que se trata[80]. Com toda a certeza, as grandes reviravoltas interiores produzem-se apenas uma vez, ou pouquíssimas vezes, na vida; quem as encontra todo mês (é possível conceber naturezas tais) não tem uma imagem de mundo ancorada o bastante, de

---

78. "Âmbito espiritual": é intencional a conservação do vocabulário do idealismo alemão (*Geist, Seele, Verstand, Vernunft* – espírito, alma, entendimento, razão etc.), que superou a dicotomia grosseira que opõe o racional e o sensível, mostrando os complexos origamis que entrelaçam o intelecto e a alma (com a imaginação encontrando-inventando inúmeras configurações virtuais); a dimensão intelectual da afetividade permanece implícita, e tem que ser deduzida da complexa configuração de metáforas, gestos e figuras. Ver o ensaio "Forma e Conteúdo".

79. Musil refere-se ao sentimentalismo esotérico que inflaciona a intuição e o *Erlebnis* – a experiência imediata, oposta à *Erfahrung*. O mito das intuições sem entendimento e razão é, na verdade, uma abstração que evidencia a falta de conhecimento e observação do público anti-intelectual, que ignora o quanto os sentimentos devem ao intelecto.

80. Musil salienta o caráter iniciático da experiência de "conversão", que muda o modo de ver o mundo e a vida. Ela não precisa ser religiosa, pode ser também aquele momento *life-changing* de um encontro amoroso ou traumático.

modo que o desmoronar desse mundo[81] não significa muita coisa para ele.

A construção desse ideal de novela pode parecer cômica, pois existem diversos tipos de contistas e a novela é um artigo de comércio. É evidente, entretanto, que aqui destacamos apenas as exigências mais extremas. Elas pressupõem um autor que mede seus atos segundo as mais altas exigências; alguém para quem escrever não é uma expressão natural da vida, mas um ato que a cada vez demanda uma justificativa particular, como para um ato passional que expõe quem escreve diante da eternidade; alguém que não cacareja quando mal sente o ovo nas entranhas, mas que sabe guardar e conter suas ideias; alguém que não se derrama em belezas poéticas como seu único recurso, mas que também pensa, e usa as duas armas[82] como um general que sabe qual campanha requer a primeira, qual a segunda. Enfim, alguém que suporta, com a impassibilidade de um faquir, o fato de haver coisas que não logrará dizer e que o acompanharão à tumba. Esse homem, é claro, somente em raras ocasiões produzirá um poema; sua fantasia não jorrará como um chafariz em praça pública. Ele ficará alheado, um bicho do mato; quiçá não será nem mesmo *um* indivíduo, mas um algo entre muitos outros algos. Se a crítica tem algum sentido, consiste em não esquecer essa possibilidade; às vezes, cabe arredar tudo aquilo que é, oh!, tão belo para mostrar que, no fundo, é um beco sem saída.

É óbvio, entretanto, que o funcionamento normal das coisas exige outro tipo de consideração. Obras literárias são utopias apenas numa ponta da sua raiz; na outra, são produtos

---

81. Musil sublinha de novo a sensação de "abalo" profundo causada pela experiência místico-erótica; essa experiência é mais profunda que a intuição estética, que pode e deve se repetir regularmente, ao passo que o abalo místico é algo "único". Pois algo que de fato abala e muda nossa visão de mundo e nossa vida acontece só uma, ou raras vezes. A insistência nesse detalhe assinala o repúdio musiliano do sentimentalismo e dos exageros emocionais cultivados nos cenáculos estéticos, esotéricos e neomísticos. Esses exageros fazem parte do pendor cultural para a idealização, da preguiça intelectual e da resistência contra o realismo imposto pela modernidade. Ver verbetes *Kultur* vs *Zivilisation*.

82. "Arma" refere-se às duas faculdades distintas da intuição e do intelecto, do sentimento e do entendimento.

econômicos e sociais. Elas não só têm obrigações, mas são fatos, e as obrigações têm de se adaptar a elas. Escrevem-se dramas, romances, contos e poemas porque essas formas artísticas afinal existem, porque há uma demanda e porque elas se prestam a uma série de coisas. Formas artísticas surgem e desaparecem, como, por exemplo, a epopeia versificada, e nisso há apenas um certo grau de necessidade interna. Em questões estéticas muitas vezes há mais pragmatismo e necessidades triviais do que se pensa[83]. E assim como nos voltamos com interesse para as belas pequenas experiências, para as anotações de diário, cartas, crônicas e *aperçus*[84]; assim como não só as impressões mais fortes têm valor na vida – da mesma forma também se escrevem novelas. Elas são uma forma veloz de captar as coisas. Não se deve esquecer que muitas das impressões literárias mais fortes vêm de tais novela, e lhes devemos gratidão por isso. Elas amiúde são romances em miniatura, fragmentos em estado de esboço ou algum tipo de projeto desenvolvido apenas em linhas essenciais. Sua essência pode estar nas ações sintomáticas de uma pessoa ou nas do escritor, em certas experiências, nos contornos de um caráter ou na progressão de um destino, contornos que em si mesmos incitam à representação, além de incontáveis outras possibilidades. Podemos encontrar coisas maravilhosas ou apenas suficientes; e, afinal, uma beleza minúscula já justifica o todo. Além da exigência de acomodar o essencial em um espaço reduzido, não há nenhum outro princípio para o caráter formal do gênero. Estamos no reino não das razões necessárias, mas das suficientes. Dito isso, dispensamos qualquer comentário sobre as tentativas de substituir o sentido da experiência vivida pelos milagres estéticos da novela; dispensamos conjeturas sobre a suposta concisão, o feliz contorno, a exigência de factualidade realista ou a escolha de um momento

83. Musil enfatiza – contra o historicismo e a estética (pós)hegeliana – que as formas estéticas não são regidas apenas pelo trabalho do conceito e da história da filosofia, mas em grande medida também pelo acaso.

84. Musil pensa no gênero jornalístico-poético diminuto da *Glosse*, a minicrônica que apenas deposita percepções momentâneas.

DOS ENSAIOS À PEQUENA PROSA FICCIONAL

representativo, enfim: todos esses supostos primores artísticos, dignos de atravessadores e intermediários, se comparados ao elemento humano – não merecem mais outra observação.

Sobre as "Histórias" de Robert Walser

Pessoas de senso moral positivo e mulheres com forte *caritas* achariam lúdicas demais essas trinta historietas. Elas criticariam que nelas não se desenha um "caráter", que são temperamentais e apenas flertam com a vida; talvez que lhes falte sentimento e coração, e que se deixam dominar pela inopinada obstinação com que algum traço surpreendente de algo insignificante – por exemplo, um banco de jardim – pode ocupar um lugar no universo. Resumindo: talvez não seja dito, mas lá no fundo molestará a falta de seriedade ética dessas novela. É assim mesmo que acontece: em muitos assuntos, nosso sentimento se posiciona de modo tão firme que tratamos essa firmeza como se fizesse parte das próprias coisas. Jamais nos permitimos considerar (um ponto de conexão com Walser) um grande incêndio de um teatro algo além de um terrível infortúnio. Ora, alguém poderia senti-lo como um infortúnio magnífico ou mesmo merecido: já que somos liberais, naturalmente não o impediríamos de fazê-lo; mesmo assim, acreditamos poder exigir razões. Entretanto, quando um autor não sente nenhuma necessidade de dar razões, considerando o incidente simplesmente um encantador infortúnio, ao passo que nós o achamos terrível, começam as conjeturas a respeito dele. Num primeiro momento, suspeita-se: podridão; e, caso não encontrarmos nada a não ser um rapaz simpático, diremos que ele não tem seriedade ética ou que peca contra a seriedade do objeto. Exigimos respeito por este não só em ocorrências tristes; reivindicamos certa seriedade também no divertimento. Diante de uma pradaria, por exemplo, um escritor deveria dizer que ela é verde com um deslumbramento tal que sintamos – incontinente – como verdeja também o nosso coração. Ou então o artista deveria explicar por que não o faz e que a pradaria não é verde coisa nenhuma, porém um desastre econômico, uma vez que as verdes pradarias dos proprietários de terras impedem os operários das fábricas de comer carne. No entanto, se o escritor sente que a pradaria irradia um verde estúpido, que convida a dar cambalhotas – o que é, deveras, a coisa mais simples que se pode dizer de um belo gramado –, é provável que o nosso juízo de alguma maneira decrete que as exigências sentimentais mínimas para pradarias foram negligenciadas. Acontece que Walser não tem um grama de revolucionário ou de perversidade sentimental em qualquer de suas intenções; ele é, isso sim, um cordial (e um bocado fantasioso) cidadão de bem na maioria das suas reações, porém quase sempre viola o direito inalienável das coisas mundanas e íntimas: o direito de as tomarmos por reais. Para ele, uma pradaria é ora um objeto real, ora, entretanto, algo que existe apenas no papel. Quando ele se entusiasma ou se indigna, nunca perde de vista que esses sentimentos emergem *enquanto ele escreve*, e que cada emoção é postiça como uma marionete. De repente, ele faz calar suas personagens e passa a palavra para a narração da história, como se ela fosse uma personagem. Teatro de marionetes, ironia romântica; e também há algo nesse humor que lembra vagamente os poemas de [Christian] Morgenstern[85], onde a gravidade das circunstâncias reais de repente vaza pelo fio de uma associação verbal; no entanto, em Walser esse tipo de associação nunca é só verbal, mas está sempre ligado a uma associação de sentido. Dessa forma, a linha do sentimento, que se alçava a um grande *élan*, de súbito desvia e arrefece num suave e satisfeito embalo[86], seguindo em uma nova direção tentadora. Não posso dizer que isso não seja uma

---

85. Ver C. Morgenstern, *Ausgewählte Werke*.

86. Musil assinala que as figuras e os arabescos de Walser abrem um espaço de rica indeterminação, liberdade e polissemia, que alude à indeterminação da vida interior, às infinitas ambiguidades, inconstâncias e inconsequências da alma – reforçando a teoria da *Gestaltlosigkeit* da alma humana, seu polimorfismo plástico e sem sustentação, como um plasma.

206 DOS ENSAIOS À PEQUENA PROSA FICCIONAL

brincadeira, mas para todos os efeitos não se trata de uma brincadeira intelectual de literato – embora Walser possua aquele invulgar virtuosismo verbal capaz de enrabichar. Está mais para uma brincadeira humana, cheia de suavidade, devaneio e liberdade, e com a riqueza moral daqueles dias preguiçosos e aparentemente inúteis nos quais nossas mais firmes convicções amolecem, derretendo numa agradável indiferença.

Franz Kafka

Parece-me, não obstante, que o modo particular do conto de Walser deveria permanecer particular, não sendo qualificado para reger um gênero literário; é esse o meu incômodo na leitura do primeiro livro de Kafka, *Betrachtung* (Considerações), que parece um caso especial do tipo Walser, embora tenha sido editado antes das *Histórias* deste. Aqui, também, há um tipo de contemplação que os poetas de cinquenta anos atrás teriam qualificado como "bolhas de sabão"; basta mencionar a diferença específica da dicção de Kafka: aqui, ela tem um tom triste, enquanto o mesmo tipo de invenção em Walser tem uma aura alegre; neste último há algo do frescor barroco, enquanto Kafka insiste em espichar suas frases ao longo das páginas, o que lhes confere algo da zelosa melancolia de um patinador executando seus longos arabescos no gelo. Há o mesmo imenso domínio artístico sobre si próprio e, quem sabe, só aqui encontramos as mansas ressonâncias daquelas pequenas infinitudes que se perdem no vazio; o irrisório assumido com humildade, a meiguice amável do suicida suspenso nas horas entre a decisão e o ato – um sentimento que podemos chamar de muitos nomes diferentes, porque ressoa baixinho ao fundo como uma escura nota de passagem. Tudo isso é muito atraente, só um pouco vago e silencioso demais. Evoca de leve aquela intimidade da experiência que é tão encantadora no outro livro de Kafka, *Der Heizer* (O Foguista). Essa narrativa é ao mesmo tempo dispersão e concentração. Na verdade, ela carece de "composição", não há nenhuma ação interna ou externa digna de ser mencionada; porém, seus passos são tão cerrados e ela é tão cheia de atividade que chegamos a sentir a que ponto pode ser movimentado, na vida de algumas pessoas, o percurso de um dia monótono ao outro. Um jovem viaja da Europa para a América, para longe de sua família e para junto de um tio maravilhosamente inesperado, bom e respeitado; no caminho, faz amizade com um foguista, compartilha seu destino, começa a fazer infinitas coisas que não acaba e que, vistas da perspectiva do mundo real, têm algo de vago e insensato como fios soltos balançando no nada; tem aí todo tipo de pensamentos vagos que não acabam – nada mais. É ingenuidade deliberada e, no entanto, não tem nada de desagradável. Pois a ingenuidade certa e certeira na poesia é algo indireto (exatamente como a falsa ingenuidade: não reside aí a distinção!), algo complicado que precisa ser conquistado – um desiderato, um ideal. Nesse registro, porém, ela suporta reflexões, ela tem fundamentos, é um sentimento com alicerces vivos; é justo isso o que falta à falsa ingenuidade chamada de verdadeira, a tão benquista singeleza, que por isso não tem valor. Na narrativa de Kafka há uma propensão elementar para a bondade, uma propensão que não vem do ressentimento[87], mas de um componente daquela paixão pelo bem que foi soterrada e que é típica da infância. Um componente do sentimento que participava das orações excitadas da criança, do cuidado inquieto com que a criança faz seus temas de casa e ainda outras muitas coisas que não podemos chamar por outro nome a não ser delicadeza moral. As exigências do dever são colocadas por uma consciência movida não por princípios éticos, mas por uma tênue e intensa excitabilidade que a todo momento descobre

---

87. Referência implícita às ideias de Kafka sobre a sensibilidade cristã que criou a consciência interiorizada e os sentimentos morais íntimos. Ver F. Nietzsche, *Genealogia da Moral*. A ideia será mais tarde reelaborada por Freud com o conceito de "reação" ou "formação reativa", em Weitere Bemerkungen über die Abwehr-Neuropsychosen (Observações Suplementares Sobre as Neuropsicoses de Defesa) 1896, *Gesammelte Werke*, v. I, p. 386-387.

pequenas perguntas de grande relevância, tornando visível as mais inusitadas plissagens em problemas que, para outros, são apenas blocos lisos e indiferentes. E depois, no meio disso tudo, há uma sequência que narra como uma empregada solteirona, constrangida e com gestos desajeitados, seduz um menino; tudo muito sucinto, mas com alguns traços de tal impacto que o poeta, que até então não passava de um suave narrador, revela-se um artista muito consciente, que sabe honrar sensações miúdas e humildes.

[*O Fim da Guerra*]
(*sem título – 1918 ou 1920?*)[88]

Nestes fragmentos, Musil aborda a repentina eclosão dos sentimentos pangermânicos que adquiriram contornos mais nítidos depois da derrota de 1918, embora tenham se formado desde a primeira década do século XX[89]. *Sua evolução posterior ocupará um lugar privilegiado no romance* O Homem Sem Qualidades (*sobretudo com as personagens Gerda e Hans Sepp*). *Sem simpatizar com essa nova ideologia, Musil alerta que ela precisa ser analisada e compreendida do mesmo modo que os entusiasmos bélicos e as convicções patrióticas do verão de 1914. Esses vieram preencher, como uma reação neurótica, o vazio, a lassidão e o tédio que precederam a guerra, e Musil suspeita que as repentinas demandas pacifistas talvez tirem seu* élan *da mesma economia instável dos afetos. Pondera que um efeito nefasto desse pacifismo reativo e indiscriminado seria a desmoralização dos esforços diplomáticos realistas do conde Czernin, que procurava concluir um tratado de paz já em 1916 e 1917.*

---

88. Das Ende des Krieges (Ohne Titel – 1918 ou 1920?), *Kleine Prosa und Schriften*, p. 1340-1344.

89. Ver Pan-Germânico, *Alldeutsch*; Primeira Guerra Mundial, em A Época de Musil em Verbetes, p. 299s e 333s, respectivamente.

A entrada na guerra ocorreu sem preparação. Fez desmoronar todas as condições básicas de vida. As morais não menos que as macroeconômicas. Todas as conexões e relações foram suspensas; sentimento de solidariedade entre os intelectuais e entre o proletariado (quem franzia a testa eram apenas os proprietários em risco e seus ideólogos – *Berliner Tagblatt*[90]). Novos elos e conexões emergiram. Amálgama de egos muito diversos (Gerda[91]) numa nova solidariedade: turista e guia de montanhismo[92].

O fim da guerra prepara-se de modo muito complicado, e a estrutura moral que a guerra irá legar já se vislumbra muito antes do seu fim.

O que me impressionou, além do novo sentimento de entrega sacrificial no início, foram os pangermânicos [*Alldeutschen*[93]]. Denunciados como agitadores, suscitaram pouca simpatia na política interna da Áustria. Mas se houve algo que surpreendeu todo o mundo, virando-o de ponta-cabeça – e havia pessoas que, embora fossem insultadas e ridicularizadas, sempre mantiveram essa coisa inesperada como uma postura firme na sua vida –, isso não torna essa gente interessante? (Gerda: Nós, alemães, devemos nos manter firmes e fortes.)

90. O *Berliner Tagblatt* e a *Frankfurter Zeitung* são os mais importantes jornais liberais entre 1872 e 1939.

91. Gerda Fischel é uma personagem de *O Homem Sem Qualidades*, filha de um diretor de banco judeu e namorada de Hans Sepp, um simpatizante socialista com fortes sentimentos pangermânicos.

92. Musil pontua as afinidades muito parciais e frágeis que se criam com o entusiasmo espontâneo dos repentinos movimentos de massas ou de costumes sociais novos. Entre esses últimos, o turismo é o mais novo fenômeno do final do século XIX: sua combinação de lazer com viagem e natureza atraiu a população metropolitana para as montanhas, aproximando categorias sociais que se desconheciam totalmente; os encontros ao acaso entre turistas e camponeses trabalhando como guias suscitaram sentimentos de solidariedade fantasmáticos, largamente baseados no exotismo e num vago imaginário de reconciliação social e ecológica – com o necessário recalque dos desníveis econômicos, sociais e imaginários entre as partes.

93. *Alldeutsch* é uma referência ao movimento nacionalista e antissemita visando a hegemonia da língua, cultura e raça germânicas no Império Austro-Húngaro. Fundado em 1891 por Georg von Schönerer como *Alldeutsche Bewegung* (Movimento Pangermânico) e renomeado como União Pangermânica (*Alldeutsche Vereinigung*) em 1896, ele manteve relações conflitivas com o *Alldeutscher Verband* na Alemanha. Ver C.S. Schorske, *Fin-de-Siècle Vienna*, cap. III, em particular p. 119-134.

Na paz, eram suspeitos de presunção de vitória no caso de guerra. Mas o eram, de fato? Esses catedráticos, funcionários públicos, articulistas de jornal? Os ruralistas entre eles, como poderiam supor que ganhariam?

Psicose de paz[94] – Quando o início da guerra é explicado como desencadeado por uma psicose, há de se considerar o seguinte: A guerra prolongada surtiu experiências asquerosas. Os atravessadores e usurários, a cruel má distribuição dos ônus e desgraças[95], a malsã fraseologia bélica.

Nunca nos conhecemos tão bem quanto na guerra, da qual saímos amargamente enojados. Fugindo da decepção com o próximo, nossa emoção refugia-se insensatamente na ideia genérica da humanidade. (Gerda: A humanidade não está acima da nação para você?) Queremos nos irmanar com o inimigo porque nos inimizamos com os irmãos. Esses vínculos e expectativas só podem brotar num cérebro psicótico. (Enquanto isso,

---

94. O termo se refere à instabilidade dos movimentos passionais, que levaram ao entusiasmo guerreiro (psicose de guerra) em 1914 e, em 1918, invertem-se em repentino pacifismo (psicose de paz) – ambos estados patológicos sem embasamento em experiência e reflexão racional.

95. Os diários de Harry Kessler, *Journey to the Abyss*, mostram a desigualdade social que se acentua na guerra: entre os companheiros das classes sociais mais elevadas reinam privilégios e proteções notáveis, mascarados pela disciplina militarista antiga; não é surpreendente que os soldados e voluntários das camadas mais populares sucumbissem a uma rápida desmoralização. O que mais impressiona hoje nas observações de Kessler e de Musil são as visões e experiências divergentes da guerra: governo e diplomatas, generais e dirigentes da máquina militar se orgulham do desempenho eficaz e gozam mesmo, "nos quartéis-generais próximos do fronte, da vida cultural e social de sua classe"; contudo, as conversas com artistas e amigos das camadas populares dão a Kessler uma imagem muito precisa de que todas essas "construções intelectuais refinadas" subsistem apenas graças "à muralha de corpos humanos" que a máquina militar produz – os corpos dos soldados rasos! (p. 802). O diário de Kessler registra o crescimento subterrâneo do amargor dos jovens (p. 800). Toda uma geração foi arrastada para um conflito local na Sérvia que deveria durar três ou quatro meses; os entusiastas patrióticos tinham em mente as guerras dos antigos regimes monárquicos, e não estavam preparados para a nova máquina de destruição tecnológica, nem para a escala mundial que o conflito tomaria, e muito menos para a guerra propagandística à qual foram submetidos os prisioneiros no Leste – primeiro pelo regime tzarista e, a partir de 1917, pelos bolcheviques. Retornando aos seus países, eles não foram bem recebidos, mas encarcerados em campos de desideologização antes de serem reenviados para o *front*. (Ver A. Watson, *Ring of Steel*, p. 509s.)

assiste-se ao que fazem os bolcheviques, como procede Clemenceau, como Lloyd George prende Repington[96].)

As massas e os Estados têm suas próprias psicologias; ainda assim, ambos têm muito em comum com a psicologia do indivíduo. Qual é o sentido da reconciliação após o duelo? Nada além da lógica que reconcilia moleques cansados de se espancar. Não há bastante disso na docilidade com a qual a Áustria almeja a paz[97]? (No jeito como essa docilidade é publicada nos jornais.)

No entanto, é possível darmos as costas a uma coisa tão cruel e destruidora como foi essa guerra, como quem deixa para trás uma briga de rua?

Há duas possibilidades: a paz das potências vencedoras ou a dissolução do Estado em uma comunidade europeia ou mundial. Deixando de lado o que "deveria" acontecer, sobram apenas essas duas possibilidades. O Estado visto como predador. As estruturas agressivas do Estado etc. – elaboração em um ensaio anterior[98]. Uma das duas possibilidades havemos de querer, se não quisermos fazer as coisas pela metade.

Tudo indica que Czernin[99] é muito mais sábio que seus órgãos de imprensa, além de ter um conhecimento apurado do Estado. Temos que distinguir entre a *sua* política de paz, que é no mínimo hábil, e o pacifismo da opinião pública. Esse último é desorientado e imaturo, dificultando a obra de Czernin. O pacifismo se perverteu numa seita que persegue um pensamento alternativo; desgovernado, atende servilmente aos silvos da imprensa. Esta supostamente não teria outra tarefa a não ser manter em evidência os dois objetivos da vontade: a paz

96. Musil refere-se ao militarismo e às políticas de poder pouco disfarçadas dos membros da Entente. David L.G. Repington era correspondente militar do jornal *Times* e gozou da confiança especial do Estado-Maior britânico. Mas em 1918, quando trocou seu posto e começou a trabalhar para o *Morning Post*, um jornal pouco favorável ao governo, Lloyd George se preveniu de eventuais críticas e mandou prendê-lo sob a alegação de que Repington representava um risco para a segurança nacional.

97. A expressão "docilidade com a qual a Áustria almeja a paz" refere-se ao episódio do início de 1917.

98. Esse ensaio não foi localizado.

99. Conde Ottokar Czernin, diplomata austríaco (1913-1916) e ministro do Exterior (1916-1918).

das potências vencedoras ou a aliança. Qual das duas alternativas seria mais viável ou desejável é assunto para um escrutínio atento. Também podemos exercer pressão, demandar a paz, mas apenas se se tratar de uma questão mundial, e não pessoal, senão estaremos sendo mesquinhos.

Quando um ser humano, em nome de um objetivo, faz sacrifícios quase insuportáveis, passa fome, empobrece, arruína sua família, expõe-se à morte, abre mão de todos os bens espirituais, então precisa alcançar esse alvo (e, ao alcançá-lo, ter ainda um excedente de força vital) ou terá de rastejar por aí pelo resto da vida, com a cerviz curvada. A única terceira solução seria: reconhecer o equívoco da sua empresa e vislumbrar outra nova, que ainda possa ser alcançada com as forças que lhe restam. Colocando "humanidade" no lugar da palavra "ser humano", temos aí – sem que a validade dessas sentenças seja afetada – o problema do fim da guerra.

Os militaristas estão plantados no solo do Estado, o resto decorre dessa premissa.

Eles são céticos quanto à virtude[100].

Provar que a história tira sua força propulsora de ideais.

O Estado e o homem

Essa guerra de fato não tem qualquer chance de acabar pela simples razão de que ninguém acha a paz sedutora. Essa frase é paradoxal somente em aparência, e perde esse aspecto assim que consideramos o que está em jogo: não se trata de uma representação vaga de paz – por exemplo, cansados da guerra, imaginamos a paz como uma pradaria fofa para o andarilho, fantasia essa com a qual todos concordariam –; trata-se das representações da paz que foram disponibilizadas à nossa escolha. No que diz respeito ao assim chamado objetivo da guerra: a melodia de marcha para os corações murchos não era a paz

---

100. O pessimismo cínico dos militaristas e sua visão de mundo desiludida é o polo niilista da indiferenciada dicotomia opondo a glorificação da força guerreira a um pacifismo inexperiente e irreal. Musil ironiza essa instabilidade das visões da humanidade com a linguagem das igualmente instáveis apostas na bolsa, que ora opera *à la baisse*, ora *à la hausse*.

das potências vencedoras (paz alemã do mesmo modo que paz inglesa, estadunidense ou francesa), tampouco a paz dos acordos, com seus remanejamentos de colônias, zonas econômicas, delimitação de interesses e outras medidas do mesmo tipo. Continuo afirmando que ainda não temos uma representação da paz desejada que possua o *élan* necessário.

Quem quiser saber como alcançar a paz deve afinal se perguntar como chegamos à guerra. Penso que a resposta mais correta é: porque estávamos fartos da paz[101]. Antes de 1914, todos encarávamos a guerra como um ídolo pagão no qual nenhuma pessoa razoável realmente acreditava, embora concordasse com a manutenção de seu culto apenas para não privar de sua subsistência a indústria do templo[102] (metalúrgicas, fábricas de canhões, estaleiros, oficiais etc.). Mesmo assim, a guerra não surgiu da noite para o dia, porém suscitou um entusiasmo durável em todos, com escassas (e nem sempre honrosas) exceções.

Já antes da guerra houve esforços para surtir esse *élan* e, para isso, fornecia-se motivos para a guerra – explicações sugestivas capazes de desencadear a psicose das massas. Essa explicação poderia ser aplicada agora com não menos legitimidade do que para qualquer experiência passional; o estranho foi precisamente que tudo isso não parecia ser um deslocamento, uma

101. Ver A. Watson, op. cit., p. 11: "A característica mais desconcertante da liderança austro-húngara era a facilidade com que encarara a guerra", apesar de a investigação oficial não ter nenhuma prova do envolvimento do governo sérvio no assassinato do príncipe herdeiro. O mesmo valeu para o imperador Guilherme, como mostra uma coluna de Rathenau no *Berliner Tageblatt* de 31 de julho 1914: "O governo não deixou nenhuma dúvida de que a Alemanha tem a intenção de permanecer leal ao seu velho aliado. Sem a proteção dessa lealdade, a Áustria nunca teria ousado dar o passo que deu. [...] a participação de oficiais austríacos na investigação do complô sérvio não é razão alguma para uma guerra internacional." A ideia de Musil, que vê a guerra como *hybris* cíclica culminando em violência e catarse para um tédio coletivo, encontra-se também na anotação do diário de Harry Kessler de 22 de dezembro de 1908 (op. cit., p. 477): "Visitei Frau Richter, onde encontrei Musch e Reinhold. Reinhold acredita que não seria tão ruim uma guerra para sairmos do pântano interno. Anoto isso porque surpreendentemente ouço essa opinião com frequência cada vez maior. Nostitz, por exemplo, me disse algo parecido, e o pequeno Klinckowström em Potsdam também. Sem dúvida: o partido da guerra está se desenvolvendo aqui."

102. Musil ironiza a idolatria da indústria como um templo do culto bélico e dos oficiais como sacerdotes do templo.

distorção ou diminuição do ponto de vista interior, mas o acréscimo de uma nova força. Para explicar aquilo, seria necessário lançar mão de suposições muito incertas a respeito da psicologia das massas, por exemplo, a ideia de que a alma coletiva sucumbe a delírios cíclicos, sem que conheçamos muito sobre esses estados delirantes nos interregnos. Embora esse tipo de suposição pareça ser justificado pela observação da eterna e uniforme periodicidade histórica das guerras, falta-lhe o substrato que nos permita pensá-la, qual seja, a objetividade do conceito de alma das massas. Portanto, sobra como explicação do estado passional no início da guerra apenas a tese da catástrofe, da explosão terminal de uma situação europeia preexistente que há muito estava preparada.

Uma vez que o fenômeno foi o mesmo entre amigos e inimigos, a causa deve ser de ordem europeia. Como não se trata de um fenômeno isolado e único, mas de algo que se repete regularmente na história mundial, ele não pode ter causas ocasionais e contingentes: elas devem se situar na região dos valores eternos e das formas de existência permanentes. Isso já basta para entender que não é o capitalismo a causa da guerra, tampouco o nacionalismo, mas que esses fatores, normalmente considerados responsáveis pela guerra, são no máximo causas intermediárias ou estágios preliminares (como uma secreção dos olhos pode preceder uma inflamação da garganta). A mesma coisa que causou a guerra causa também aqueles epifenômenos (capitalismo e nacionalismo): a falta de um conteúdo mais elevado para a vida. Podemos reduzir a guerra à seguinte fórmula: morremos pelos seus ideais porque não vale a pena viver por eles. Ou: para o idealista, é mais fácil morrer do que viver.

Uma tremenda calmaria pairava sobre a Europa, atingindo na Alemanha sua maior pressão atmosférica. Religião: morta. Arte e ciência: assuntos esotéricos. Filosofia: praticada apenas como ciência de conhecimento positivo. Vida familiar: de dar bocejos (sejamos francos!). Entretenimento: ruidoso, como para afastar o sono. Quase todos os homens: reduzidos a operários de precisão que não sabem fazer nada além de alguns gestos ensaiados. E, em tudo isso, cada indivíduo formando o centro do universo graças à imprensa e às ferrovias, sem saber fazer nada com essa posição privilegiada[103]. Política: um comércio a conta-gotas de ideias de antanho. O que, afinal, vale a pena ser vivido na vida dessa gente? O homem de 1914 literalmente morria de tédio! Foi por isso que a guerra o alcançou com a embriaguez de uma aventura, com o fulgor de longínquas praias ainda virgens. Por isso ela foi uma experiência religiosa até para os incréus, uma experiência de união para os reclusos. O que no imo era uma forma de organização vital suportada de mau grado, dissolveu-se, o ser humano se fundiu em outros seres humanos, vagueza em vaguezas, ninguém mais pensava, Deus seja louvado, em partidos, embalados na esperança de poder esquecer também o Eu e o Tu e todas as organizações que se tecem em torno de indivíduos. Foi a revolução encerrando uma evolução estagnada.

Na Alemanha isso tomou uma forma peculiar, cuja importância merece menção específica e que poderia ser resumida na fórmula mais sucinta: PP – CM (paz imposta pelo poder – comunhão mundial[104]). Não estou exagerando: PP – CM é a religião e o *éthos* da comunidade alemã, ela é o imperativo em estado de delírio raivoso e o cerne do seu militarismo. Traduzida em linguagem humana, a fórmula típica "Será feito" significa: afinco. É o único valor ético que a nova Alemanha cunhou e impregnou em cada alemão[105]. Já se escreveu bastante sobre isso, sobre o laivo de

103. Musil percebe bem a posição paradoxal dos indivíduos nas sociedades industrializadas. A organização da tecnologia e do comércio transformou os indivíduos modernos em centros atomizados de consumo, garantindo-lhes, mesmo na passividade, certo domínio narcisista em torno do qual gravitam os milagres tecnológicos. No entanto, ao mesmo tempo, esse indivíduo passivo e pouco criativo é ultrapassado e manipulado pelos dispositivos tecnológicos, de forma que se encontra isolado e impotente – um processo que irá se agravar ao longo do século xx. Ver o mesmo tema no livro de A.C. MacIntyre, *After Virtue*.

104. Em alemão, "M.W." é a sigla para a dicotomia *Machtfriede-Weltgemeinsamkeit*.

105. A expressão "nova Alemanha" refere-se à Alemanha de Bismarck (a partir da unificação em 1871), industrializada, modernizada e expansionista, que transformou o *éthos* prussiano da retidão e franqueza.

americanismo que assim se anuncia e outros assuntos do tipo – eu apenas gostaria de sublinhar que também as velhas virtudes alemãs da retidão, da alegria de viver, do espírito comunitário, da força etc. encontram-se amalgamadas nesse afinco. Em nível amplo: organização da indústria e do comércio; em nível amplo e glorioso: o militarismo. Quem torcer o nariz para isso nunca irá entender o quanto de idealismo cru, bronco, mas também valioso há nesse ideal. Vou ainda além e considero esse afinco a contribuição mais elevada que um Estado pode fornecer.

Olhando a Alemanha por um momento com o aparelho sensório do estrangeiro benevolente no campo inimigo, eu diria: a Alemanha é o formigueiro mais estupendo e mais promissor que existe; seus indivíduos, entretanto, são formigas cinzentas, sem graça, laboriosas. Compare-os com os ingleses, com os latinos – o único molde humano de valor e graça que a Alemanha produziu é o oficial. Nele, o alemão tem prumo e postura. Suas realizações são formidáveis. Ele é de fato (em termos sóbrios e científicos) o tipo ideal do alemão[106].

E aqui começa o dilema do final da guerra. Exige-se de nós que renunciemos ao militarismo, e isso não é um truque de propaganda, mas um desgosto que atinge com instinto certeiro a essência do modo de ser alemão. Exige-se que abramos mão do ideal do alemão médio justo quando ele apresenta as provas mais altas do seu afinco? Essa exigência equivale realmente a

---

106. Musil toca aqui na problemática transformação do padrão de identidade tradicional (a sobriedade proba do espírito militar prussiano) no militarismo industrial e competitivo do Reich, que terminou na catastrófica Primeira Guerra Mundial. O romance *O Jovem Törless* oferece uma análise dessa transformação que prefigura o endurecimento (áustro)fascista dos anos 1930. As personagens do romance encarnam o autoritarismo bruto e sádico que viria à tona no nazismo. Musil se surpreende que tenha pressentido esse novo espírito militar fascista quando dramatizou suas experiências no ginásio de Hranice e Mährisch-Weisskirchen. Nesse sentido, anotaria nos seus cadernos (Diários Por Volta de 1937-1941):

"A verdadeira história do Jovem Törless – Hranice. Tudo isso seria também uma descrição de era de Francisco-José. [...] uma história da brutalidade, uma pré-história do tipo humano [dos generais] Pilsdudski, Kemal Pascha etc. *mut*[*atis*].*mut*[*andis*]. Em todo caso, uma história dos últimos tempos antes da grande Revolução." (*Tagebücher*, v. I, p. 955.)

Boineberg und Reiting = os ditadores de hoje in núcleo… (*Tagebücher*, v. I, p. 914)

uma emasculação[107]. E ela não faz nenhum sentido, pois o militarismo ter se tornado o ideal alemão é, como vimos, menos um erro alemão do que um erro europeu.

Desde o ano 1916 todos os países gostariam de acabar com a guerra. Mas falta a ideia do objetivo da guerra. Há apenas dois alvos: vitória ou – o desconhecido. Desde o ano de 1916, colocamos a Liga das Nações no lugar desse desconhecido. Acredito que vale a pena considerá-la para esse posto: entretanto, em nenhum lugar essa ideia topará com mais dificuldade na sua aceitação do que na Alemanha. / Se a guerra terminar sem a realização de uma nova ideia, uma pressão atmosférica insuportável irá pairar sobre a Europa. / {Ev. Tirar PP – CM e militarismo e inserir {essas ideias onde falo das resistências contra a Liga das Nações

LN precisa ser realizável cf. Czernin}[108]

Os pacifistas são maus adversários do militarismo porque são derrotistas. Eles deveriam primeiro compreendê-lo.

Esboço Sobre o Modo de Conhecimento do Poeta (1918)[109]

Este ensaio faz parte de uma série de esboços e palestras escritas entre 1913-1934 que refletem sobre o lugar do poeta e do escritor, do ensaísta ou romancista no mundo contemporâneo. Um desses esboços tem um duplo título – "O Poeta na Sua Época" ou "O Poeta Nessa Época" (1913 ou 1921)[110] – assinalando as alternativas

---

107. Depois de ler a lista de demandas, perdas e condições de paz das nações vitoriosas, o ministro do exterior da Alemanha, conde Brockdorff-Rantzau, concluiu que o elaborado documento se resumia a uma só cláusula: "A Alemanha renuncia à sua existência". Ver A. Watson, op. cit., p. 561-562; e M. MacMillan, *Peacemakers*, p. 475, p. 561-562.

108. Trata-se de anotações do próprio Musil – indicações que ele pretendia reorganizar e reescrever neste texto.

109. Skizze der Erkenntnis des Dichters (1918), *Kleine Prosa und Schriften*, p. 1025-1030.

110. Os editores informam datas divergentes: A. Frisé indica a data de 1921-1922, ao passo que a edição digital do Arquivo Musil (Musil-Archiv) em Klagenfurt/Áustria atribui o mesmo fragmento ao ano de 1913.

218 DOS ENSAIOS À PEQUENA PROSA FICCIONAL

de auto-e-outro-percepção, ou seja, da definição atribuída pelo artista à sua função, que não coincide mais com as percepções de um público e de uma sociedade cada vez mais diferenciados. Musil coloca essa transformação do estatuto alterado da escritura e do escritor no horizonte das formas de (re)produção industrial de literaturas, interesses, visões, divulgados por grupos muito diversos que romperam a coesão tradicional de uma elite cultural.

Os fragmentos de Musil fazem referência implícita a visões mais conservadoras que lamentam a perda do poeta como guia espiritual; essa ideia se destaca, por exemplo, no ensaio de 1907 de Hugo von Hofmannsthal, Der Dichter und diese Zeit (*O Poeta Nessa Época*[111]), *e a perspectiva de Musil claramente dispensa o luto do sábio venerado e a invocação do "guia espiritual" (predominando, por exemplo, no Círculo de Stefan George); ademais, Musil critica também a estilização do poeta como uma pessoa solitária apartada da vida contemporânea, e da escritura como revelação emergindo de dentro de uma redoma. A reflexão musiliana coloca no foco a complexidade moderna e procura imaginar quais poderiam ser os diversos papéis da multidão de escritores que vivem na sociedade de massas e escrevem sob o impacto da industrialização. Diferentes interesses, uma multiplicidade de escritores nunca antes vista e formas de literatura acessíveis a um público cada vez maior diversificaram as relações entre público, poeta e escritores. Todavia, ao mesmo tempo que Musil afirma a pluralidade necessária, ele não abre mão da distinção qualitativa entre o escritor importante (cujas ideias são capazes de captar a complexidade intelectual, espiritual e afetiva do tempo presente) e de autores médios que fornecem imagens mais ralas ou limitadas, quando não clichés redundantes do presente. Essa tensão entre distinção e mera popularidade está presente em todos os ensaios de Musil – como se vê nas críticas sempre judiciosas –, por exemplo a Hermann Bahr e a Walther Rathenau ou nos elogios a Franz Kafka e Robert Walser. Na crítica do entreguerras,*

---

111. H. von Hofmannsthal, *Der Dichter und diese Zeit*, em *Gesammelte Werke in zehn Einzelbänden, v. 8: Reden und Aufsätze I*, p. 56-68.

Musil desenvolve seu conceito da ideia artística e da tarefa ética da arte. Sua moralidade se baseia na experimentação com formas criativas que renunciem à facilidade da expressão convencional e às simplificações preguiçosas do pensamento e da sensibilidade. Literatura e arte têm, ao contrário, a vocação de projetar modelos que mostrem "como poderíamos vir a ser humanos" e chegar mais perto do "ser humano interior".

Na mesma medida em que aumentou o prestígio social dos professores (que estivera em apuros desde os tempos de Bismarck e do parlamento de professores da Paulskirche[112]), diminuiu o dos poetas e escritores. Hoje, o *status* e o papel pragmático dos professores são os mais altos desde a origem do mundo, ao passo que o poeta alcançou o título corriqueiro de literato, entendido como aquele que foi impedido por alguma doença desconhecida de tornar-se um jornalista razoável. A importância social desse fenômeno não pode ser menosprezada e justifica algumas considerações. É deliberado que restringimos essas considerações única e exclusivamente aos intelectuais, o que resulta em algo como uma tentativa de comprovação teórica e epistemológica, pois se considera o poeta como alguém cujo conhecimento diz respeito apenas a um modo determinado de saber, válido somente num determinado âmbito; tudo isso se justifica, é claro, só pelo seu resultado. Contudo, cada vez que se fala do poeta como de uma espécie específica da humanidade, é preciso observar de antemão que não se incluem aí apenas aqueles que escrevem; pertencem também à mesma espécie muitos que se furtam a essa atividade – esses últimos constituem a vertente reativa, que complementa a parte ativa do mesmo tipo.

112. O primeiro parlamento eleito após a revolução de março de 1848, a Paulskirche, contou com um grande número de professores. Ele produziu a Constituição de Frankfurt e proclamou o Império Alemão. Otto von Bismarck (1815-1898), o chanceler do imperador Guilherme e o político mais importante da Europa entre 1860 e 1890, unificou a Alemanha, o Reich, em 1871.

DOS ENSAIOS À PEQUENA PROSA FICCIONAL

Poderíamos descrever esse tipo como a pessoa que percebe com mais força a solidão irremediável do eu no mundo e entre os outros; a pessoa sensitiva que nunca recebe o que lhe é devido; cujas emoções reagem bem mais às razões imponderáveis do que às ponderosas; que despreza as pessoas de caráter forte, com aquela superioridade inquieta que tem a criança sobre os adultos que morrerão meia geração antes dela. Esse tipo sente até mesmo na amizade e no amor o bafejo da antipatia, que mantém cada ser à parte dos outros e que constitui o segredo cavo e doloroso da individualidade; ele é capaz de odiar até os seus próprios ideais – pois lhe parecem não os objetivos, mas os sobejos da decomposição do seu idealismo. Eis aí apenas alguns exemplos isolados e individualizados; porém a eles corresponde, ou melhor, subjaz uma experiência e uma atitude a respeito do conhecimento, assim como o mundo de objetos correspondente a elas.

A melhor maneira de compreender a relação do poeta com o mundo é partirmos do seu contrário: esse contrário é o homem que possui um ponto fixo a, o homem racional que se move no terreno racioide[113]. Peço desculpas pelo horrendo neologismo e pelo simulacro histórico que ele oculta, pois não é a natureza que se orientou segundo a razão, mas esta segundo a natureza[114]; no entanto, não encontro palavra que expresse a contento não só o método, mas também os acertos, não só a sujeição, mas também a subserviência dos fatos – aquela solicitude imerecida da natureza em certos casos, cuja solicitação em todos os casos seria, claro, uma falta de tato por parte da humanidade. Essa esfera racioide compreende, *grosso modo*, tudo o que é sistematizável cientificamente e que se pode subsumir a leis e

113. "Racioide" é um neologismo construído com o termo latim *ratio* e o sufixo grego *–oide*: "o que tem forma e jeito de cálculo, medição, precisão". Ver verbete "Racioide x Não Racioide". A frase seguinte alfineta a opinião segundo a qual a racionalidade seria nada além de uma desmedida arbitrária da razão. Musil salienta que o pensamento racional se desenvolveu graças à disciplina intelectual e o respeito dos fatos da natureza, diminuindo aos poucos o império da fé e das crenças mágicas.

114. Para esclarecimentos sobre esse raciocínio, ver, como na nota anterior, o verbete "Racioide x Não Racioide".

regras – acima de tudo, portanto, a natureza física; a natureza moral, ao contrário, apenas em poucos casos de acerto excepcional. O domínio racioide é caracterizado por certa monotonia dos fatos, pela predominância da repetição, pela relativa independência dos fatos entre si, de forma a poderem ser reunidos em grupos preconcebidos de leis, regras e conceitos, seja qual for a sequência específica na qual foram descobertos; contudo, a característica principal desse domínio é que nele fatos podem ser descritos e comunicados sem ambiguidades. Número, luminosidade, cor, peso, velocidade: todos eles são representações cujos aspectos subjetivos não diminuem sua significação objetiva e universalmente traduzível. (Ao contrário, seria impossível fazer uma representação suficientemente determinada de um fato pertencente ao domínio não racioide – por exemplo, o conteúdo da simples proposição "ele o queria" exigiria o acréscimo de infinitos adendos.) Podemos dizer que o domínio racioide é dominado pelo conceito da firmeza e da irrelevância dos desvios; pelo conceito da firmeza entendido como uma *fictio cum fundamento in re*[115]. Aqui também, em suas camadas mais profundas, o solo é inseguro: os princípios mais básicos da matemática são incertos do ponto de vista lógico; as leis da física têm validade apenas aproximativa; e as constelações se movem num sistema de coordenadas que não está situado em lugar nenhum. Ainda assim, esperamos, não sem razão, conseguir colocar ordem em tudo isso, e a máxima de Arquimedes de dois mil anos atrás: "Deem-me *um ponto firme* para minha alavanca, e moverei o mundo!" – essa máxima é ainda hoje a expressão de nossa pose esperançosa.

Foi por meio desse fazer que surgiu a solidariedade dos seres humanos, fazendo-os prosperar melhor que o influxo de qualquer fé ou igreja[116]. Nada mais compreensível, portanto, que o

---

115. "Ficção baseada em fatos".

116. Musil reitera, neste ensaio de 1918, sua visão do papel fundamental da racionalidade para o desenvolvimento das qualidades sociais e morais da humanidade – ideia essa que já aflora no ensaio de 1913, "Credo Político de um Jovem", defendendo a razão

esforço dos homens em adotar e seguir o mesmo procedimento também no domínio das relações morais, embora isso fique cada dia mais difícil. Também no domínio moral opera-se hoje segundo o princípio dos *pilotis*, enterrando-se as rígidas estacas conceituais no solo do indeterminado e esticando-se entre elas as armaduras das leis, regras e fórmulas. Tais estacas são o caráter, o direito, a norma, o bem, o imperativo, o firme em todos os sentidos, e apostamos na sua petrificação para podermos amarrar nelas a rede de centenas de decisões parciais de ordem moral, decisões que nos são exigidas todo santo dia. A ética ainda hoje imperante é estática no seu método, fazendo das coisas firmes o seu conceito fundamental. Entretanto, como a passagem da natureza para o espírito nos leva, por assim dizer, da hirta coleção de minerais para uma estufa repleta de movimentos sem nome, a aplicação desse método exige uma técnica bastante cômica de senões e revogações, cujos complicados labirintos já bastam para imprimir à nossa moral o estigma da ruína. É só pensar no exemplo popular das declinações do mandamento "não matarás", passando do assassinato ao homicídio, à eliminação do adúltero, ao duelo, à execução e chegando à guerra: quem procurar a fórmula racional que supostamente unifica o todo constatará que ela se parece com uma peneira cujo uso depende tanto dos vazios quanto da trama firme.

Aqui já adentramos há muito o território não racioide, que encontra na moral um exemplo precípuo (mas apenas um entre outros); de modo análogo, as ciências naturais forneceram o tipo exemplar para o domínio racioide. Se o racioide é o domínio da "regra com exceções", o não racioide é o das exceções sobre a regra. Talvez se trate apenas de uma diferença gradativa, mas em todo caso ela chegou a um grau de polarização tal que exige uma reviravolta total da atitude do investigador. No domínio não racioide, fatos não se submetem, as leis são peneiras, os eventos não se repetem, sendo infinitamente variáveis e

---

contra os ataques do conservadorismo católico e populista, do anti-intelectualismo, e contra as mistificações do idealismo germânico.

individuais. Não conheço maneira melhor de caracterizar esse domínio do que sublinhando que esse é o domínio da reatividade do indivíduo contra o mundo e os outros indivíduos, o domínio dos valores e valorações, das relações éticas e estéticas, o domínio da ideia. Um conceito e um juízo são em grande medida independentes do modo de sua aplicação e da pessoa; o sentido de uma ideia é em grande medida dependente de ambos, ela sempre possui apenas uma significação determinada pela situação específica, e essa se extingue quando a desvinculamos de suas circunstâncias. Pinço uma afirmação ética qualquer: "Não há nenhuma opinião pela qual possamos nos sacrificar e ceder à tentação da morte", e qualquer pessoa tocada e bafejada por traços de uma experiência ética saberá que poderíamos com a mesma facilidade afirmar o contrário, precisando de um longo tratado somente para mostrar em que sentido falamos, apenas para alinhavar experiências confusamente ramificadas em múltiplas direções[117] que, mesmo assim, terminam por cumprir sua finalidade em algum ponto. Nesse domínio, a compreensão de cada juízo e o sentido de cada conceito estão envoltos num invólucro de experiência mais delicado que o éter, de uma deliberação pessoal que se altera a cada segundo com a mais pessoal indeliberação. Os fatos desse domínio e, portanto, suas relações são infinitas e incalculáveis.

Essa é a terra natal do poeta, o domínio no qual reina sua razão. Enquanto seu adversário procura o que é firme e se contenta com postular em seu cálculo tantas equações quanto incógnitas encontrar, aqui temos já de início um sem-fim de incógnitas, equações e possibilidades de solução. A tarefa é: estar sempre descobrindo novas soluções, conexões, constelações e variáveis, acrescentar protótipos de processos e

---

117. A questão do suicídio, tal como inúmeras outras questões envolvendo o corpo, a alma e a vontade, demanda, no entender de Musil, não só posturas morais fixas, porém uma mobilidade imaginária e formas de expressão que precisam se modificar constantemente, reconfigurando as condições de vida mutantes. É essa dinâmica que confere à literatura um papel importante. A literatura e a arte têm a tarefa de mostrar alternativas às soluções convencionais e ao consenso social do momento.

trajetórias, modelos atraentes de como se pode ser homem, *inventar* o homem interior. Espero que esses exemplos sejam claros o suficiente para excluir qualquer associação com entendimento, compreensão e outras coisas mais em sua acepção "psicológica". A psicologia pertence ao domínio racioide, e a multiplicidade dos seus fatos não é, de modo nenhum, infinita, como o demonstra a possibilidade de a psicologia existir como ciência empírica. O que é múltiplo de modo incalculável são apenas os *motivos* da alma, e com esses a psicologia nada tem a ver[118].

A falta de reconhecimento de que temos aqui dois domínios de índole distinta é a culpada pela concepção burguesa do poeta como ser excepcional (disso para o inimputável é só um passo). Na verdade, o poeta é um ser excepcional apenas na medida em que é o homem que presta atenção às exceções. Ele não é nem o "possuído", nem o "vidente", nem "a criança", nem qualquer outra excrescência da razão. Tampouco usa outro tipo de aptidão cognoscente que aquela do homem racional. O homem relevante é aquele que dispõe do máximo conhecimento dos fatos *e* da maior *ratio* para conectá-los: tanto num domínio como no outro. A diferença é que um encontra os fatos fora de si, e o outro, dentro; um encontra séries de experiências que se encaixam num todo, e o outro, não.

É claro que suspeito um pouco se não é pedantismo analisar e expor com tantos pormenores o que talvez não seja nada além de um truísmo, e gostaria de alegar como desculpa o que não foi dito ainda, embora seja igualmente importante: antes de tudo, importa delimitar as assim chamadas ciências humanas e históricas, uma delimitação que não é fácil, mas que confirma o que foi dito até agora. No entanto, saber se tais investigações serão consideradas pedantes ou indispensáveis depende, em última

118. A ideia musiliana de a psicologia pertencer ao domínio racioide se justifica pelo método e a reivindicação de cientificidade das disciplinas psicológicas. A criatividade do ser humano (por exemplo, do paciente na terapia) é o além do conhecimento psicológico. Esse além depende do talento do paciente e do terapeuta de recriar a vida afetiva e moral.

análise, apenas da importância que atribuímos à comprovação de que *o poeta recebe sua tarefa da estrutura do mundo, e não da estrutura das suas disposições*; que *ele tem uma missão*!

Diversas vezes definiu-se a tarefa do poeta como a do cantador que transfigura o seu tempo e lhe confere uma aura extática na esfera radiante das palavras; exigiu-se dele arcos de triunfo para o homem "bom" e um enaltecimento dos ideais; exigiu-se dele "sentimento" (e isso significa, é claro, apenas certos sentimentos) e a negação do entendimento crítico, que apoquentaria o mundo na medida em que o priva da sua forma – como acontece quando uma casa desmorona e o monte de escombros fica menor que a casa original. Por fim, exigiu-se (na prática do expressionismo, que compartilha essa exigência com o neoidealismo) que o poeta confunda a infinitude do objeto com a infinitude das relações que esse objeto mantém, o que criou um *páthos* metafísico completamente falso: tudo isso são concessões à dimensão estática [da forma artística[119]] , suas exigências contradizem as forças do domínio moral e são avessas às propriedades do material[120] sobre o qual incidem. Alguém poderá objetar que tudo o que foi dito aqui apenas reflete concepções intelectualistas. Pois então, há trabalhos poéticos que têm muito pouco das tarefas principais aqui descritas e que, mesmo assim, são obras de arte abaladoras; elas têm sua bela carnadura, e sua aura homérica reluz através de milênios até nós. No fundo, isso se deve apenas a determinadas atitudes espirituais que permaneceram constantes ou continuaram retornando. No entanto, o movimento da humanidade processado nesse meio-tempo deve-se às variações. Fica só a seguinte pergunta: o poeta deve ser um filho do seu tempo ou um genitor dos tempos?

---

119. O termo *das Statische* refere-se à forma artística acabada que se torna em pouco tempo convencional, podendo assim ser usado como cliché, conteúdo propagandístico, instrumento de manipulação emocional ou ideológico.

120. As "forças do domínio moral" no âmbito do material estético são ficções experimentais que exploram novas possibilidades e põem à prova as convenções estéticas e éticas – o contrário do *páthos* manipulatório.

226 DOS ENSAIOS À PEQUENA PROSA FICCIONAL

Os Austríacos de Buridan
(14 de fevereiro de 1919)[121]

*Neste artigo, Musil pontua os raciocínios escusos, míopes e rea-
tivos das elites dirigentes que condenam a recém-nascida República da Áustria a uma condição econômica e cultural inviável:
no dia 23 de março de 1919, o último imperador Habsburgo deixou o solo austríaco. Antes de sua partida, as nações vencedoras já favoreceram a secessão dos antigos territórios da Coroa,
garantindo-lhes o status de repúblicas independentes cujo futuro
estaria sujeito, doravante, a alianças geopolíticas com os vencedores[122]. Apenas a Áustria, reduzida a um pequeno resto com
menos de um quinto de sua antiga população, estava proibida
de concluir a única aliança que lhe asseguraria um mínimo de
chance de sobrevivência econômica, política e cultural: a unificação com a Alemanha. O segundo artigo da Constituição de
República Austríaca ("A parte alemã da Áustria é parte da República da Alemanha") foi vetada pela Entente, contra o expresso
desejo dos socialistas austríacos, que acreditaram em estruturas
internacionais e supranacionais e que foram, já na monarquia,
os defensores mais ferventes da unidade multiétnica[123].*

*As lideranças mais conservadoras, ao contrário, favoreciam
uma outra proposta de aliança: a Federação do Danúbio (Bavária, Tchecoslováquia e outros Estados às margens do Danúbio)
formaria uma unidade política e geográfica independente da Alemanha do Norte. Essa proposta do primeiro ministro-presidente
da Bavária depois da Revolução de Novembro de 1918-1919 tinha
pouca chance de sucesso, pois contrariava as alianças prospecti-
vas dos Aliados.*

121. Buridans Österreicher (14. Februar 1919), *Kleine Prosa und Schriften*, p. 1030-1033.
122. Depois de transformar em pequenas repúblicas os territórios industrializados
e ricos no Leste do Império Austro-Húngaro, os Aliados aproveitaram-se de sua situação dependente para suas novas alianças geopolíticas; em pouco tempo, essa estratégia teria desastrosas consequências, favorecendo a expansão fascista e stalinista no
Leste Europeu.
123. H. Spiel, *Vienna's Golden Autumn*, p. 207.

Musil fustiga a falta de firmeza, a miopia e as hesitações que tiraram o vigor necessário na negociação, inviabilizando uma solução nesse momento crucial do destino da Áustria, reduzida a um mínimo "tronco".

O bom austríaco típico está entre as duas medas de feno de Buridan[124]: a Federação do Danúbio ou a *Grossdeutschland*[125] (Magna Alemanha compreendendo os territórios de língua alemã no Sul). E já que tem as capacidades do lógico experimentado que recebeu menções honrosas na história dessa disciplina, não se contenta com uma comparação do valor calórico das duas espécies de feno: pouco adianta a constatação de que o monte do *Reich* tem mais valor nutritivo embora possa, no começo, ser pesado para um estômago delicado. Não, ele continua farejando os odores espirituais do dilema.

Nisso, o bom austríaco descobre a cultura austríaca. A Áustria tem Grillparzer e Karl Kraus. Tem Bahr e Hugo von Hofmannsthal. E, em todo caso, tem também a *Neue Freie Presse* e o *esprit de finesse*. Kralik e Kernstock[126]. Alguns dos seus rebentos mais insignes, no entanto, a Áustria não pode reclamar como seus, pois eles fugiram para o estrangeiro enquanto ainda dava tempo. Mesmo assim; mesmo assim resta – não,

124. Referência à fábula do asno de Buridan, que está entre dois montes de feno e morre de fome porque não consegue decidir qual seria melhor comer. A fábula remonta à parábola filosófica de Al-Ghazālī (1058–1111) sobre a incoerência dos filósofos, cujos conhecimentos se colocam em xeque.

125. Com o desmantelamento do Império Austro-Húngaro, parte da população da pequena República da Áustria favorecia unir-se à Federação do Danúbio (Áustria e os países do Leste ao longo do Danúbio até o Mar Negro), outra parte vislumbrava uma unificação com a "Grande Alemanha". Musil ironiza a preferência da elite aristocrática decadente que optava pela decadência nas velhas tradições agrárias e católicas (na Federação do Danúbio) e mascarava suas velhas rivalidades germanofóbicas com o mito da preciosa cultura barroca, negando os méritos e denegrindo o espírito empreendedor da Alemanha.

126. Não fica claro se Musil se refere no primeiro caso ao poeta Richard Kralik von Meyrswalden (1852-1934) ou ao medievalista Dietrich Ritter Kralik von Meyrswalden (1884-1959). A segunda referência é a Ottokar Kernstock (1848-1928), padre católico e poeta. Ver Sobre os Nomes Citados para detalhes.

o que resta *não* é uma cultura austríaca, apenas um país talentoso que produz um excedente de pensadores, poetas, atores, garçons e cabeleireiros[127]. Um país do bom gosto espiritual e pessoal: quem negaria isso?!

O erro só começa a se insinuar com a explicação patriótica para isso. Ela sempre reza: nós somos *tão* talentosos, o Oriente e o Ocidente se esposam na nossa terra, o Sul e o Norte também; reina uma encantadora diversidade, uma maravilhosa mistura de raças e nações, um fabuloso encontro de todas as culturas a se entrelaçar – eis o que somos. E somos muito antigos também! ("Nós" remontamos à era barroca, e quão novo-rico o *Reich* berlinense é em comparação![128] O fato de Cranach e Grunewald serem bem mais antigos que o barroco, além de Leibniz e Goethe e uma boa centena de grandes poetas e pensadores constituírem o fundamento da cultura deles, isso deixamos de lado.) O fato de mesmo assim sempre fazermos o papel do primo pobre explica-se, afora a nossa grande modéstia, pelo azar. Teoricamente, a nossa miscigenação deveria nos valer o título do Estado mais exemplar do mundo; isso é tão óbvio que na verdade não se explica por que, na prática, nunca ultrapassamos o patamar de vexame da Europa, atrás apenas da Turquia. Por isso renunciamos também a esclarecer a situação e aguardamos o dia em que justiça será feita em nosso favor. Pois sempre soubemos do nosso talento. Hjalmar Ekdal[129] em forma de Estado. No ano de 1916, o presidente do Instituto Austríaco de Cultura escreveu: a Áustria tem o maior dos futuros porque conseguiu realizar tão pouco no passado.

Uma maneira de circunscrever o erro seria: um Estado não tem azar. Uma outra: um Estado não consiste em talento. Ele

127. Ver a referência ao talento poético de um ajudante de cabeleireiro no ensaio Política na Áustria, supra p. 160.

128. *Reich* refere-se ao "Império" unificado por Bismarck, cuja justificativa e ambição política e cultural eram a prolongação da ideia medieval do Sacro Império Romano-Germânico e de seus líderes carismáticos (Carlos Magno e Frederico II da Sicília), a força mística, unificadora e harmonizadora. Musil ironiza a versão austríaca do sebastianismo português.

129. Personagem de *O Pato Selvagem*, de Henrik Ibsen, Hjalmar Ekdal é sinônimo do patriarca cuja casa aparentemente feliz e saudável está repleta de segredos assombrosos.

ou tem força e saúde, ou não tem; essas são as únicas coisas que ele pode ter ou não ter. Foi porque a Áustria nunca as teve que surgiram os austríacos talentosos e cultivados (em um número que, relativamente, nos garante um lugar razoável na Alemanha) e que a cultura austríaca não surgiu. A cultura de um Estado consiste na energia com a qual ele reúne e torna acessíveis livros e quadros, a energia com a qual ele funda escolas e centros de pesquisa, oferecendo uma base material aos homens talentosos e promovendo-lhes a ascensão pelo fluxo de sua circulação sanguínea; cultura não consiste em talento, uma qualidade que se encontra distribuída de modo mais ou menos idêntico pelo mundo, porém se sustenta na camada mais profunda da tessitura social. Na Áustria, contudo, essa camada não pode nem de longe competir, em termos de eficácia e funcionalidade, com a que existe na Alemanha. É possível chegar a uma grande cultura com mil pessoas instruídas e talentosas e cinquenta milhões de comerciantes confiáveis; mas da soma de cinquenta milhões de pessoas talentosas e graciosas e apenas mil homens práticos e confiáveis não resulta nada além de um país no qual reina a inteligência e o bom gosto no vestir, sem que haja alguém capaz de lançar uma grife de moda. Quem recorre aos austríacos para provar a viabilidade da Áustria, confia em que o espírito público seja a soma dos espíritos privados, esquecendo que o primeiro é o resultado de uma equação muito mais difícil de calcular.

Assim, os austríacos com consciência de classe preferem nos prevenir, desde o início, do nefasto espírito púbico alemão, que parece ser robusto em demasia. Eles contam histórias de horror sobre o barulho ensurdecedor das indústrias e os exagerados laços sociais prendendo o indivíduo. É claro que a sutil decadência austríaca oferece um solo encantador sobre o qual viver, e essa suave podridão explica por que certos artistas portadores de bacilos fosforescentes[130] preferem, no caso de uma unificação

---

130. Certos fungos, em osmose com bacilos, adquirem qualidades fosforescentes. A imagem prolonga a metáfora da cultura austríaca como produto da decadência e da podridão.

com a Alemanha, migrar para a Romênia. Em todo caso, essa ideia ainda é melhor do que conservar a Áustria, sob o nome da Federação do Danúbio, como reserva natural da elegante decadência. Mas será verdade mesmo que a Alemanha é o país do terror laboral? Pois ela é também o país da maior resistência contra esse terror, de uma reação muito maior da que a Áustria jamais seria capaz. Os parlamentos lá e cá se parecem a dois cabelos boiando na mesma sopa, porém a luta da jovem Alemanha[131] contra esse espírito é muito mais apaixonada do que a que se percebe na Áustria. Entretanto, no fim, tanto faz – apesar de eu não simpatizar com os pragmáticos patriotas sociais da Alemanha[132], apesar de eu não gostar de como os poetas e escritores alemães empunharam as penas quando se tratava, numa pesquisa de opinião visando reerguer moralmente a Alemanha, de salvar o Capitólio – o espírito pode guiar e mudar o espírito[133], mas não consegue produzir a força, ou só o faz a muito longo prazo.

Não convém confundir esse estado de coisas simples, essa sequência natural do desenvolvimento. Também o austríaco de Buridan, não obstante esteja acostumado com essas ambivalências da cabeça aos cascos[134] e sempre afinado com nobres sutilezas, deveria, uma única vez, selar a paz entre o espírito sofisticado e a verdade banal, começando meramente a fazer as coisas simples, embora pudesse evitá-las por vias complicadas.

---

131. Musil sublinha a falta de consciência socialista austríaca e sua melhor organização na Alemanha, onde a Revolução de Novembro de 1918 testemunhou um engajamento da esquerda mais autêntico.

132. Musil refere-se aos movimentos "socialistas" conservadores, que buscaram consolidar a ordem autoritária tradicional com uma bandeira patriótica incrementada por melhorias sociais. Ver o ensaio "Espírito [Religioso], Modernismo e Metafísica" e o verbete "Socialismo Germânico"

133. Musil ironiza as pretensões do idealismo germânico que aposta na espiritualidade, confunde a genialidade cultural com a aptidão política e espera da genialidade espiritual soluções práticas e políticas. Musil, ao contrário, sinaliza a profunda ineficácia prática das coisas espirituais e artísticas, cujos representantes raramente têm a força pragmática e a experiência prática que deveriam sustentar a ação.

134. *Vom Kopf bis zum Hufe* é uma ironia que atribui ao austríaco pensante cascos de cavalo, isto é, extremidades de seres nobres e nervosos, mas com inteligência duvidosa.

4. 1908-1914
PEQUENA PROSA CRÍTICA E LITERÁRIA
(EMERGINDO DE ANOTAÇÕES E
OBSERVAÇÃO CRÍTICA)

Resolvemos acrescentar a esse primeiro volume de Ensaios quatro esboços de Pequena Prosa ficcional que Musil redigiu um pouco antes, durante e pouco depois da Primeira Guerra Mundial. São textos escritos às pressas, para publicação em jornais e revistas, e Musil não os considerou como obras acabadas; eles cumpriram (como a maioria dos ensaios) a função de ganha pão, enquanto o autor esperava – em vão – a carreira bem-sucedida que parecia garantida com O Jovem Törless, em 1906. Os quatro exemplos que incluímos situam-se no marco temporal de uma crise pessoal do autor. O humor agridoce que se expressa nesses esboços acompanhou também a difícil escritura da segunda obra ficcional, o volume Uniões, redigido entre 1908 e 1910, e o tom sombrio se prologou durante a guerra de 1914-1918 e no início dos anos 1920.

Musil escreveu esses esboços como experimentos – exercícios do rápido apanhar que altera o foco habitual, trazendo à nossa atenção assuntos sem grande importância, mas com o poder de alterar nossa perspectiva e nosso olhar. Dois desses textos nunca foram publicados ("O Outono Brumoso de Grisolho" e "Sobre os Livros do Sr. Musil") ao passo que a mini-história "O Papel

Pega-Moscas" e a quase-novela "O Melro" terminaram publicados em livro, abrindo e fechando o volume Nachlass zu Lebzeiten (*Obra Póstuma em Tempo de Vida*). O autor hesitou muito antes de publicá-los em forma de livro e provavelmente cedeu apenas devido à agravação das circunstâncias políticas e pessoais em 1936. A "Observação Preliminar" pondera que talvez seja duvidoso "publicar, no meio das trovoadas e dos gemidos do mundo, algo que não passa de pequenas histórias e contemplações; de falar de coisas secundárias, quando existem tantas coisas principais". Ele se decidiu em fazê-lo mesmo assim em nome da irremediável desproporção que separa sempre e em toda parte "o peso de todas as expressões poéticas do peso dos duzentos e sete milhões de metros cúbicos da terra girando no espaço com toda velocidade"[1].

Todos esses textos testemunham o esforço de elaboração das próprias emoções do autor e dos elos que esses afetos tramam com potenciais reflexões sobre as crises subjetivas e objetivas que o escritor e o mundo atravessaram nos anos antes e depois da Primeira Guerra Mundial. Apesar da forte depuração artística, ouvimos ainda os ecos das imensas dificuldades profissionais, artísticas e psicológicas que Musil teve de superar – bloqueios de escritura, hesitações relativas aos seus experimentos literários e reflexões ensaísticas, doenças e ferimentos graves, depressões, e as ameaças da guerra e a miséria do pós-guerra. É um sem fim de altos e baixos, de intensidades deprimentes e enaltecedoras que se perfilam na elaboração artística e na paradoxal visão de mundo desses pequenos textos, que já evidenciam a peculiar combinação musiliana da sobriedade realista com a delicadeza diante do inefável, da precisão científica com as estranhezas e vaguezas da poesia pura. A amplidão desse horizonte expõe Musil àquelas vertigens da alma que associamos em geral a poetas como Rilke ou Hölderlin, ou a autores como Kafka.

O fragmento "O Brumoso Outono de Grisolho" tematiza o difícil lugar marginal que expõe certo tipo de artista a uma

---

1. *Kleine Prosa und Schriften*, p. 473.

inquietante e quase trágica estranheza do seu modo de ser, sentir e pensar. A autoparódia "Sobre os Livros de Robert Musil" analisa a insensibilidade do público e da crítica que costumam se fechar contra as exigências espirituais e intelectuais dessa outra realidade poética. "O Melro" remonta a experiências marcantes na vida juvenil e durante a guerra[2], e traz à tona o impacto extático provocado por certas situações de perigo mortal que ativam um potencial místico latente. No ouvinte ficcional dessa história encontramos o apego à normalidade que nos afasta do poético – um contraponto dando a medida da precária posição que a arte de Musil ocupa entre a reflexão ensaística e a poesia pura. O "Papel de Moscas" é uma ruminação sobre a morte que parece prefigurar a guerra, embora tenha sido publicado já em 1913 sob o título "Verão Romano". Seu espírito pode ter inspirado Virginia Wolf, que escreveu décadas depois, durante a Segunda Guerra Mundial, sua pequena crônica "The Moth".

O Brumoso Outono de Grisolho
(1908)[3]

Na Pensão Schürer, comia-se às duas horas em ponto. Era raro, contudo, o sr. Eugenio Toronto aparecer antes das duas e vinte, embora ninguém ficasse zangado com ele. Nesse momento, a sra. Quengha, do México, estava às voltas com seu palito, eliminando da sua boca os restos do prato principal, "Eh Eugenio, ciao", gritava toda tarde do outro lado da longa mesa o sr. Tripodo, de Bologna, e o sr. Nikotakopulo, de Atenas, jamais esquecia de acrescentar, "Dormiu bem esta noite?", nisso abrindo de modo ambíguo seus lábios úmidos e sebosos, enquanto a mão buscava algo nos bolsos de suas largas pantalonas. A sra.

---

2. Musil e seus soldados estavam na mira de "flechas de aviador", isto é, de barras de ferro pontiagudas lançados de aviões sobre tropas inimigas.

3. Grauauges nebligster Herbst (1908), *Kleine Prosa und Schriften*, p. 715-719. Traduzimos o primeiro e mais curto dos três esboços do mesmo título.

Schürer assumia seu rosto de mártir complacente, e os olhos de Eugenio Toronto sorriam, a testa estava lisa sob os cabelos secos e abundantes partidos ao meio, e seus lábios brilhavam. Sentia então que seu *status* era excepcional. Esse jovem tinha o tronco esguio, todos admiravam seu peito, um belo tórax que sempre vestia camisas de cambraia e um delicado e deslumbrante colete, e seus dedos longos e finos quebravam o pão com elasticidade juvenil. Deles se desprendia algo visceralmente agressivo, insidioso; nas pontas desses dedos havia, sem que ninguém se apercebesse, algo do frêmito de uma harpa de boca[4]. A srta. Landauer, a presidente da Associação das Maternidades, disse certa vez sobre esses dedos: "É como se tivessem asas!"

Essa foi a única vez em que Walther Grisolho, sentado ao lado da senhorita, objetou. Ele disse baixinho: "Ao contrário, ao olhá-lo, sente-se um conforto duradouro nos pés. É *ali* que percebemos uma afeição por ele; uma alma companheira, que se deleitasse em correr junto com a dele, como um cão na sua matilha…" Sua vizinha o olhou com surpresa; sem saber o que pensar, virou o olhar para o outro lado e se calou. O sr. Grisolho também ficou calado. Voltou a ensimesmar-se e contemplou com atenção o deus-rapaz que ingurgitava sua sopa com colheradas apressadas, recuperando rápido o seu atraso – como se galopasse com a boca para alcançar os demais. Em seguida, porém, Grisolho levou um susto tremendo, pois a srta. Landauer, recuperada, disse bem alto: "Escutem, esse senhor ao meu lado tem uma segunda alma nos pés!" E também essa vez ele não conseguiu achar nada que pudesse opor a esse ataque tolo e desdenhoso.

Não o tinham em alta conta na pensão. Ele morava longe e vinha apenas para as refeições. Muitas vezes ficava sentado com rosto apático enquanto todos os outros riam de um chiste. E às vezes ele sorria ao falar algo cuja graça ninguém saberia dizer qual era. Na maior parte das vezes, porém, sorria apenas por

---

4. A ideia implícita é que Toronto tem uma inteligência instintiva "nas pontas dos dedos", um faro (*Fingerspitzengefühl*, em alemão), como se os dedos fossem antenas ou sensórios misteriosos.

amabilidade, e também com tal atraso que essas pessoas viam nisso um sinal certo de estupidez. Ele não conseguia sequer angariar, nesse círculo subalterno, aquele mínimo de respeito cuja falta é sempre uma ofensa negligente. Sabia que a sra. Schürer jamais mandava as criadas começar a servir o almoço por ele, e ela nunca lhe dirigia a palavra; mas quando um deles lhe dirigia a palavra, todos o olhavam, como se esperassem algo muito cômico. Isso apesar do fato de ele ter um comportamento polido e de modo algum ridículo.

Era um acaso infeliz. Para evitá-lo, bastaria procurar uma outra pensão; mas ele considerava esse acaso bizarro e característico o suficiente para ficar. Dormia inquieto e, com frequência, tinha de noite a sensação de olhos tateantes animando-se ao redor dele, como insetos; ao meio-dia, no entanto, às vezes um repentino escoamento tomava conta dos seus pensamentos, e ele parecia reconhecer a sua situação como uma imagem incerta girando naquele funil escuro a se esvaziar, e algo como um sonho nele se alçava, um desatino, uma sonolência, enquanto sentia, imóvel, a má vontade com que todos o olhavam.

Apenas Toronto tinha por ele desde o início um pouquinho de interesse cordial e divertido. Dele dizia: "Esse Grisolho não é lá muito esperto, mas tem algo de confiável." E para ele dizia: "Grisolho, anime-se um pouco mais!" Ou: "O que você tem nessa pasta que coloca sempre perto da janela; quase chego a pensar que você é um filósofo à paisana." E: "Grisolho, você já amou uma mulher na vida? O que isso significa para você? Venha comigo um dia desses, vamos flanar por aí." Grisolho, entretanto, se continha, esforçava-se para responder no mesmo tom, enrubescia com sua inépcia, de repente pensava em qual dessas mulheres seria a amante de Toronto, e, perpassando a sua derrota, sentia o triunfo que isso devia despertar nela, como um estímulo sorrateiro.

O outono já ia adiantado quando Grisolho começou a buscar a companhia de Eugenio Toronto. Não sabia por quê; de alguma maneira vaga, a sua proximidade lhe fazia bem. Chovia muito. Folhas amarelas nadavam no asfalto reluzente: os dias

236 DOS ENSAIOS À PEQUENA PROSA FICCIONAL

deslizavam nebulosos e já pelas cinco horas iam se desmanchando de mansinho. Às seis, as luzes das lanternas luziam úmidas em longas fileiras. As mulheres caminhavam arrepanhando as saias mais alto do que o ordinário. Emergiam de golpe diante dos nossos olhos, engolfando-nos, assustados, no raio dos seus eflúvios, e já se dispersavam de novo no odor geral de ar úmido e anônimas vestes molhadas. Era o primeiro outono em que Grisolho não trabalhava; a estação o torturava.

As mais simples reflexões cresciam como matagais, atravessando-se no caminho de tal maneira que não havia como avançar. A escolha de um chapéu ou de um passeio, ou da resposta a um insulto que inspira uma sensação de vitória ao transeunte que o profere e se afasta, tudo era bastante pesado e se arrastava longamente. Só agora Grisolho percebia como a certeza de um trabalho faz do homem um moleirão. Como a bobina prende o fio, o trabalho enrola a vida – uniforme – no seu eixo e alinha sem titubear cada novo trecho à medida que o traciona. Agora, porém, seu espírito era o de um insolvente declarado, um decaído. Fora-se a crença na sua missão que por anos o sustentara. Por acaso, nesse verão, ao ler uma notícia sem importância, saltara nele de repente a certeza – uma certeza que, sem dúvida, há tempos espreitava, sorrateira: não dá, *Tu* não vais conseguir. Essa certeza não dizia respeito a um objetivo, que sempre podemos perseguir de outra maneira, mas ao todo. Foi a renúncia repentina, quase demoníaca, a realizar a coisa imensa, espiritual, que almejara. Talvez lhe faltassem apenas ninharias que não tivessem uma relação intrínseca com a sua tarefa, ninharias que qualquer um pode possuir, como boa memória ou a capacidade de ler incansavelmente; mas, de uma hora para a outra, ele agora sabia que jamais daria conta, e com isso irrompeu aquele sentimento horrível: o tempo vai passar, vai passar por cima de ti, e o que estava reunido em teu cérebro será cumprido por vários outros, e são eles que atingirão teu objetivo.

A partir desse momento, ele não fez mais sentido para si mesmo. Tentou se educar para uma vida mediana. Mas uma multidão de dificuldades inesperadas se apresentou a ele. Desde o instante em que deixara de ter teorias sobre si mesmo, ficara à mercê das suas pulsões e sentia, abalado, que sem uma teoria sobre si mesmo, sem as forças diretrizes de um papel, faltavam--lhe também pulsões definidas. Amiúde, só o que lhe restava era um vago e doloroso anelo por uma amada que pudesse ter facilitado a transição; mas esse anelo se parecia mais com desespero e medo ou com a estéril desordem desse longo e úmido outono, com seus dias breves, estreitos como celas.

Era comum que ficasse horas na companhia de Toronto em algum café. Eles não sabiam o que conversar um com o outro. Ficavam sentados atrás das vidraças sem cortinas, reparando nas mulheres que, por um momento iluminadas na névoa, passavam deslizando pela janela como se dentro de um aquário. Era uma sensualidade obtusa e derramada. Toronto tinha 22 anos e se apossava de todas no âmbito na mera possibilidade. E Grisolho – sem que soubesse como – sentia que isso lhe era agradável. Tinha a impressão de que seus desejos sempre chegaram tarde demais; a veemente masculinidade desse jovem na sua frente o excluía da vida e o envergonhava um pouquinho; seus pensamentos vagueavam. E de repente, por algum segundo, tudo parecia como antes. Toda essa inferioridade diante de seres vulgares não era mais novidade. Era natural que qualquer uma lá fora pertencesse a Toronto. Nele ardia a força de vontade. As pessoas derretiam ao seu redor. Já Grisolho não compartilhava nenhum dos entretenimentos delas, não tinha por elas interesse ou simpatia, e tampouco elas por ele. Ele, uma tesoura fadada a cortar rente em tudo, carecia daqueles encrespamentos e rebarbas com os quais a natureza entrelaça os homens em uma malha. Misteriosamente sentia que nada possuía de tangível para aquelas pessoas, nada que pudesse impedi-las de o desprezar. E de vez em quando falava de súbito algumas palavras para Toronto, palavras como que tiradas de um prólogo, apenas para ouvi-las de novo.

Com aquela brutalidade sem a qual já não ousaria mais falar nada, ele dizia, abrupto: "Onde termina o saber, começa hoje a ópera", e calava, como se uma frase soltada assim já fizesse sentido. Ou então: "A sensibilidade se degradou por medo da reflexão, como se isso fosse inescapável. Mas não convém confiar o sentimento aos fracos de intelecto apenas porque ele está além do saber." Mas uma pressão incompreensível pesava sobre tais sentenças de coloração banal, que pareciam ser sacudidas de dentro como portões. Toronto então o mirava com um ar intrigado e sem entender, sério e reclinado na sua poltrona, e uma rugazinha corriqueira entre os olhos mostrava que esses discursos o irritavam; isso açulava a impaciência criativa de Grisolho até um ódio arrasador.

No momento seguinte, porém, a realidade desabou sobre ele. Estava excluído da comunidade dos intelectuais, e, para a mentalidade das pessoas comuns, seu humor não tinha graça, seu entendimento, na verdade, era parco, suas qualidades eram porosas e malformadas, como uma esponja na qual toda a vida morreu; os restos da sua força converteram-se em fraquezas. Grisolho fitou Toronto, apalermado; por algum tempo, os olhos deles seguiram juntos os movimentos das mulheres; e de repente ele desmoronou. A superioridade de alguém é uma coisa singular, basta ceder à imaginação dela e sufocar um pouco a confiança em si mesmo que ela se torna opressiva de modo quase corporal. Grisolho compreendeu por completo que Toronto lhe era superior; ele lhe parecia perfeito. O homem mediano rematado tem uma harmonia de forças comparável à do gênio, e isso ele julgava reconhecer em Toronto. Foi assaltado por um desejo quase infantil de tocar isso tudo. Ele agora sentia simpatia por mulheres desconhecidas, apenas porque elas agradavam a Toronto. Ele se deixaria abrigar no bolso de Toronto e ser carregado por ele.

Sobre os Livros de Robert Musil
(janeiro 1913)[5]

Este texto é um esboço ficcional envolvendo três personagens: o próprio eu do autor, um colega escritor e um crítico literário, que se encontram na paisagem imaginária do cérebro do escritor. As três personagens examinam com certo estranhamento as técnicas experimentais das primeiras ficções musilianas. Seu diálogo explicita e põe em perspectiva as avaliações que a crítica fez das duas primeiras obras de Musil.

O cérebro do poeta: eu descia deslizando, rápido, pela quinta dobra da região da terceira bossa. O tempo urgia. As massas do córtex arqueavam-se, cinzas e insondáveis, como montanhas num entardecer estrangeiro. Acima da região da medula prolongada a noite já avançava, com cores de pedras preciosas, cores de colibri, flores luzentes, perfumes espalhados, sons sem nexo. Confessei a mim mesmo que logo teria de sair dessa cabeça se não quisesse cometer uma indiscrição.

Assim, sentei-me rapidamente mais uma vez para resumir minhas impressões. À minha direita, estava o lugar de *O Jovem Törless*; ele já tinha afundado e estava coberto de uma casca cinzenta; do outro lado, eu tinha a piramidezinha dupla das *Uniões*, insolitamente tauxiada. De contornos obstinadamente despojados, coberta por densos hieróglifos, ela se parecia com o monumento de uma divindade desconhecida, erguido por um povo incompreensível, para colecionar os emblemas memoriais de sentimentos incompreensíveis. Arte europeia isso não é, admiti, mas tanto faz.

Um geólogo da literatura atrasado juntou-se a mim; era um jovem nada antipático da nova escola, que – acometido pelo cansaço do turista decepcionado – refrescava seu rosto com o

---

5. Über Robert Musil's Bücher (Januar 1913), *Kleine Prosa und Schriften*, p. 995-1002.

lenço, puxando uma conversa. "Região enjoada, essa", opinou. Hesitei com a resposta. Entretanto, mal ele recomeçou a falar, fomos interrompidos por um escritor colega do nosso anfitrião, que arriou ao nosso lado com grande estrépito, em mangas de camisa. Eu não via nada além de um rosto sorridente apoiado no punho, enquanto o homem, um retrato de força e saúde frescas como uma folha recém-saída do prelo, reatou nossa conversa no exato lugar em que ele a interrompera. De tempos em tempos, cuspia no chão à sua frente, direto numa delicada dobra do córtex musiliano, esfregando o cuspo com o pé.

"Decepcionado?!", bradou-nos, e suas palavras saltavam bossa abaixo: "O que os senhores esperavam, afinal?! A mim não decepcionou. Nessa coisa aí" – acenou com o dedão para *O Jovem Törless* – "admito que haja um tanto de talento. Mas mesmo nele Musil nada fez além de se debruçar sobre a bagatela de um adolescente de dezesseis anos, rendendo um preito descabido a um episódio que não compete a adultos. Já nas *Uniões*, seu prazer é se emaranhar em labirintos psicológicos…"

Pareceu-me já conhecer essa objeção, talvez a tivesse lido em algum lugar; uma réplica – antiga de outros tempos – começou a despontar, e eu interrompi a sua fala:

"O adolescente de dezesseis anos não passa de um ardil", opinei. "Material relativamente simples e, por isso, moldável para a composição de relações da alma que, num adulto, se complicariam com um excesso de outras coisas, complicações essas evitadas aqui. Um estado de responsividade com baixo potencial de inibição. E a apresentação de um ser inacabado, disposto a tentativas e sujeito a tentações não é em si o problema, apenas o meio para dar forma ou sugerir *o que* é inacabado nesse ser inacabado. Essa apresentação e toda a psicologia na arte são apenas os veículos nos quais viajamos; se dentre intenções do poeta você enxergar somente a psicologia, estará confundindo a paisagem com o veículo."

"Ah", disse o geólogo da literatura, enquanto soltava com seu martelinho um pedaço de cérebro, moendo-o na mão, examinando-o com seriedade e soprando-o para longe –, "nesse poeta às vezes falta vigor pitoresco."

"Não" – sorri, irado, "o que há é pouca intenção pitoresca!"

"Faça-me o favor" – retrucou o geólogo –, "poetas eu conheço às pencas."

Minha vontade era não falar mais nada. Não se pode, com um caso singular, corrigir os preconceitos arraigados que a atualidade cultiva sobre a escrita artística. Se Musil insiste em satisfazer com rigor demandas que ainda não foram despertadas, ele que se vire. Aí, porém, eu tive uma experiência estranha. O cérebro sobre o qual estávamos sentados pareceu interessar-se pela nossa conversa. De repente, eu o ouvi sussurrando algo no meu sacro, baixinho e com vogais que pulsavam aos arrancos, provavelmente por conta da condução pela minha espinha dorsal. O sussurro subia-me pelas costas, e eu tive que pronunciá-lo.

"A realidade que descrevemos" – repeti, assim impelido – "é sempre apenas um pretexto. Outrora, narrar talvez tenha sido uma espécie de apalpação reativa das experiências vividas por parte de um homem forte, mas pobre em conceitos, a apalpação dos espíritos bons e terríveis dessas experiências, cuja reminiscência ainda acachapa a sua memória: magia do dizer, do repetir, do tematizar e, com isso, do debilitar. No entanto, desde o início do romance nos atemos a uma concepção de narrar derivada disso. E a evolução quer que a descrição da realidade venha a se tornar o meio servil do homem *rico em conceitos*, graças ao qual ele furtivamente se aproxima de conhecimentos emocionais e abalos do pensamento que não podem ser apreendidos de maneira universal e mediante conceitos, mas apenas no tremeluzir do caso singular; que não podem ser apreendidos pelo homem plenamente racional e civilmente capaz, mas somente com suas partes menos consolidadas, que sobressaem. Afirmo que Musil apreende esse tipo de experiências e pensamentos (e não apenas os adivinha ou menciona de passagem) mas é preciso saber o que significa poesia antes de debatermos se uma dada poesia é boa."

"Bom", sussurrou o cérebro: "bom."

Mas o geólogo já tinha a resposta pronta: "Não a especulação, mas sim a vivacidade é a propriedade decisiva do poeta. É só pensar nos nossos narradores verdadeiramente grandes. Eles descrevem de modo pitoresco. Uma óptica artificiosa responde tudo: a opinião e o pensamento do artista jamais se intrometem no acontecimento em si; eles não ficam, por assim dizer, no mesmo nível da imagem, fazendo-se sentir apenas em perspectiva, enquanto pontos de fuga."

O cérebro embaixo de mim grunhiu, alegando que a vivacidade, com todo o respeito, não passa de um meio, não sendo o fim da arte.

"Pode-se" – continuei, explicitando – "sentir o afã de dizer mais coisas, e coisas mais precisas, do que permitem esses meios. Nesse caso, formamos algo novo. A arte é algo intermediário e intermediador entre conceituação e concretude. Normalmente narramos por meio de ações, e os sentidos pairam como neblina no horizonte. Ou então eles são claros, mas aí já eram mais ou menos conhecidos. Assim, será que não podemos tentar, por uma vez e com certa impaciência, desdobrar um pouco mais as conexões materiais dos sentimentos e pensamentos em jogo, apenas sugerindo aquilo que não se pode mais dizer com palavras, através do vapor fremente dos corpos estranhos que pairam sobre a ação? Acredito que, com isso, apenas invertemos a proporção de uma mistura de substâncias, devendo encará-lo como um engenheiro. Vocês que chamam isso de especulação, no entanto, exageram as dificuldades da representação pitoresca de seres humanos – bastam alguns respingos de tinta, quanto mais conhecidos, melhor. Aqueles poetas que tanto estimam a vivacidade completa das suas figuras se parecem com o bom deus cerimonioso dos teólogos, que concede aos homens o livre-arbítrio para que cumpram o que lhe é devido. Pois as personagens do livro são criadas apenas para colocarmos nelas sentimentos, pensamentos e outros valores humanos que lhes extraímos de novo por meio da ação."

Aqui, no entanto, a palavra me escapou, passando para o robusto colega escritor.

"Seja como for" – decidiu ele –, "isso é teoria, e a industriosidade teórica dessa técnica pode ser adequada à essência desse escritor. Na prática, continua sendo válido o que eu disse antes: que esses livros não têm nada que ver com as verdadeiras forças da nossa época. Eles se dirigem a um pequeno círculo de gente hipersensível, que não tem mais senso de realidade – nem ao menos um senso perverso –, somente representações literárias dela. Trata-se de uma arte artificialmente cultivada, que a indigência tornou ressequida e obscura, e ainda por cima o afeta como uma pretensa qualidade. Sim, senhor" – gritou de repente, como se tivesse de honrar em especial uma ideia, embora ambos lhe déssemos tempo para terminar –, "o século XX estruge de acontecimentos, e esse homem não tem nada de decisivo para reportar sobre os fenômenos da vida, nem sobre a vida dos fenômenos! Mera suposição: eis a alma da sua poesia." – E tensionou o bíceps.

O geólogo aproveitou esse excurso para se apoderar, com sucesso, da palavra.

"Qual é, afinal, o *conteúdo* das suas últimas narrativas?" – perguntou, convincente.

"Nenhum" – respondeu, satisfeito e feliz, o literato.

"O que se passa nelas?"

"Nada!" – sorriu o escritor, com ar de quem não quer prodigalizar palavras. "Uma mulher qualquer trai seu marido em nome de alguma ideia construída de que isso significaria a culminância do seu amor; já outra hesita, ao modo de uma neuropata, entre um homem, um padre e a lembrança de um cachorro que lhe parece igual ora a um, ora ao outro. O que acontece já está decidido de antemão, e é repulsivo e insignificante; um cipoal intelectualoide e meloso, no qual nem mesmo as personagens conseguem avançar."

"Nem sobre a própria vida ele tem ideias mais" – rematou o colega, com uma serenidade que beirava a benevolência.

244 DOS ENSAIOS À PEQUENA PROSA FICCIONAL

Agora me pareceu que não devia falar mais nada. Até mesmo o tratado de Robert Mayer[6] sobre a energia parecera aos seus confrades de uma sofisticação afetada e sem conteúdo. Aí, no entanto, repetiu-se com ainda mais força a experiência anterior. Palavras soltas e frases curtas subiam até mim com bastante veemência, era como se sussurros mais longos fossem recobertos por uma substância mole e viscosa, às vezes entrecortados e irrompendo inopinadamente num ponto posterior.

"Não os deixe em paz!", pedia, aos arrancos: "Não se trata dos meus livros, que podem lá ser precários, trata-se de abrir o caminho para uma maior imodéstia em assuntos humanos, emancipando o público da narrativa para além de babás e amas de leite!"

Obedeci. Tinha a impressão de que o meu cérebro se duplicava: enquanto um dos exemplares pairava suave, subindo e descendo atrás do *musculus longissimus dorsi*, o outro parecia boiar, tênue como uma sombra lunar, no meu crânio. Vez e outra, eles se aproximavam e pareciam se fundir. Aí eu perdia o meu corpo num peculiar sentimento intermediário entre o eu e a estranheza. Falei, e as palavras saíam de mim penugentas e adstringentes como fruta verde, e somente depois de a última letra acabar de passar é que elas pareciam tornar-se o que diziam naquela nova atmosfera.

"Caberia provar" – comecei, devagar – "se uma obra de arte é obscura devido à fraqueza do seu criador ou se ela parece obscura ao leitor por causa da fraqueza deste. Dever-se-ia extrair um por um os elementos espirituais que sustentam sua construção. Os mais decisivos desses elementos são (apesar do confortável preconceito dos poetas) pensamentos."

O colega se sobressaltou.

"Claro, eles nunca devem ser apresentados em estado puramente conceitual" – ainda consegui acrescentar –, "não estou

6. Julius Robert von Mayer (1814-1871), físico alemão e fundador da termodinâmica; enunciou a primeira lei da termodinâmica (energia não pode nem ser criada, nem destruída); seus méritos passaram despercebidos, e a primeira lei foi atribuída a James Joule.

falando em prol de nenhum racionalismo, e sei que obras de arte nunca podem ser dissolvidas em significações patentes sem que sobre algum resíduo; isso se dá apenas quando descrevemos seu conteúdo, e também aí apenas por meio de novas relações das coisas racionais com modos de dizer, com representações da situação e outros momentos irracionais. Mas, no fim das contas, poetar significa primeiro refletir sobre a vida, e depois apresentar tudo isso. Compreender o conteúdo humano de uma obra de arte significa não somente inscrever no óbvio conteúdo de ideias o polígono de infinitos ângulos das cadeias de sentimentos e pensamentos, mas também marchetar esse polígono nas invenções absolutas, indefiníveis e arredondadas da dicção, no brilho das figuras, no silêncio e em tudo aquilo que não se pode reproduzir e repetir. Esse metabolismo assintótico[7] graças ao qual assimilamos ao espírito, de modo duradouro, os nutrientes da alma, é a finalidade humana da obra de arte; sua possibilidade é o critério dela. Lografndo isso, chegaríamos a um resultado; você, no entanto, já o antecipa não quando ataca a debilidade da síntese, mas ao não compreender – antes mesmo de julgá-los – os diversos sentimentos e pensamentos cuja confluência para destinos está aqui em pauta."

O escritor guardou um silêncio sarcástico, e eu prossegui: "As meras experiências de sentimentos fortes são quase tão impessoais quanto sensações; o sentimento em si é pobre em qualidades, e é só aquele que tem a experiência que lhe introduz qualidades. A meia dúzia de variantes que existe no modo e no processo dos sentimentos é insignificante; os grandes sentimentos que o poeta cria surgem dos encaixes e engastes entre sentimento e entendimento. Eis a experiência originária, que se torna meio e mediadora entre várias outras; ela consiste no sentimento, mais suas adjacências intelectual-emocionais, mais as relações entre eles. Não há nenhum outro meio para distinguir

---

7. Musil usa a metáfora da relação assintótica para assinalar que não há convergência entre sentimentos e raciocínios, e que o modo de "pensar" no estado alterado do amor, do êxtase místico ou da visão poética é irredutível ao pensamento racional.

o sentimento de São Francisco de Assis – um imenso pólipo cujos tentáculos retorcem e distorcem a imagem do mundo com suas milhares de ventosas (ai, passarinhos, meus irmãos!) – do de um pequeno padre extático; até a melancolia de Kleist antes do ato derradeiro, se a tomássemos só pelo que ela é, não seria diferente da de qualquer suicida anônimo."

"Vendo isto com clareza, não se fica a reboque do mito dos supostos sentimentos magnânimos da vida – fonte que o narrador só precisa encontrar para aí encher o seu cântaro. Esse mito, no entanto, domina em nossa arte. Pode-se dizer que no lugar em que deveríamos buscar escolhas e decisões, em nossa poesia encontramos sempre apenas uma hipótese. Quando uma pessoa nos impressiona e abala, isso acontece porque entrevemos um conjunto de pensamentos sob os quais ela resume suas experiências, e também os sentimentos, tal como ganham uma surpreendente significação nessa síntese complicada e recíproca. *Essa* é a síntese que deveria ser apresentada quando tratamos de representar um ser humano de modo proveitoso (seja ele bom ou abjeto). No seu lugar, porém, só encontramos o ingênuo postulado de sua existência[8]; e é em torno dessa mera suposição – espécie de andaime vazio entalado no ser humano – que começa a elaboração. Segue então a descrição de como, supõe--se, tais e tais homens se comportam interna e externamente no processo da ação; e, diga-se de passagem, a interioridade psicológica não passa de um segundo grau de exterioridade, quando comparada com aquele trabalho central da personalidade que só se dá atrás das camadas superficiais de dor, confusão, fraqueza, paixão – muitas vezes, apenas mais tarde. Com isso, se obtém – na descrição tanto da alma como das ações – somente as consequências daquilo que no homem é essencial, e não o próprio essencial; a essência permanece subdeterminada, como tudo que é deduzido de consequências de causas primeiras. Esse tipo de arte não se aproxima nem do núcleo da personalidade, nem

---

8. Musil condena o simulacro de síntese que acena com impressões vagas e exige que ela seja o resultado de um minucioso processo de descrição e análise.

da impressão bem aquilatada dos seus destinos. Ela, que atribui tanta importância a isso, não tem nenhuma ação *stricto sensu*, nem coerência e densidade no nível da alma, permanecendo, enquanto todo, parada em inesgotáveis novos meandros."

Acordei. Os companheiros dormiam. O cérebro embaixo de mim bocejava. "Não me leve a mal", sussurrou ele das profundezas, "mas não consigo mais manter os olhos abertos." Ouvindo essas palavras, eu berrei para sacudir os outros: "Em *Uniões*, os destinos foram desenvolvidos a partir daquele núcleo central. E o fato de a poesia que vai direto ao alvo não escolher os assuntos da atualidade não é – vocês terão que admitir – uma idiossincrasia da arte; isso se deve ao caráter das atualidades, que nunca teriam se tornado atuais se não pudessem nos cativar e se deixar compreender com meios pré-artísticos. A suposição vaga é a medida suposta…"

No entanto, eu não via mais os companheiros: estava falando para um ermo sinistro. A frase começada, enregelada de frio e tremendo diante da treva, deslizou de volta para a minha garganta. Às pressas, tomei as providências necessárias e desci zunindo, com o silêncio nos calcanhares, pela fresta mais próxima. Consegui me segurar nas fibras do nervo óptico, desci por elas até me soltar, e chapinhei, como previsto, por baixo da esclerótica; no mesmo instante, inspirei um hausto profundo e, inflando higroscopicamente até atingir minha plena humanidade, voltei para casa – satisfeito, embora um pouco tonto e meditabundo.

O Papel Pega-Moscas[9]
(1913-1914)

O papel pega-moscas Tanglefoot tem cerca de trinta e seis centímetros de comprimento e vinte e um centímetros de largura; está coberto de uma cola amarela envenenada e vem do

---

9. Das Fliegenpapier (1913-1914), *Kleine Prosa und Schriften*, p. 476.

Canadá. Quando uma mosca pousa ali – não com particular afoiteza, mais por convenção, pois já há tantas outras ali –, ela gruda, num primeiro momento, apenas com as extremidades das falanges curvas de todas as suas perninhas. Uma sensação muito suave e esquisita, como se as plantas dos pés desnudos, andando no escuro, pisassem em algo que ainda não é mais do que uma mole, morna e indefinida resistência, embora já esteja gradualmente se encharcando com o horrendo humano, o ser que é detectado, uma mão que de algum modo está ali, cada vez mais nítida, agarrando-nos com cinco dedos.

Então ficam todas eretas, estacadas como paralíticos que não querem dar na vista ou como veteranos caindo aos pedaços (as pernas arqueadas num leve O, como quem está trepado numa cumeeira íngreme). Corrigem a postura e concentram força e ponderação. Poucos segundos depois, estão decididas e dão tudo de si e, com um zumbido, tentam decolar. Continuam nessa atividade furiosa até que são paradas pela exaustão. Então há uma pausa para respirar e uma nova tentativa. Mas os intervalos tornam-se cada vez mais longos. Ficam paradas, e sinto todo seu desamparo. De baixo sobem confusas exalações. Sua língua, como um minúsculo martelo, se arrisca para fora. A cabeça é marrom e peluda, como se feita de casca de coco; humanoide como um fetiche africano. Arqueiam-se para a frente e para trás sobre as pernas amarradas, dobram os joelhos e erguem-se, trêmulas, como fazem pessoas que tentam de todas as maneiras possíveis mover uma carga pesadíssima; mais trágico do que operários, mais verdadeiro que Laocoonte na expressividade do derradeiro esforço esportivo. E depois vem o insólito momento que se repete sempre igual, quando o desejo do segundo presente supera os mais poderosos e duradouros sentimentos da existência. É o momento em que o montanhista cede à dor e decide abrir a mão, ou quando alguém perdido na nevasca deita feito criança, quando o perseguido, com os flancos doloridos, estaca. Elas não têm mais o vigor de suportar o que emana de baixo, afundam um pouco e, nesse instante, são totalmente humanas. De imediato, uma outra parte é apanhada, um pouco acima da perna ou na parte detrás do corpo ou na extremidade da asa.

Quando superam a exaustão mental e recomeçam, após uma breve pausa, sua luta pela sobrevivência, já estão fixadas em posição desfavorável, e seus movimentos tornam-se artificiais. Ficam deitadas com as pernas traseiras esticadas, apoiadas nos cotovelos, tentam se erguer. Ou ficam sentadas no chão, empinando a parte frontal, os braços estirados como mulheres que procuram em vão desvencilhar as mãos dos punhos de um homem. Ou de bruços, cabeça e braços para a frente, como que caídas em plena corrida, conseguindo manter apenas o rosto levantado. O inimigo, porém, é meramente passivo, lucrando somente com esses instantes confusos e desesperados. Um nada, algo as arrasta para dentro. De modo tão vagaroso que quase não conseguimos notá-lo, e, no mais das vezes, com uma aceleração abrupta no final, quando são assaltadas pelo derradeiro colapso. Aí súbito se deixam cair, de cara, por cima das pernas; ou de lado, com todas as pernas esticadas; muitas vezes também de lado, mas remando com as pernas para trás. Assim ficam deitadas. Como aviões caídos, uma asa erguida no ar. Ou como cavalos quebrados de exaustão. Ou com infinitos gestos de desespero. Ou como quem dorme. No dia seguinte, há ainda uma ou outra que se acorda, tateia um pouco com uma perna ou lança um zumbido com a asa. Às vezes, esse tipo de movimento espalha-se por todo o campo, e então afundam todas um pouco mais fundo na morte. E apenas no flanco do corpo, onde as pernas se encaixam, elas têm um minúsculo órgão que oscila e vive ainda por muito tempo. Ele abre e fecha, é impossível designá-lo sem uma lupa, parece um minúsculo olho humano abrindo e fechando sem parar.

EPÍLOGO E TRANSIÇÃO PARA O ENTREGUERRAS

Nossa seleção dos ensaios se encerra com a novela "O Melro", que nasceu da experiência de perigo de morte iminente que Musil teve na Primeira Guerra Mundial, durante um ataque de flechas de aviador em 1915 (a narrativa foi publicada apenas em 1928). Antecipamos, assim, um dos pontos intermediários da gradual transição dos interesses juvenis de Musil para a definição dos ensaios da maturidade e do projeto artístico no romance O Homem Sem Qualidades. "O Melro" é um exemplo da capacidade do autor de conciliar sutilezas intimistas com uma reflexão cada vez mais abrangente que propõe um inédito entrelaçamento. Neste há, de um lado, a vida afetiva, os sentimentos e as sensações, do outro, a realidade científica e tecnológica, os problemas sociais, culturais e políticos do mundo real. Musil via na literatura uma possibilidade de remediar as disfunções que clivavam as emoções e sensações íntimas do pensamento racional, impedindo assim um uso proveitoso dos conhecimentos e cálculos objetivos – um impedimento que agravou a crise da cultura que levou à Primeira Guerra Mundial. O autor exige, como condição para respostas aos desafios da modernidade científica e tecnológica, uma profunda atualização dos sentimentos morais, das aspirações espirituais e da sensibilidade estética. Todo esse domínio da alma e do espírito segregou-se, conforme Musil, das grandes tendências atuais, gerando assim duas novas fontes disfuncionais. De um lado estão as concepções humanísticas, morais e estéticas voltadas ao passado pré-industrial, mas, do outro lado, estão a fé no progresso e a confiança irracional nas soluções tecnológicas. Assim a vida contemporânea se repete numa gangorra redundante que opõe o entusiasmo tedioso do esoterismo sentimental, com seus "ridículos simulacros místicos" (Musil, Törless, KP 119), ao pragmatismo brutal de uma racionalidade pobre e ressequida[1]. Para o escritor-matemático, a saída dessa dicotomia estéril exige ver na matemática e na mística os "dois polos de um contínuo"[2] cujas constantes e quase imperceptíveis transições precisam ser observadas, registradas e articuladas. A racionalidade e a matemática não oferecem, de acordo com Musil, soluções por si só; são apenas corretivos para os pendores arcaicos e míticos da sensibilidade. A ciência e a tecnologia não devem ser confundidas com promessas de progresso automático, pois oferecem nada além de dispositivos críticos e filtros que permitiriam refinar – quando bem usados – a vida emocional e espiritual, a imaginação e a criatividade.

Embora fale numa terminologia alheia à linguagem que Adorno, Horkheimer e a escola de Frankfurt cunhariam nas imediações da Segunda Guerra Mundial, não são menos pertinentes a análise das disfunções da cultura e a sociocrítica musilianas: Musil apenas desloca para o campo da ficção reflexiva o trabalho da Dialética do Esclarecimento. Narrativas como "O Papel Pega-Moscas" e "O Melro" procuram reconfigurar o que é o ser humano diante do incomensurável potencial dos sistemas de linguagem e técnicas que predeterminam o humano – não apenas

---

1. Ver os termos burlescos que Musil usa: tedioso entusiasmo, *öde Schwärmerei*, (Musil, KP 1007) e racionalidade de peixe seco, *Dörrfischrationalität* (Musil, KP 1058).
2. H. Gschwandtner, *Ekstatisches Erleben. Neomystische Konstellationen bei Robert Musil*, p. 149.

em situações tão extremas como a guerra e a iminência da morte, mas também na vida cotidiana que "enquadra" os indivíduos ora pela convivência em blocos de apartamentos com plantas baixas repetitivas, ora pela uniformização do trabalho, do lazer, e das ideias e linguagens redundantes. "O Melro" ao mesmo tempo desmistifica e devolve à experiência extática o que há de excepcional na epifania. Mostra, por exemplo, que até uma experiência avassaladora – algo que se parece com uma epifania "única" – não é algo fundamentalmente excepcional, pois, uma vez adequadamente descrita, a visão mística ou a graça divina tampouco escapam das mais novas técnicas de cálculo: são os casos limites da probabilidade. Musil começou a aprofundar seus estudos de estatística ao tomar conhecimento da recente teoria de probabilidade – o livro Análise do Acaso, *de Heinrich Emil Timerding,* (Analyse des Zufalls, *1915).*

A construção narrativa da novela "O Melro" suspende a convencional oposição que costuma distanciar da racionalidade a experiência religiosa ou mística do ser eleito pela graça divina, segregando-a das probabilidades acessíveis ao cálculo e à verificação matemática. Embora sejam experiências muito distantes do ponto de vista qualitativo, Musil experimenta com as possíveis transições entre uma e outra, mostrando como "a percepção do sinal místico" tem afinidades e possíveis relações com fenômenos auditivos que se deixam elucidar pela "disciplina científica da acústica", que tirou proveito funcional dessas novas formas de percepção e conhecimento para as "técnicas de guerra"[3]. A ficção altamente reflexiva que Musil cria a partir dos anos 1920 desmistifica não apenas as antigas concepções esotéricas da "magia da arte", mas reivindica também para as experiências extáticas e místicas o suporte material de percepções duplamente ancoradas na materialidade do mundo e na liberdade da imaginação. É uma pena que nas conversas de Adorno e Benjamin sobre a autonomia da arte, a nova concepção da literatura "não como inspirada,

---

3. Ibidem, p. 142.

254 DOS ENSAIOS À PEQUENA PROSA FICCIONAL

mas como feita a partir de palavras" tenha escolhido Mallarmé como referência, em vez da obra mais contemporânea de Musil[4].

O Melro
(janeiro 1928)[5]

Eram amigos desde a infância os dois homens que menciono aqui a fim de contar três pequenas histórias nas quais a narrativa gira em torno de *quem* as conta. Podemos chamá-los de A-um e A-dois. Amizades dessa ordem, no fundo, tornam-se mais e mais surpreendentes com o avanço da idade. Os anos progridem e mudamos da ponta da cabeça até os pés, dos pelos mais finos ao cerne do peito, mas, é esquisito, nossa relação um com o outro permanece estranhamente a mesma, flutuando com tão pouca amplitude quanto o elo que mantemos com o rebanho de gente que chamamos, um a um, de "eu". Pouco importa perguntar se ainda nos identificamos com a cabeça redonda e loira da antiga fotografia. Na verdade, sequer podemos dizer se gostamos desse euzinho ridículo de monstrengo. E, do mesmo modo, podemos muito bem nem concordar nem estar satisfeitos com nossos melhores amigos. De fato, há muitos amigos que não se suportam. E, de certo modo, são essas as amizades melhores e mais profundas, já que contêm, sem contágio, aquela essência única em toda a sua pureza.

A juventude que fez de A-um e A-dois amigos era tudo, menos religiosa. Embora tivessem sido educados num estabelecimento que se orgulhava de dar apropriada ênfase a assuntos religiosos, os alunos do estabelecimento faziam o que podiam para ignorar tais princípios. A capela da escola, por exemplo, era uma verdadeira igreja, ampla e bela, com acabamento de um campanário

---

4. Ver a famosa carta de Adorno a W. Benjamin de 18 de março de 1936, a propósito de *A Obra de Arte na Era de Sua Reprodutibilidade Técnica*, em W. Benjamin, *A Obra de Arte na Era de Sua Reprodutibilidade Técnica*, p. 147-150.

5. Die Amsel (Januar 1928), *Kleine Prosa und Schriften*, p. 548-562.

de pedra, e servia exclusivamente ao uso da escola. Como nunca havia estranhos ali, a igreja e a torre eram de grande serventia para certos grupos de alunos. Enquanto os restantes, zelosos em seguir o sagrado costume, punham-se ora de joelhos e depois em pé nos bancos próximos ao altar, eles jogavam cartas atrás dos confessionários, fumavam cigarros na escada que levava ao órgão ou retiravam-se para a torre que sustentava, sob o telhado pontudo, um terraço de pedra, cujo parapeito de altura vertiginosa era o palco de proezas que poderiam ter custado o pescoço até de rapazes com almas menos pecadoras.

Um dos desafios que esses rapazes dirigiam a Deus consistia no seguinte: plantar bananeiras no parapeito mais alto do campanário, erguendo-se graças a uma lenta pressão dos músculos e permanecendo, apoiado sobre as mãos, num equilíbrio precário, com o olhar mergulhado torre abaixo. Quem quer que tenha executado a acrobacia em terra firme sabe o quanto requer de autoconfiança, ousadia e sorte para ser repetida num pedaço de pedra de um pé de largura, na altura de uma torre. Convém também dizer que muitos rapazes hábeis e destemidos nunca se aventuravam, ainda que soubessem caminhar com facilidade sobre as mãos em terra firme. A-um, por exemplo, nunca o fazia. Já A-dois – e talvez esta seja a melhor introdução dele como narrador – fora, na sua juventude, o inventor dessa prova de caráter. Um corpo como o dele era difícil encontrar. A-dois não tinha os músculos atléticos dos corpos esportivos, mas parecia por natureza ser tramado inteiro por músculos, de um modo simples e sem esforço. Possuía, no topo, uma cabeça bastante pequena, com olhos que pareciam relâmpagos dentro de envelopes de veludo e com dentes que lembravam mais a fera em plena caça do que a doçura do místico.

Tempos depois, como estudantes, os dois amigos arrebataram-se em conversas entusiásticas sobre certo credo materialista que considerava o homem destituído de alma e Deus, similar a uma máquina fisiológica ou econômica, coisa que o homem talvez de fato seja, mas que na verdade era-lhes de nenhuma importância, pois o frêmito desse tipo de filosofia reside não na sua verdade, mas em seu caráter demoníaco, pessimista, assombroso e intelectual. Já então a relação recíproca deles era a da amizade juvenil. Pois A-dois estudava economia florestal, falava de ir embora para longe como engenheiro florestal, para a Rússia ou Ásia, assim que seus estudos terminassem, ao passo que seu amigo, no lugar desses sonhos de rapaz, escolhera um entusiasmo mais sólido, agitando-se cheio de zelos no movimento dos trabalhadores que, nessa época, estava em plena expansão. Quando, mais tarde, se reencontraram um pouco antes da grande guerra, A-dois já retornara de seus empreendimentos russos. Pouco falava deles, empregado que estava nos escritórios de alguma grande empresa, parecendo ter sofrido revezes consideráveis, embora mantivesse um sensato estilo de vida burguês. Seu amigo de juventude, nesse meio tempo, convertera-se de combatente nas lutas de classe em editor de um jornal que publicava muito sobre a paz social e que pertencia a um grande investidor da bolsa. Os amigos desprezavam-se de modo mútuo e inseparável, mas logo voltaram a se perder de vista. Quando o acaso reuniu-os de novo por breve período, A-dois contou o que agora segue – contou como uma pessoa que derramasse um saco de lembranças na frente de um amigo, para logo recolhê-lo e ir embora. Em tais circunstâncias, pouco importava o que o outro retrucasse, de maneira que o diálogo pode ser descrito quase como um monólogo. Seria mais importante oferecer a imagem do aspecto físico de A-dois, pois não é irrelevante para aclarar o sentido de suas palavras. Isso, porém, é bem difícil. Chegaríamos perto disso talvez se disséssemos que lembrava um açoite de puro nervo, longo e esguio, apoiado negligentemente contra um muro com a ponta para baixo. Nessa postura meio erguida, meio arqueada, parece que se sentia muito à vontade.

Dentre os lugares mais curiosos do mundo – disse A-dois – estão aqueles pátios berlinenses formados por dois, três ou quatro prédios que mostram uns aos outros a parte traseira. Ali as cozinheiras ficam sentadas entre aquelas paredes, dentro de buracos quadrados, cantarolando. É só olhar para as louças de cobre ruivo nas prateleiras para entender quanta tramela aquilo faz. Embaixo, bem no fundo, uma voz masculina esbraveja algumas palavras de escárnio para uma moça do alto, ou sobe um pesado toque-toque de tamancos nos ladrilhos. Tudo lento. Duro. Sem trégua. Sem sentido. Sempre. É ou não é assim?

As cozinhas e os quartos, voltados para esse fora e para baixo, miram tudo aquilo. Estão próximos uns dos outros como o amor e a digestão no corpo humano. Andar sobre andar, as camas de casal estão empilhadas uma sobre a outra; pois, no prédio, todos os quartos têm a mesma disposição, já que as paredes da janela, do banheiro e do armário acabam determinando o lugar da cama com a quase precisão de meio metro. Seguindo o mesmo princípio, há um empilhamento semelhante nas copas e nos banheiros com seus azulejos brancos e, nas sacadas, com seus abajures vermelhos. Amor, sono, nascimento, digestão, reencontros inesperados, noites sombrias ou sociáveis estão estocados nesses prédios como pilhas de sanduíches num distribuidor automático. O destino pessoal já está embutido nesses apartamentos de classe média no momento em que nos mudamos para lá. Tu hás de concordar que a liberdade humana consiste principalmente em onde e quando fazemos algo, pois o que os seres humanos fazem não muda muito: assim, há uma relevância diabólica na uniformização de todas as plantas baixas. Certo dia, subi no alto de um armário, só para tirar vantagem da vertical, e posso dizer que a conversa desagradável em que estava envolvido pareceu bem diferente daquela perspectiva.

A-dois riu de sua lembrança e encheu a taça. A-um então pensou que eles próprios estavam sentados numa sacada com um abajur vermelho que pertencia ao seu apartamento, mas ficou calado, pois conhecia muito bem quais seriam as objeções do amigo.

Ainda hoje admito, aliás, que há algo avassalador nessa regularidade – concedia A-dois por conta própria –, e, naquela época, eu projetava nesse novo espírito das massas e do

258 DOS ENSAIOS À PEQUENA PROSA FICCIONAL

despojamento a aura dos desertos ou dos oceanos. Afinal, um abatedouro em Chicago, embora me revolva o estômago, tem um interesse bem diverso de um bonito vaso de flores. O estranho, contudo, era que justamente na época em que possuía esse apartamento, eu pensava em meus pais com frequência incomum. Você deve lembrar que eu perdera quase todo o contato com eles. De repente vinha-me à mente esta frase: eles te doaram a vida. E essa frase risível ia e voltava de tempos em tempos, como uma mosca que não se deixa espantar. Não há muito a dizer sobre essa fórmula hipócrita que nos martelam na cabeça na infância. Mas enquanto contemplava meu apartamento, dizia para mim, invariavelmente: olha só, agora compraste tua vida, por alguns tantos mil marcos de aluguel por ano. Talvez dissesse também em certas ocasiões: agora criaste uma vida por esforço próprio. Essa ideia pairava no ar com um não sei evocando algo entre a loja de departamentos, o seguro de vida e o meu orgulho. E nisso havia alguma coisa que me parecia realmente notável ou quase enigmática – que existisse algo que me havia sido doado, quer eu quisesse ou não, e, além do mais, algo mais fundamental que todo o resto. Acho que essa frase ocultava um tesouro de irregularidades e imprevisibilidades, que eu havia suprimido. E depois veio justamente a história com o rouxinol.

Começou numa noite igual a muitas outras. Havia ficado em casa e, depois que minha esposa se retirara para dormir, havia me sentado na sala de fumantes. A única diferença com outras noites semelhantes talvez fosse que eu não havia tocado em nenhum livro e em nada mais. Mas também isso já havia acontecido antes. Depois da uma, a rua começa a se apaziguar; conversas soam quase como raridades; é lindo acompanhar com o ouvido o avançar da noite. Às duas horas, qualquer barulho e riso já são sinais certos de embriaguez e atraso. Pouco a pouco fui tomando consciência de que estava à espera de algo, porém sem adivinhar minimamente o quê. Perto das três, era maio, o céu começava a clarear. Sentia meu caminho pelo apartamento escuro até o quarto e deitei-me sem fazer barulho. Esperava

EPÍLOGO E TRANSIÇÃO PARA O ENTREGUERRAS   259

apenas o sono e, para o dia seguinte, um dia como o anterior. Então já não sabia se dormia ou estava acordado. Entre as cortinas e as fendas das venezianas bufava um verde-escuro, as fitas esguias da branca espuma matinal serpenteando entre os gomos. Isso pode ter sido minha última impressão acordada ou a visão onírica do primeiro repouso. E então fui despertado por algo que se aproximava – sons aproximavam-se. Uma, duas vezes, eu constatava isso, bêbado de sono. Depois os sons instalaram-se no alto da casa vizinha e, de lá, saltavam no ar como golfinhos. Ou como aquelas bolas luminosas dos fogos de artifício – isso seria outro modo de expressar a mesma coisa, e a imagem das esferas luminosas foi a que ficou. Na queda elas estilhaçavam-se docemente ao roçar as vidraças e afundavam nas profundezas como vastas estrelas de prata. Então entrei num estado encantado. Estendido em minha cama, como uma escultura nas lápides mortuárias, eu vigiava, mas com uma vigilância diversa do vigiar diurno. É muito difícil descrever, mas quando penso naquilo, é como se algo em mim tivesse emborcado. Eu não era mais algo plástico, saliente, mas algo que se retraía, afundava. E o quarto não era côncavo, mas consistia num material que não existe entre os materiais do dia. Era um estofo negro translúcido e um negro-palpável, e esse era também o estofo de que eu era feito. O tempo corria em rápidas, minúsculas pulsações febris. Por que não aconteceria agora o que nunca acontece? – é um rouxinol que canta ali! – eu disse para mim em meia voz.

É claro que talvez existam em Berlim mais rouxinóis do que pensava – continuou A-dois. Achava então que eles não existissem naquelas montanhas de cimento, e que aquele viera voando para mim, de bem longe. Para mim!! – eu intuía, e me levantei sorrindo. – Um pássaro do céu! Então eles existem realmente! – Num momento como esse, olha, estamos prontos – do modo mais natural do mundo – a crer em coisas sobrenaturais. É como se tivéssemos passado a infância num mundo encantado. Pensei prontamente: vou seguir o rouxinol. Adeus, Amada! – pensava – Adeus, amados, adeus, casa, cidade…! Mas antes que eu pudesse me erguer da cama e tivesse ideia clara do que pretendia – se subir nos telhados para perto do rouxinol ou permanecer aqui embaixo, nas ruas –, o pássaro emudecera e parecia ter voado para longe.

Agora ele está cantando num outro telhado para outro adormecido. – A-dois refletia. – Talvez estejas pensando que aqui a história terminou? – Apenas aí ela começou, e eu não sei qual vai ser o seu final!

Fiquei ali – deixado ao abandono, órfão e sufocado por um terrível pesar. Nem um rouxinol era, era um melro, eu me dizia então, exatamente como tu gostarias agora de objetar. Todos sabem, esses melros imitam as vozes dos outros pássaros. Logo estava totalmente desperto, e o silêncio me arremessou no tédio. Acendi uma vela e observei a mulher que estava deitada ao meu lado. Seu corpo tinha a cor de tijolo pálido. Por cima da sua pele se estendia a borda branca do cobertor, como uma faixa de neve. Largas linhas de sombra ondulavam ao redor do corpo, a origem delas parecia incompreensível, embora naturalmente tivessem algo a ver com a vela e com a postura do meu braço. – Não importa, eu pensei, que na verdade seja apenas um melro! Ah, muito ao contrário: foi justo por ser um melro qualquer que me deixou tão fora de mim. E tudo ganha assim um significado ainda maior. Deves saber bem que, quando choramos, é por decepções mais simples. Se ela for dupla, a decepção, logo puxamos um sorriso. E em meio a tudo isso, eu sempre de novo pousava o olhar sobre minha mulher. Tudo aquilo estava interligado, mas não sei como. Eu te amei por tantos anos, pensei, e como nada neste mundo. E agora estás aí deitada, como um cartucho queimado do amor. És uma total estranha para mim agora, e agora eu me desvencilhei pela saída dos fundos do amor. Aquilo era enfado? Não lembro de ter alguma vez sentido enfado. Só posso dizer isto: é como se um sentimento pudesse transpassar o coração como se perfura uma montanha e então, saindo do outro lado, se depara com um outro mundo, com os mesmos vales e montanhas, as mesmas casas e pontezinhas.

Mas eu simplesmente não sabia o que era. E ainda hoje não sei. E talvez seja um erro eu te contar essa história ao lado das outras duas que vieram depois. Não posso falar senão do que vi ali, naquele instante em que se deu: um sinal vindo de não sei onde havia me alcançado – era essa a minha impressão na hora.

Deitei minha cabeça ao lado do corpo dela, que dormia sem suspeita, nem participação. E seu peito parecia se erguer e afundar profundamente, e as paredes do quarto imergiam e emergiam em torno daquele corpo adormecido como vagas ao redor de um navio já muito longe do porto. É possível que jamais tivesse tido a coragem de me despedir; mas, se me escapasse agora, dizia comigo, continuarei sendo um botezinho perdido na solidão, que não é visto e nem é notado pelo navio forte e confiante que passa singrando e vai embora sem mim. Beijei a adormecida, ela nada sentiu. Sussurrei algo em seu ouvido e talvez eu o tenha feito com tanto cuidado que ela nem ouviu. E aí comecei a debochar de mim e zombei do rouxinol. Mesmo assim, fui me vestindo furtivamente. Devo ter dado um soluço, mas realmente parti. Senti uma leveza vertiginosa, embora tentasse me dizer que nenhum homem decente teria direito de agir daquele modo. Lembro que eu era como um bêbado praguejando contra a calçada aos seus pés, só para se convencer de que está sóbrio.

Claro, pensei muitas vezes em voltar. Às vezes minha vontade era de atravessar meio mundo e retornar. Mas não o fiz. Ela se tornou intocável para mim. Em suma – não sei se me entendes: quem sente muito profundamente uma injustiça, não a muda mais. Não estou pedindo, aliás, a tua absolvição. Quero te contar minhas histórias só para saber se elas são verdadeiras. Não pude falar com ninguém durante anos, e se eu me ouvisse falar disto sozinho, teria uma sensação sinistra de mim mesmo.

Fique certo de que minha razão não quer ceder em nada ao teu humor esclarecido.

Dois anos depois, no entanto, eu me encontrava numa brecha vazia, num ponto morto de uma linha de batalha no Tirol do Sul; era uma linha que se curvava das trincheiras sangrentas de

Cima di Vezzena até o Lago de Caldonazzo[6]. Lá, a linha corria vale abaixo, como uma onda ensolarada, por sobre duas colinas com belos nomes, e depois subia novamente do outro lado do vale, para perder-se nas montanhas silenciosas. Era outubro. As trincheiras parcamente tripuladas afundavam em folhas secas, o lago ardia no seu mudo azul, as colinas estavam deitadas lá como imensas coroas murchas. Como coroas funerárias, eu pensava várias vezes, mas sem temê-las. Lento e dilatado, o vale fluía em torno delas. Mas, para além daquela faixa que mantínhamos ocupada, ele fugia daquela doce distração, avançando como um toque de trombeta: marrom, amplo e heroico rumo às amplas terras inimigas.

À noite ocupamos uma posição avançada. Ela estava tão vulnerável, no vale, que poderiam nos abater de cima arremessando pedras. Mas eles se limitavam a nos cozinhar com o fogo lento da artilharia. Em todo caso, nas manhãs seguintes àquelas noites, todos traziam no semblante uma expressão esquisita que só depois de muitas horas desaparecia: os olhos ficavam dilatados e as cabeças erguiam-se nos ombros de modo irregular, como grama de uma pradaria pisoteada. Mesmo assim, várias vezes levantei a cabeça de noite, mirando para além da boca da trincheira, olhando cautelosamente por sobre o ombro, como um apaixonado: via então o maciço do Brenta no límpido azul do céu, estacado contra a noite como se fosse uma plissagem de rígido cristal. E justo nessas noites as estrelas eram grandes como que recortadas de papel dourado, luzindo gorduchas como bolinhos assados. O céu estava azul ainda à meia-noite e o crescente da lua, esguio e feminil, todo prateado ou dourado, estava deitado de costas no centro, mergulhado em deleite. Tente imaginar quão belo era tudo aquilo. Nada é tão belo na vida normal e segura. E várias vezes não me segurei mais, e, de tanta felicidade e nostalgia, arrastei-me, caminhando de bruços, noite adentro, até chegar à beira das árvores auriverdes e negras.

---

6. Lago na região do Trentino, Itália, onde Musil comandou uma tropa na Primeira Guerra Mundial.

Entre elas, eu podia erguer-me como pequena pena marrom na plumagem do sereno pássaro da morte, que estava sentado ali com seu bico afiado, e parecia tão maravilhosamente colorido e negro como jamais terás visto nada igual.

Durante o dia, nas posições principais, quase se podia sair a cavalo. Em tais lugares, quando temos tempo para pensar e nos assustar, aprendemos o que é o perigo. Todos os dias, ele chama suas vítimas, uma média semanal fixa, uns tantos de uma centena. Até os oficiais do Estado Maior da divisão contam com esses números de modo tão impessoal quanto uma companhia de seguros. Aliás, nós também. Conhecemos instintivamente nossas chances e sentimo-nos seguros, mesmo que não seja sob condições favoráveis. Eis a quietude estranha que sentimos quando vivemos constantemente ao alcance do fogo. Isso tenho de antecipar para que você não faça uma ideia errônea do meu estado. Claro que ocorre de sentirmos repentinamente um ímpeto de procurar o rosto de um conhecido que vimos há alguns dias; mas ele não está mais ali. Um rosto desses pode nos abalar mais do que seria razoável, e ele paira no ar como o halo de uma vela. Em suma – temos menos medo da morte do que normalmente, ainda que um acesso mais direto a uma série de suscetibilidades. É como se o pavor do fim, que sempre pesa como uma pedra sobre os seres humanos, houvesse sido removido – e agora floresce nessa vaga proximidade da morte uma estranha liberdade interior.

Certa vez, um avião inimigo sobrevoou nossas tranquilas posições nesse período. Isso não ocorria com frequência, pois as montanhas causavam intensas correntes de ar entre seus picos fortificados, e era necessário sobrevoá-las em grande altitude. Estávamos justo no topo de uma dessas coroas funerárias e, num átimo, o céu estava coberto de pequenas nuvens brancas dos tiros de Schrapnell, como se o fuzil automático soltasse pó de arroz. Era uma imagem alegre e quase bucólica. Além disso, no exato momento em que ele passou por cima de nós, o sol atravessou as asas tricolores do avião como se iluminasse um vitral de igreja ou brilhasse através de papel de seda. Só faltava naquele momento alguma música de Mozart. Bem que passava pela minha cabeça que estávamos ali como espectadores numa corrida de cavalo, oferecendo um excelente alvo. E um de nós até disse: melhor abrigar-se! Mas parece que ninguém estava disposto a enfiar-se num buraco como um camundongo. Naquele instante ouvi um zumbido baixinho que se aproximava do meu rosto inebriado e voltado fixamente para o céu. É claro que tudo pode ter se passado de maneira inversa – que eu tenha primeiro escutado o zunido, para somente depois entender que o perigo se aproximava. Mas naquele instante entendi: isso é uma flecha de aviador! Essas flechas eram varas pontiagudas de ferro, não mais grossas que um lápis de carpinteiro, que na época se jogava dos aviões. Quando uma flecha dessas acertava na cabeça, ela saía do outro lado pelas plantas dos pés. Mas era raro que elas atingissem o alvo, e logo a tática era abandonada. Eis por que essa foi minha primeira flecha de aviador. Bombas e tiros de metralhadora têm um som bem diferente e senti na hora com o que estava lidando. Estava em suspense, e no próximo instante tive já a certeza – uma certeza que dispensava quaisquer probabilidades: essa vai acertar!

E sabe como foi? Não foi uma premonição terrível, mas como se fosse um inesperado golpe de boa sorte. Primeiro fiquei surpreso de eu ter sido o único a ouvir o zunido. Depois pensei que o som logo desapareceria. Mas não desapareceu. Ele se aproximava de mim, embora muito de longe, e tornava-se proporcionalmente maior. Olhei furtivamente para os outros rostos, mas ninguém estava percebendo sua aproximação. E no momento em que tive certeza de que somente eu ouvia a tênue cantoria, algo em mim se lançou ao seu encontro: um raio de vida. Exatamente tão infinito quanto o da morte que vinha do alto. Não estou inventando isso, apenas tento descrevê-lo do modo mais simples possível. Tenho certeza de ter encontrado uma forma de expressão sóbria, próxima da linguagem da física, mas sei que até um certo ponto ela não é muito diferente da do sonho, no qual pensamos falar claramente, ao passo que na verdade as palavras saem confusas.

Tudo isso durou bastante tempo e somente eu ouvia o som se aproximar. Era um som agudo, cantante, solitário e alto, como o tinir da borda de uma taça, porém havia algo de irreal naquilo. Nunca ouviste nada igual, disse para mim mesmo. E aquele som estava dirigido para mim. Eu estava ligado a ele e não tinha a menor dúvida de que algo decisivo estava por me acontecer. Não tive pensamentos como aqueles que supostamente temos na hora do adeus à vida. Mas tudo o que senti estava voltado ao futuro. Tudo o que posso dizer é que tive convicção de que, no instante seguinte, sentiria a presença de Deus bem próxima de meu corpo. Isso não é pouco para alguém que não acreditava em Deus desde os oito anos de idade.

Nesse meio tempo, o som de cima tornou-se mais concreto, corporal. Ele inflava e ameaçava. Várias vezes eu me perguntei se devia dar o alerta. Mas, mesmo que eu ou outro fôssemos atingidos, não queria dá-lo! Talvez houvesse uma maldita vaidade naquela convicção de que, lá em cima, bem no alto de um campo de batalha, houvesse uma voz cantando para mim. Talvez Deus não seja absolutamente nada além da possibilidade, reservada a alguns pobres diabos, de vangloriar-se, na sua estreita existência, por ter um parente rico lá no céu. Não sei. Mas, sem dúvida, agora o ar começava a tinir também para os outros. Notei manchas de inquietude cruzar os rostos, mas – tu vês – nenhum deixou escapar a menor palavra! Olhei de novo para aqueles rostos: esses rapazes, para os quais nada era mais alheio do que tais pensamentos, estacaram, sem sabê-lo, como um grupo de apóstolos à espera de uma mensagem do céu. De repente, a cantoria transformara-se em um som mais concreto, dez pés, cem pés acima de nós, e morreu. Ele – aquilo havia chegado. Aqui, bem entre nós, mas mais perto de mim, algo silenciara e fora tragado pelo chão: explodira numa mudez irreal. Meu coração batia amplo e tranquilo. Impossível que tenha me assustado nem mesmo por uma fração de segundo.

Nem a mais mínima parte do meu tempo de vida estava faltando. A primeira coisa, no entanto, que notei foi que todos olharam para mim. Estava no mesmo lugar, mas meu corpo fora bruscamente arrancado para o lado e executara um giro semicircular como em um gesto de profunda reverência. Me senti acordando de uma embriaguez, e não sabia quanto tempo estivera ausente. Ninguém me dirigiu a palavra, até que, enfim, alguém disse: uma flecha de aviador! E todos queriam procurá-la, ela que estava a vários metros abaixo do chão. Naquele instante começou a fluir através de mim uma gratidão ardente, e acho que senti meu corpo todo enrubescer. Se alguém tivesse dito que Deus havia entrado em meu corpo, eu não teria rido. Mas também não teria acreditado, nem mesmo que eu tivesse recebido um estilhaço dele. E, mesmo assim, cada vez que lembro, tenho vontade de viver de novo algo da mesma ordem!

* * *

Aliás, aconteceu mais uma vez, ainda que não com tanta nitidez – A-dois iniciava sua última história. Parecia agora menos seguro, mas notava-se que, precisamente por causa disso, ardia de ouvir a si mesmo contar a história.

Era acerca de sua mãe, que nunca havia recebido muito amor de A-dois, mesmo que ele declarasse que não havia sido bem assim. – Na superfície, não combinávamos muito – ele disse –, mas isso, afinal, é bem natural quando se trata de uma senhora de idade, vivendo há décadas numa cidadezinha, e de um filho que, no entender dela, não foi bem-sucedido neste nosso mundo. Ela me deixava inquieto como a companhia de um espelho que insensivelmente alarga a imagem. Eu feri seus sentimentos porque não retornei para casa por anos a fio. Ela, no entanto, mandava cada mês uma carta preocupada, repleta de perguntas, e, embora de costume não desse resposta, havia nisso um ingrediente muito estranho e eu tinha, apesar de tudo, um elo profundo com ela, tal como se revelou ao final.

Pode ser que, décadas antes, tenha se fixado na memória dela a imagem de um menino pequeno, e isso se fez com tanta paixão, que ela acabou por depositar nessa imagem sabe lá Deus quais esperanças, esperanças que coisa alguma poderia apagar. E como eu era aquele menino há muito desaparecido, seu amor pairava ao meu redor, como se todos os sóis que desde então se deitaram ainda estivessem flutuando num lugar entre a luz e a escuridão. De novo, poderia te parecer que isso seja aquela vaidade enigmática que não é vaidade, porém. Pois devo dizer que me incomoda ficar voltado para mim mesmo, como muitos gostam de fazer quando se divertem com velhas fotografias, ou quando se lembram o que fizeram nesse ou naquele lugar. Para mim é incompreensível esse estoque de lembranças que se guarda como uma poupança. Não sou temperamental, nem vivo para o momento, mas quando algo passou, também eu já passei adiante. E quando passo por uma rua e lembro-me de ter passado muitas vezes por aquele caminho, ou quando vejo uma das casas onde morei, eu sinto, como se fosse uma simples dor que vem sem qualquer pensamento, um veemente desgosto comigo, como se me lembrasse de algo abjeto. O que foi escoa à proporção que nos modificamos. E – assim me parece – independentemente de como nos modificamos, nós não o faríamos se aquele que deixamos fosse tão perfeito. Mas justamente por sentir normalmente dessa maneira, foi maravilhoso quando notei que havia uma pessoa que, ao longo de toda minha vida, mantinha uma mesma imagem de mim. Provavelmente uma imagem à qual eu nunca correspondera, mas que representava, num certo sentido, o mandamento de minha criação e o meu certificado. Seria compreensível para ti, se eu dissesse que minha mãe era, nesse sentido metafórico, uma natureza leonina, aprisionada na existência real de uma mulher de muitas limitações? Ela não era penetrante no nosso sentido, ela não sabia abstrair das coisas, nem fazer nexos amplos. Quando lembro minha infância tampouco posso chamá-la de bondosa, pois ela era temperamental e à mercê de seus estados de nervos. Você pode imaginar no que dá essa associação de um temperamento passional com um horizonte estreito: mesmo assim, gostaria de dizer que talvez exista uma grandeza e um caráter que pouco correspondem à encarnação na qual a pessoa se apresenta na experiência comum – um pouco como nos contos onde deuses assumem a forma de cobras e peixes.

Logo após a história com a flecha de aviador houve uma batalha em que acabei sendo capturado pelos russos como prisioneiro de guerra. Após um tempo nos campos da Rússia sofri a grande mutação e demorei em retornar porque a nova vida me agradou por muito tempo. Ainda hoje tenho admiração por ela. Um dia, no entanto, descobri que não conseguia mais repetir sem bocejar alguns dos credos que eram considerados indispensáveis. Assim me furtei ao perigo mortal salvando-me na Alemanha, onde o individualismo estava em plena flor inflacionária. Fiz uma porção de negócios duvidosos, ora por necessidade, ora pelo simples prazer de estar em um país velho, onde podemos cometer injustiças sem passar vergonha. Nisso não tive muita sorte, às vezes até fiquei em péssimos lençóis. Meus pais tampouco iam muito bem. E aí, minha mãe me escreveu várias vezes: não temos como te ajudar. Mas se o pouco que vais herdar te fosse de utilidade, gostaria de morrer já. Isso ela escreveu, ainda que eu tivesse deixado de visitá-la por anos e faltado em dar qualquer sinal de afeto. Confesso que entendi essa carta como mera retórica exaltada, e não lhe dei qualquer importância, embora não tenha duvidado da autenticidade do sentimento que ali se expressava de forma sentimental. Mas foi aí justamente que ocorreu a coisa mais estranha: minha mãe de fato adoeceu, e, até se podia cogitar que ela levou meu pai, que era muito ligado a ela. A-dois refletia. – Ela morreu de uma doença que provavelmente carregou consigo sem que ninguém suspeitasse. Seria possível, é claro, explicar a coincidência com uma série de circunstâncias naturais, e temo que me levarás a mal que eu não o faça. Pois o mais notável eram justamente alguns detalhes marginais. Ela não queria morrer de modo algum; sei que ela lutou contra a morte precoce e se queixou violentamente. Sua vontade de viver, suas decisões e seus desejos se opunham todos a esse acontecimento. Nem mesmo pode se dizer que uma decisão profunda de caráter houvesse se afirmado contra sua vontade momentânea. Pois, nesse caso, ela poderia bem antes ter pensado em suicídio ou pobreza voluntária, o que ela não fez de maneira alguma. Ela foi por inteiro, ela própria sua vítima. Nunca percebeste que teu corpo tem outra vontade inteiramente diferente da tua? Creio que todos os sentimentos que parecem ser nossos, as emoções ou os pensamentos que aparentemente nos são próprios e nos dominam, possuem eficácia para tanto, mas apenas com procuração limitada. E, em doenças graves ou restabelecimentos difíceis, nas lutas incertas assim como em todas as engrenagens do destino existe uma espécie de decisão fundamental do corpo todo, e é com ela que está o poder e a verdade. Mas seja isso como for, o que é certo é que a doença de minha mãe deu-me imediata impressão de algo totalmente voluntário; e essa impressão se mantém intacta, mesmo que a consideres uma ilusão: no momento em que recebi a notícia da doença de minha mãe, mudei do modo mais chamativo e radical, embora não tivesse nenhuma razão para preocupação – uma dureza que sempre me envolvera dissolveu-se instantaneamente. Mais não posso fazer do que observar que entrei em um estado que trazia grande semelhança com aquele despertar noturno daquela vez quando abandonei meu lar, ou com o momento em que antecipei a flecha cantante que caía do céu. Eu queria imediatamente visitar minha mãe, mas ela me impediu com uma série de pretextos. Primeiro, disse que se alegraria em me ver, mas que eu deixasse passar aquele mal-estar sem importância, para que ela me recebesse com saúde. Depois mandou-me dizer que minha visita naquele momento iria excitá-la sobremaneira; e ao final, quando insisti, acrescentou que a crise decisiva para o reestabelecimento era iminente e que eu tivesse mais um pouco de paciência. Parece que ela temia um reencontro que pudesse deixá-la insegura; e, depois, tudo foi tão rápido que mal cheguei a tempo para o enterro.

Encontrei meu pai doente também, e, como te disse, logo depois só pude ajudá-lo a morrer. Ele fora no passado um homem gentil, mas nessas semanas mostrou-se estranhamente obstinado e irascível, como se me guardasse rancores, sentindo irritação com a minha presença. Depois do seu enterro restou para mim desfazer as propriedades, e isso tomou algumas semanas: não tive pressa. As pessoas da cidadezinha vinham a mim de vez em quando, por hábito antigo, contando-me em que lugar na sala sentava meu pai, onde a minha mãe e onde eles próprios se sentavam. Olhavam tudo com cuidado e propunham comprar uma ou outra peça. São tão meticulosas essas pessoas da província, e uma vez um deles me disse, após ter tudo examinado em detalhe: é realmente terrível, quando, em poucas semanas, toda uma família é exterminada! – a mim ninguém contava entre os familiares. Quando estava sozinho, ficava quieto lendo livros da infância. Encontrara uma caixa cheia deles no sótão. Estavam poentos, cheios de fuligem, em parte ressequidos, em parte cobertos por um véu de mofo, e quando se batia neles, soltavam nuvens de breu macio. O papel protetor sumira das capas de papelão, deixando apenas algumas ilhas rendilhadas. E, quando eu penetrava nas páginas, conquistava o conteúdo como um marinheiro entre perigos, e uma vez acabei fazendo uma descoberta estranha. Notei que o pretume em cima, onde se vira a página, e na margem embaixo eram levemente diferentes daquele causado pelo mofo. Depois encontrei algumas manchas inexplicáveis, e, finalmente, riscos de lápis, grosseiros e desbotados, nas folhas do título; e, de repente, aquilo me tomou e reconheci que essas marcas de dedos, esses rabiscos de lápis e manchas deixadas pela pressa, eram rastros de dedos infantis, dos meus dedos infantis, guardados trinta anos ou mais numa caixa debaixo de um telhado e, ao que parece, esquecidos pelo mundo inteiro! – Ora, me permita dizer: para outros pode não ser grande coisa lembrar-se de si mesmo. Mas para mim foi como se o mais fundo tivesse sido revolvido e trazido à superfície. Também reencontrei um dos quartos que havia sido meu quarto há trinta anos ou mais. Ele servira mais tarde para colocar armários de linhos, toalhas e coisas assim, mas, no fundo, ele foi deixado como tinha sido ainda no tempo em que eu me sentava na mesa de pinho sob um lampião de querosene, cujas correntes suspendiam-se nas bocas de três golfinhos. Sentei de novo por longas horas aquele dia e li como uma criança que não alcança o chão com os pés. Pois, entendes, estamos acostumados com a cabeça sem eira nem beira indo rumo ao nada, desde que os pés estejam pisando bem firme no chão. Mas a infância – a infância significa ter pouca segurança nas duas pontas e ter, no lugar das pinças afiadas que desenvolvemos mais tarde, dedos macios de veludo; ela significa sentar na frente de um livro como se velejássemos por cima de abismos, montados somente numa pequena folha de papel. Eu te digo: eu, de fato, não alcançava mais o chão com os pés.

Naquele quarto coloquei para mim uma cama na qual dormia. E aí, o melro retornou. Certa vez, depois da meia-noite, fui acordado por um esplêndido, maravilhoso canto. Não acordei de vez, mas escutava primeiro do fundo do sono. Era o canto de um rouxinol. Ele não estava nos arbustos do jardim, mas no telhado da casa vizinha. Comecei a dormir de olhos abertos. Aqui não há rouxinóis – eu pensava – deve ser um melro.

Não vás pensar que estou repetindo a mesma história que já contei hoje! Pois quando pensei: aqui não há rouxinóis, isso é um melro, eu acordei; era quatro da manhã, o dia entrando nos meus olhos, o sono recuando tão rapidamente quanto o rastro de uma onda que some na areia seca da praia; e lá estava, contra a luz que era como um delicado xale de lã branco, um pássaro negro, no meio da janela aberta! Estava ali, como eu estou aqui.

Sou teu melro – disse ele –, não me reconheces?

Na verdade não me lembrei de imediato, mas me senti imensamente feliz quando a ave falou comigo.   Já sentei nesse parapeito uma vez, não lembras? – ela continuou, e então eu retruquei: – Sim, um dia pousaste aí onde estás agora e aí fechei rápido a janela.

– Sou tua mãe, disse o melro.

Bem, pode ser que eu tenha sonhado tudo isso. Mas a ave não foi um sonho. Lá estava ela, voando quarto adentro, e fechei rapidamente a janela. Subi ao sótão e procurei uma gaiola ampla de madeira da qual me lembrei, pois o melro já estivera uma vez comigo; na minha infância, exatamente como agora mesmo disse. A ave pousara na janela, voando para dentro do quarto logo depois, precisava então de uma gaiola, mas ela logo se amansou, de forma que não a aprisionei, mas ela vivia livre no meu quarto, entrando e saindo. Um dia ela não voltou mais, e, pronto, ali estava ela de novo. Não queria me enredar em elucubrações sobre se era o mesmo melro. Encontrei a gaiola e uma nova caixa de livros e só o que posso dizer é que nunca em minha vida fui um homem tão bom como desde o dia em que o melro foi meu. Mas é provável que eu não saiba te dizer o que é um homem bom.

A ave ainda falou muitas vezes depois disso? – perguntou A-um com malícia.

Não – respondeu A-dois –, não falou. Mas tive de providenciar uma ração para melro e minhocas. É óbvio que isso apresenta um pequeno problema, isso de ela comer minhocas, e eu ter que cuidar dela como minha mãe. Mas te asseguro que é possível, é só uma questão de hábito; e quantas coisas não há também no trivial cotidiano que requerem hábito! Desde então, não a deixei escapar e mais não posso te dizer; essa foi a terceira história, e como ela termina não sei.

Mas estás sugerindo – A-um tentou certificar-se com cautela – que tudo isso converge para um só sentido?

Ai, meu Deus – objetou A-dois –, é só que tudo aconteceu dessa maneira; e, se eu soubesse o sentido, não precisaria começar a te contar as coisas. Tudo se passa como se ouvíssemos sussurros, ou talvez apenas chiados, sem que soubéssemos bem distinguir!

PÓS-ESCRITO

A ÉPOCA DE MUSIL EM VERBETES

ALEMANHA Alemanha Imperial/Guilhermina; Prússia; *Reich/Reichsdeutsch* (alemão do Reino) x prussiano, mito da Prússia; *Alldeutsch, Grossdeutsch* (pangermânico); *Grossdeutschland*; Terceiro Reich.

ÁUSTRIA Casa da Áustria; Dinastia Habsburgo; Império Austro-Húngaro; República; austrofascismo.

ATRASO POLÍTICO E INSTITUCIONAL DA EUROPA CENTRAL apolítico; antiliberal; austrofascismo.

BARROCO (Mito da Áustria barroca).

BELLE ÉPOQUE Era das Fundações (*Gründerzeit*)

BIEDERMEIER *bieder* (pacato, franco, honesto) x oportunismo político populista (ver Lueger).

BURGUESIA *bourgeois, Bürger* (ver *bourgeois* x *citoyen*)

KAKANIA ver Império Austro-Húngaro

CULTURA X CIVILIZAÇÃO cultura germânica / da Europa Central; civilização da Europa Ocidental; cidadania; comunidade x sociedade; *Kulturkampf* (luta pela cultura); idealização da cultura; idealismo inflado; sacralização da cultura e da arte; postura apolítica/ iliberalismo; postura anti-moderna, antiparlamentar, antidemocrática.

ERA DAS FUNDAÇÕES.

EMULADORES DE GOETHE/DE REMBRANDT (*Goethemenschen, Rembrandtdeutsche*): idealismo, idealização.

IDEALIZAÇÃO, IDEALISMO GERMÂNICO culto da arte; concepção apolítica e antipolítica da arte; gosto histórico e apego ao passado.

LIBERAL, LIBERALISMO liberalismo despótico ou despotismo esclarecido: as reformas "liberais" de José II da Áustria; liberalismo intelectual, político, social: o espírito republicano pós-Revolução Francesa e sua carência na Europa Central; hostilização do liberalismo, parlamentarismo e das instituições democráticas da Europa Ocidental; *Magna Charta Libertatum*; liberais (história dos libertinos e liberais; partido dos l.); reformas liberais na Áustria; atraso antiliberal.

METTERNICH Sistema Metternich; Biedermeier.

MITO HABSBURGO.

MITO DA PRÚSSIA TRADICIONAL (em oposição a *reichsdeutsch*, alemão do reino).

NACIONALISMO populismo *völkisch*.

PRIMEIRA GUERRA MUNDIAL.

RACIOIDE – NÃO RACIOIDE (esboço sobre o modo de conhecimento do poeta).

REMBRANDTDEUTSCHE emuladores de Rembrandt e Goethe (ver atraso político, Sistema Metternich).

REICH *Deutsches* (*Kaiser*) *Reich*.

SACRO IMPÉRIO ROMANO-GERMÂNICO.

SISTEMA METTERNICH atraso político; atitude apolítica (ver Lagarde, Langbehn, Möller van den Bruck).

SACRALIZAÇÃO DA CULTURA E DA ARTE.

SECULARIZAÇÃO (perda da religião).

SOCIALISMO germânico; revolucionário; social-democracia; República de Weimar; Sonderweg.

Este conjunto de verbetes aborda apenas aqueles contextos históricos que os termos, as ideias e concepções musilianas exigem para uma melhor compreensão dos ensaios. São pequenos *insights* nas peculiaridades políticas e culturais da Áustria e da Alemanha, sem a pretensão de fornecer uma síntese histórica completa. Visamos tão somente a sinalização de certas noções fortemente investidas no imaginário da Áustria e da Alemanha tal como aparecem nos ensaios musilianos, assim como de algumas analogias e diferenças culturais que distinguem os dois impérios. Merecem particular atenção a tradição autocrática e o imaginário "apolítico" dos países germânicos, que resistiam com tenacidade às inovações liberais da Europa Ocidental, adotando apenas com grande atraso as estruturas parlamentares e democráticas muito mais desenvolvidas na Inglaterra e na França.

O apego a modelos do passado – do romantismo à Idade Média feudal do Sacro Império Romano-Germânico (mesmo depois de sua dissolução, em 1808) – deixou suas marcas no gosto, na sensibilidade e nas formas de expressão, em conceitos e terminologias que formam seu próprio sistema de referências – por exemplo, a oposição entre a "cultura" da Europa Central *versus* a "civilização" do Oeste europeu (*Kultur* x *Zivilisation*), ou "socialismo" prussiano x liberalismo francês e inglês, entre muitos outros. Esse vocabulário e as polarizações imaginárias que ele cria fazem parte do senso comum e são compartilhados até por intelectuais como Thomas Mann, que defendeu até o início dos anos 1920 o apego ao espírito e à alma, que ditariam à Alemanha um caminho à parte e incompatível com a pretensa arrogância materialista e politizada da França e da Inglaterra.

Embora nascido e educado no Império Austro-Húngaro, Musil fez seu doutorado em psicologia experimental em Berlim, casou com Marta Marcovaldi, uma judia berlinense, e dividiu os anos de sua vida ativa entre Viena e Berlim. Seus ensaios e reflexões sempre colocam os assuntos austríacos no contexto mais amplo da Alemanha e da Europa.

IDENTIDADES GERMÂNICAS

Do Sacro Império Romano-Germânico aos Impérios Habsburgo e Guilhermino (Reich) ❧ As Repúblicas da Áustria e de Weimar ❧ (Dinastia Habsburgo ❧ Império Austro-Húngaro ❧ Sistema Metternich ❧ Biedermeier ❧ Prussiano x *Reichsdeutsch* ❧ Austríaco; *Alldeutsch, Grossdeutsch* [pangermânico])

a. Sacro Império Romano-Germânico

O SIRG – Sacro Império Romano-Germânico é uma construção imaginária baseada no duplo princípio medieval das forças ativa e contemplativa: *vis coactiva* encarnada no imperador, *vis contemplativa* encarnada no papa[1]. No seu início, que remonta à primeira Idade Média do século VIII, ele englobava as mais diversas nações e etnias da Europa ocidental até a Europa Central, que compreendia os países do Leste europeu. Os sucessores de Carlos Magno e Frederico II se orgulhavam de serem soberanos de um reino comparável ao Império Romano, seu governo representando a ordem divina na terra e sendo legitimado pela unção do poder papal. Além de ser o braço ativo de um poder essencialmente espiritual, o imperador representa a ideia de uma unidade supranacional inerente ao sistema feudal; ele é escolhido pelos príncipes eleitores e reina sobre inúmeros principados que, por sua vez, são governados por príncipes autônomos.

As Complicações Conceituais e Jurídicas do SIRG

---

1. F. Neumann, The Grossdeutsche Reich, *Behemoth: The Structure and Practice of National Socialism 1933-1944*, p. 130s.

Já no século XVII, o jurista Samuel Puffendorf compara essa construção jurídica híbrida a um "monstro esquisito e irregular"[2] – uma avaliação que iria se confirmar com a inflação disfuncional desse ideal federativo na realidade prática. A sobreposição de estruturas de poder eclesiástico, monárquico e jurídico altamente abstratas reforçou um desenvolvimento político e social da Alemanha bastante diverso daquele da Inglaterra, em que as relações entre o soberano, a Igreja e os barões feudais foram articuladas desde 1215 por meio de conflitos e acordos. A Magna Carta é a peça fundamental da clara delimitação do poder dos monarcas e das prerrogativas do papa e dos barões ingleses. A Alemanha, ao contrário, ficou alheia a esse processo explícito e contínuo de rearticulação do qual emergem inúmeras instituições e práticas que prepararam o constitucionalismo (parlamento, debate, instrumentos jurídicos). Essa longa experiência mediou formas protodemocráticas de explicitação e resolução dos conflitos.

Alheio a essa diversificação gradual das "liberdades" (garantidas desde a *Magna Charta Libertatum*), o pensamento germânico fechou-se ao sentido positivo e ao valor do liberalismo anglo-saxão. Além disso, a Alemanha, dividida em pequenos principados autônomos, tampouco conheceu o processo de centralização administrativa iniciado na França sob a monarquia absoluta de Luís XIV, nem o desenvolvimento de uma burguesia que toma consciência de seu potencial econômico, político e constitucional, como o fez o *Tiers État* (Terceiro Estado) na França em 1789, ao criar o imaginário da cidadania. Dessa forma, a unidade de um grande reino (*Reich*) permaneceu uma mera ideia – idealização tanto mais investida e desejada quanto permaneceu não realizada. Atrelada ao ideal do grande líder carismático (à imagem e semelhança de Frederico II), essa idealização bloqueia práticas e formas de pensar que delegam e compartilham o poder com instâncias heterogêneas.

---

2. S. Puffendorf, De statu imperii, Genova, 1676, apud K.O. von Aretin, *Das Alte Reich 1648–1806. Band 1: Föderalistische oder hierarchische Ordnung (1648–1684)*, p. 346.

280 A ÉPOCA DE MUSIL EM VERBETES

Carente da experiência do enfrentamento que opõe a burguesia e os cidadãos ativos (trabalhadores e artesãos) à monarquia absoluta na Revolução Francesa, a cultura germânica desconheceu por longo tempo o desdobramento da condição burguesa em cidadania política (*bourgeois* x *citoyen*)[3]. O termo alemão *Bürger* referia-se, na Alemanha medieval, aos homens que administravam e dirigiam as cidades livres, como Hamburgo, Frankfurt ou Viena, ao seu estatuto autônomo e às suas liberdades de ação nos campos econômico, cívico e administrativo-político.

Na Áustria (diferentemente da Alemanha, que preservou o estatuto autônomo de certas cidades, como Hamburgo), a experiência cívica foi drasticamente reduzida pela ascensão da dinastia Habsburgo, que coloca a mais importante das cidades, Viena, sob a tutela imperial. O espírito de cidadania fica dormente por três séculos e desperta de novo apenas em 1866, quando as derrotas militares nas batalhas de Solferino e Königgrätz obrigam a Casa Imperial a concluir essa nova aliança e a conceder um regime constitucional. Apenas nesse momento tardio, o Partido Liberal começa a participar no governo.

b. Áustria

Casa da Áustria, Dinastia Habsburgo, Império Austro-Húngaro

A Casa da Áustria foi uma dinastia influente na federação de principados do SIRG; sua predominância dinástica se estendeu por oitocentos anos, entre os séculos XIII e XX.

Em 1556, o arquiduque Ferdinando da Áustria (irmão caçula de Carlos V e tio do rei Felipe da Espanha) é coroado imperador do Sacro Império Romano-Germânico; ele confere à cidade de Viena o estatuto de cidade imperial – uma honra que acaba

---

3. Essa lacuna da consciência cívica e republicana (*citoyen*) nos países germânicos é assunto de um ensaio de G. Lukács, *Auf der Suche nach dem Bürger: Betrachtungen zum 70. Geburtstag von Thomas Mann.* (Em Busca do Burguês-*Citoyen*), London: Freier Deutscher Kulturbund in Großbritannien, 1945.

com a autonomia e os privilégios cívicos dos cidadãos livres[4]. Mas seus protestos são em vão. A rebelião dos *Bürger* é violentamente esmagada – oito dos mais distintos líderes são executados –, e a cidade será doravante governada segundo princípios autocráticos que atrofiam a vida cívica durante três séculos, até 1866. A continuidade da mesma dinastia Habsburgo aprofunda essa tradição autocrática, tornando a Áustria imune às rupturas que fizeram se suceder Plantagenetas, Tudors, Stuarts, Casa de Orange e Hanoverianos na Inglaterra; na França, os Valois, Orleans e Bourbons. A tradição sólida se manifesta também na continuidade de certos traços culturais, como a autoencenação do poder através das intervenções arquitetônicas e iconográficas ou as festividades musicais e teatrais com fortes marcas do poder imperial (esse tema será desenvolvido abaixo em torno do imaginário barroco da Áustria).

É surpreendente que a movimentada história militar desse império fronteiriço ao Leste (com lutas contra as invasões turcas) tenha produzido um vácuo duradouro no plano literário e filosófico. O esplendor monárquico Habsburgo brilha mais na arquitetura e nas coleções iconográficas do que na criatividade literária e reflexiva: os três imperadores barrocos – Leopoldo I, José I e Carlos VI – encomendaram projetos dos arquitetos italianos Carlone, Martinelli, Canevale, Burnacini, e de Lukas von Hildebrandt e Fischer von Erlach. Mas ainda no século seguinte, no governo de Maria Teresa, um arquivista imperial constata que a "Áustria não produziu um só poeta passável"[5].

Reformas "Liberais" no Século XVIII

A liberalização da cultura e dos costumes na Áustria se deve mais a uma série de acasos felizes do que a uma mudança estrutural. Em 1713, o imperador Carlos VI viabilizou, com a Pragmática Sanção, uma forma de sucessão que escapa à regra da

---

4. Nossa síntese dessa época deve muito ao excelente livro de H. Spiel, *Vienna's Golden Autumn*, p. 7-52.

5. H. Spiel, *Vienna's Golden Autumn*, p. 9.

exclusividade masculina ditada pela lei sálica. Assim, sua filha Maria Teresia (1717-1780) pode assumir o trono em 1740, governando com grande êxito como arquiduquesa da Áustria e rainha da Hungria até 1780. Embora mantenha o tradicional antissemitismo religioso[6], este não é racial e não toca nos convertidos. Muito pelo contrário, ela favorece o talento de conselheiros judeus modernos, à condição de que esses se convertam. Essa tolerância atrai homens esclarecidos, como Liebmann Berlin (1733), um judeu convertido que recebe o título Freiherr von Sonnenfels pelos seus estudos cabalísticos e alquímicos, que interessam a José I, o marido da arquiduquesa. O filho desse conselheiro, o jurista e escritor Joseph Freiherr von Sonnenfels (1732-1817), leva a monarca a iniciar outras reformas liberais[7]: a abolição da tortura, a liberdade de comércio, o afrouxamento da censura.

O filho de Maria Teresia, José II[8] (reina de 1780-1790), dá continuidade a esse paradoxal liberalismo despótico (ou despotismo esclarecido), promovendo importantes reformas, porém num estilo rigidamente absolutista. Sua máxima: "Tudo para o povo, nada pelas mãos do povo" expressa a ideia de governo desse autocrata moderno, cujo idealismo resultou na progressão de muitas inovações liberais, fortalecendo a aceitação e tolerância dos judeus, liberdade religiosa, secularização dos monastérios e fim da servidão. Infelizmente, esse meio século mais esclarecido e liberal produziu pouca literatura e nenhuma filosofia à altura de Gluck, Haydn ou Mozart. Os próximos soberanos (Leopoldo, 1790-1792, e Francisco I, 1792-1835) terão de

6. A monarca nega, por exemplo, uma audiência pessoal ao barão Diego d'Aguilar (1699-1759) – o banqueiro judeu que financia o castelo de Schönbrunn.

7. Josef von Sonnenfels estudou a literatura e escreveu um tratado "Sobre a necessidade de Trabalhar a Língua Materna" (Von der Notwendigkeit seine Muttersprache zu bearbeiten), mas o início de sua carreira foi marcado pela rejeição; foi considerado, por um ministro desconfiado do conhecimento, "inteligente demais para servir como secretário em meu gabinete" (Zu gescheit für meine Kanzlei). Quando sua posição se afirmou, Sonnenfels promoveu a divulgação do Iluminismo francês e inglês (com o ministro Kaunitz) e lutou contra o drama de arlequim e a favor da literatura clássica.

8. A filha de José II, dona Leopoldina, interiorizou a ética paterna de dedicação e serviço, o que se expressa no "Vade-Mécum" que ela redigiu ao se preparar para sua função como imperatriz do Brasil.

lidar, no final do século XVIII, com a Revolução Francesa e as guerras napoleônicas, e a ocupação da Áustria pelas tropas francesas – humilhações que reforçam as tendências reacionárias tradicionais depois da restauração da paz em 1815.

O Sistema Metternich, a Supressão das Esperanças Revolucionárias e a Atitude Apolítica do Biedermeier

Como já mencionado anteriormente, o período antes e depois da Revolução Francesa (entre os anos 1750 e 1850) foi na França uma era de transição[9] entre o mundo tradicional e a modernidade política. Na Alemanha e na Áustria, ao contrário, as esperanças de reforma e revolução foram esmagadas tanto pela reação dos monarcas autocratas como pelo caos das invasões napoleônicas. Assim, os dois países, justo nesse período em que um dominó de descobertas científicas e tecnológicas desencadeou uma nova visão de mundo e expectativas de modernização, enveredaram por um caminho ambíguo de avanços e de retrocesso. Embora ocorra de fato uma dissolução da antiga ordem social, existe ao mesmo tempo um forte bloqueio da transição para as necessárias inovações liberais e democráticas. São vários os fatores que impedem a abertura a instituições mais liberais, democráticas e modernas: em primeiro lugar, a fragmentação da Alemanha em inúmeros principados, com costumes e estruturas heterogêneos e sem unidade nacional; em segundo lugar, migrações em massa e miséria ocasionadas pelas guerras napoleônicas. O caos facilita a restauração da ordem monárquica a partir de 1815 (Congresso de Viena[10]): o Sistema Metternich, que traria a paz por meio século e sobreviveria

9. Reinhard Koselleck (1923-2006) introduziu o conceito de "tempo-sela" para esse período entre duas eras. Koselleck é coeditor do dicionário *Geschichtliche Grundbegriffe* (Conceitos Históricos Básicos).

10. O Congresso de Viena (1815) consagra a reorganização geopolítica da Europa: a Áustria cede a Bélgica e ganha Salzburgo, a Lombardia, Veneza, Ístria, a Dalmácia, a Croácia, a Eslovênia e parte da Polônia. "Metternich despojou a Europa das reformas napoleônicas e das tendências nacionalistas, assegurando, com constantes números de equilibrismo, uma paz precária sob os olhos vigilantes da polícia secreta." (H. Spiel, op. cit., p. 17-18)

284 A ÉPOCA DE MUSIL EM VERBETES

a vários monarcas, à dissolução do Sacro Império Romano por Francisco I e às revoltas de 1848[11], até a fatal batalha de Königgrätz, em 1866. Essa derrota, que pôs fim à Guerra Austro-Prussiana e às relações com a Prússia, pavimentou tanto o caminho para a unificação da Alemanha (a Áustria degradada a prima pobre e rival menor contra a Confederação do Norte da Alemanha – a "Pequena Alemanha") como também para a *hybris* germânica, que transformaria o Império Guilhermino, liderado por Bismarck, numa potência militar e econômica agressiva e expansionista.

Do Biedermeier à Belle Époque: Gründerzeit (Era das Fundações)

O enfraquecimento militar obriga Francisco José a fazer concessões liberais para angariar o apoio da classe média, cujos méritos administrativos e científicos, comerciais e industriais formariam doravante a sustentação da Casa Imperial. Recompensada pelos seus serviços e sua lealdade com a garantia de ascensão social pela "educação e propriedade", essa classe média imobiliza-se do ponto de vista político na lealdade dócil daquela atitude *bieder* (pacato, probo) que designava, no início do Biedermeier, a qualidade da *probitas* e da honesta e leal adesão aos valores tradicionais do império. Apenas no final do século essa pacatez se degradaria aos poucos em mera convenção, apego acanhado a tradições ultrapassadas – uma mentalidade ressentida e pequeno-burguesa que fornece solo fértil para o racismo e o antissemitismo, os bodes expiatórios das mágoas difusas.

Esse declínio da retidão sincera do "homem pacato" e suas consequências políticas lamentáveis aparecem num ensaio notável de Felix Salten sobre o semblante *bieder* do prefeito de Viena,

11. Os imperadores Francisco I e Ferdinando continuam os governos autocráticos durante toda a primeira metade do século XIX, imobilizando, após um breve intervalo, até mesmos os movimentos revolucionários que recomeçam em 1848, primeiro em pequenas cidades alemãs, depois na França e em toda a Europa. Metternich e o imperador Ferdinando fogem para o exílio em Londres e Innsbruck.

Karl Lueger. A fisionomia "honesta" desse tribuno do povo mascarava o oportunismo feroz do ardiloso demagogo. Salten captou bem o perigo do conservadorismo apolítico da classe média pacata que herdou do Biedermeier a fé nos autocratas como Lueger, mas ao mesmo tempo se desvia da *probitas* pacata ao tolerar a mobilização demagógica dos mais baixos instintos: a retórica do acirramento dos ânimos que mobiliza o ódio contra bodes expiatórios aos quais se atribui a culpa pela perda dos antigos privilégios. A ira antissemita oculta as razões complexas que ocasionaram as pressões sociais da industrialização e a transformação radical das condições de vida moderna, urbana e metropolitana[12].

Em *Vienna's Golden Autumn*, a historiadora Hilde Spiel analisa a gênese da imaturidade apolítica, que tornaria a classe média baixa o alvo de ideólogos conservadores que repudiam as justas demandas de modernização das estruturas sociais ao desviar o descontentamento e as angústias para o antissemitismo. Quando recomeçam os movimentos revolucionários, em 1848 – primeiro em pequenas cidades alemãs, depois na França e na Europa toda –, "o anêmico Império Austríaco fica à mercê de duas obsessões anacrônicas: o direito divino dos reis e a identidade germânica do imperador"[13] e das elites governantes, da burocracia e da elite intelectual. Falta qualquer reflexão produtiva sobre a identidade multicultural do império e considerações que respondessem à nova realidade social e multiétnica com uma flexibilização das instituições e a inclusão parlamentar das diferentes camadas sociais e étnicas. São problemas represados por todo o imaginário e as atitudes autocráticas, na Casa Imperial, e apolíticas, na classe média e até mesmo entre os trabalhadores. Karl Marx fala diante da Primeira União Educativa dos Trabalhadores Vienenses, em agosto de 1848, quando Metternich e o imperador Ferdinando haviam se refugiado no exílio em Innsbruck e Londres, mas já estavam preparando seu retorno a Viena. Desconfiados do tom radical de Marx, os trabalhadores vienenses

12. F. Salten, *Das österreichische Antlitz: Essays*, "Lueger", p. 129-142. G. Wunberg; J.J. Braakenburg (eds.), *Die Wiener Moderne: Literatur, Kunst und Musik zwischen 1890 und 1910*, p. 126s. Além do clássico livro de C. Schorske, *Fin-de-Siècle Vienna*, é muito esclarecedor também o livro de B. Hamann, *Hitlers Wien*; os capítulos 7 e 8 (p. 285-436) fornecem um panorama dos principais pensadores e ideólogos políticos do final do século XIX e início do XX que provocaram a guinada racista do conservadorismo apolítico.

13. H. Spiel, op. cit., p. 18.

286 A ÉPOCA DE MUSIL EM VERBETES

objetaram contra os apelos revolucionários do autor do *Capital*, exigindo uma outra forma de socialismo, que garantisse os direitos de cima! Acostumados com autocratas fazendo "tudo pelo povo, mas nada pela mão do povo" (para repetir a famosa frase de José II), até o proletariado esperava receber das mãos do governo as providências sociais (melhores condições de trabalho, salários, sistema de saúde e pensão). Aderiu à tradição autoritária exatamente como a classe média culta e o partido dos liberais, que "chegou ao poder e introduziu um regime constitucional quase que por falta de outras opções. Não foi a própria força, mas as derrotas da ordem antiga causadas por inimigos externos, o que promoveu os liberais à liderança do país, e desde o início tiveram de compartilhar seu poder com a aristocracia e a burocracia imperial"[14].

Os percalços resultantes da inexperiência e da atitude apolítica iriam estigmatizar o prestígio da classe média na cena pública. Esse problema complexo tem suas raízes na longa tradição autocrática desde o barroco – um autoritarismo que o sistema Metternich[15] renovou em 1815. Não obstante os rigores do Estado policial, a paz e a prosperidade que favoreceram as classes médias criaram uma forte identificação do povo com a Casa Imperial. Favores materiais e o compartilhamento de valores artísticos, estéticos e culturais reforçaram a atitude submissa e pacata da era Biedermeier (o termo significa, literalmente, "mestre pacato"), que terminaria estagnando na veneração anacrônica da cultura barroca como suposto centro da identidade cultural austríaca e do mito Habsburgo.

---

14. C.E. Schorske, Politics in a New Key, *Fin-de-Siècle Vienna*, p. 5.

15. Reforçada no século XIX pela restauração da velha ordem monárquica, sob a liderança do diplomata príncipe Metternich, cuja missão foi a instauração do "Sistema Metternich" (1815-1848) – um conjunto de negociações e acordos entre os Estados europeus e o rígido controle interno, um Estado policial que estanca as demandas de reforma e emancipação.

O Legado da Era Barroca: O Mito Habsburgo e as Saudades da Grandeza Barroca na Era das Fundações (Gründerzeit, Backhendlzeit)

Desde a derrota na batalha de Königgrätz, em 1866, ficou evidente o enfraquecimento da Áustria entre as potências europeias, e as décadas seguintes acentuarão sua desvantagem econômica e militar, sobretudo com relação à Alemanha guilhermina. O golpe na autoestima é compensado pelo culto reativo do passado, a referência à longa história e uma artificial veneração da cultura barroca. Consolida-se o mito de um segredo misterioso – espiritual, sensual e atmosférico – que constituiria a diferença cultural distinguindo o charme acolhedor da Áustria barroca da fria racionalidade industrial e da opulência econômica que transformou a Alemanha em grande potência econômica e militar. Com esse mito do grande legado cultural barroco, a consciência austríaca cria uma compensação infeliz para os sentimentos de inferioridade e a inveja inevitável diante da Alemanha que ostenta seu êxito de primo rico. De modo sorrateiro, o mito Habsburgo consolida também o apego ao poder autocrático, que é confirmado como a referência imaginária predileta. O império de Francisco José cai no hábito de festejar o "alegre apocalipse austríaco" (na expressão de Hermann Broch[16]) com uma redundante rememoração do esplendoroso patrimônio barroco. O culto da história impedirá uma visão clara da modernidade e trava a tomada de consciência dos enormes desafios que exigiria a transformação contemporânea da sociedade e da cultura. Broch oferece uma síntese magistral do autoengano promovido pelo culto austríaco que escolhe como principal referência a "primeira modernidade" barroca, quando a França e a Áustria davam o tom na Europa ao longo dos séculos XVII e XVIII:

---

16. H. Broch, Die fröhliche Apokalypse Wiens um 1880, em G. Wunberg; J.J. Braakenburg (eds.), *Die Wiener Moderne: Literatur, Kunst und Musik zwischen 1890 und 1910*, p. 86-96.

288 A ÉPOCA DE MUSIL EM VERBETES

Durante os séculos XVII e XVIII, Paris e Viena foram os centros do poder
europeu, e a rivalidade entre as casas Bourbon e Habsburgo foi o eixo
em torno do qual girava a política mundial. [...] Foram os estados mais
"modernos" e desenvolvidos do Barroco. Essa organização tinha orientação centralizadora, na França ainda mais que na Áustria; como esse
centralismo não podia permitir-se desconsiderar as bases de seu modo
de administração, ancorado na estrutura feudal e eclesiástica, que não
podia ser destruída nem governada de modo tirânico, pois precisava do
povo e, em particular, da classe média, como contrapeso ao poder dos
senhores feudais e eclesiásticos [...] [,] a solução para essa equação complexa consistia na hipertrofia da cultura da Corte. Seu brilho cortejava as
linhagens aristocráticas menores, secularizava os domínios espirituais e
culturais que até então estavam sob o domínio exclusivo do clero, com a
fundação de academias de ciências, por exemplo, que agora se tornaram
instituições exclusivas da Corte. E embora coubesse ao povo não muito
mais que o papel do espectador impressionado (um papel que a classe
média e o povo aceitavam com prazer e docilidade), esse povo começou
a sentir aos poucos que tudo isso o promovia a um fator político. Ambos
os fatores tiveram impacto sobre o caráter nacional: compartilhando a
nova consciência de poder e esplendor, os povos das cidades rivais Paris
e Viena foram promovidos a pilares do novo estilo de vida. [...]

A secularização da vida espiritual tomou seu impulso do protestantismo; sua imitação pela Corte perseguia um objetivo político-reli-
gioso, ou seja, o fortalecimento do catolicismo no interior da estrutura
do Estado. O princípio tinha particular validade nas artes. No lugar da
intimidade privada e burguesa resultante do processo de secularização
protestante, os soberanos instauraram o entretenimento voltado para o
espetáculo e o grande número de espectadores (o salão aristocrático era o
máximo de intimidade permitida). Assim, a Corte desdobrou a secularização num domínio inacessível às práticas artísticas e costumes burgueses
por razões simplesmente técnicas. O grande concerto e a grande ópera,
como, em geral, o teatro, afastaram-se da esfera do privado como contrapeso à música de câmara, à quietude e à natureza-morta. E precisamente
como contraste e contrapeso formavam uma daquelas pontes que coloca-
vam o povo em contato imediato com o soberano e o poder do Estado.[17]

Em Viena e nos centros culturais austríacos, as práticas culturais voltadas para o esplendor e o divertimento barroco se

17. Ibidem, p. 86s. Tradução nossa.

prolongaram para além da era barroca propriamente dita. Como já mencionado acima, a Áustria se poupou a ruptura da Revolução Francesa e o enfrentamento de uma burguesia consciente e disposta a erguer-se contra a aristocracia para criar uma nova consciência republicana e um lastro distinto para a identidade burguesa e para costumes e gostos próprios. O Biedermeier prolongou por mais um século a obstinada busca de suas referências na cultura barroca, e esses modelos anacrônicos se degradam em meros simulacros. A estagnação da criatividade original e o apego a estilos históricos ultrapassados alojou-se nas máscaras do gosto teatral e musical hipertrófico, na encenação lúdica e em excessos decorativos. Essa postura encontrou sua expressão estética num pintor de sucesso na época, Hans Makart (1840-1884), um verdadeiro empresário e encenador que soube traduzir em imagens e decoração de interiores as fantasias históricas de seus clientes. Foi imenso o impacto desse virtuoso e opulento artista sobre o estilo da arquitetura de interiores e da moda da época. Além disso desempenhava uma função pública: a organização dos megacortejos que por assim dizer materializavam no espaço os sucessos da indústria e do comércio traduzidos em imagens mitológicas de todos os tempos, dos mitos gregos às alegorias medievais, motivos renascentistas e reminiscências barrocas – uma opulência visual que envolvia e magnetizava o público que se reconhecia com prazer nesses espetáculos grandiosos e a emoção estética encobria o vazio desses sucedâneos imitativos.

H. Broch salienta o vazio espiritual e cultural dessa época, e desenha um vivo contraste entre a Era das Fundações na Alemanha, que proporcionava envolvimento prático com a realidade, e a modesta e mais decorativa versão do *boom* econômico na Áustria[18]:

A Alemanha da Era das Fundações dispunha de uma vida cotidiana repleta de afazeres e interesses; produziu não apenas autênticos valores

---

18. Segundo H. Broch e H. Spiel, o termo "Era do Frango Empanado" descreveria melhor a versão austríaca (mais modesta e hedonista) da "Era das Fundações" na Alemanha: o conforto pacato da classe média austríaca está longe da ascensão meteórica da burguesia alemã, que promove a Alemanha à primeira nação econômica e militar da Europa.

científicos, mas ocupava-se também com a construção fatal de sua grandeza econômica e nacional, e isso com tanto afinco que podia deixar de lado seu vácuo de valores e seu estilo grotesco.

[...]

A ciência austríaca não era menos eficaz em matéria científica que a alemã. Em Viena lecionava Ernst Mach; de Viena partiram inovações tecnológicas (por exemplo, a hélice naval de Joseph Ressel – 1793-1857); mas, antes de tudo, Viena era o lugar da escola médica que – desde sua fundação por José II – conheceu um constante desenvolvimento, carregado por homens como Van Swieten, Hyrtl, Rokitansky e Billroth, avançando para o primeiro lugar mundial. [...]

Mas embora Viena se desse ares de uma cidade das artes, quando não da Cidade das Artes por excelência, [...] ela foi menos uma cidade da arte do que da decoração por excelência. [...] alegre e muitas vezes alegre até a debilidade, nada sabia de humor de verdade, nem do sarcasmo ou da autoironia. Em matéria literária, não havia nada fora da literatura do *feuilleton* (suplemento jornalístico). Pouco importava para os vienenses a morte de Stifter e Grillparzer ou a falta de seguidores que pudessem prolongar esses raros artistas, a fornecer uma importante contribuição para a literatura alemã e mundial. Poesia era assunto de volumes encadernados em couro e ouro para a mesa do chá [...] Em compensação, havia grande demanda daquelas artes plásticas que se prestassem para utilidades decorativas. Com toda razão, Viena chamava esse estilo aberrante com o nome do seu pintor mais representativo, o virtuoso em belezas Hans Makart [...], que enfeitiçava o público com telas que se pareciam com óperas no estilo de Rubens [...] e de fato ele encabeçou o cortejo imperial do ano 1873, montado num cavalo branco com fantasia *à la* Rubens [...] Todos os artistas que, por honestidade artística não podiam sujeitar-se ao estilo Makart, ficavam na sombra.[19]

Essa glorificação da história estilizada como o misterioso espírito austríaco e uma *joie de vivre* "barroca" deu forma e ao mesmo tempo acentuou a rivalidade entre a Áustria enfraquecida e a Alemanha Guilhermina, além de aprofundar a fuga para uma sintomática cordialidade austríaca, um ar descontraído de superioridade jovial que cumpria a função de encobrir os sentimentos de inferioridade recalcados.

19. Ibidem, p. 86-89.

c. A Prússia: Espírito e Estilo Prussianos

Como a Áustria e os demais principados independentes da Alemanha, também a Prússia fazia parte do SIRG. Ela surgiu primeiro como ducado em 1525, no Nordeste da Alemanha, às margens do Mar Báltico, e desempenhou um papel proeminente pelos seus méritos militares e sua riqueza agrária. Em 1871, no momento da fundação do Reich (pelo chanceler Bismarck), a Prússia assumiu a liderança no governo e nos destinos da Alemanha Imperial, o Império Guilhermino. Nesse processo, o carisma de Bismarck reafirmou as tradicionais tendências autocráticas e novamente impediu a diversificação pluralista das instituições, bloqueando práticas parlamentares autênticas e inviabilizando a solução de velhos conflitos sociais e políticos com instituições pseudoparlamentares.

Peter Gay escreve sobre o estilo autoritário de Bismarck que encarna o espírito militar prussiano e até hoje ressoa na palavra emblemática *Junker*:

> os membros dessa casta da aristocracia militar e de grandes proprietários de terras reinavam soberanos sobre seus súditos de trabalhadores despojados de qualquer direito e propriedade. Segundo Gay, predomina nessa mentalidade autoritária um apego ao ideal quase messiânico de uma redenção na unidade. Esse ideal, em contradição com o desenvolvimento real das relações sociais, econômicas e políticas, obrigava a mentalidade prussiana a dar preferência a ideias vagas e imagens ambíguas que convergem para a promessa da autoridade forte e supostamente capaz de dar uma direção à multiplicidade contraditória. A esperança de poder reorganizar as mentes em discórdia e a sociedade como um todo hierárquico encontra poderosas raízes na geração de Bismarck, cujo sucesso de unificação disseminou esse espírito em todas as camadas, de forma que reinava também entre intelectuais, artistas e homens cultos[20].

A identificação da Alemanha do Norte com a Prússia deve-se ao papel importante que esse principado desempenhou, cunhando ao mesmo tempo um certo estilo característico de

---

20. P. Gay, *Le Suicide d'une République: Weimar 1918-1933*, p. 63-64.

292 A ÉPOCA DE MUSIL EM VERBETES

suas antigas tradições. Mas o apego a esse estilo prussiano perfila-se, de modo reativo, quando a Alemanha começa a adotar uma nova identidade, a da Alemanha unificada, poderosa e próspera, e então o estilo prussiano se perfila'como antagônico ao estilo *reichsdeutsch* (literalmente: alemão do Reich), definido pelo empreendedorismo industrial e militar do Reich, do reino unificado sob a liderança de Bismarck, que começa em 1871.

Com esse antagonismo começa também a idealização das velhas tradições prussianas, que se prolongaria até a Primeira Guerra Mundial e além. Os ideólogos do nacionalismo germânico, por exemplo, Moeller van den Bruck, no seu livro de 1916, *Der preußische Stil* (O Estilo Prussiano), começam a mobilizar o mito da retidão heroica dos cavaleiros teutões – cujos valores essenciais teriam caído em declínio radical depois da unificação e do sucesso econômico do Império Guilhermino[21]. Entre todas as tribos germânicas, somente a Prússia teria tido o talento para a formação de um Estado – garantido e legitimado pelo seu caráter prático, reto e industrioso, que valorizaria a valentia masculina. Essa reedição do mito prussiano enfatiza o gênio antirromântico, supostamente livre do idealismo efeminado e materialista da Alemanha decadente e contaminada pelo espírito liberal da Europa ocidental. O mito se desdobra numa ideologia da guerra, entendida como catalisadora de unidade e síntese: "a Prússia [guerreira] é o grande feito colonizador do espírito alemão, e a Alemanha será o grande feito político do espírito prussiano"[22]. Sua essência se fundaria nos valores da disciplina e autodisciplina, austeridade e obediência. Inicia aqui um imaginário heroico antiliberal e irracionalista que hostiliza a racionalidade, o egoísmo e o individualismo da Alemanha materialista do Reich e a sociedade industrial e capitalista da geração paterna.

21. Apud F. Stern, *The Politics of Cultural Despair*, p. 210-211.
22. Ibidem, p. 213.

d. *Deutsches Kaiserreich, Reichsdeutsch, Drittes Reich (Terceiro Reich)*

O primeiro de janeiro de 1871 é o dia histórico da proclamação do Império Alemão (*Deutsches Kaiserreich*), do Reich que finalmente unificou os principados independentes da Alemanha num estado centralizado. O novo Reino, Reich, veio a existir graças a um sistema constitucional improvisado, implementado pelo chanceler Bismarck entre 1867-1870. Essa nova nação foi no fundo um simulacro constitucional visando acomodar a classe média (que falhou em conquistar seus direitos cívicos e republicanos em 1848 e 1866). A base desse novo império foi a aparência de um *Rechtsstaat* (Estado de Direito) que camuflava a falta de reais instituições protegendo os poucos direitos conquistados pela classe média nas lutas abortadas das décadas precedentes. O sucesso da unificação do Reich consolidou-se com a rápida industrialização das regiões predominantemente agrárias, com a criação de um sistema bancário e de uma vigorosa rede comercial. Esse rápido desenvolvimento foi apenas freado pela quebra da Bolsa em 1873, mas não se interrompeu.

O sucesso espetacular dos grandes empreendimentos industriais não se refletiu, entretanto, numa reestruturação mais que necessária do sistema político, embora concessões dos anos 1868-1870 garantissem, em princípio, oportunidades para uma economia mais livre e a participação da classe média no parlamento, o *Reichstag*. As reformas liberais ficaram muito limitadas e, apesar dos arremedos notórios, as novas leis e instituições conferiram à Alemanha apenas o prestígio um tanto ilusório de pertencer aos estados parlamentares da Europa. A autoridade monárquica e o poder factual nas mãos do chanceler Bismarck permaneceram intactos. Com essa acomodação, a classe média – aparentemente promovida para um estado de direito – ficou espremida entre três frentes: de um lado, um proletariado tenso; de outro, a nobreza, com seus antigos privilégios; e, no terceiro, a nova elite industrial que sustentava o poder crescente do Estado:

294 A ÉPOCA DE MUSIL EM VERBETES

Bismarck supunha que as classes dominantes tradicionais continuariam no seu antigo equilíbrio e que os hábitos de deferência do lado de baixo e os gestos da clemência *noblesse oblige* do lado de cima se manteriam intactos como fórmulas moderadoras e como máscaras, atenuando excessos de egoísmo de classe. Bismarck segurou firme as realidades do poder e abriu um amplo espaço para os liberais alimentarem suas ilusões sobre o próprio futuro no governo da Alemanha.[23]

O sucesso econômico da elite industrial e sua aliança com o prestígio militar da velha aristocracia formaram a base da nova consciência *reichsdeutsch:* isto é, o orgulho de uma burguesia "liberal" dividida entre empreendedores que exigiam livre-comércio e industriais que exigiam proteções especiais do Estado. Do ponto de vista da classe média, esse orgulho ostentador adquiriu rapidamente a conotação pejorativa de novo-rico e carente da solidez moral, contrastando desfavoravelmente com a antiga postura prussiana. No final dos anos 1870, a fachada liberal se desmancha, deixando claro o vetor semifeudal do sistema econômico, baseado na coalizão da aristocracia com a grande indústria e a repressão dos programas de reforma social e dos movimentos sindicais e socialistas. Enquanto o iliberalismo se estabelece como regra e identidade do país, abolindo qualquer concessão que diminuísse a autoridade, o amargor das ilusões perdidas começa a minar as relações sociais[24].

Mas apesar da revolta sorrateira, cresce também uma inegável identificação com o Reich. Esse sentimento de pertencer a uma Nação poderosa, capaz de enfrentar os estados mais poderosos da Europa, é a base de uma primeira consciência nacional germânica. Dada a persistência das estruturas autoritárias e o caráter autocrático e centralizador de Bismarck, essa consciência nacional (interiorizada, apolítica e idealista) seguiu a tendência de se orientar por valores culturais e espirituais muito pouco pautados por práticas políticas e experiências de participação efetiva no governo. Disso resultou considerável alienação

23. F. Stern, op. cit., p. xvi.
24. Ibidem, p. xvii.

dos negócios reais do estado, e o descuido beirando o desprezo para com os problemas concretos encontrava compensação no apreço pela educação e a cultura. Esse desvio dos interesses dos assuntos pragmáticos para as abstrações intelectuais explica o pendor igualmente desmedido a "elevar todo assunto concreto ao nível de uma visão de mundo universal"[25], e isso não somente no âmbito da cultura, mas também no da política. Fritz Stern confirma essa falha:

Bismarck criou um Estado que não dispunha de uma teoria constitucional [nem de princípios éticos ou de ideias morais elevadas]; sua justificação, pensava o chanceler, era o bom funcionamento da máquina estatal. Esse princípio do mero poder ficava vagamente disfarçado; seu fundamento espiritual, contudo, ficou esvaziado de todo efeito prático. [...] A idealização do poder criava um elo entre os dois reinos [o ético e o político]; as classes médias conferiam, no dizer de Max Weber, uma aura ética à conquista bismarckiana do poder. Essa atitude encorajou também na política certa idolatria do idealismo. Ideias e programas práticos ficaram eclipsados pelo privilégio concedido a atitudes inteiramente carentes de retidão, posturas radicais valorizadas como caráter [prova de integridade germânica].[26]

Com a aura dourada da idealização, o termo *reichsdeutsch* evocava a grandeza da nação próspera e empreendedora, o sucesso econômico e o poder geopolítico da era Bismarck. Expressava ora o orgulho de pertencer a uma nação que criou condições de rivalizar com o poder expansionista e as aspirações coloniais dos outros Estados europeus; ora veiculava de novo o ressentimento daqueles muitos alemães que não participavam plenamente dos lucros da nova prosperidade, e que percebiam uma lamentável deriva para o materialismo inescrupuloso e a ganância da burguesia ascendente da era bismarckiana. Assim, *Reichsdeutsch* contrasta de modo negativo com o ideal ou antes mito do antigo espírito prussiano, supostamente sóbrio, austero e probo. A dicotomia prussiano x *reichsdeutsch* irá aprofundar

25. Meinecke apud F. Stern, *The Failure of Illiberalism*, p. 14.
26. F. Stern, *The Politics of Cultural Despair*, p. xxv.

o mito da perda de virtudes pristinas e do deslize para a decadência e a imitação dos vícios do liberalismo ocidental. São as fantasias saudosistas que elevam o mito a um novo moto que reza: "A mentalidade da Alemanha unida, industrial e imperial--expansionista (*reichsdeutsch*) acabou, a partir de 1871, com os antigos valores prussianos (austeridade, retidão)."[27]

O Sonho Romântico de Unidade: Comunidade x Sociedade

No mesmo sentido saudosista, a oposição de *reichsdeutsch* x prussiano evoca também a perda do espírito comunitário tradicional e das raízes vigorosas da cultura germânica – um sentimento vago, mas profundo, que tem suas raízes no classicismo de Weimar e no romantismo alemão (e que o fascismo iria explorar para os seus fins).

Pois o sonho do Reich unificado é bem mais antigo que a era bismarckiana. O saudosismo e a idealização do passado alimentaram o imaginário estudantil desde o início do século XIX, ora com fantasias de recuperar líderes à imagem e semelhança de Frederico II ou de Carlos Magno, ora com desejos mais realistas de uma Alemanha grande e forte o suficiente para resistir às traumáticas invasões napoleônicas. Em 1820, estudantes patrióticos (e antissemitas!) da Francônia e do Reno içaram a bandeira vermelho-dourada da unidade germânica, um gesto que, paradoxalmente, será replicado nos levantes de 1848 pelos liberais austríacos, muitos deles judeus, trabalhadores e artesãos: esses últimos proclamam "liberalismo, nacionalismo, socialismo" e adotam o vermelho-dourado como signo de revolta contra o negro-amarelo do poder imperial austríaco, sem suspeitar a deriva antissemita que esse nacionalismo iria sofrer. A idealização da identidade germânica é tão forte que mesmo democratas legítimos da classe média em ascensão – Adolf Fischhof, Josef Goldmark e L.A. Frankl – se associam aos

27. Idem, *Five Germanies*, p. 178.

fanáticos pró-germânicos (já então antissemitas!) nas barrica-das[28]. Os mesmos ideais reaparecerão com colorações políticas e ideológicas cada vez mais conservadores nas obras de autores da segunda metade do século XIX e das primeiras décadas do XX, como Lagarde, Langbehn e Moeller van den Bruck, entre muitos outros. Musil ironiza esse pendor saudosista dos cul-tuadores das utopias românticas ou medievais chamando-os de "imitadores de Goethe ou de Rembrandt" (*Goethemenschen, Rembrandtdeutsche*).

O Terceiro Reich e o Caminho à Parte

A ideia de um "outro reino espiritual" é um motivo medieval retomado nos anos 1920 pelo ensaísta Arthur Ernst Wilhelm Vic-tor Moeller van den Bruck (1876-1925). Esse historiador da cul-tura e ensaísta político com forte orientação nacionalista é um dos representantes capitais da Revolução Conservadora dos anos 1920. Sua obra *Das dritte Reich* (O Terceiro Reich), publicada em 1923, tinha antes o título *Die dritte Partei* (O Terceiro Partido). Seu propósito fora criticar o poder abusivo dos partidos exis-tentes e a proposta de fundar um novo "terceiro partido" cons-tituído por conservadores com espírito inovador. Möller deixa implícita a referência a Joaquim de Fiore, o abade medieval do início do século XII, que proclamou o Terceiro Reich como uma utopia: sua realização espera a transição que levaria do poder do conhecimento do Sacro Império Romano-Germânico (Primeiro Reich) para o da sabedoria (Segundo Reich) e o Reino da reve-lação do Cristo (Terceiro Reich). Esse último realizaria a Boa Nova do Amor Divino na terra[29]. O *slogan* de Möller van den Bruck prepara (involuntariamente) a ideologia *völkisch* – o ideá-rio populista do qual se serviriam em breve os nazistas. A uto-pia do Terceiro Reich reelabora as ideias anteriores de Möller

28. H. Spiel, op. cit., p. 20.

29. Ver F. Neumann, *Behemot: The Structure and Practice of National Socialism 1933-1944*, p. 131.

van den Bruck, por exemplo, a teoria do Sonderweg: essa teoria do "Caminho à parte" reza que a Europa Central (Alemanha e Áustria) teriam de seguir sua vocação originária inscrita na sua história e nas suas próprias tradições, distanciando-se tanto das inovações sociais da Rússia comunista, como da Europa ocidental e dos Estados Unidos (civilizações decadentes do liberalismo capitalista). A Alemanha e a Áustria teriam uma vocação à parte que Moeller van den Bruck, no seu livro de 1918, *Das Recht der jungen Völker* (O Direito das Jovens Nações[30]), formula como uma Teoria do Estado (*Staatstheorie*) antiocidental e anti-imperialista. Suas ideias exerceram grande influência sobre os jovens conservadores hostis à República de Weimar e, mais tarde, sobre os nazistas que recuperaram, de forma distorcida, uma série de seus conceitos (em primeiro lugar, o *slogan* do Terceiro Reich). Pessoalmente, entretanto, Möller van den Bruck, que teve um encontro com Hitler em 1922, repudiou esse líder ascendente pelo seu "primitivismo proletário".

A busca de utopias moldadas segundo exemplos do passado, o desejo do retorno aos ideais do romantismo, da Idade Média[31] ou do pensamento mítico anterior à racionalidade moderna anima muitos pensadores dessa época – não só os intelectuais da revolução conservadora, mas também revolucionários russos e figuras de proa da Escola de Frankfurt como Franz Neumann[32]. Além dos nacionalistas, também os líderes radicais de esquerda – Friedrich Engels (no seu livro sobre a guerra dos camponeses), ou marxistas mais tardios como Karl Kautzky ou Ernst Bloch – faziam referência a essa ideia de Joaquim de Fiore. Com a recuperação do moto do Terceiro Reich pelo

---

30. A.M. van den Bruck, *Das Recht der Jungen Völker*.Disponível em: <https://archive.org/details/Bruck-Arthur-Moeller-van-den-Das-dritte-Reich/mode/2up>.

31. O gosto pelas óperas de Wagner ou pela inspiração esotérica de livros como *Der siebente Ring* (O Sétimo Anel), de Stefan George, é compartilhado em todas as classes sociais e orientações políticas. A obra mencionada realiza um retorno imaginário ao reino do imperador Frederico II, da dinastia medieval dos Hohenstauffen.

32. F. Neumann, no seu clássico *Behemoth*, refere-se à ideia medieval e cristã da *humana civilitas* em Joachim de Fiore, Dante 1265-1321 e Novalis. Ver F. Neumann, op. cit., p. 131-132.

Nacional-Socialismo perde-se o pensamento utópico e idealista que o título carregava na Idade Média e nos anos de 1920[33].

e. Alldeutsch, Grossdeutsch (Pan-Germânico)
Pan-Germânico, Alldeutsch; Grossdeutschland Versus Federação do Danúbio

Com a diminuição da predominância política e militar da Áustria imperial, começam a surgir em algumas camadas da sociedade os desejos de unificação com a Alemanha e a identificação com os sucessos do primo rico; ao mesmo tempo, aparece o repúdio à identidade multicultural da velha Áustria. Georg Schönerer (1842-1921), o prefeito Karl Lueger e Karl Hermann Wolf (1862-1941) foram os principais advogados austríacos de um nacionalismo pangermânico em busca da reunificação do tronco germânico da Áustria com a Alemanha. Esse projeto não tem muita base em propostas positivas e viáveis, mas encontra seu principal impulso na xenofobia, no antissemitismo e na hostilidade às culturas eslavas. Os sucessos econômicos e militares do Reich fortaleceram os movimentos pangermânicos em busca de uma afirmação da identidade germânica contra a contaminação multicultural e, sobretudo, judaica. Assim, consolidaram-se, no final do século XIX, diversos movimentos pangermânicos – tanto na Alemanha como também na Áustria; uma das mais notórias associações foi a *Alldeutscher Verband* (Liga Pangermânica)[34].

Entre os seguidores de Schönerer, o antissemitismo se torna a tônica predominante e dá o tom nos movimentos pangermânicos. A ideologia *völkisch* e racista de Schönerer forneceu

---

33. Ver D. Savramis, Soziale Utopien, *Soziale Welt*, ano 8, p. 294-310. Disponível em: <https://www.jstor.org/stable/40876342>.

34. O *Alldeutsche Verband* (de 1891 a 1894), depois *Allgemeiner Deutscher Verband*, existiu até 1939, propagando ideias de unificação e a ideologia *völkisch* com seus programas nacionalistas, militaristas e racistas. Contava com simpatizantes e organizações também em outros países. Ver C.E. Schorske, op. cit., p. 118-181; M. Piefel, *Antisemitismus und völkische Bewegung im Königreich Sachsen 1879-1914*, p. 112; U. Puschner, Die völkische Bewegung in Deutschland, em H. Heer; S. Fritz (Hrsg.), *Weltanschauung en marche*, p. 151–167.

300 A ÉPOCA DE MUSIL EM VERBETES

estímulos, e o estilo demagógico de Lueger e suas técnicas de acirramento do ânimo popular serviram como modelos para Hitler e o nazismo[35].

As manifestações pangermânicas constituíam apenas a ponta do iceberg de uma demanda conservadora obscura – espécie de legado maldito da longa tutela política à qual a classe média foi submetida desde 1815. Suas reivindicações pareciam abstrusas e inconsequentes e assim foram ignoradas e desprezadas durante longo tempo pela intelectualidade.

Nos últimos ensaios deste volume, Musil volta seu interesse às necessidades profundas na raiz desses fenômenos, por considerar de suma importância a análise de sua lógica, afim de desviar seus pendores nefastos antes de eles ganharem espaço. Pois a humilhante derrota de 1918 foi um poderoso estímulo para o sonho pangermânico, e a dureza do Tratado de Versalhes que amputou a Áustria da maior parte dos seus territórios e a deixou num estado economicamente insustentável, contribuiu para potencializar os ressentimentos que alimentavam as fantasias de unidade e grandeza.

Nesse momento crucial da destruição do império e de sua redução a um décimo do seu antigo tamanho, apenas duas opções pareciam viáveis. Uma parte da população depositava suas esperanças numa federação dos países ao longo do Danúbio, outros defenderam uma unificação (*Anschluss*) com a Alemanha. No entanto, em 1919 o *Anschluss* não tinha as conotações nefastas do *Anschluss* nazista: expressava a ideia da unificação dos países de língua alemã numa "Grande Alemanha". Já existia uma forte corrente de antissemitismo dos movimentos pangermânicos austríacos que eram hostis ao ideal multinacional e às migrações do Leste. Sua retórica ia fornecer poderosos estímulos para a ideologia de Hitler. No entanto, na miséria do pós-guerra, essa aliança parecia ser um imperativo para a sobrevivência econômica e política do minúsculo território amputado das

35. B. Hamann, *Hitlers Wien*, p. 337-363; 393-436.

ricas províncias da Coroa. Com a derrota na Primeira Guerra Mundial, a Áustria passou do tamanho de um imenso império multiétnico a um pequeno "torso" de menos de um quinto de sua antiga área e população. A opinião pública mais progressista e social-democrata da recém-fundada república austríaca favorecia essa unificação com a Alemanha, enquanto os círculos mais conservadores favoreciam a Federação do Danúbio.

Musil esperava que as negociações de paz permitissem uma unificação da Áustria com a Alemanha, mas por razões bem diversas das dos movimentos nacionalistas. No seu diário, ele anota em 02/11/1918 (sob o título: *Diário da Revolução*): "É uma amarga herança o fato de que os austríacos germanófilos sempre foram o povo do governo; eles não são organizados no nível político, e tampouco têm firme vontade [de construção] nacional."[36]

O lamento expressa o pesar do autor que abraçou a causa do socialismo democrático e que já teme a polarização e o *páthos* das propagandas que polarizariam a direita e a esquerda. Ouvimos nesse pesar o eco da observação de Max Weber, na sua palestra inaugural em 1895, a respeito da imaturidade política e institucional da burguesia alemã, cuja "falta de educação política de um século não se deixa recuperar em uma década", e cuja esperança por "um grande homem" não é o melhor meio de educação política[37].

---

36. *Tagebücher*, v. I, p. 342.
37. M. Weber, *Gesammelte politische Schriften*, p. 23-27s.

IDENTIDADES POLÍTICAS

Atraso Antiliberal ❦ Postura Apolítica ❦ Liberais, Cristãos-Sociais e Social-Democratas

O Atraso do Liberalismo Intelectual, Político e Social na Áustria e na Alemanha

Nos verbetes anteriores já afloraram vários aspectos das reticências induzidas pela Restauração da monarquia por Metternich, em 1815, que esmagou as esperanças suscitadas pela Revolução Francesa e afastaram as classes médias da Áustria e da Alemanha de um engajamento político e das reformas institucionais que deveriam ter acompanhado o desenvolvimento moderno. A longa tradição de dócil submissão à autoridade freou a liberalização intelectual e política da sociedade; essa falta de experiência, por sua vez, resultaria posteriormente na incompreensão e no repúdio ativo da própria ideia do "liberalismo" iluminista que se desenvolvera no século XVII. Para situar o atraso político e social da Áustria e da Alemanha, convém revisitar algumas das definições do conceito de "liberal".

O cardeal John Henry Newman homenageou certa vez (em torno do ano 1860) as posturas tolerantes e antidogmáticas do movimento liberal, que então já remontava a mais de um século: "os liberais não são bem um partido; representam antes o mundo educado dos leigos…. [cultivam] um ceticismo profundo e plausível que, no meu entender, representa a própria razão humana em desenvolvimento, a razão posta em prática pelo homem natural"[38].

A apreciação lúcida do cardeal coloca o liberalismo à margem do âmbito político-partidário e valoriza a virtude da tolerância ditada pela ampliação do conhecimento na era iluminista. Nesse sentido, é liberal a consciência das benesses do conhecimento, da pluralidade de valores e da necessária emancipação de classes, etnias e grupos religiosos, que aparece como o corolário inevitável do progresso intelectual, científico e humanitário. Inimigo das

---

38. Apud F. Stern, *The Politics of Cultural Despair*, p. XIX, n. 8.

superstições e dos excessos da fé religiosa, a postura liberal ergueu-se contra o poder arbitrário do clero e da aristocracia feudal.

É nesse sentido apenas que se pode falar de liberalização também na Áustria. Ela se mantém em proporções bastante estreitas de privilégios concedidos por monarcas como Maria Teresia e José II, que tiveram o mérito de reconhecer e recompensar a contribuição de intelectuais e das classes médias cultas no século XVIII, embora apenas nos limites de uma tradição autocrática bem enraizada. Foi um "liberalismo" que não passou de gestos tolerantes concedidos de cima e sem implicações políticas e partidárias.

No contexto austríaco, liberal não tem, portanto, as conotações econômico-políticas que hoje associamos com o termo (neo)liberal. Como atitude de tolerância e abertura, a lenta liberalização austríaca prolonga atitudes apolíticas até o século XX. O distanciamento produziu, em certos intelectuais destacados, aquela hiperlucidez que admiramos nas obras de pensadores como Hayek ou Schumpeter. Esse último concebeu a sociedade liberal e esclarecida como um campo de experimentação que põe à prova múltiplos jogos de linguagens – uma definição que pode ter inspirado a construção musiliana do homem sem qualidades. Para esses pensadores lúcidos, a já tardia elaboração da modernidade exigiria uma nova atitude que se libere, enfim, dos apegos à tradição, uma abertura e vontade de "aprender exaustivamente as regras de cada um desses jogos em cada uma de suas partes, e de familiarizar-se com todas as ideologias; porém sem afiliar-se a um dos partidos ou subscrever a um dogma específico"[39].

Em breve, entretanto, esses representantes honrosos do liberalismo austríaco teriam de partir para o exílio, ameaçados pela rigidez antiliberal do austrofascismo.

39. Cabe mencionar aqui que Max Weber planejava fazer de Schumpeter seu sucessor na cátedra de sociologia na Universidade de Viena, porém desistiu dessa intenção por considerar imoral a tolerância de Schumpeter com relação aos experimentos sociais dos bolCheviques. Weber dispunha de informações precisas e de primeira mão sobre os deslocamentos coercitivos de populações, os campos de reeducação e trabalhos forçados e rompeu, irado, com Schumpeter quando percebeu que esse não condenou os experimentos violentos do socialismo revolucionário. Ver Introduction, em A. Sica et al. (eds.), *The Unknown Max Weber*, p. xi.

A Postura Apolítica e Seus Desdobramentos em Ideologia Antiliberal[40] (Autoritarismo na Alemanha e na Áustria, Austrofascismo)

Embora o despertar cultural na Alemanha entre 1770 e 1830 tenha coincidido com a Revolução Francesa e o desenvolvimento democrático no Oeste europeu, as esperanças pelas conquistas políticas e cívicas foram frustradas na Áustria e na Alemanha. O "Sistema Metternich" concedeu à classe média austríaca um prêmio de consolação, a fórmula "Fortuna e Formação" (*Besitz und Bildung*) – ou seja, a promessa de que a liberalização da educação e da formação beneficiaria as classes médias com uma inédita prosperidade que viabilizaria a aquisição de propriedades e o gozo cultural. O preço dessa forma de desenvolvimento da classe média por meio da educação profissional, cultural e econômica concedida de cima foi a renúncia à participação política e uma hipertrofia do imaginário cultural. "Fortuna e Formação" (*Besitz und Bildung Literalmente: Propriedade e Formação*) é o lema do conservadorismo que inicia a refeudalização da sociedade[41].

A idealização da fórmula "Fortuna e Formação" inflacionou a ideia da cultura ao ponto de o patrimônio cultural e a História se avultarem como um destino da nação. O mesmo foco exagerado sobre a cultura percebe-se também na Alemanha, com a idealização da ideia de que a Nação teria herdado um legado ímpar das mãos de Poetas e Pensadores (*Dichter und Denker*) como Goethe e Schiller, Kant, Fichte e Hegel: a fórmula parecia iluminar, como um farol, caminho à parte (*Sonderweg*) que a Alemanha e toda a Europa deveriam tomar. O investimento inflacionado na cultura, no talento musical ou no dom artístico e poético, no apreço à história e ao legado filosófico do

---

40. Sintetizamos aqui partes de um capítulo da obra de F. Stern, *The Failure of Illiberalism*, p. 5-16.

41. Musil elabora esse complexo da cegueira política e cultural no seu romance *O Homem Sem Qualidades*, livro I, cap. 24.

classicismo de Weimar parecia predestinar a nação para outras realidades que a política, e para outras verdades que as da ciência e da experiência concreta. A figura Hans Castorp de Thomas Mann retrata bem o horizonte da classe média culta (ou semiculta) dessa época: seus olhos estão voltados para outras verdades – para as verdades mais sutis da sabedoria intuitiva, artística e musical, quando não para o esoterismo (e o charlatanismo).

O ideal da cultura cumpriu sua função honrosamente durante o Biedermeier. Mas no final do século XIX ele se degradou em fetiche e máscara legitimando a postura apolítica que mantinha a classe média numa reverenciosa submissão à autoridade, inebriada por sonhos de grandes líderes e gênios artísticos a perpetuar a glória da nação. Max Weber observou, na sua palestra inaugural em 1895 a respeito da imaturidade política e institucional da burguesia alemã e da austríaca: "a falta de educação política de um século não se deixa recuperar em uma década, e o reino de um grande homem não é sempre um meio de educação política. [Na Alemanha e na Áustria], poder econômico não coincidiu sempre com a vocação para a liderança política da nação"[42].

Tanto na Áustria como na Alemanha, a cultura ofereceu um espaço de compensação pelas frustrações políticas e pela impotência nos negócios práticos do governo. Como torre de marfim, a *Kultur* foi o repositório das reverências pertinentes às criações do espírito – uma ternura quase religiosa, que enaltece os mistérios da arte em cultos estéticos. Mas esse idealismo oco se degrada rapidamente em piedade rotineira assentada em clichês sentimentais. A versão austríaca desse culto tem uma poderosa fonte no mito Habsburgo[43], na exaltação do patrimônio cultural barroco, que supostamente transmitiu seu segredo às gerações posteriores. A mistificação cumpre cada vez mais a função de um escudo protetor contra as exigências da modernidade industrial, induzindo uma cegueira quase deliberada que permite ignorar as transformações sociais da sociedade de

---

42. *Gesammelte politische Schriften*, p. 27.
43. Ver C. Magris, *Der habsburgische Mythos in der modernen österreichischen Literatur*.

massas, que exigiriam importantes reformas políticas. Todos esses problemas se acumulam, sem solução, permanecendo no limbo da percepção como um desconforto inarticulado que reforça a paradoxal atitude "apolítica": desinvestimento da política e hiperinvestimento na cultura. A sacralização da *Kultur* e as poses de superioridade espiritual compensam (tano na Áustria como também nas classes médias menos favorecidas da Alemanha) o retardo econômico e institucional:

A crença na indispensável universalidade do conhecimento humanístico preenche os vácuos de possibilidades no plano da participação parlamentar e governamental, a precariedade da classe média que nunca conheceu as aberturas que ressoam na máxima de Guizot: "Enrichissez-vous" encontra sua saída na ascensão social pela via da *Bildung* (formação humanística e artística).[44]

Com a exaltação da *Kultur* e a secularização das crenças religiosas, a sacralidade é transferida para os guias espirituais e os gênios: o culto aos poetas e pensadores como Kant, Fichte, Hegel, Goethe, Schiller e Rembrandt expressa o desejo de um novo guia carismático que deve solucionar os conflitos e impasses, unindo a nação e conduzindo-a para um destino grandioso. Ao longo das décadas, o fervor alterna com o gozo passivo e uma espécie de tédio intelectual. Essa rotina esgota o ideal humanitário de Humboldt, que trabalhava ativamente na criação de uma sociedade liberal. No lugar dos ideais de engajamento cívico, social e político compartilhados pelos pensadores do idealismo alemão – de Humboldt a Kant, Fichte e Hegel –, consolida-se a retração da cena política: o *Bürger* por definição *não é* agente político ativo, mas cidadão comum que trabalha e aquiesce com as imperfeições da política e, assim, deixa o homem de Estado governar.

44. F. Stern, *The Failure of Illiberalism*, p. 8. Essa atitude apolítica teve um impacto profundo e nefasto sobre a política: por exemplo, na intensa preocupação institucional com a cultura, na criação de novas universidades o Estado substitui com força espiritual o que perdeu em força material (Frederico Guilherme III); a realização da personalidade pressupõe o cultivo humanístico da mente, o rigor repressivo dos ginásios produz erudição séria e hiperespecializada e, como rebarba, irrupções de irracionalidade e revolta.

Autores como Heinrich von Treitschke (1834-1892) fornecem o verniz espiritual (pseudo-hegeliano) para essa passiva concordância: seus ensaios reforçam a idealização da política que eleva o Estado a pessoa suprema. Essa interiorização da *Realpolitik* de Bismarck mascara, com pretensões éticas e com uma falsa aura hegeliana, o espírito do ensaísmo diletante dos escritores menores, como Lagarde e Langbehn, e as mistificações que transferiam problemas meramente práticos para o reino da teoria universal. A fraqueza crítica dos intelectuais dessa época é um efeito colateral da vulnerabilidade e do medo da classe média, espremida entre o proletariado e a elite industrial, e aterrorizada pela ideia de decair ao nível econômico do proletário.

O grande alvo da cultura alemã a partir da metade do século XIX foi preservar o legado sagrado da era de Goethe – aquele talento miraculoso que descera sobre o povo alemão – dos efeitos brutais e da deterioração [da cultura de massas], preservando ao mesmo tempo o que parecia vital e promissor nas demandas das novas camadas.[45]

Entre as camadas cultas que sentiam um gosto genuíno pela cultura, prevalecia mais e mais o esnobismo *nonchalant* que se arrogava a cultura como propriedade exclusiva: "Citações compulsórias e a invocação de Goethe e Schiller tornaram-se o *pater noster* estético da *intelligentsia* alemã."[46] A falta de criatividade intelectual e imaginativa desembocou em esforços de inovação com modelos do passado. Enquanto a vida prática se inspirava na eficácia e no pragmatismo estadunidense, as camadas cultas aderiram de modo relutante ao ritmo americanizado do império unificado, esperando reformas sociais que solucionassem os antagonismos. Max Weber comparou esse Reich a um trem expresso que avança em alta velocidade e não tem maquinista. Isso terminou fortalecendo um tipo inédito de darwinismo cultural: exaltação da força bruta dourada com o verniz dos conceitos

45. Ibidem, p. 15.
46. Ibidem, p. 18.

e ideais de Hegel e Fichte. A missão germânica reduzia-se à imposição da cultura superior como legitimação dos projetos expansionistas e à idolatria dos grandes nomes ou do culto ao guia político (ou espiritual).

Partidos dos Liberais (1866) x Cristãos-Sociais (1888) x Social-Democratas (1889)

O partido dos liberais austríacos (*Deutschliberale Verfassungspartei*) representava a classe média educada e empreendedora, os intelectuais e cientistas do meio social no qual Musil nasceu em 1880. É um partido que participou na constituição de 1867 com uma atuação que conseguiu preencher as falhas na sustentação do império depois das derrotas militares em 1859 e 1866. Concorrendo com dois outros partidos – o partido cristão-social e o partido social-democrata –, o prestígio dos liberais começou a declinar na última década do século XIX. Em grande parte, esse declínio se deve à quase incondicional lealdade dos liberais à Casa Imperial, uma osmose que impediu durante longo tempo sua abertura às necessidades e demandas legítimas dos trabalhadores e da pequena classe média.

Pois nas décadas de 1860 e 1870, as concessões modernizantes – a liberdade de movimento que permitiu à população rural migrar para os centros da indústria e para a capital, os direitos liberais concedidos à burguesia empreendedora, ou a emancipação dos judeus – são marcadas pela hesitação e o ritmo intermitente do poder imperial comprometido pela dupla aliança: de um lado, o pacto da tradição com a velha aristocracia rural e a Igreja Católica, de outro, o elo progressista com a classe média. Nas análises de Weber, a Igreja – tanto a católica, na Áustria e no Sul da Alemanha, como a luterana no Norte da Alemanha – é a força conservadora contra a cultura urbana, racional e liberal. A Igreja "voltava o olhar para o passado, hostil aos interesses da cultura; com uma postura de profunda antipatia no que diz respeito ao inevitável desenvolvimento do capitalismo, a Igreja se recusava a construir a estrutura do futuro"[47].

Quando o êxito econômico começou a vacilar sob o impacto das crises financeiras do último quarto do século XIX, os liberais se tornaram o bode expiatório de todos os males. O ressentimento se abateu não apenas sobre as perversões da industrialização e a exploração dos trabalhadores pelo capitalismo selvagem (na época rotulado como "manchesterismo"): os representantes do conservadorismo nacionalista mobilizaram seus ideólogos entre filósofos de pequeno porte e intelectuais malsucedidos, cujas teorias destilavam o veneno do ressentimento, e a crítica cultural entoou o canto de cisne da cultura, da moral e da humanidade germânica.

Quando Musil chegou à adolescência, o clima envenenado levou ao poder o principal adversário dos liberais: o partido cristão-social, sob a liderança de Karl Lueger. Político carismático e inescrupuloso, Lueger aprendeu a importância do trabalho social com um parlamentar judeu (Adolf Fischhof, cofundador do Partido Social-Democrata com o austromarxista Victor Adler). Mas, diferente do autêntico engajamento de Fischhof, a estratégia de Lueger se pautava num extraordinário faro pelo poder e pelos meios de alcançá-lo com demagogia populista. Explorava os medos, instintos e deleites mais simples do homem da rua e encontrou no antiliberalismo e no anti-intelectualismo, na antipatia contra conceitos complexos e na xenofobia que já se voltava contra os judeus do Leste sua fórmula de sucesso. A trajetória de Lueger se consolidou com sua capacidade de unir as forças mais conservadoras e reativas numa aliança improvável: a velha aristocracia católica das grandes propriedades agrárias e os prelados católicos abraçaram a causa da pequena burguesia de artesãos e trabalhadores rurais, forjando um programa anacrônico baseado na hostilidade aberta ao espírito liberal do imperador e da burguesia esclarecida.

---

47. M. Weber, Capitalism and Rural Society in Germany, *Essays in Sociology*, p. 370s.

Essa aliança – incrementada com uma agenda reacionária e abertamente antissemita – garantiu a Lueger a vitória na eleição a prefeito de Viena, em 1895. O imperador vetou o candidato eleito – e Freud, um dos representantes ilustres do espírito liberal e esclarecido, "celebrou com um cigarro o gesto do imperador, o Salvador dos Judeus"[48]. Mesmo assim, Lueger chegou ao poder em 1897, e seu carisma eclipsou a aura do imperador envelhecido. O conservadorismo de seu programa retrógrado agradou a católicos, aristocratas e à pequena burguesia que se sentiu ameaçada pelo avanço da industrialização.

O RESSENTIMENTO INTELECTUAL E O DILETANTISMO FILOSÓFICO:

Lagarde, Langbehn
e Möller van den Bruck

Goethemenschen, *Rembrandtdeutsche*: culto dos "gênios", confusão do guia cultural e educativo com o líder político ⸱ Lueger, Schönerer, List, Vogelsang

O ressentimento intelectual se aprofunda de modo insidioso, manifestando-se primeiro com vozes sem muito impacto na segunda metade do século XIX. O moralista e teólogo Paul de Lagarde é uma dessas vozes diletantes que buscam ressonância na discussão política do seu tempo. Suas ideias, marcadas por um idealismo errático e inflado, descontextualizam e distorcem os conceitos dos grandes pensadores alemães, vampirizando o pensamento de Kant, Fichte e Hegel para adequá-lo a uma visão de mundo extremamente limitada, incrementada com apelos emocionais pomposos. A obra de Lagarde adquire importância apenas depois da morte do autor, quando Langbehn o adota

48. C.E. Schorske, op. cit., p. 6.

como sua principal referência. Julius Langbehn (1851-1907) é um exemplo impressionante do impacto tardio que ideias como as de Lagarde – na maioria contrafactuais e em si mesmas banais e medíocres – podem adquirir em novas constelações políticas e ideológicas.

Langbehn nasceu numa família com fortes posições nacionalistas, que custaram ao pai, um filólogo, sua posição universitária. O serviço militar de Julius foi traumático, mas ele teve a sorte do apoio de um filantropo que custeou seus estudos. Iniciou seus estudos na faculdade de química, porém se desencantou com os estudos e fez um doutorado em arqueologia, sobre estátuas gregas. Sem conseguir uma posição acadêmica, começou vida instável entre a Alemanha, Áustria e Itália, com uma série de desavenças legais (processo que levou à supressão de um livro de poesia erótica; desentendimento com locatário), motivando fugas e viagens. Fritz Stern considera que a posição marginal e desadaptada tenha contribuído para acirrar o fervor dos planos de reforma educativa, nacionalista e crescentemente antissemita dos escritos de Langbehn. O "ressentimento contra os ideais [liberais] do Ocidente" e as "intuições exaltadas" levaram esses idealistas diletantes a transferir seus sonhos culturais para o âmbito político sem mediações e sem o talento de pensadores da história universal, como Hegel ou Fichte. Assim, Langbehn segue o exemplo de Lagarde ao invocar grandes figuras da história da arte, como Rembrandt e Dürer, como padrões para novos líderes sociais e políticos[49]. Sem diálogo com interlocutores acadêmicos, os ensaios articulam essas saudades da grandeza com o vocabulário descontextualizado e as ideias destorcidas da filosofia idealista e com os conceitos da estética e da história da arte muito além da competência do autor.

A grandiloquência sentenciosa de Langbehn ganha surpreendente sucesso popular e consegue elevar a obra esquecida de Lagarde a uma referência que iria, mais tarde, inspirar o

---

49. F. Stern, *The Politics of Cultural Despair*, p. xiv.

movimento neoconservador. Retoma, como um refrão, o repúdio da modernidade científica, urbana e cosmopolita e prescreve como remédio o retorno a ideais do passado – à emulação dos "gênios" como Goethe, Dürer e Rembrandt, aos valores da fé e do apego à unidade da pátria, e à dócil submissão a líderes fortes e capazes de defender esses valores. Esse culto indiscriminado da arte e da cultura contribuiu muito para a idealização exagerada que terminou por confundir o guia cultural e educativo com o líder político – um dos clichés do idealismo inflado, que os líderes nazistas iriam explorar na sua propaganda e política cultural.

Lagarde e Langbehn[50] formaram-se em grande parte como autodidatas e sua contribuição consiste em traduzir (e distorcer) em linguagem popular o mal-estar da sua época. Seus ensaios dão formulas triviais àquela desorientação espiritual que encontrou sua expressão culta e refinada no simbolismo e decadentismo – em obras notáveis como *Les Fleurs du mal* (As Flores do Mal), de Baudelaire, e *À Rebours* (Às Avessas), de Huysmans[51]. Mas à diferença desses artistas, o ensaio *Rembrandt als Erzieher* (Rembrandt Como Educador), de 1890, já se arroga a prescrição do remédio que poria fim ao dilaceramento da modernidade. Os dois autores são os padrinhos da cantilena contra a racionalidade científica, urbana e cosmopolita que as gerações do neoconservadorismo adotariam no início do século XX ao diagnosticar como causa do mal-estar difuso a suposta degeneração da cultura europeia – supostamente infectada pelo refinamento exagerado da civilização liberal e parlamentar da França e da Inglaterra. Contra a

50. Karl Freiherr von Vogelsang (1818-1890) foi um jornalista, político e reformador engajado no movimento e partido cristão-social na Áustria. Paul Bötticher Lagarde (1827-1891), ensaísta e moralista, teólogo e orientalista diletante, que ganharia importância com a redescoberta por Julius Langbehn, um historiador de arte e filósofo diletante; Langbehn obteve fama com o livro *Rembrandt als Erzieher* (Rembrandt Como Educador), que condena a modernidade científica, urbana e cosmopolita.

51. As saudades da autêntica fé de Tolstói ou de Maurice Barrès e a "Brief des Lord Chandos an Francis Bacon" (Carta de Lord Chandos a Francis Bacon), de Hugo von Hofmannsthal, são outros exemplos. São manifestos do *tedium vitae* e da astenia existencial do fim do século. Ver H. Hofmannsthal, "Maurice Barrès", em G. Wunberg; J.J. Braakenburg, *Die Wiener Moderne*.

cultura laica e a uniformização internacional, Langbehn exorta seus contemporâneos a mobilizar o antigo espírito germânico e a seguir o artista holandês como modelo do verdadeiro alemão. A involuntária caricatura do ensaio de Nietzsche que elevara Schopenhauer a educador da burguesia alemã teve o êxito de comover as almas do grande público. Contra o esclarecimento e a urbanização – vistos como características da civilização liberal e decadente do Oeste europeu –, Rembrandt despertaria os antigos sentidos comunitário e artístico do *Volk* que inspiraria aos alemães sua identidade nacional originária.

Os diários e ensaios de Musil evidenciam a ironia e irritação do autor com esse imaginário do "alemão *à la* Rembrandt" (*Rembrandtdeutsche*) e dos "saudosistas de Goethe" (*Goethemenschen*). Sua postura anti-intelectual expressa a obstinada inconformidade com as mudanças modernas. O espírito ecléctico desses ensaístas dilapidou a grande tradição filosófica do idealismo alemão, tornando irreconhecíveis as ideias políticas e morais de pensadores como Kant, Fichte e Hegel. Os poetas e pensadores do classicismo alemão (de Herder e Kant a Fichte, Hegel e Goethe) abordaram as questões da nação e do Estado num horizonte cosmopolita, oposto ao espírito paroquial dos inúmeros monarcas reinando nos principados alemães; ao passo que Lagarde e Langbehn abusam dos conceitos desses pensadores, pervertendo-os para servir sua ideologia anti-intelectual e anticientífica, antiparlamentar e antidemocrática. Inflando o idealismo ao derradeiro grau, seus escritos suscitam vãs esperanças de redenção e todo um imaginário salvacionista que legitima o poder autocrático invocando a vinda de um líder heroico, um gênio cujo carisma está acima de qualquer dúvida. Musil critica a polarização que opõe a racionalidade científica e a sensibilidade artística e procura desinflar a linguagem pomposa da época (ver verbete Racioide x Não Racioide).

Exortando seus compatriotas a ressuscitar o antigo espírito germânico que Rembrandt teria encarnado no Renascimento, Langbehn transforma sua fantasia idiossincrática do artista holandês em imagem-guia do verdadeiro alemão do futuro – do alemão verdadeiro, capaz de enfrentar a praga do cosmopolitismo, da cultura laica e da uniformização internacional – os responsáveis pelo mal-estar difuso e a degeneração da cultura europeia. Para além do túmulo, o estilo de pensamento de Langbehn continuou sendo a inspiração para muitas campanhas culturais conservadoras contra o esclarecimento e a urbanização. Nos anos 1920 e 1930, *Rembrandt Como Educador* tornar-se-ia a nova bíblia da doutrinação nazista, o antídoto ao liberalismo e ao materialismo inglês (manchesterismo): fetiche invocado para despertar o antigo sentido comunitário do *Volk* e a pureza originária da raça alemã. O ensaio de Möller van den Bruck, *Das dritte Reich* (1923), é reinterpretado como o anúncio profético do Nazismo e fornecerá o nome emblemático desse regime totalitário que Möller condenou como caricatura vulgar de seus ideais.

RACIOIDE X NÃO RACIOIDE

Musil introduz essa dicotomia como antídoto à polarização que opõe os partidários do racionalismo científico aos adeptos das intuições espirituais inefáveis. O "horrendo neologismo" procura dar um ar mais sóbrio e factual à experiência de dois estados fundamentais e complementares: de um lado, o estado racional que encara os fatos quantificáveis da natureza – suas facetas "subservientes" que se submetem aos conceitos racionais do conhecimento. Nesse estado, nos movemos no domínio que Musil chama de "racioide". De outro lado, há momentâneas alterações que podem nos transportar para um "estado outro" (*Anderer Zustand*), um estado de alma e mente alterado, que nos coloca em contato com aquela faceta misteriosa da natureza que não se deixa captar por conceitos, palavras e noções discursivas. Esse outro estado nos introduz, de modo efêmero e incontrolável, no domínio do "não racioide" – naquela faceta da natureza que não se submete à linguagem racional, pelo menos não de modo seguro, estável e exaustivo. Musil inclui no domínio não racioide as experiências extáticas de comunhão com a natureza e o cosmos, certas formas do amor e da religiosidade e todos aqueles estados de alma e mente que não se conformam à racionalidade cotidiana: aquelas formas de intensidade poética e esquisitice ficcional que sabem evitar a inflação dos sentimentos do idealismo cultural e os exageros emocionais próximos da encenação esotérica. Com essa terminologia sóbria, Musil procura evitar a recaída na emulação dos estereótipos românticos, e oferecer um antídoto à idealização dos conceitos do classicismo de Weimar e ao pendor para utopias projetadas no passado (ver emuladores de Rembrandt e de Goethe; *Rembrandtdeutsche* e *Goethemenschen*).

ERA DAS FUNDAÇÕES – *GRÜNDERZEIT*

O desenvolvimento industrial começa na Áustria e na Alemanha nos anos 1840, com o *boom* econômico que dura, na Áustria, até 1873, ano do colapso da bolsa; na Alemanha, esse *boom* se prolonga e consolida uma potência econômica e militar que começa a ameaçar a hegemonia da França e da Inglaterra. Esse tempo de progresso e prosperidade entrou na história como a Era das Fundações, pois coincide com a criação de muitas instituições, empresas e construções vultosas. O desenvolvimento econômico e a industrialização ocorreram num momento tardio, porém assumem feições agressivas, sobretudo na Alemanha. Geram uma consciência pseudoburguesa, baseada no poder econômico da classe média, sem efetiva participação política parlamentar.

O êxito austríaco bem mais modesto, mas ainda assim significativo pela prosperidade que trouxe a toda uma classe média industriosa, recebeu (entre outros nomes) o nome jocoso de Era dos galetos saborosos (*Backhendlzeit*), ironizando o formato diminuto do sucesso austríaco, e destacando o aspecto prazeroso e sensual que distingue o charme austríaco do gigantismo da Alemanha.

O desenvolvimento econômico e a industrialização ocorreram num momento tardio, porém assumem feições agressivas, sobretudo na Alemanha. Geram uma consciência pseudoburguesa, baseada no poder econômico da classe média, sem efetiva participação política parlamentar. Em Viena, o estilo *Gründerzeit* é associado sobretudo ao imenso complexo de construções da Ringstrasse: um "anel" de avenidas, parques e prédios palacianos que tomaram o lugar das fortificações medievais, cercando o centro histórico da cidade. O projeto da Ringstrasse foi um megaempreendimento de modernização que alterou profundamente a paisagem urbana; consolidou o gosto historicista, a pompa, a ostentação e toda a volúpia decorativa da *belle époque* vienense. A figura paradigmática dessa ostentação foi o pintor e decorador Hans Makart, cujo nome é hoje sinônimo dessa "Era Makart". Makart enfeitiçou seus clientes com a grandeza das evocações históricas nos seus retratos e decorações de interiores em inúmeros dos palácios novos e envolveu personalidades destacadas da sociedade como protagonistas dos desfiles públicos e cortejos imperiais[52] que organizou nas mais destacadas avenidas no centro nobre de Viena.

A industrialização da Áustria começou aos poucos, em torno de 1840, assume um pico na década de 1860 e entra em declínio depois da quebra da bolsa, em maio 1873. A historiadora Hilde Spiel descreve essa segunda fase da indústria austríaca como o florescimento da manufatura e do comércio de têxteis, couro, vidro, máquinas e instrumentos musicais[53]. A inteligência intuitiva da classe média baixa fez com que não só grandes industriais

---

52. No início de sua carreira, Gustav Klimt e seu irmão também trabalharam na decoração dos interiores desses prédios públicos e dos palácios de particulares.

53. H. Spiel, op. cit., p. 41.

e empresários, como também trabalhadores manuais, subissem na escala social – por exemplo, o fabricante de pianos, Ludwig Bösendorfer. "Foram homens de negócios bons, embora não astutos, já que uma onda de prosperidade induzida pela revolução industrial os elevara pela força das circunstâncias."[54] A década de 1860 foi para eles uma época de total confiança, apoiada no empreendedorismo aparentemente infinito do *Gründerzeit* e na ilusória solidez do império – uma confiança que expressa bem a passividade política induzida pela (auto)exclusão do governo.

IDENTIDADES EUROPEIAS

Europa Central (Alemanha, Áustria e Países do Leste) e Europa Ocidental (França e Inglaterra)

Desde a Idade Média, populações germânicas e austríacas migraram para regiões do Leste, como Pomerânia, Morávia, Hungria, Eslovênia, entre outras. No século XIX, o termo "Europa Central" adquire uso mais corrente, e a ideia ganha diversos sentidos geopolíticos e culturais. De um lado, anuncia projetos de expansão imperialista e de colonização dos países do Leste pela Alemanha e Áustria[55]; de outro, procura definir diferenças culturais intraeuropeias, sublinhando a diversidade de costumes e gostos estéticos, o talento plurilinguístico e as características da expressão artística da Europa Central como diversos e inconciliáveis com os do Oeste. A partir da Primeira Guerra Mundial, essas impressões difusas contribuem para a polarização ideológica e imaginária, acirrando a incompatibilidade da civilização da Europa Ocidental com a cultura e a essência, supostamente diversas, da Europa Central.

54. Ibidem, p. 41s.
55. Friedrich Naumann (1860-1919) publicou o livro *Mitteleuropa* em 1915, propondo a expansão militar e imperialista da Alemanha para o Leste. Sua tese neodarwinista considerava a Europa Central uma *Volksgemeinschaft*.

A decadência do Império Austro-Húngaro enfraqueceu a política de tolerância do Imperador, e intensificou as tensões políticas e sociais nesse conglomerado multiétnico. Como já mencionado em outro verbete, o racismo e o antissemitismo tornaram-se instrumentos de polarização para fins político-partidários (Karl Lueger), e assim contribuíram para o surgimento de movimentos como o pangermânico (*Alldeutsche Bewegung*), que se reuniu na Áustria em torno de líderes como Georg Schönerer, Guido von List e Karl von Vogelsang. A agenda desses ideólogos condena a expansão para o Leste e todo o programa de inclusão multiétnico e tolerante da Casa Imperial. Esses novos radicais conservadores procuram, ao contrário, uma segregação do substrato germânico-austríaco e a unificação com as outras povoações germânicas ou nórdicas, supostamente superiores e mais desenvolvidas em termos raciais e culturais.

CULTURA GERMÂNICA X
CIVILIZAÇÃO DA EUROPA OCIDENTAL
(*KULTUR* X *ZIVILISATION*)

Idealização da Cultura ♠ Postura Apolítica, Iliberal e Antidemocrática

A articulação explícita de uma diferença entre *Kultur* alemã (ou de Europa Central) e *Zivilisation* da Europa Ocidental remonta ao século XVIII. Durante o classicismo de Weimar, a Alemanha se afirma no plano cultural com uma produção literária, filosófica e científica que recupera seu atraso na cena internacional. Doravante, a classe média culta da Alemanha pode se orgulhar com a irradiação cultural dos poetas e pensadores alemães[56], cujos nomes começam a ser conhecidos para além

---

56. Os mais conhecidos foram Johann Winckelmann e Herder, Johann von Goethe, Friedrich Schiller e os irmãos Alexander e Wilhelm Humboldt, Immanuel Kant e Friedrich Hegel.

das fronteiras, atraindo a atenção de jornalistas, críticos, e de figuras mundanas como Madame de Staël.

Um dos efeitos colaterais desse desenvolvimento é o interesse pela própria história, pelas tradições peculiares e até pela essência particular dessa cultura. Das pesquisas dos irmãos Grimm sobre as lendas e *Märchen* (contos de fadas) germânicas para a investigação dos traços distintivos dos costumes locais e prerrogativas regionais dos diferentes principados, abre-se um leque de reflexões sobre as raízes profundas do modo de ser germânico e sua longa história. Na segunda metade do século XIX, esse interesse conhece uma certa guinada. Um dos aspectos que começa a entrar na linha de considerações é a questão da vida e da história autênticas e no último quarto do século XIX a ênfase cai sobre o zelo pela independência e pelas peculiaridades regionais que marcavam a vida comunitária antes da unificação de 1871. Esses direitos e diferenças particulares continuam a ser apreciados como valores que devem ser protegidos contra a homogeneização por um governo central. A ânsia pela unidade *com* o zelo da preservação das diferenças foi bem mais acentuada nos países germânicos do que nas sociedades mais centralizadas e politizadas da Europa.

Essa ideia da *Kultur* encontrou expressão nas reflexões de notáveis autores – começando com Ferdinand Tönnies[57], que iniciou a análise da organização comunitária, evidenciando nela uma estrutura diversa daquela da sociedade, passando pelas investigações de Otto Friedrich Gierke, em *Das deutsche Genossenschaftsrecht*, que se debruçou sobre o direito tradicional das corporações e guildas da velha Alemanha, até Thomas Mann. O ensaísmo de Mann mantém-se, até 1920, nesse horizonte tradicional, como mostra a fórmula extremada que ele cunhou a respeito da suposta incompatibilidade da cultura germânica

---

57. O ensaio de Tönnies, *Gemeinschaft und Gesellschaft* (Comunidade e Sociedade), escrito ainda no espírito do *Ständestaat* da Alemanha de 1887 (o estado estruturado em estamentos, isto é, categorias profissionais), conhece um inesperado *revival* no século XX. Esse *revival* irá reforçar, no entreguerras, algumas das ideias "orgânicas" e prototo-talitárias (alheias a Tönnies).

com as práticas, o estilo e o espírito da civilização politizada do Oeste europeu: "A essência alemã é cultura, alma, liberdade, arte, e não civilização, sociedade, direito a voto, vida literária."[58] Desde Herder e os irmãos Grimm, é corrente a referência a costumes privilegiando a comunidade sobre a sociedade, o espírito do *Volk* (*Volksgeist*), cuja alma sustentaria a unidade orgânica da cultura, assegurando uma vitalidade que a civilização do Ocidente estaria em vias de perder em decorrência do hiper-refinamento das sociedades centralizadas e mais desenvolvidas. O mito da suposta força e unidade harmônica da alma germânica banha o nacionalismo alemão numa aura romântica diametralmente oposta ao frio materialismo que fragmentaria a sociedade moderna ocidental (França e Inglaterra). Ludwig Klages, no seu livro *Der Geist als Widersacher der Seele* (O Intelecto Como Adversário da Alma), reforça essa valorização do sentimento intuitivo (quando não do instinto), que se volta com hostilidade contra o entendimento e a racionalidade, muitas vezes identificados com o espírito pragmático das democracias liberais (França e Inglaterra).

Como já mencionado, os ensaios de Moeller van den Bruck se empenham nessa defesa da cultura alemã[59], ao reiterar e aprofundar as fórmulas dos seus predecessores Lagarde e Langbehn, denunciando com redundantes jeremiadas o vazio intelectual da sociedade materialista e a degradação moral do capitalismo. Anuncia a ruína da cultura quando essa se rebaixa para atender às massas incultas e reitera apelos emocionais para a Alemanha cultivar suas raízes prussianas tradicionais. Insiste na definição da identidade germânica como um caso à parte – radicalmente diverso da civilização das nações do Oeste –, incompatível com os valores (decadentes) do Ocidente liberal, democrático, tolerante,

---

58. T. Mann, *Betrachtungen eines Unpolitischen* (Considerações de um Apolítico), p. xxxvs.. Mann distinguia a "vida literária" , ou seja, o modo de escrever e publicar dos intelectuais franceses que recorre muitas vezes a formas jornalisticas, ensaísticas e politizadas, da forma supostamente mais profunda e verdadeira de fazer arte, poesia e literatura na Alemanha.

59. F. Stern, *The Politics of Cultural Despair*, p. 197.

realista e materialista. O intelecto cético e científico dessas civilizações seria o ácido que rói a cultura por dentro. Enfatiza características estáticas e confiáveis do alemão – seu *éthos* heroico, que supostamente emergiu do respeito às hierarquias imperiais, do espírito militar da antiga Roma e do imaginário feudal medieval: ordens essenciais e inerentes ao caráter alemão, que repudiaria a mobilidade moderna, plural e aberta a múltiplos pontos de vista.

Conservadores como Moeller, seus contemporâneos e epígonos eram antiliberais até a medula, ou, como formulou Fritz Stern:

> estavam opostos à própria atitude humana e racional do liberalismo, ressentiam-se do liberalismo, que eles identificavam com a insuportável arrogância do mote de Guizot: "*Enrichissez-vous*", embora esse mote valesse na Alemanha tanto na educação como nas finanças. [...] No entanto, esse tipo de ataque antiliberal não procedia à crítica da estrutura social defendida pelo liberalismo [econômico] e que preservava o direito à propriedade privada[60].

Os conservadores buscam, nos modelos do passado, a saída da "bancarrota espiritual" e da "história da corrupção da cristandade desde a Reforma" protestante[61]. A salvação desse declínio seria uma renovação "artística não filosófica". Em clara oposição às tendências da modernidade, Moeller se opõe ao desenvolvimento da epistemologia e às exigências de métodos definidos nas ciências, pois esses esforços de precisão matemática supostamente nos afastariam "dos conteúdos essenciais do conhecimento". Sua retórica vaga alveja um "misticismo secular" que promova "o verdadeiro, o bom e o belo" e "o grande sentido evolucionário de justiça" capaz de rastrear "o que desencadeia cada acontecimento, as razões de cada consequência, a causa de cada efeito"[62].

À medida que a Alemanha unificada no Reich se afirma como potência europeia, a dicotomia cultura x civilização se transforma

60. Ibidem.
61. Ibidem, p. 198.
62. Ibidem, p. 199, nota 30.

em vocação segregacionista. Começa o culto de um "ideal humanístico" (*Humanitätsideal*) que se confunde com um destino e um "caminho à parte": a tarefa dos intelectuais e da classe média culta alemã seria o empenho pela preservação e desenvolvimento da cultura e a renúncia explícita ao envolvimento na política.

Não só conservadores como Möller van den Bruck compartilham a convicção de uma vocação cultural; é uma convicção quase universal também entre intelectuais mais abertos – ao ponto de mentes céticas como a de R. Musil representarem a grande exceção. Ilustrativo da generalidade desse espírito é o ensaio de Thomas Mann, as *Considerações de um Apolítico*[63], que eleva a uma virtude cultural e ética a rígida separação de cultura e política, como se existisse de fato uma clivagem entre os ideais espirituais de humanidade e a ação prática na vida política. A convicção dessa vocação diferente e "especial" (*Besonderheit*) da *Kultur* germânica era muito comum em torno de 1900, tanto no Império Austro-Húngaro como no do *Kaiser* Guilherme II, e Thomas Mann a defende até 1922, quando se converte para o reconhecimento e a defesa do novo regime republicano.

No capítulo "O Literato da Civilização do Oeste Europeu" (*Zivilisationsliterat*), também Mann defende a especificidade da alma e da cultura alemãs contra o refinamento decadente que caracterizaria as nações liberais (França e Inglaterra). Teme que a civilização seria um ácido corroendo a *Kultur* germânica, com sua essência peculiar "especial-e-diversa" (*Besonderheit*) enraizada nas profundezas "abissais" e enigmáticas da humanidade germânica. O intelectualismo cosmopolita dos literatos da civilização do Oeste europeu (*Zivilisationsliterat*) ignoraria essa singeleza e por isso tacha de "tagarelice profunda e obscura" o espírito sincero e fiel aos ideais da grande tradição germânica do pensamento. O rico pluralismo comunitário desse "grande povo orgulhoso e especial" parecia possuir pontos de referência distintos do refinamento intelectual francês, com seu

---

63. T. Mann, *Betrachtungen eines Unpolitischen*, cap. Der Zivilisationsliterat, p. 44-73.

arsenal de ideias progressistas a respeito dos direitos humanos e outras sutilezas jurídicas e constitucionais – refinamento esse que parece quase decadente do ponto de vista germânico.

Musil estava entre os primeiros a criticar a sobrevalorização dessas idealizações do espírito e do apreço reativo pelos modelos do passado como escudo contra as inquietantes mutações materiais e intelectuais do mundo contemporâneo. Nos seus ensaios encontramos algumas das grandes linhas que guiarão as análises de autores posteriores, por exemplo Fritz Stern, cuja obra dos anos 1960 radiografa o espírito antiliberal e antimoderno. Stern analisou em detalhes as tradições que desembocam no "iliberalismo" germânico e naquele "idealismo vulgar" que consiste no culto estéril de clichés – daquele *pater noster* estético" e cultural que se compraz com redundantes referências a Goethe e Schiller[64]. Também Peter Gay comenta a glorificação de *Bildung + Kultur* (formação e cultura) em detrimento de prática e juízo políticos[65] e Eric Michaud[66] expõe o oportunismo político fascista e nazista que encorpou esse "culto da arte" nas suas máquinas de propaganda. O ideal humanístico germânico tornou-se, por assim dizer, um sucedâneo para a omissão política, num processo de interiorização do autoritarismo dos governantes que excluíram a classe média da participação efetiva no governo. Mas não apenas estetas, poetas e alienados buscavam distância da política. Até cabeças pensantes como Hannah Arendt e o historiador Ludwig Marcuse rejeitaram a política legalista e a veemência dos debates parlamentares, na ciranda dos mais de quinze governos que se dissolvem e sucedem ao longo dos quinze anos da República de Weimar, cujas coalizões escondiam mal as profundas rupturas sociais e políticas que a atravessam[67].

Emblemática nesse sentido é a disputa ideológica entre os irmãos Mann, que Thomas Mann documenta nas suas *Con-*

---

64. F. Stern, *The Failure of Illiberalism*, p. 18.
65. P. Gay, *Le Suicide d'une republique*, p. 98.
66. Ver *The Cult of Art in Nazi Germany*.
67. P. Gay, op. cit., p. 100-101.

siderações de um Apolítico, publicadas depois do fim da Primeira Guerra Mundial. Nesse ensaio, Thomas Mann reitera a tradicional identificação com os "grandes homens da História", príncipes medievais e renascentistas como Frederico II e Frederico da Prússia, glorificados como figuras que encarnariam a Alemanha. A adesão a esse patriotismo vai tão longe que Mann ainda defende a invasão da Bélgica de 1756 como ato de autodefesa, acirrando a polêmica contra o espírito mais progressista e moderno do irmão Heinrich Mann, que Thomas qualifica como um leviano imitador da civilização francesa.

A crítica é comprimida no rótulo difícil de traduzir do *Zivilisationsliterat, littérateur* cultivado (isto é, não um grande poeta ou escritor de verdade, mas um intelectual da vida literária e jornalística francesa), ensaísta superficial que dedica todos os seus esforços ao cultivo de um espírito alheio à cultura alemã, emulando a civilização racionalista, burguesa, materialista e sem profundidade, que ignora os abismos da alma humana, os mistérios da *Kultur*, se deixa seduzir pelas teorias do progresso, as armadilhas da democracia, e – pior que tudo – corrompe com a política as esferas da cultura, da grande literatura e do espírito. "Detesto a política, a crença na política, porque ela torna os homens arrogantes, doutrinários, obstinados e desumanos."

Numa notável guinada, Thomas Mann mudou sua postura depois da Primeira Guerra Mundial; ao longo dos anos 1920, converteu-se à república e à democracia, e começou a engajar-se de modo ativo na política. "A política e o domínio social", ele reconhece então, "fazem parte integrante da esfera humana."[68]

Kulturkampf (Luta Pela Cultura)

Outro aspecto ou raiz da tensão ideológica entre a civilização dos estados europeus do Oeste e a cultura germânica é a tardia separação do Estado e da Igreja. Apenas no final do século XIX

68. Ibidem, p. 98-99.

emerge a ideia de assuntos do Estado e de interesses da sociedade distintos da fé religiosa, e na Alemanha essa ideia então toma a forma da "luta pela cultura". *Kulturkampf* se refere ao conflito que a Prússia (e em particular o chanceler Bismarck) travou contra o poder da Igreja Católica e sua interferência no Estado através de nomeações educacionais e eclesiásticas. Essa luta por uma nova cultura laica, moderna e conforme às ideias do progresso científico e tecnológico (uma cultura favorável ao poder do Estado autoritário tal como Bismarck o concebeu) começou a ficar explícita e acirrada entre 1872 a 1878, com a unificação do Reich e os êxitos da era de Bismarck.

SOCIALISMO GERMÂNICO

O termo "socialismo" recebeu acepções inusitadas na Alemanha, associado que foi ao imaginário do desenvolvimento industrial e à ideia da prosperidade que asseguraria a estabilidade social e a ordem tradicional do estado. Diferente da pauta herdada da Revolução Francesa de igualdade, fraternidade e liberdade, o programa do socialismo germânico foi concebido pelas elites hierárquicas e os líderes industriais, como mostra a primeira legislação de proteção social, concebida basicamente pelos donos das fábricas de armas Krupp – uma das famílias mais próximas do imperador, que pretendia assegurar o bom funcionamento dos seus negócios, garantindo o contentamento e a saúde dos seus trabalhadores[69].

---

69. W. Manchester, *The Arms of Krupp*, p. 1-24. Manchester descreve como a própria empresa idealizou e instaurou um sistema de saúde e aposentadoria, melhorias ▸ ▷ habitacionais, creches e educação para os filhos dos trabalhadores, seguros de acidente para seus funcionários (p. 146). Copiada por outras empresas, essa rede de previdência – antes limitada aos trabalhadores integrados no sistema – servirá na república pós-1945 como base do *Sozialstaat*, que universalizou as garantias, abraçando a social--democracia do Oeste europeu.

326 A ÉPOCA DE MUSIL EM VERBETES

Esses esforços receberam um forte estímulo da consciência da posição mediana da Europa Central entre as potências do Oeste e do Leste e do crescente acirramento das relações geopolíticas. A ideia de forças adversárias ameaçando do Oeste e do Leste acirrou consideravelmente as tendências autoritárias da Alemanha e da Áustria e, com isso, a busca de equilíbrio, vigor e eficácia internos. A busca de um equilíbrio social utilitário foi mais um desdobramento da incompreensão do desenvolvimento da sociedade moderna e da resistência aos desafios e às ideias da modernidade que reivindicava democracia e parlamentarismo. O desprezo pela sociedade de massas e a ansiedade gerada pelas suas necessidades e reivindicações prolongaram-se para além do trauma da Primeira Guerra Mundial.

Esse rígido horizonte conservador dificultou de modo considerável a primeira experiência democrática da República de Weimar, durante a qual o grande empresariado reage a demandas sociais e social-democratas com as mesmas fobias que envolviam a ameaça do socialismo bolchevique, vendo a solução sempre de novo na mesma velha receita das reformas "socialistas" de cima. Afinal, essa receita teve êxito ao longo do *boom* econômico da era Bismarck e até a Primeira Guerra Mundial, quando as elites econômicas ainda conseguiam sustentar sua primazia política com a contrapartida de melhorias nas condições de trabalho, moradia e higiene, redundando em sistemas de saúde e previdência então pioneiros (que formariam a base do Estado de bem-estar pós-1945). Visando à manutenção da hierarquia social do Estado de estamentos (*Ständestaat*), o socialismo prussiano garante "a cada um o seu lugar no Estado" e prevê uma subordinação hierárquica dos trabalhadores alemães, que Möller van den Bruck baseia no argumento do espírito de ordem e subordinação germânico: "O povo Italiano vive numa concepção de sua liberdade, de sua independência e coesão. O povo alemão não possui essa tradição."[70] Consequentemente, a socie-

---

70. A. Möller van den Bruck; H. Schwarz, *Das Recht der Jungen Völker*, p. 123, apud F. Stern, *The Politics of Cultural Despair*, p. 242.

dade de massas e a força de trabalho na Alemanha estaria em busca de um líder carismático a perpetuar essa tradição que em breve se realizaria na forma do nacional-socialismo. O mote do socialismo germânico foi, já nos anos 1920, antes de Hitler aparecer no horizonte, a oposição aos bolcheviques, e criou uma forte oposição conceitual que distingue entre "socialismo de classes" e "socialismo do povo/*Volk*". Há portanto, de um lado, a luta de classes e os movimentos socialistas como entendemos socialismo hoje, de outro o peculiar socialismo germânico, que faz parte do "caminho à parte" do povo alemão[71].

O Socialismo Germânico Como Alternativa ao Capitalismo e à Revolução (Russa)

Esse socialismo ditado de cima recebeu novos impulsos pelas sucessivas revoluções russas, que suscitaram suscitaram fortes tendências reativas na Alemanha e na Áustria, acirrando a ideia de um caminho à parte que a cultura e a política da Europa Central teriam de seguir. Oswald Spengler[72] defende esse princípio em 1919, no ensaio *Prussianismo e Socialismo*, que articula a ideia de reformas sociais no âmbito do estado autoritário com uma acirrada polêmica contra o Tratado de Versalhes e a Constituição da República de Weimar. Como Möller van den Bruck, também Spengler despreza a ideia da participação no governo de representantes das diferentes camadas sociais, sindicatos ou conselhos (*soviets*) – ou seja toda a gama de governos entre a mais moderada social-democracia e o comunismo. Opondo-se às inovações liberais no Oeste e no Leste, ele reitera o velho ideal de um líder forte, à exemplo dos césares romanos ou dos ditadores da tradição prussiana. A velha Prússia representaria virtudes como senso do dever, espírito de ordem e equidade identificados como ideais da *Kultur* germânica (encarnada

---

71. A. Möller van den Bruck; H. Schwarz, *Sozialismus und Aussenpolitik*, p. 81.
72. Spengler é mais lembrado pela sua obra *Declínio do Ocidente* (1918 e 1922).

em Goethe). Essas qualidades culturais contrastariam positivamente com os ideais viciados da civilização decadente do Oeste (França, Inglaterra).

O socialismo nacionalista spengleriano designa uma postura espiritual, não uma teoria econômica que visasse a uma reestruturação ou redistribuição da riqueza; ele se opõe às conquistas de liberdade individual que caracterizam o liberalismo europeu ocidental e desconfia das massas ao ponto de Spengler se opor explicitamente à sindicalização, à autonomia dos movimentos operários e ao parlamentarismo. No lugar de instituições concretas, Spengler coloca generalizações abstratas como "o Todo" que exige dedicação e obediência:

O poder pertence ao Todo. A pessoa singular tem seu ofício, e serve ao Todo. O Todo é soberano. O rei é apenas o primeiro servidor do Estado (Frederico, o Grande). Cada um tem seu devido lugar. Há ordens e obediência. Isso constitui desde o século XVIII o socialismo autoritativo, ele é, na sua essência, illiberal e antidemocratico, no que diz respeito ao liberalismo inglês e à democracia francesa.[73]

No início dos anos 1920, Spengler desloca as esperanças de renovação nos movimentos de juventude, e encarrega a juventude alemã com o dever de cumprir suas obrigações políticas – na forma da obediência às ordens de um guia –, para assim pôr fim ao "pântano nacional" criado pela "orgia de incompetência, covardia e baixeza que a República de Weimar evidenciou nos seus cinco anos de existência"[74].

As ideias autoritárias e as sugestões totalitárias de Spengler forneceram núcleos para a ideologia do nacional-socialismo, apesar de o autor não compartilhar a ideologia racista, mantendo-se à distância do regime. A diretriz de Spengler rezava que a renovação do Reich devia deixar de lado sentimentos racistas, por mais que esses sejam profundos e naturais, orientando-se

---

73. P. Gay, *Le Suicide d'une République*, p. 113. Os pensadores conservadores aprovaram também o pacto com a Rússia como remédio contra o liberalismo, imaginando que essa aliança reverteria o Tratado de Versalhes. Ver H. Schulze, *Weimar*, p. 137.

74. H. Schulze, op. cit., p. 134; K. Breysig, *Walther Rathenau, Oswald Spengler*, p. 373.

antes pelos exemplos de êxito do "italiano Napoleão, do judeu Benjamin Disraeli e da alemã Catarina II"[75] – conselhos que Hitler ignorou. O que mais interessou os governantes do nazismo foi o modo como Spengler definiu o desafio da Europa após a Primeira Guerra. Esse impasse obrigaria a escolher "entre as ideias da Prússia e as da Inglaterra, entre socialismo e capitalismo, entre Estado e parlamento"[76].

> Prussianismo e socialismo *erguem-se juntos contra a Inglaterra que interiorizamos*, contra a visão de mundo que permeia toda a nossa vida como um povo, reduzindo-a a algo distorcido, roubando-lhe a alma. [...] A classe trabalhadora precisa se liberar das ilusões do marxismo. Marx está morto. Como uma forma de existência, o socialismo é somente o início, mas o socialismo do proletariado alemão está no seu fim. *Para os trabalhadores, há apenas o socialismo prussiano, ou nada.* Para os conservadores, há somente o socialismo consciente ou a destruição. Mas nós precisamos nos liberar daquela democracia anglo-francesa. Temos a nossa própria.[77]

Nesse ambiente desorientado e vago, certas figuras de proa, que começam a se perfilar como formadores de opinião, e suas ideias, concebidas individualmente e portanto sem nexo, começam a funcionar como um acervo de inspirações associativas. O economista Werner Sombart e o romancista Hans Grimm, o filósofo (e líder espiritual carismático) Ludwig Klages e o aventureiro Ernst Jünger competem por espaço com visionários de horizontes mais amplos, como Walther Rathenau, o magnata e ministro de Estado, ou com Oswald Spengler – são todo aclamados como os grandes guias e sinalizadores para os novos rumos da cultura e da política.

Nesse ambiente obcecado pelas supostas ameaças do Oeste capitalista e do Leste bolchevique, intelectuais mais abertos como Schumpeter, Musil ou o diplomata Harry Kessler, não eram a regra. Esse último deixou nos seus diários interessantes

---

75. A. Hitler, *Mein Kampf*, p. 774.
76. O. Spengler apud H.A. Winkler, *The Age of Catastrophe*, p. 240.
77. Ibidem, p. 241.

330 A ÉPOCA DE MUSIL EM VERBETES

reflexões sobre as opções políticas e culturais que se apresentavam na mente de pessoas abertas e bem informadas (Kessler tinha acesso a muita informação dos bastidores devido a suas funções diplomáticas na Liga das Nações e nas negociações de paz). Como Musil, ele percebeu o anacronismo da versão germânica do socialismo, simpatizando com Karl Liebknecht e Rosa Luxemburgo e promovendo ativistas como os irmãos Herzfelde, que aderem cada vez mais à causa bolchevique. Nesse clima de polarização, o caminho do meio – a social-democracia da República de Weimar – é uma aposta ameaçada pela radicalização à direita e à esquerda. Em 28 de dezembro de 1918, Kessler anota no seu diário:

Comuniquei a Breitscheid e Hilferding que vejo nossa posição [no início das negociações de paz com a Entente] nos seguintes termos. Um ditado de paz é inevitável. Para obter sua revogação teremos [três opções]: ou começamos uma nova guerra, ou escolhemos o bolchevismo, ou faremos como certos partidos políticos nos países da Entente: nos opomos ao ditado de paz, dando nosso apoio a esses partidos [social-democratas] de forma que cheguem ao poder e, então, rescindam o acordo imposto. No meu entender, uma nova guerra está fora de questão ao longo de um futuro previsível; o bolchevismo é uma forma de governo custosa demais[78] enquanto houver ainda outras esperanças; portanto, estou a favor da terceira opção.[79]

Essa longa citação ilustra a visão de uma pequena camada de intelectuais moderados e informados, bem-intencionados e pensantes, que se empenharam por superar a polarização entre a radicalidade do conservadorismo patriótico (que em breve se transformaria em nacionalismo reacionário) e a radicalização progressista das esquerdas socialistas e revolucionárias.

---

78. Kessler alude aqui ao alto custo de vidas humanas sacrificadas na Revolução Russa, à corrupção e às violências da reeducação que escandalizaram pensadores como Max Weber ou Paul Honigsheim.

79. H.G. Kessler, *Berlin in Lights*, p. 44.

Nacionalismo

Como já mencionado em verbete anterior, a consciência nacional cristalizou-se na Alemanha em torno do poderio industrial e militar viabilizado pela unificação da Alemanha por Bismarck (1871). Esse êxito promoveu o Reich a uma inédita posição de liderança e rivalidade com as outras grandes nações europeias, suscitando nas camadas germanófilas do Império Austro-Húngaro uma identificação cobiçosa com a grandeza da nação germânica. O que se destaca como diferencial no nacionalismo alemão e na "ideia germânica de liberdade"[80] é (diferentemente do espírito republicano da França e da Inglaterra) o forte pendor vocacional que facilmente desliza para a obediência sacrificial. Trata-se da adesão maciça à ideia da necessária entrega ao ofício de servir à nação e à sua ordem hierárquica.

A radicalização nacionalista dessa ideia conservadora para a obediência cega e incondicional foi favorecida por uma série de atitudes ambivalentes diante dos desafios da modernidade e pela manutenção de um imaginário tradicional (militar, hierárquico, heroico), que a retórica e a propaganda incrementam com imagens míticas e referências a misteriosas ordens originárias. O pensamento conservador prepara essa guinada desde o início do século xx. Embora a ciência e a industrialização se baseassem em princípios racionais e em estruturas democráticas e relações plurais[81], os pensadores conservadores voltam o olhar para modelos de um passado de grandes figuras carismáticas ou autocráticas. Os ensaios do jovem Moeller van den Bruck, por exemplo, definem a nacionalidade e o caráter germânico (no ensaio *Die Deutschen*, de 1904–1910) com

---

80. Ver L. Krieger, *The German Idea of Freedom*.

81. Ver as análises das inovações modernas emergindo da intensificação das trocas de informações, diálogos, trabalho em equipe e competição igualitária, em Musil (*Credo Político*), e as resistências conservadoras que buscam negar a lógica da sociedade moderna. Ver também F. Stern, *The Politics of Cultural Despair*, p. 190-197, que analisa esse pendor autoritário em figuras emblemáticas como Arthur Möller van den Bruck (1876-1923).

base num conjunto de estereótipos derivados dos retratos de "homens notáveis" na esteira de Carlyle (*On Heroes*) e de Emerson (*Sobre Homens Notáveis*). Moeller não busca um retrato histórico fiel, mas usa nomes prestigiosos, como o de Goethe, para neles sintetizar diversos tipos e características que considera capitais e desejáveis para a identidade germânica. Mobiliza o mito da Prússia tradicional – as supostas virtudes prussianas da franqueza, frugalidade, valentia, que contrastariam com o hedonismo da burguesia materialista que ascendeu durante a era bismarckiana; esta teria contaminado a Alemanha com a imitação do liberalismo ocidental, condenando-a ao declínio. O clamor de reverter essa orientação "decadente" retoma as ideias de Lagarde e Langbehn e reforça a tendência mimética de reproduzir os clichês da cultura germânica (ver acima sobre *Goethemenschen, Rembrandtdeutsche*).

Moeller recomenda esse "retorno" aos valores germânicos essenciais em toda sua obra – em particular na sua última, cujo fatídico título *O Terceiro Reich* não tem as conotações assombrosas que o nazismo deu posteriormente a essa noção. Moeller cometeu suicídio imediatamente após a publicação desse livro, em 1925, e, embora sua visão tenha inspirado o nazismo, seu conservadorismo está longe do racismo odioso de Hitler e de Goebbels.

Nacionalismo Völkisch

O termo "populista" não capta o sentido de *völkisch*, um termo cujo uso propagandístico marca o acirramento do nacionalismo germânico em nacionalismo racial. A ideologia *völkisch* constrói um vínculo biológico entre o sangue, o solo e a cultura, atribuindo ao povo germânico uma peculiar e extraordinária criatividade que contrasta com a "falta de alma" e o "desenraizamento" que a vida moderna promoveu. O contraste se desdobra em outras dicotomias (culturas jovens e senis, vigorosas e decadentes) e visa a denigrir, num primeiro momento, os países do Oeste europeu, onde a centralização e a cultura metropolitana eram mais antigas e consolidadas – países rivais, como a França e a Inglaterra, que dispunham de uma rede de trocas comerciais muito mais intensa. Num segundo momento, a postura *völkisch* se conecta com o racismo e o antissemitismo (ver: identidade germânica).

O desenvolvimento do cosmopolitismo judaico ao longo do século XIX, que promoveu medidas liberais e a emancipação dos judeus (liberados do gueto e admitidos na administração, no exército, na universidade), parece ir de mãos dadas com o acréscimo do nacionalismo *völkisch*, que acusava os judeus de mimetizar e roubar a cultura do país que os acolhia e de explorá-la em proveito próprio. Langbehn, no seu livro *Rembrandt Como Educador*, redime os judeus dos tempos de Rembrandt como "autênticos", enquanto os de hoje pecariam por querer ser alemães, franceses, ingleses. Eles são sem caráter, sem raiz, sem identidade própria.

Em 2 de novembro de 1918, Musil anotou no *Diário da Revolução*: "É uma amarga herança o fato de que os austríacos germanófilos sempre foram o povo do governo; eles não são organizados no nível político, e tampouco têm firme vontade [de construção] nacional." (Tb 1 342)

PRIMEIRA GUERRA MUNDIAL

Causas & Culpa e Relações Com o Imaginário Social e Político Iliberal

Quando veio a público a notícia do atentado de Sarajevo, em 28 de junho de 1914, nenhum dos países europeus, muito menos a Alemanha e a Áustria, esperava que seu desfecho seria uma longa e catastrófica Guerra Mundial. Num primeiro momento, ficaram bastante nebulosas as causas e as operações concretas dos diversos Estados envolvidos, mas todos pensavam que o "incidente" estaria encerrado em pouco tempo – e mesmo no momento da declaração da guerra, em agosto de 1914, os soldados e oficiais que iam para o Front esperavam voltar para casa logo, no mais tardar até o natal. Uma poderosa facção belicista do Império Austro-Húngaro apostava nas vantagens de uma rápida operação militar apoiada pela poderosa Alemanha, para reafirmar sua força diante dos exércitos no Leste (a Rússia atiçando a discórdia entre as etnias eslavas do império) e dos rivais no Oeste. A propaganda alimentou com eficácia o sentimento de ameaça e poucos suspeitavam que esses sentimentos coletivos de perigo e de vocação patriótica fossem suscitados pela desinformação e pelos segredos diplomáticos que impediam debates mais sóbrios sobre o melhor modo de esclarecer os motivos do assassinato do arquiduque Franz Ferdinand. O fato é que o clima de ameaça e a certeza de uma vitória rápida capturaram a imaginação da população, e mergulharam a nação num inédito sentimento de pertencimento e união patriótica que muitos analisaram, ainda anos depois da traumática guerra, como um verdadeiro transe – uma psicose coletiva.

Embora a guerra servisse também a diversos interesses geopolíticos ocultos[82], os testemunhos de todas as nações europeias recordam a estranha atmosfera de união patriótica que adquiriu na Alemanha e na Áustria a intensidade do sagrado e uma anacrônica vontade de heroísmo e sacrifício catártico que parecia prometer uma grandiosa renovação – um sentimento de união e entrega logo anulado pelas atrocidades de uma máquina tecnológica de destruição sem precedentes. Apenas o distanciamento e a reflexão posterior permitiram iluminar os fatores múltiplos que desencadearam a Primeira Guerra Mundial. Além dos interesses geopolíticos, uma disposição emocional marcada pelo vazio do idealismo cultural e a resistência de admitir o esgotamento do ideário tradicional parecia

---

82. Em um de seus esboços (não incluídos na edição brasileira) para *O Homem Sem Qualidades*, Musil menciona o engano de considerar o atentado de Sarajevo como "causa" da guerra; assinala, além de vários outros componentes, os complexos interesses econômicos, militares e coloniais das diversas nações: "pessoas ainda mais cultas, com certeza, terão na mente os nomes de Essen, Creuzot, Pilsen e de todos os demais centros de indústria armamentista. E quem tem uma cultura além do comum irá acrescentar detalhes e locais geográficos relacionados ao comércio de petróleo, potássio e de outras matérias-primas – a frequência com que são mencionados acompanha a frequência de sua menção nos jornais. (MoE 1436)

criar respostas paradoxais – uma busca frenética de sensações e emoções cujo impacto enfático pudesse soterrar o grande tédio.

A Busca de Sensações Fortes – Inclusive a Prontidão Para a Guerra – Como Antídotos ao "Tédio"

No capítulo "Sobre a Kakania", em *O Homem Sem Qualidades*[83], Musil escreveu que Sarajevo, o lugar do atentado que desencadeou a guerra, é a cidade onde nasceu o poeta "Bocardente" – o poeta enfático que encarna os exageros do expressionismo e o desequilíbrio emocional sintomático do seu tempo. Com ironia lacônica, o autor descarta a identificação do nome Sarajevo com o *atentado* que supostamente teria desencadeado a Guerra. Na elaboração artística musiliana, a pequena cidade dos Balcãs se torna, ao contrário, sinônimo de uma certa *postura estética* e de uma *disposição emocional* criadas pelos excessos enfáticos do expressionismo do início do século xx. Esse pendor para a ênfase, no entender de Musil e de outros observadores como Stern, facilitou a popularidade da propaganda bélica e da exploração midiática da violência (guerreira) que estão no centro da representação crítica de intelectuais como Musil ou Karl Krauss[84]. Eles criticam o oportunismo depravado com que o jornalismo e a propaganda exploraram a disposição emocional

83. MoE, 1436 ("Zu Kakanien", tradução K. Rosenfield): "Um parêntese sobre a Kakania. O foco do incêndio da Guerra Mundial é ao mesmo tempo o lugar onde nasceu o poeta Bocardente. É legítimo supor que o termo 'foco do incêndio da Guerra Mundial' tenha sido usado inúmeras vezes desde a existência do referido acontecimento, porém sempre com certa imprecisão a respeito da pergunta de onde esse acontecimento de fato teria tido lugar. Pessoas mais velhas, que ainda têm lembrança pessoal desse tempo, pensam em *Sarajevo*, mas eles mesmos sentem que a pequena cidade da Bósnia pode não ter sido nada além do que o duto de ventilação conduzindo o ar a essa fornalha incendiária. Pessoas mais cultas voltarão suas reflexões para os *centros políticos das capitais mundiais*. E pessoas ainda mais cultas, com certeza, terão na mente os nomes de *Essen, Creuzot, Pilsen* e de todos os demais centros da *indústria armamentista*. E quem tem uma cultura além do comum irá acrescentar detalhes e locais geográficos relacionados *ao comércio de petróleo, potássio e outras matérias-primas* – a frequência com que são mencionados acompanha a frequência de sua menção nos *jornais*. De tudo isso segue apenas a conclusão de que o foco ou a fornalha dessa guerra não foi uma coisa comum, pois estava ao mesmo tempo em vários lugares."

84. K. Krauss, *Die Fackel*, disponível em: <https://fackel.oeaw.ac.at/>.

nebulosa da população, transformando-a em sede insaciável de sensacionalismo, em hiperexcitação e em sentimentalismo – um conjunto de fraquezas morais que interpõem uma espécie de escudo às considerações racionais e às ponderações éticas.

A figura musiliana do poeta Bocardente é o corolário artístico do vício do jornalismo sensacionalista. Ele representa a face sombria do idealismo bem-intencionado que inflaciona o imaginário com visões cuja parcialidade seletiva fica ocultada pela ênfase e que distorce a tradição humanística ao isolá-la da realidade moderna, impedindo atitudes mais sóbrias que reconectem a alma, o espírito e as emoções com o pensamento racional, com as ciências e a tecnologia que já transformaram a sociedade e degradaram suas formas de governo e administração tradicionais em carapaças de coerção abusivas. Na nova sociedade de massas é ilusório o retorno ao ideal organicista e holístico dos tempos de Goethe ou à promessa das grandes sínteses do idealismo alemão e de pensadores como Kant e Hegel. Tudo isso não passa de uma fuga da modernidade, da urbanização e da industrialização.

Musil não foi o único a adivinhar no clima emocional do seu tempo uma profunda perturbação. Mas nem suas anotações nos diários, nem as de outras testemunhas lúcidas chegaram ao diagnóstico de Freud, que atribuiu o "mal-estar da cultura" contemporânea a um recalque de ordem sexual. O herói Hans Castorp, que combate seu tédio com a fuga para a sensualidade do sanatório suíço no grande romance *A Montanha Mágica*, deThomas Mann, parece mais próximo da via freudiana, ao passo que os diários de Musil e de Harry Kessler abordam o mesmo tema por um outro ângulo: o da astenia mental e emocional – aquele tédio melancólico que Baudelaire chamava de "spleen" como predisposição para a "psicose de guerra" que tomou conta da Europa como reação paradoxal àquele tédio.

Como Musil, que critica a falta de imaginação aberta para o futuro, também o diplomata e mecenas das artes Harry Kessler observou, já em 22 de dezembro de 1908, o misto perigoso de enfado e agressividade, uma obscura sede de descargas destruidoras e supostamente catárticas como antídoto ao "pântano" cultural:

Visitei Frau Richter, onde encontrei Musch e Reinhold. Reinhold acredita que não seria tão mal uma guerra para sairmos do pântano interno. Anoto isso porque é surpreendente ouvir essa opinião com frequência cada vez maior. Nostitz, por exemplo, me disse algo parecido, e o pequeno Klinckowström em Potsdam também. Sem dúvida o partido da guerra está se desenvolvendo aqui.[85]

Seis anos depois, esses desejos se realizam. Em 31 de julho de 1914, Kessler anota no seu diário: "Encomendei as coisas para a campanha e comprei: botas, casaco, revólver. Não tem mais Brownings no mercado." E no dia seguinte, 1º de agosto: "De tarde, lá pelas seis, proclamada a mobilização. Alívio geral, a pressão e o clima abafado se dissiparam, uma determinação sóbria entrou no seu lugar."[86]

Musil iria se culpar pelo resto de sua vida por ter compartilhado até certo ponto a alienação coletiva que tomara conta da Alemanha e da Áustria naquele fatídico ano em que as tensões buscaram seu escoadouro na Guerra. Lamenta ter participado da "psicose de guerra" e de não ter dado maior importância aos sintomas patológicos, repugnantes e vis, que deveriam ter servido como sinais de alerta:

Ao lado de toda a transfiguração [do entusiasmo patriótico, percebi] as horríveis canções nos Cafés. A excitação e a sede de confrontos a cada nova notícia. Homens jogam-se debaixo de um trem porque não foram recrutados.
[...] Nas casernas, a desordem, a irrupção do furor. [...] O sentimento: se não tomarmos cuidado, todos irão se atacar uns aos outros, dilacerando-se mutuamente...

---

85. H. Kessler, *Journey to the Abyss*, p. 477.
86. Ibidem, Diário 1, 31 de julho: "Feldzugs Sachen bestellt und gekauft: Stiefel, Mantel, Revolver. Brownings sind nicht mehr zu haben." 1 de agosto: "Nachmittags gegen sechs wurde die Mobilmachung bekannt. Man atmete auf, Druck und Schwüle wichen, eine kühle Entschlossenheit trat an ihre Stelle."

338 A ÉPOCA DE MUSIL EM VERBETES

Carl Einstein[87] [o expressionista] está em transe, todo o resto da sua vida está apagado. Mesmo em casa com sua mulher, só pensa em limpar os botões do uniforme. Nem entra mais no escritório.[88]

A entrada na guerra se parece com uma precipitada fuga do tédio e do vazio – paralisia quase voluntária da vigilância racional e moral e entrega a um redomoinho de forças emocionais e físicas. As análises de Kessler e Musil iluminam a observação do historiador Alexander Watson , que assinalou no seu livro recente sobre a Primeira Guerra Mundial a estranha precipitação da proclamação da guerra pelo governo da Áustria :

A característica mais desconcertante da liderança austro-húngara era a facilidade com que encarara a guerra. A ala militarista agressiva prevaleceu quase sem encontrar resistências relevantes, apesar de a investigação oficial não ter levantado qualquer prova do envolvimento do governo sérvio no assassinato do príncipe herdeiro. E a população – inclusive as elites intelectualmente preparadas – seguia com entusiasmo e prontidão para o sacrifício...[89]

Musil enfatiza o paradoxo do tédio e da passividade redundando em participação ativa da população civil: todos acolheram a decisão com entusiasmo e "deixaram acontecer". Psicólogo sutil, Musil escancara a culpa coletiva – e individual:

É claro que fomos nós que causamos o estrago: deixamos tudo acontecer; foi "aquele" quem fez "aquilo", sem que ninguém de nós o impedisse. Entre nós, como entre os outros. Como é equivocada também a outra retórica frequente: que apenas não teríamos tido a firmeza suficiente, que nos deixamos seduzir.[90]

87. Até expressionistas como Carl Einstein, bem mais radicais que Musil, esqueceram de sua antiga "semântica [que antes da guerra] procurava alarmar os burgueses, e começaram a marchar na linha, transformados em diletantes do milagre bélico, exibindo um comportamento não menos maluco que os outros", escreve K. Corino, *Robert Musil: Eine Biographie*, p. 493.

88. Ver R. Musil, *Tagebücher*, v. I, p. 298 s. Para mais detalhes, ver K. Corino, op. cit., p. 492s.

89. A. Watson, *Ring of Steel*, p. 11.

90. Ver R. Musil, Die Nation als Ideal und als Wirklichkeit, *Kleine Prosa*, p. 1062.

Também Leopold von Adrian-Werburg, um dos jovens diplomatas influentes na política externa do Império Austro-Húngaro, admitiu no seu memorial de julho 1914: "Fomos nós, austríacos, que começamos a guerra, não os alemães, e muito menos a Entente – isso eu posso dizer com certeza!"[91]

Essas raras admissões de culpa de testemunhos que se submeteram ao trabalho de revisar a cronologia dos despachos, descartando a desinformação da propaganda bélica, mostram que a iniciativa bélica partiu do Império Austro-Húngaro e que o imperador Guilherme apenas fortaleceu essa leviandade ao se declarar de imediato solidário aos Habsburgos. A precipitação irresponsável insuflou proporções desmedidas a um atentado lastimável, porém limitado a alguns insurgentes de um pequeno país nas margens balcânicas. Vozes judiciosas, como a de Walther Rathenau no *Berliner Tageblatt* de 31 de julho de 1914, caíram em ouvidos moucos:

O governo não deixou nenhuma dúvida de que a Alemanha tem a intenção de permanecer leal ao seu velho aliado. Sem a proteção dessa lealdade, a Áustria nunca teria ousado o passo que deu. [...] a participação de oficiais austríacos na investigação do complô sérvio não é razão alguma para uma guerra internacional.[92]

A Tese do "Encurralamento"

É importante destacar a diferença entre esses três testemunhos: Rathenau, devido a sua posição privilegiada como proprietário e dirigente ativo de empresas multinacionais, e também Harry Kessler, que tinha acesso a informações diplomáticas secretas, dispunham de conhecimentos fora do alcance de um escritor e intelectual como Musil. Esse último conseguiu reconstituir apenas posteriormente o real encadeamento das ações, revisando assim a ilusão da Áustria ameaçada pelos interesses

---

91. Apud A. Watson, op. cit., p. 7.
92. H. Kessler, *Walther Rathenau: His Life and Work*, p. 169.

340 A ÉPOCA DE MUSIL EM VERBETES

geopolíticos e por supostas movimentações bélicas agressivas tanto na Europa Ocidental (manobras militares inglesas) quanto no Leste europeu que prenderiam a Alemanha e a Áustria entre duas frentes hostis. Foi a propaganda baseada na tese do "encurralamento" que legitimou a declaração da guerra e mobilizou os reflexos patrióticos da população, desencadeando o entusiasmo pela defesa da pátria e o sentimento sacralizado de missão e união. Apenas alguns indivíduos com informações privilegiadas conseguiram penetrar para além da cortina de fumaça da propaganda bélica.

Hoje, até historiadores críticos do entusiasmo bélico admitem a complexidade da configuração geopolítica que levou a intelectualidade alemã e austríaca a acreditar que fosse real o perigo do encurralamento pelas nações do Leste e do Oeste. Nesse sentido, Karl Corino escreve:

Face ao assassinato do herdeiro do trono austríaco [...] e às agitações pan-eslavas na Sérvia; face ao ataque do exército russo na Prússia Oriental; face ao mecanismo das alianças em curso – havia de fato uma sensação de perigo – também entre homens que sabiam pensar com clareza. Parece que fora realmente difícil naquele agosto de 1914 isentar-se da psicose coletiva; ainda mais que também tipos antipatrióticos, como os social-democratas alemães, tomaram de repente o partido da política imperial. As anotações de Musil evidenciam que ele não perdeu de vista os aspectos patológicos das primeira semanas de guerra que ele presenciou ainda em Berlim.[93]

No momento da eclosão, não havia meios de medir o peso da propaganda e da manipulação deliberada da opinião pública pela ala militarista – razão pela qual muitos intelectuais bem-intencionados aderiram à decisão apressada de declarar a guerra. Apenas a prolongação da guerra – a primeira guerra tecnológica, com poder destrutivo nunca antes visto – mostrou a postura inescrupulosa dos militaristas e a *hybris* de generais como Ludendorff e Hindenburg, que não recuaram de nenhum dos

93. K. Corino, op. cit., p. 492.

meios tecnológicos ao seu dispor: além do armamento mecanizado e de gás tóxico, apostavam também no rápido desenvolvimento de caças aéreos (que não se concretizou) e estavam dispostos a lançar no combate também os submarinhos. Todos esses cálculos lhes pareciam justificar a prolongação dos combates e a recusa das negociações de paz (que a Áustria começou em 1916). Ludendorff tinha plena consciência do próprio papel na derrota militar, primeiro na prolongação excessiva da carnificina, depois no pedido de armistício, em 1918. Mesmo assim, ele criou pouco depois uma nova versão que atribuiu o fracasso militar à suposta "punhalada nas costas" que os políticos civis e os judeus teriam desferido, traindo o exército[94].

Mas os diários de figuras mais conscienciosas, como Harry Kessler e Musil, mostram o trauma e a ferida moral dessa experiência, além de esforços intensos de verificar, desde o final de 1918, o que era real e o que era fantasmático no clima quase místico de entrada na guerra. A grande maioria da população entrara na guerra com o tradicional patriotismo que Stefan Zweig descreve em *O Mundo de Ontem*[95]. E pouquíssimos – entre eles, Kessler e Musil – sentirão depois o grande remorso pelo fato de terem se deixado contaminar pela paixão sacrificial coletiva, num esforço sustentado de verificar os erros de avaliação e repará-los.

94. O posfácio dos diários de V. Klemperer (*Tagebücher 1918-1932*, v. 2) comenta o papel central que o general Ludendorff desempenhou na radicalização do antissemitismo.

95. O famoso livro *Die Welt von Gestern*, de Stefan Zweig, foi escrito durante a Segunda Guerra Mundial. Descreve o ambiente vienense no qual Zweig nasceu e fez sua carreira antes, durante e depois da Primeira Guerra Mundial, até sua partida para o exílio nos EUA e no Brasil, onde cometeu suicídio em 1942, um dia depois de enviar o manuscrito para o editor. O livro retrata o clima cultural e literário em cores vívidas e com grande afeto; menciona encontros com intelectuais como Theodor Herzl, o fundador do sionismo; os poetas Rainer Maria Rilke e Emile Verhaeren; o compositor Ferruccio Busoni; e o filósofo antifascista Benedetto Croce; outras personagens que Zweig frequentava eram Maxim Górki e Romain Rolland, Hugo von Hofmannsthal e Walther Rathenau, além de Karl Haushofer, o fundador da geopolítica cujas ideias teriam repercussões decisivas sobre o pensamento político de Hitler. Zweig era um representante típico da classe média culta e de sua postura distanciada da política, que se imporia apenas a partir de 1933, com a tomada de poder de Hitler.

O FIM DA GUERRA:

A Revolução Alemã de 1918-1919;
A "Revolução" Austríaca de 1917-1919

O detonador da revolução alemã foi a rebelião dos marinheiros que se opuseram ao comando dos seus oficiais em outubro 1918. O esgotamento das tropas e a falta de coordenação do comando supremo com a Marinha já anunciavam a derrota definitiva, quando os oficiais ordenaram uma última batalha contra a frota britânica, em 24 de outubro. Os marinheiros começaram um motim no dia 29 de outubro, em Wilhelmshafen, retornaram aos portos e uniram-se aos trabalhadores em greve. A Liga Espartaquista (*Spartakusbund*), liderada por Rosa Luxemburgo, teve um importante papel nessa revolução. O kaiser abdicou em 9 de novembro de 1918. A intervenção das milícias nacionalistas do *Freikorps* contra os rebeldes resultou numa sangrenta guerra civil. Ela terminou em agosto de 1919, com a proclamação da Constituição de Weimar, que fundou a primeira república parlamentar.

Também na Áustria a derrota foi precedida por greves exigindo negociações de paz desde a grande fome do inverno de 1916-1917. Essa pressão dos trabalhadores motivou o conde Czernin a começar negociações secretas com o apoio do imperador Karl, que avisou, num telegrama: "Se não houver paz, haverá revolução."[96] Mas essas negociações fracassaram, e a guerra se prolongou até o final de 1918, quando o imperador Karl abdicou e partiu para o exílio.

O líder social-democrata Otto Bauer considerou, no seu livro *Die österreichische Revolution* (A Revolução Austríaca), 1923, que a greve de janeiro 1918 foi a expressão do espírito revolucionário: ela levou a fundação de sovietes (conselhos) de trabalhadores, contaminou a Marinha e terminou levando à desmobilização, em outubro-novembro de 1919. Os social-democratas terminaram

---

96. Ver H. Hautmann, Jänner 1918: Österreichs Arbeiterschaft in Aufruhr. Disponível em: <http://www.klahrgesellschaft.at/>.

sendo a principal força política e o interlocutor determinante nas negociações que terminaram na proclamação da República da Áustria.

No seu recente livro sobre a *Revolution in Wien: Die literarische Intelligenz im politischen Umbruch 1918/19*, Norbert Christian Wolf evidencia a multiplicação de pequenos focos de rebeldia – indivíduos e grupos recusando as ordens dos oficiais e arrancando as insígnias da hierarquia imperial, sem que a "revolução austríaca" chegasse a uma guerra civil como na Alemanha. Isso leva à questão: "Houve de fato revolução na Áustria?"[97] Os ensaios de Musil vão no mesmo sentido, sublinhando certo histrionismo teatral das movimentações das Guardas Vermelhas e de outros revolucionários ocupando os postos vacantes depois da abdicação do imperador e de toda a administração imperial[98].

Otto Bauer tentou conduzir as negociações com a Entente no sentido de amenizar a terrível fome e a miséria depois da derrota. Com a formação de inúmeras pequenas repúblicas nos países do Leste, ele via a única possibilidade de sobrevivência na obtenção de uma autorização para unir o pequeno resto da Áustria com a Alemanha. Essa união socialista (social-democrática) com viabilidade econômica evitaria uma revolução bolchevique.

---

97. Ver, por exemplo: <https://ww1.habsburger.net/>.
98. Ver Prefácio, as observações de Musil sobre Kisch e Werfel.

SOBRE OS NOMES CITADOS

ADLER, ALFRED (1870-1837) médico e psicoterapeuta; desenvolveu a psicologia individual em torno de ideias voltadas para a investigação do contexto familiar e social e suas funções patogênicas.

ADLER, FRIEDRICH (1879-1960) filho de Victor Adler; político socialista vienense e assassino do ministro-presidente Karl von Stürgkh

ADLER, VICTOR (1852-1918) político austríaco; líder do movimento dos trabalhadores e fundador do partido social-democrata dos trabalhadores.

ADRIAN, LEOPOLD (1875-1951) nome artístico de Leopold Freiherr Ferdinand von Andrian zu Werburg escritor e diplomata austríaco, amigo de Hofmannsthal e ativo no movimento Jovem Viena. Como diplomata, Adrian desempenhou um papel ativo na declaração da Primeira Guerra Mundial. Musil apresenta Adrian nos seus diários como uma espécie de alter ego negativo – o escritor mundano e diletante que Musil lutou para não se tornar.

ALESCH/ALLESCH, JOHANNES VON (1882-1967) psicólogo e crítico de arte, colega de estudos de Musil em Berlim (Musil escreve o nome Alesch).

ALIGHIERI, DANTE (1265-1321) escritor, poeta e político florentino.

ALTENBERG, PETER (1859-1919) nome artístico de Richard Engländer, foi um escritor e poeta austríaco, cuja obra é um marco do modernismo vienense.

346 ENSAIOS DE ROBERT MUSIL, 1901-1919

D'ANNUNZIO, GABRIELE (1863-1938) poeta e dramaturgo italiano, símbolo do decadentismo e herói de guerra com uma excêntrica carreira política próximo do fascismo.

BAHR, HERMANN (1863-1934) escritor, dramaturgo e crítico austríaco. Fundador do Círculo de Viena.

BAUER, OTTO (1881-1938) foi um social-democrata austríaco que é considerado um dos principais pensadores do grupo austro-marxista-socialista de esquerda, que inspirou o movimento da Nova Esquerda para o eurocomunismo na sua tentativa de encontrar uma "Terceira via" ao socialismo democrático.

BECHER, JOHANNES (1891-1958) político, romancista e poeta expressionista alemão, filiado ao Partido Comunista da Alemanha (KPD). Refugia-se em Paris em 1933, onde organiza o congresso para a defesa da cultura em 1935. No mesmo ano, migra para a União Soviética com o comitê central da KPD. Com a invasão alemã da União Soviética em 1941, Becher e outros comunistas alemães foram evacuados para o exílio interno em Tashkent. Em 1942, foi chamado de volta a Moscou. Após a Segunda Guerra Mundial, Becher estabeleceu-se em Berlim Oriental, na zona ocupada pelos soviéticos.

BILLROTH, THEODOR (1829-1894) famoso cirurgião austríaco, que introduziu a técnica da cirurgia abdominal.

BISMARCK, OTTO VON (1815-1898) chanceler do imperador Guilherme e político mais importante da Europa entre 1860 e 1890, unificou a Alemanha, o Reich, em 1871.

BLEI, FRANZ (1871-1942) ensaísta, dramaturgo e tradutor vienense. Amigo e colaborador de Franz Kafka.

BLÜHER, HANS (1888-1955) escritor e filósofo alemão, conhecido como historiador do movimento de juventude Wandervogel (pássaros migradores), que iniciou a revolta contra a educação tradicional e repressiva nas escolas e na Igreja.

BUBER, MARTIN (1878-1965) filósofo existencialista, austríaco de origem judaica.

CANETTI, ELIAS: (1905-1994) autor de língua alemã, nascido na Bulgária. Na infância, a família mudou-se para Manchester, Inglaterra. Depois da morte do pai, em 1912, a mãe levou seus três filhos de volta para Viena.

CARLYLE, THOMAS (1795-1881) historiador britânico, escritor satírico, ensaísta, tradutor, filósofo, matemático e professor. Seu ensaio emblemático *On Heroes, Hero-Worship, and The Heroic in History* (1841) afirma que "a história do mundo é apenas a biografia de grandes homens".

SOBRE OS NOMES CITADOS

Musil o cita como um dos principais formadores da opinião (errônea e anacrônica, segundo Musil, porém amplamente compartilhada na época) segundo a qual as ações do "Grande Homem" desempenham um papel fundamental na história,

CRANACH, LUKAS (1472-1553) pintor alemão renascentista.

COUTURAT, LUÍS (1868-1914) lógico, matemático, filósofo e linguista francês.

COPÉRNICO, NICOLAU (1473-1543) astrônomo, matemático, médico e religioso polonês. Desenvolveu a teoria heliocêntrica.

DEHMEL, RICHARD (1863-1920) um dos poetas e escritores mais famosos da Alemanha antes da Primeira Guerra Mundial. Fundador da revista *Pan Dichterpatrone der Dürerschule*.

DEUTSCH, JULIUS (1884-1968) um dos fundadores do Partido Socialista da Áustria, que dirige, com Otto Bauer, o escritório internacional dos social-democratas. Em 1936, é eleito, pela República da Espanha, general do comando da guarda costeira. Em 1920, Deutsch nomeou Musil a um posto de conselheiro no Ministério do Exército, com a tarefa de reformar a mentalidade do exército, reestruturando as relações hierárquicas e autoritárias em novas bases social-democratas.

DOLLFUSS, ENGELBERT (1892-1934) político conservador e chanceler da Áustria entre 1932 e 1934. Fechou o Parlamento em 1933 na tentativa de defender o austrofascismo contra o partido nacional-socialista. Sucumbiu a um assassinato nazista no ano seguinte.

DOSTOIÉVSKI, FIÓDOR MIKHAILOVITCH (1821-1881) escritor, filósofo e jornalista russo.

DÜRER, ALBRECHT (1471-1528) pintor, gravurista e teórico da arte renascentista alemã.

EBNER-ESCHENBACH, MARIE VON (1830-1916) escritora e dramaturga austríaca.

EHRENBURG, ILYA (1891-1967) jornalista, escritor e revolucionário bolchevique.

EHRENFELS, CHRISTIAN VON (1859-1932) filósofo austríaco e fundador precursor da psicologia da Gestalt.

EINSTEIN, ALBERT (1879-1955) físico alemão famoso pela teoria da relatividade geral.

EMERSON, RALPH WALDO (1803-1882) ensaísta, filósofo e poeta estadunidense; líder do movimento transcendentalista, ele colocou o individualismo como alternativa às pressões da sociedade e crítica à pobreza das compensações da vida coletiva (em analogia à crítica do ressentimento em Nietzsche).

EPICURO (341 A.C.-270 A.C.) filósofo grego do período helenístico.

348 ENSAIOS DE ROBERT MUSIL, 1901-1919

EUCKEN, RUDOLF CHRISTOPH (1846-1926) filósofo alemão, ganhador do Prêmio Nobel de Literatura de 1908.

FECHTER, PAUL (1880-1958) crítico de arte, jornalista e escritor alemão. Sua história da literatura, de 1941, dedica uma análise ao livro *Mein Kampf*, de Hitler, e chega à conclusão de que se trata de uma obra de arte que "resume todas as principais tendências e aspirações dos grandiosos movimentos nacional-socialistas, criando para o leitor contemporâneo mediações com as novas formas da dicção e assim fundando novas bases para a literatura" (*Geschichte der deutschen Literatur. Von den Anfängen bis zur Gegenwart*, p. 758). Em 1943, Fechter foi acusado pelo Bezirksgericht Berlinde de ser inimigo da visão de mundo nacional-socialista, provavelmente devido ao seu livro sobre Barlach, de 1935, e a comédia *Der Zauberer Gottes*. Escapou do processo devido às relações com o ministro Johannes Popitz, o advogado Carl Langbehn, que tiveram boas relações com o SS-Obergruppenführer Müller.

FONTANA, OSKAR MAURUS (1889-1969) escritor, dramaturgo e crítico de teatro austríaco (colunista de teatro da revista *Waage*).

FÖRSTER, FRIEDRICH WILHELM (1869-1966) filósofo, pedagogo e pacifista alemão.

FRIES, JAKOB FRIEDRICH (1773-1843) filósofo neokantiano, professor de filosofia e matemática em Heidelberg, com forte apego ao movimento romântico e pronunciadas tendências antissemitas; Hegel criticou o pendor emocional de Fries e seu pensamento voltado para a fé e a intuição.

GALILEI, GALILEU (1564-1642) físico, matemático, astrônomo e filósofo; retomou a teoria heliocêntrica com base em cálculos matemáticos e observação com o telescópio recém desenvolvido.

GENTZ, FRIEDRICH VON (1764-1832) escritor e diplomata, mostrou interesse pela Revolução Francesa, tradutor de Burke. Mas depois de sua juventude liberal voltada para a cultura inglesa, Gentz terminou por se tornar o fiel colaborador de Metternich e do Estado autocrático que o "Sistema Metternich" consolidou. Musil o considera como o típico intelectual inescrupuloso e disposto a comprometer sua capacidade crítica em troca do poder (Tb I 914-915)

GEORGE, STEFAN (1868-1933) poeta simbolista alemão, tradutor de Dante Alighieri, William Shakespeare e Charles Baudelaire; influente líder do Círculo de George (*Georgekreis*), que reunia personalidades importantes da vida literária e intelectual da época.

GIERKE, OTTO FRIEDRICH VON (1841-1921) jurista e historiador alemão – teórico do direito voltado para o limiar entre público e privado,

SOBRE OS NOMES CITADOS

comunidade e indivíduo. Gierke contrasta o direito tradicional das corporações e guildas da velha Alemanha (*Das deutsche Genossenschaftsrecht*) com o moderno código civil, cujos traços individualistas seriam incompatíveis com a tradição social germânica

GOETHE, JOHANN WOLFGANG VON (1749-1832) poeta, pensador e chanceler do príncipe de Weimar (um dos principados do Sacro Império Romano-Germânico), dedicou-se a investigações nas ciências naturais.

GRILLPARZER, FRANZ SERAPHICUS (1791-1872) escritor e dramaturgo austríaco.

GRIMM, HANS (1875-1959) deputado e fundador do Partido Nacional Liberal e da Sociedade Colonial Alemã; publicou, em 1926, o romance *Povo Sem Espaço Vital* (Volk ohne Raum), que se transformou no lema da ideologia do *Volk* (adj. *Völkisch*), do nacional-socialismo e de sua exigência de expandir o "espaço vital" do povo germânico (*Lebensraum*).

GRÜNEWALD, MATTHIAS (1470-1528) pintor renascentista alemão que continuou a tradição medieval de pintura; durante longo período, muitas de suas obras foram atribuídas a Dürer.

GUILLEMIN, BERNARD (???-???) tradutor de Gide e um dos intelectuais à altura do amplo horizonte de Musil, homenageia a superioridade do autor e a tremenda inovação de seu romance com a constatação de que Musil sempre se iguala aos melhores autores dos mais diversos gêneros e de uma ampla gama de disciplinas, além de muitas vezes ultrapassar o nível deles.

HAECKEL, ERNST (1838-1919) biólogo, embriólogo, cuja visão holística e orgânica funde abusivamente as ideias de Lamarck e Darwin com a filosofia da natureza da tradição alemã (Herder e Goethe). No entender de Musil, sua visão se volta para o passado, para o horizonte de Goethe mais que para as perspectivas das ciências exatas modernas.

HARNACK, ADOLF (1851-1930) teólogo alemão e historiador das religiões.

HAUPTMANN, GERHART JOHANN ROBERT (1862-1946) dramaturgo e romancista alemão, representante do naturalismo. Prêmio Nobel de Literatura em 1912.

HEBBEL, CHRISTIAN FRIEDRICH (1813-1863) poeta e dramaturgo alemão.

HEYSE, PAUL JOHANN LUDWIG VON (1830-1914) primeiro escritor alemão a receber o Nobel de Literatura, em 1910.

HINDENBURG, PAUL [LUDWIG HANS ANTON VON BENECKENDORFF] (1847-1934) general e estadista alemão que comandou o exército imperial alemão durante a Primeira Guerra Mundial; presidente da Alemanha de 1925 até sua morte, durante a República de Weimar. Viabilizou a tomada de poder nazista em janeiro de 1933, nomeando Adolf Hitler chanceler da Alemanha.

350 ENSAIOS DE ROBERT MUSIL, 1901-1919

HJALMAR, EKDAL personagem da peça *O Pato Selvagem* de Henrik Ibsen. Hjalmar Ekdal aparece no ensaio de Musil "A Áustria de Buridan".

HOFMANNSTHAL, HUGO VON (1874-1929) escritor e dramaturgo austríaco, importante representante do movimento Jung Wien (Jovem Viena) que representa a primeira modernidade vienense. Cofundador do Festival de Salzburgo, Hofmannsthal transformou peças em *libretti* para o compositor e maestro Richard Strauss.

HONIGSHEIM, PAUL (1885-1963) fez doutorado com Max Weber em 1914, em Viena, e seus ensaios orientaram a reflexão sociológica de Musil. A partir de 1919, lecionou no Institut für Soziologie em Cologna, onde Konrad Adenauer lhe confiou a direção da Escola Superior Pública (*Volkshochschule*); atuou como professor de filosofia, sociologia e pedagogia social até 1927. Considerado hostil ao regime nazista, emigrou para a França em 1933, onde dirigiu o Centre de Documentation da École Normale Supérieure; membro do Instituto de Pesquisas Sociais, uma filial da Escola de Frankfurt fundada por Horkheimer. Entre 1936 e 1938 ocupou um posto na Universidade Nacional de Panamá, a partir de 1938 foi nomeado professor em East Lansing, EUA, lecionando até 1950 Sociologia e Antropologia na Michigan State University.

HUYSMANS, JORIS-KARL (1848-1907) romancista e crítico de arte, famoso pelo romance *Às Avessas*, uma das bíblias do decadentismo.

HYRTL, JOSEPH (1810-1895) notável anatomista austríaco.

JAMES, WILLIAM (1842-1910) filósofo e psicólogo estadunidense; irmão do escritor Henry James.

KEMAL PASCHA (1881-1938) ou Mustafa Kemal Atatürk – nome que ele adotou após a Lei do Sobrenome de 1934. Marechal de campo turco, estadista revolucionário, autor e fundador da República da Turquia e seu primeiro presidente, de 1923 até 1938, ano em que faleceu. Líder autoritário e militarista, cujas reformas transformaram a Turquia em nação secular e industrial. Admirado pelas suas conquistas militares e políticas, Atatürk é considerado um dos maiores líderes do século XX.

KEPLER, JOHANNES (1571-1630) matemático e astrônomo alemão.

KERNSTOCK, OTTOKAR (1848-1928) padre católico e poeta cuja nomeação a um importante posto acadêmico provocou polêmica na revista *Die Fackel*, de Karl Krauss.

KERR, ALFRED (1867-1948) crítico de teatro e literatura judaico-alemã, considerado o "Papa da Cultura" (*Kulturpapst*) na época.

KESSER, ARMIN (1906-1965) escritor, jornalista, e redator literário em Berlim até 1933, depois viveu em Zurique. Amigo da família Mann, de Brecht e de Musil (entre muitos outros escritores), editou a revista *Das*

SOBRE OS NOMES CITADOS

Wort (A Palavra) para o público literário no exílio. Kesser é um dos críticos que melhor compreenderam o estilo experimental da modernidade (Joyce, Kafka, Gide, Musil); Martha Musil pediu sua ajuda na ordenação e edição do acervo póstumo de Musil. Sua relação crítica com o estilo expressionista e uma resenha negativa do livro *Die Jugend des Königs Henri IV*, de Heinrich Mann, levaram a uma ruptura com a família Mann.

KESSLER, HARRY GRAF VON (1868-1937) diplomata anglo-alemão, escritor e patrono da arte moderna. As traduções em inglês de seus diários, *Journey to the Abyss* (2011) e *Berlin in Lights* (1971) fornecem um perfil dos bastidores da política e do poder nas primeiras quatro décadas do século XX, além de detalhes da vida artística, literária e social europeia desde o final do século XIX até a morte de Kessler no exílio, em 1937.

KEY, ELLEN KAROLINA SOFIA (1849-1926) foi uma escritora feminista sueca, sufragista e uma das promotoras do movimento Modern Breakthrough. Sua abordagem da educação e da relação entre pais e filhos foca a criança, como mostra seu mais importante livro *The Century of the Child* (O Século da Criança), de 1909.

KEYSERLING, HERMANN VON (1880-1946) escritor e filósofo alemão, formado nas Universidades de Genebra, Tartu, Heidelberg e Viena. Sua carreira não acadêmica fortaleceu-se em 1919, quando Keyserling casa com a condessa Maria Goedela von Bismarck-Schönhausen (1896-1981) neta de Otto von Bismarck; a união lhe dá acesso a uma rede de relações com personalidades influentes, por exemplo a amizade com Houston Stewart Chamberlain. Em 1920, apoiado por Ernst Ludwigs e pelo editor Otto Reichl, ele fundou a Escola da Sabedoria (Schule der Weisheit), centro para a busca de sentido existencial e lugar de encontro para personalidades da vida intelectual – por exemplo, Carl Gustav Jung, Max Scheler, Leo Frobenius. O *Diário de Viagem de um Filósofo* (1911) consolidou sua fama como um dos principais representantes da filosofia alemã baseada em elementos kantianos. Seu conceito de sabedoria aproxima-o do pensamento oriental tradicional e, sobretudo indiano, e encontra-se exposto nas obras *O Livro do Casamento*, *O Mundo em Formação*, *Europa*, *Do Sofrimento à Realidade* e outras.

KLAGES, LUDWIG (1872-1956) filósofo, psicólogo e grafólogo alemão, nomeado para o Prêmio Nobel. Essa figura carismática do neomisticismo e do esoterismo fornece o modelo para a personagem Meingast em *O Homem Sem Qualidades*.

KLIMT, GUSTAV (1862-1918) pintor austríaco, criador de afrescos, retratos, quadros historicistas.

352 ENSAIOS DE ROBERT MUSIL, 1901-1919

KOFFKA, KURT (1886-1941) psicólogo berlinense, cofundador da psicologia da Gestalt (com Wertheimer e Köhler). Exilou-se em Northampton, Massachusetts, onde faleceu durante a guerra.

KÖHLER, WOLFGANG (1887-1967) psicólogo e fenomenólogo alemão e um dos criadores da psicologia da Gestalt (com Max Wertheimer e Kurt Koffka).

KRAUS, KARL (1874-1936) escritor e jornalista austríaco, editor da revista satírica *Die Fackel* – um órgão de impiedosa crítica dirigida contra a corrupção da cultura e da política, da imprensa e dos costumes. Figura precoce do que viria a ser o "intelectual público", ele recebeu três nomeações para o Prêmio Nobel de Literatura.

KRETSCHMER, ERNST (1888-1964) psiquiatra influente e renomado pela tipologia das doenças e afecções mentais.

KRALIK, RICHARD RITTER VON MEYRSWALDEN (1852-1934) escritor e ensaísta, estudou direito, filologia e história. Depois da conversão ao catolicismo, ele se torna um dos pioneiros do movimento católico e cofundador da associação dos escritores católicos.

KRALIK VON MEYRSWALDEN, DIETRICH RITTER (1884-1959) medievalista austríaco engajado na conservação da herança cultural germânica, editor da epopeia dos Nibelungos; a partir de 1938, membro do Partido Nacional-Socialista.

LAGARDE, PAUL BÖTTICHER DE (1827-1891) ensaísta e moralista eclético, teólogo e orientalista diletante, sempre em busca de obter ressonância na discussão política do seu tempo; suas ideias, marcadas por um idealismo errático e inflado, adquirem importância depois de sua morte, quando Julius Langbehn o transforma numa referência para o movimento neoconservador que condena a modernidade científica, urbana e cosmopolita, chamando para um retorno a ideais do passado.

LANGBEHN, JULIUS (1851-1907) historiador de arte e filósofo alemão, além de ensaísta neoconservador que advoga por um retorno aos modelos do passado – figuras como Goethe e Rembrandt –, à fé e a valores como o apego à pátria unida e harmoniosa sob a égide de líderes carismáticos. Langbehn obteve fama com o livro *Rembrandt Como Educador*, de 1890, que condena o dilaceramento da modernidade científica, urbana e cosmopolita responsáveis pelo mal-estar difuso e a degeneração da cultura europeia. Contra a cultura laica e a uniformização internacional, Langbehn exorta o antigo espírito germânico e transforma o artista holandês em modelo do verdadeiro alemão, tal como Nietzsche elevara Schopenhauer a educador da burguesia alemã. Contra o esclarecimento e a urbanização – vistos como criações do

SOBRE OS NOMES CITADOS 353

liberalismo francês e do materialismo (*Manchesterismo*) inglês, Rembrandt despertaria o antigos sentidos comunitário e artísticos do *Volk*, que inspiraria aos alemães sua identidade nacional originária.

LIEBKNECHT, KARL (1871-1919); LUXEMBURGO, ROSA (1871-1919) pacifistas e ativistas socialistas que se opuseram à guerra. Fundadores da Liga Spartacista e do Partido Comunista alemão. Ambos assassinados pelo FreiKorps, milícia de veteranos da Primeira Guerra Mundial.

LIST, GUIDO VON (1848-1919) jornalista, dramaturgo e romancista austríaco com pendor esotérico e ativo no movimento neopagão chamado Odinismo, que procura ressuscitar as tradições nórdicas.

LOCKE, JOHN (1632-1704) filósofo inglês.

LORENZ, KONRAD (1903-1989) zoólogo, etólogo e ornitólogo austríaco. Recebeu o Prêmio Nobel de Fisiologia em 1973, por seus estudos sobre o comportamento animal.

LUDENDORF, ERICH FRIEDRICH WILHELM (1865-1937) general alemão, político e teórico militar, que se destacou na Primeira Guerra Mundial com as vitórias em Liège e Tannenberg, em 1914. Após a sua promoção (primeiro quartel general, Erster Generalquartiermeister) no Estado-Maior, ele e outros generais (Hindenburg) instauraram uma ditadura militar que prolongou excessivamente a guerra, ocultando os retrocessos do exército, até a grande ofensiva da Primavera da Alemanha em 1918, que terminou fracassando, em grande parte devido aos motins dos marinheiros. Forçado a sair em outubro de 1918, ele retornaria, no início dos anos 1920, com a teoria da "facada nas costas". O Comando Supremo do Exército Alemão (OHL) cunhou a lenda da facada nas costas (*Dolchstosslegende*) – uma teoria de conspiração que pretendia transferir a culpa da derrota militar dos responsáveis militares para a social-democracia, políticos democráticos e "Judeus Bolcheviques". O exército alemão teria permanecido "invicto no campo" e teria sucumbido a uma "facada nas costas" por parte de civis inimigos da pátria. A ideia do conluio de "inimigos internos" e "externos do Reich" ligados ao "judaísmo internacional" alimentaria consideravelmente o recrudescimento do antissemitismo do entreguerras.

LUEGER, KARL (1844-1910) político da classe média baixa que ascendeu com uma agenda antissemita (próxima do círculo pangermânico em torno de Georg von Schönerer) para o posto de prefeito de Viena. Sua associação com grupos ultraconservadores e ideólogos como Karl von Vogelsang, o príncipe Aloys von Liechtenstein e o teólogo Franz Martin Schindler redundou num novo movimento político e na fundação do Partido Cristão-Social. Ele se beneficiou da reforma eleitoral de 1882 que expandiu o direito ao voto: voltou sua campanha para a pequena burguesia de artesãos e trabalhadores que se sentiam ameaçados pela industrialização. Sua retórica antissemita encontrou grande receptividade nessa pequena burguesia como também na alta aristocracia rural e católica.

LUKACS, HUGO (1874-1939) psiquiatra e psicoterapeuta vienense, seguidor da psicologia social de Alfred Adler; ativo nos serviços abertos para trabalhadores da administração socialista de Viena.

MAETERLINCK, MAURICE DE (1862-1949) escritor, poeta e ensaísta belga.

MAKART, HANS (1840-1884) pintor e organizador dos cortejos oficiais da corte austríaca. Muito admirado por Gustav Klimt.

MANN, HEINRICH (1871-1950) escritor e redator de revistas de crítica social ao patriotismo autocrático da sociedade do império guilhermino, o que criou tensões com o irmão Thomas Mann, que mostrou atitudes mais conservadoras até o início dos anos 1920.

MANN, THOMAS (1875-1955) romancista, ensaísta, contista de grande sucesso, autor de *Os Buddenbrook* e *A Montanha Mágica*. Ganhou o Prêmio Nobel de Literatura de 1929 e emigrou para os Estados Unidos durante o nazismo.

MARSÍLIO DE PÁDUA (1275-1342) filósofo, pensador político, médico e teólogo italiano.

MAUTHNER, FRITZ (1849-1923) romancista austro-húngaro, crítico de teatro e satirista, além de expoente do ceticismo filosófico. Iniciou uma revolucionária crítica ao conhecimento humano que questiona o racionalismo do seu tempo e uma filosofia da linguagem cujo horizonte é o limiar da impossibilidade de conhecer a dimensão mística.

MAYER, JULIUS ROBERT VON (1814-1871) físico alemão e fundador da termodinâmica; enunciou a primeira lei da termodinâmica (energia não pode nem ser criada, nem destruída); seus méritos passaram despercebidos, e a primeira lei foi atribuída a James Joule.

METTERNICH, KLEMENS (1773-1859) príncipe de Metternich-Winneburg zu Beilstein, diplomata austríaco que desempenhou papel capital no Congresso de Viena em 1815 e pacificou a Europa depois das invasões napoleônicas, graças a uma diplomacia que permitiu restaurar a antiga ordem monárquica. Seu nome é associado tanto ao longo período de paz e prosperidade, como ao rigoroso controle policial que blindou o Estado contra ideias liberais e movimentos revolucionários, mantendo a classe média ascendente sob tutela política. Ficou ativo durante quatro décadas como Ministro dos Negócios Estrangeiros do Império Austríaco de 1809 e chanceler de 1821 até as Revoluções Liberais de 1848, que forçaram a sua demissão.

SOBRE OS NOMES CITADOS   355

MEYER, ALFRED RICHARD (1882-1956) editor de lírica expressionista e tradutor de Ossian e Verlaine.

MEYER, CONRAD FERDINAND (1825-1898) foi um poeta suíço famoso pelos seus poemas, romances e novelas históricas, frequentemente inspiradas no renascimento italiano.

MOELLER VAN DEN BRUCK, ARTHUR (1876-1925) começou sua carreira como historiador da literatura e da cultura (1900) com títulos sintomáticos como *Os Alemães: Nossa História da Humanidade* (1904) e *O Direito dos Povos Jovens* (1913). Esse último ensaio contrasta o vigor germânico com o refinamento decadente das nações no Oeste, apresentando uma versão peculiar da vocação alemã para um "caminho à parte" (Sonderweg) – diverso tanto do comunismo russo como do capitalismo estadunidense. Dois anos antes do seu suicídio, em 1925, ele publicou *O Terceiro Reich*, um ensaio que buscou reforçar o sentimento de unidade nacional e reivindicar ações de afirmação nacionalista – uma ideia e um título dos quais Hitler e a propaganda nazista se apropriou (embora Möller, depois de um encontro com Hitler, tenha expressado seu desgosto com o primitivismo proletário deste).

MOISSI, ALEXANDER (1879-1935) ator austríaco de origem albanesa, famoso pelas suas interpretações do homem moderno, dilacerado e mórbido no início do século XX. Entre 1910 e 1930 sua fama excedeu qualquer comparação na Alemanha e atingiu proporções mundiais. Moissi foi o protagonista em peças de Henrik Ibsen (Oswald, em *Os Fantasmas*), Tolstói (Fedja, em *O Corpo Vivo*) e Hugo von Hofmannsthal (Jedermann, na produção de Max Reinhardt, em 1920 no Festival de Salzburgo).

MORGENSTERN, CHRISTIAN (1871-1914) poeta, escritor e jornalista em Berlim, famoso pelos seus poemas *nonsense*.

MÜLLER, ROBERT (1887-1924) escritor, jornalista e editor austríaco e amigo de Musil. Seu romance *Tropen: Der Mythos der Reise* (Os Trópicos: O Mito da Viagem, 1915) é considerado uma obra-prima do exotismo alemão na virada do século XIX para o XX. Müller era também um ativista literário subversivo que pregava a revolução cultural e o socialismo. Com o fim da Primeira Guerra Mundial, fundou (com Musil e outros intelectuais) a sociedade Katakombe (Catacumba), em 1919. O objetivo dessa associação de intelectuais e artistas era fomentar ideias e projetos para o governo democrático da Nova República da Áustria. Musil e Müller assinaram o manifesto socialista (de 1918) que exigia "a socialização da propriedade fundiária; confiscação dos capitais a partir de um certo montante; transformação de empresas

356 ENSAIOS DE ROBERT MUSIL, 1901-1919

capitalistas em cooperativas de trabalhadores; a liberdade sexual; e a reforma da educação". Depois da falência de sua editora, Müller cometeu suicídio em 1924.

Mas essa proposta de intelectuais e artistas logo se perde no aparelho burocrático dos conselhos superiores (do Partido Socialista). A proposta é acolhida com grande ceticismo pelo conselho berlinense dos trabalhadores e soldados, que orienta os signatários a fundar associações de interesse profissional que delegariam um representante para cada mil membros ao órgão superior, o conselho dos trabalhadores[1].

MÜLLER, JOHANNES (1864-1949) teólogo, reformador e educador promoveu a refundação da vida comunitária baseada em princípios cristãos, nacionalistas e "socialistas" (cristãos), apoiando direta e indiretamente a militância política e populista da Igreja (uma guinada ideológica que Musil fustigara no ensaio de 1912). Nos anos 1930, o modelo educacional de Müller começa a confundir-se com o ideário nacional-socialista, e algumas de suas teorias da sexualidade, doutrinas eugênicas e exegeses bíblicas antissemitas são incorporadas no ideário nazista. Manifesta com grande ênfase seu engajamento em prol do "Renascimento do povo alemão" – ideia central do regime nacional-socialista em sua tomada de poder de janeiro de 1933. Em 1934, ele enaltece o carisma de Hitler apresentado "como receptáculo para o governo divino e transmissor de sua irradiação eterna", sustentando a legitimidade de todas as medidas , inclusive dos "parágrafos em prol da pureza ariana" também na igreja.

ÖSTERREICH, TRAUGOTT KONSTANTIN (1880-1949) psicólogo e filósofo alemão interessado em parapsicologia, autor de uma série de análises de casos clínicos entre os quais Musil tomou o "Caso Ti", como inspiração para a novela *As Tentações da Quieta Verônica* (mosaico).

OTTWALT, ERNST GOTTWALT NICOLAS (1901-1943) escritor e dramaturgo alemão; convicto comunista, ele fugiu da Alemanha nazista em 1934 e exilou-se na União Soviética, onde foi vítima da Grande Purga e morreu num *gulag* soviético.

PAULSKIRCHE primeiro parlamento alemão eleito. Após a revolução de março de 1848, os liberais que se opuseram às políticas absolutistas fundaram o *Paulskirche*, parlamento constituído por um grande número de professores, que produziu a constituição de Frankfurt e proclamou o Império Alemão.

PILSUDSKI, JÓZEF (1867-1935) revolucionário e estadista polonês, marechal de campo, líder das forças armadas, primeiro chefe de Estado

1. K. Corino, *Robert Musil: Eine Biographie*, p. 593s.

SOBRE OS NOMES CITADOS

(1918-1922) da Segunda República Polonesa, e ditador (entre 1926-1935). Foi uma das mais proeminentes figuras políticas polonesas que unificou o país quase 120 anos após a fragmentação pela Áustria, Prússia e Rússia entre 1772-1795.

PUFENDORF, SAMUEL FREIHERR VON (1632-1694) foi um jurista e filósofo político, economista e historiador alemão.

RATHENAU, WALTHER (1867-1922) industrial, político, escritor e estadista alemão, ministro das Relações Exteriores da República de Weimar durante poucos meses antes de seu assassinato por militantes da extrema direita. Para Musil, Rathenau é a encarnação das incongruências típicas de seu tempo. Seu pensamento analógico, mítico e cósmico carrega o estigma da tradição idealista e romântica, embora sua visão empresarial e geopolítica já abra perspectivas para os desafios do futuro: uma visão lúcida da mutação de todas as formas de vida na nova dinâmica supranacional dos capitais (como poder paralelo ao do Estado) e da inevitável globalização inscrita na lógica do mercado.

Convencido no seu foro íntimo de que a humanidade ativa – e, na ponta de lança, os empresários que direcionam a vida moderna e assim sintetizam os seres ativos na entidade simbólica de uma nova era – teria a vocação de substituir as antigas potências em algum momento, e isso lhe dava um certo orgulho tranquilo, que recebeu do desenvolvimento em curso seu certificado de legitimidade (MoE 388).

SAAR, FERDINAND VON (1833-1906) escritor com orientação naturalista e psicológica, autor de novelas ambientadas na sociedade austríaca.

SCHELLING, FRIEDRICH WILHELM JOSEPH VON (1775-1854) filósofo alemão, um dos representantes do idealismo alemão, amigo e colega de Hölderlin e Hegel. A visão negativa de Schelling deve-se, de um lado, a um certo obscurantismo místico da obra, de outro, à conversão do filósofo a um catolicismo ultraconservador.

SCHMITT, CARL (1888-1985) jurista, filósofo político e professor universitário alemão; desempenhou papel controverso como especialista em direito constitucional e internacional – comprometeu-se com a aproximação do regime nazista, que apoiou ativamente. Seu pensamento e livros sobre as relações do poder e da violência com o direito moldaram certas práticas jurídicas do nazismo.

SCHÖNERER, GEORG RITTER VON (1842-1921) filho de um dos grandes industriais das ferrovias, Georg von Schönerer se opôs aos princípios liberais e tolerantes da geração do pai. Desenvolveu um ativismo extremista, antissemita e ultraconservador nos finais do século XIX e princípios do século XX. Suas ideias influenciaram Karl Lueger e Adolf Hitler.

358 ENSAIOS DE ROBERT MUSIL, 1901-1919

SCHRÖDINGER, ERWIN (1887-1961) físico teórico austríaco com importantes contribuições na mecânica quântica, recebeu o Nobel de Física em 1933, em homenagem à sua equação Schrödinger. Propôs o experimento mental conhecido como o Gato de Schrödinger que transpõe a realidade da física quântica para o paradoxo cotidiano de um mesmo ser, o gato, estar simultaneamente vivo e morto. Na tradição de Goethe e Humboldt, Schrödinger elabora os aspectos filosóficos da ciência, conectando os conceitos da física com a ética e as ideias morais das religiões orientais e antigas.

SCHUMPETER, JOSEPH ALOIS (1883-1950) além de cientista político, Schumpeter foi um dos mais importantes economistas da primeira metade do século XX. Como Musil, era aberto à modernidade, considerava as inovações tecnológicas como o motor do desenvolvimento capitalista. Sua teoria democrática redefiniu o sentido de democracia (baseado numa definição do procedimento que permite gerar uma legítima minoria governante).

SOMBART, WERNER (1863-1941) sociólogo e economista de destaque da Escola historicista alemã, influenciado por Nietzsche; um dos mais importantes autores europeus do primeiro quarto do século XX no campo das Ciências Sociais. Exerceu considerável influência sobre as ideias de Weber, de quem era amigo.

SPANN, OTHMAR (1878-1950) filósofo, sociólogo e economista austríaco. Representante do antiliberalismo e do conservadorismo mais radical, que busca renovar as ideias românticas do início do século XIX (Novalis, Adam Müller) e um dos protagonistas da polarização política acirrada na Áustria do entreguerras.

SPENGLER, OSWALD (1880-1936) historiador e filósofo alemão. Sua obra *O Declínio do Ocidente* (1918) foi uma referência nos debates historiográficos, filosóficos e políticos, e teve grande impacto sobre os intelectuais conservadores europeus, ao longo do século XX.

STEINER, RUDOLPH (1861-1925) filósofo, artista e educador esotérico. Foi fundador da antroposofia, da pedagogia Waldorf, da agricultura biodinâmica, da medicina antroposófica e da euritimia, em colaboração com sua esposa, Marie Steiner von Sivers.

STUMPF, CARL (1848-1936) filósofo e psicólogo alemão. Professor em Würzburg, Munique, Göttingen e Berlim, onde Musil se matriculou no seu curso.

STÜRGKH, KARL VON (1859-1916) político austríaco e ministro-presidente da Cisleithania durante a crise de 1914.

SUTTNER, MARTHA (1843-1914) famosa pacifista austríaca que ganhou o prêmio Nobel em 1905 pelo seu apelo "Legt die Waffen Nieder!"

SOBRE OS NOMES CITADOS   359

(Abaixo as Armas!). Suttner idealizou a paz como um estado natural originário que teria sido perturbado pela longa história do militarismo.

SWIETEN, GERARD VAN (1700-1772) médico holandês na corte da imperatriz Maria Teresa. Ele reformou, a partir de 1745, todo o sistema de saúde pública e a formação médica universitária na Áustria.

TIMERDING, HEINRICH CARL FRANZ EMIL (1873-1945) matemático e professor da Universidade de Braunschweig, orientando de Schlick; destaca-se com trabalhos sobre a então nova teoria da probabilidade. Publica *Die Analyse des Zufalls* (1915), um livro que Musil leu na época (Tb 1, 459-469)[2].

TÖNNIES, FERDINAND (1855-1936) sociólogo alemão e editor dos escritos de Thomas Hobbes. Cunhou a distinção hoje clássica entre dois tipos básicos de organização social, a comunidade (*Gemeinschaft*, grupos relativamente pequenos e pré-industriais de coesão nascida do parentesco, das práticas herdadas dos antepassados e dos fortes sentimentos religiosos que unem o grupo) e a sociedade (*Gesellschaft*, organização urbana complexa, divisão do trabalho, estrutura estatal). Pensadores posteriores (como Martin Buber [1878-1965]) consideram a evolução da comunidade para a sociedade como irreversível, ao passo que Tönnies alvejava ainda a sua reversão.

VAIHINGER, HANS (1852-1933) filósofo alemão neokantiano conhecido pela obra *Die Philosophie des Als Ob* (A Filosofia do "Como Se"), de 1911.

VOGELSANG, KARL FREIHERR VON (1818-1890) foi um jornalista, político e reformador ultraconservador, engajado no movimento partido cristão-social no Império Austro-Húngaro.

WEBER, MAX (1864-1920) jurista e economista alemão, lecionou em Munique, Freiburg, Berlim e Viena. Casado com Marianne Weber, uma das suas alunas pioneiras e feminista ativa. Weber é hoje considerado como um dos fundadores da Sociologia. Seu irmão foi o sociólogo e economista Alfred Weber.

    Embora considerado um dos fundadores do estudo moderno da sociologia, sua influência também pode ser sentida na economia, na filosofia, no direito, na ciência política e na administração. Começou sua carreira acadêmica na Universidade Humboldt de Berlim e,

---

2. Ver sobre esse assunto apud Wolf Moser: Diskursexperimente im Romantext, em U. Baur; E. Castex (eds.), *Robert Musil: Untersuchungen*, p. 185; C. Hoffmann, *Der Dichter am Apparat*, p. 217–222; H.-G. Pott, Geist und Macht im essayistische Werk Robert Musils, em M. Zybura; K. Wóycicki, (eds.), *Geist und macht: Schriftsteller und Staat im Mitteleuropa des "kurzen Jahrhunderts" 1914-1991*, p. 222f.; J. Bouveresse, Nichts geschieht mit Grund, em B. Böschenstein; M.-L. Roth, (eds.). *Hommage à Musil*, p. 124-143; F. Vatan, *Musil et la question anthropologique*, p. 101-133.

360 ENSAIOS DE ROBERT MUSIL, 1901-1919

posteriormente, trabalhou na Universidade de Freiburg, na Universidade de Heidelberg, na Universidade de Viena e na Universidade de Munique. Personagem influente na política alemã da época, foi consultor dos negociadores alemães no Tratado de Versalhes (1919) e da comissão encarregada de redigir a Constituição de Weimar.

WERFEL, FRANZ (1890-1945) romancista austríaco, dramaturgo e poeta influente na primeira metade do século XX. Seu romance mais conhecido *Os Quarenta Dias de Musa Dagh* (1933) é ambientado na região onde ocorreu o genocídio armênio de 1915, e *O Canto de Bernadette* (1941) se inspira na vida da santa católica francesa Bernadette Soubirous. Este último romance rendeu-lhe um filme de Hollywood.

WERTHEIMER, MAX (1880-1943) psicólogo austro-húngaro e cofundador da psicologia da Gestalt, com Kurt Koffka e Wolfgang Köhler. Ganhou fama com o livro *Productive Thinking* e pela concepção do fenômeno phi (a ilusão de movimento causada por posições alternantes de iluminação) – duas importantes contribuições para a psicologia da Gestalt.

WITTGENSTEIN, LUDWIG (1889-1951) filósofo austríaco e autor do *Tractatus Logico-Philosophicus*, com importantes trabalhos na filosofia da matemática, na filosofia da mente e na filosofia da linguagem.

WOLF, KARL HERMANN (1862-1941) editor e escritor, membro do parlamento tcheco, do Conselho Imperial (1897) e da Assembleia Nacional Provisória.

WYNEKEN, GUSTAV (1875-1964) reformador educacional alemão, livre pensador e líder carismático admirado pelo jovem Walter Benjamin, que estudou no seu internato em Haubinda e absorveu muitas das suas ideias.

ZWEIG, STEFAN (1881-1942) romancista, poeta, jornalista e biógrafo austríaco de origem judaica. Foi para o exílio em Nova York e no Brasil durante a Segunda Guerra Mundial e cometeu suicídio em Petrópolis.

BIBLIOGRAFIA E SIGLAS

TB I, II   Musil, *Tagebücher* (*vols. I e II*), 1976

KP   Musil, *Kleine Prosa*, 1978

MOE   Musil, *Der Mann ohne Eigenschaften*, 1976

HSQ   Musil, *O Homem Sem Qualidades*

MUSIL, Robert. *Sämtliche Erzählungen*. Reinbeck bei Hamburg: Rowohlt, 1968.

____. *Tagebücher*. 2 v. Ed. Adolf Frise. Reinbek bei Hamburg: Rowohlt, 1976 (sigla TB I e TB II).

____. *Der Mann ohne Eigenschaften*. Reinbeck bei Hamburg: Rowohlt, 1976 (sigla MoE).

____. *Gesammelte Werke in neun Bänden*. Ed. Adolf Frise. Reinbek bei Hamburg: Rowohlt, 1978.

____. *Kleine Prosa und Schriften*. Ed. Adolf Frise. Reinbeck bei Hamburg: Rowohlt, 1978 (sigla KP).

____. *Essais, conférences, critique, aphorismes, reflexions*. Trad. Philippe Jacottet. Paris: Seuil, 1978.

____. *Briefe 1901-1942*. 2 v. Ed. Adolf Frisé. Reinbeck bei Hamburg: Rowohlt, 1981.

____. *Pour une evaluation des doctrines de Mach*. Paris: PUF, 1985.

____. *O Jovem Törless*. Trad. Lya Luft, Rio de Janeiro: Rio Gráfica, 1986.

____. *Precision and Soul: Essays and Addresses*. Eds. e trad. Burton Pike e David S. Luft. Chicago/London: University of Chicago Press, 1990.

____. *Der literarische Nachlaß*. CD-ROM-Edition. Hg. v. Friedbert Aspetsberger, Karl Eibl u. Adolf Frisé. Reinbek bei Hamburg: Rowohlt, 1992.

____. *"O Melro" e Outros Escritos*. Trad. Simone Neto. São Paulo: Nova Alexandria, 1997.

_____. *Klagenfurter Ausgabe* (KA). *Kommentierte digitale Edition sämtlicher Werke, Briefe und nachgelassener Schriften. Mit Transkriptionen und Faksimiles aller Handschriften*. Hg. v. Walter Fanta, Klaus Amann u. Karl Corino. Klagenfurt: Robert Musil-Institut der Universität Klagenfurt. DVD-Version, 2009.

_____. *Sobre a Estupidez*. Trad. Simone Pereira Gonçalves. Belo Horizonte: Âyiné, 2016. (Ed. port.: Trad. Manuel Alberto. [S.l.]: Relógio D'Água, 2012.)

_____. Ruminações de um Lerdo. In: DAVIDSON, Arnold I.; LÉVINAS, Emmanuel; MUSIL, Robert. *Reflexões Sobre o Nacional-Socialismo*. Trad. Flávio Quintale. Belo Horizonte: Âyiné, 2016.

_____. *O Papel Mata-Moscas e Outros Textos*. Trad. Marcelo Backes. São Paulo: Carambaia 2018.

BAUER, Otto. *Die österreichische Revolution*. Wien: Wiener Volksbuchhandlung, 1923.

BENJAMIN, Walter. *A Obra de Arte na Era de Sua Reprodutibilidade Técnica*. Porto Alegre: L&PM, 2013.

_____. Zur Kritik der Gewalt. *Gesammelte Schriften*. 12 v. Frankfurt: Suhrkamp, 1980, v. II.

_____. Der Ursprung des Deutschen Trauerspiels. *Gesammelte Schriften*. 12 v. Frankfurt: Suhrkamp, 1980, v. I.

BONACCHI, Silvia. *Die Gestalt der Dichtung: Der Einfluss der Gestalttheorie auf das Werk Robert Musils*. Bern: Peter Lang, 1998.

BREYSIG, Kurt. *Walther Rathenau, Oswald Spengler*. Frankfurt: Peter Lang, 2005.

BOUVERESSE, Jacques. Nichts geschieht mit Grund: das "Prinzip des unzureichenden Grundes". In: BÖSCHENSTEIN, Bernhard Böschenstein; ROTH, Marie-Louise (Eds.). *Hommage à Musil: Genfer Kolloquium zum 50. Todestag von Robert Musil*. Bern: Peter Lang, 1995. (Musiliana, Bd. 1.)

BROCH, Hermann. Die fröhliche Apokalypse Wiens um 1880. In: WUNBERG, Gotthart; BRAAKENBURG, J.J. (Eds.). *Die Wiener Moderne: Literatur, Kunst und Musik zwischen 1890 und 1910*. Ditzingen: Reclam, 2018.

CANETTI, Elias. *O Jogo dos Olhos*. São Paulo: Companhia das Letras, 2010.

CASTRO, Érica Gonçalves de. Uma História das Ideias em Vez de uma História do Mundo: A Dimensão da Formação em "O Homem Sem Qualidade". *Literatura e Sociedade*, São Paulo, v. 23, n. 27, 2018.

_____. O Romance Possível: Ensaísmo e Narração em "O Homem Sem Qualidades, de Robert Musil. *Estudos Avançados*, v. 31, n. 89, 2017.

_____. A Arte de Recitar o Homem: Aspectos da Relação Entre Ensaio e Experiência em Montaigne e Musil. *Remate de Males, Sobre o Ensaio*, Campinas, v. 31, n. 1-2, 2011.

CASTRO, Érica Gonçalves de; SILVA, Guilherme Ignácio da. Uma Ausência Sintomática: À Procura de Viena no Romance de Robert Musil. In: NEGREIROS, Carmen; OLIVEIRA, Fátima; GENS, Rosa (Orgs.). *Belle Époque: A Cidade e as Experiências da Modernidade*. Belo Horizonte: Relicário, 2019.

COETZEE, J.M. On the Edge of Revelation. *New York Review of Books*, 18 dec. 1986. Disponível em: <https://www.nybooks.com/>.

_____. *Doubling the Point: Essays and Interviews*. Ed. David Attwell. Cambridge: Harvard University Press, 1992.

CORINO, Karl. *Robert Musil: Eine Biographie*. Reinbek bei Hamburg: Rowohlt, 2003.

DAMÁSIO, António R. *O Erro de Descartes: Emoção, Razão e o Cérebro Humano*. São Paulo: Companhia das Letras, São Paulo, 1994.

ELIOT, T.S.; BAUDELAIRE, CHARLES. *Poesia em Tempo de Prosa*. Trad. Lawrence Flores Pereira. Org. Kathrin H. Rosenfield. São Paulo: Iluminuras, 1996.

BIBLIOGRAFIA E SIGLAS 363

FECHTER, Paul. *Geschichte der deutschen Literatur: Von den Anfängen bis zur Gegenwart*. Berlin: Th. Knaur Nachf, 1941.

FELS, Friedrich Michael. Nietzsche und die Nietzscheaner. In: WUNBERG, Gotthart; BRAAKENBURG, J.J. (Eds.). *Die Wiener Moderne: Literatur, Kunst und Musik zwischen 1890 und 1910*. Ditzingen: Reclam, 2018.

FONTANA, O.M. Erinnerung an Robert Musil. In: DINKLAGE, K. (Ed.). *Robert Musil: Leben, Werk, Wirkung*. Reinbeck bei Hamburg: Rowohlt, 1960.

FREUD, Sigmund. Über die allgemeinste Erniedrigung des Liebeslebens. V. 8. *Gesammelte Werke*, 18 v. Frankfurt: Fischer, 1984.

GAY, Peter. *Le Suicide d'une République: Weimar 1918-1933*. Paris: Calmann-Lévy, 1993.

_____. *Die Republik der Außenseiter*. Frankfurt: Fischer Taschenbuch, 1987.

GSCHWANDTNER, Harald. *Ekstatisches Erleben: Neomystische Konstellationen bei Robert Musil*. München: Wilhelm Fink, 2013.

HAMANN, Brigitte. *Hitlers Wien: Lehrjahre eines Diktators*. München/Berlin/Zurich: Piper, 2016.

HARRINGTON, Anne. *Reenchanted Science: Holism in German Culture from Wilhelm II to Hitler*. Princeton: Princeton University Press, 1996.

HAUTMANN, Hans. Jänner 1918: Österreichs Arbeiterschaft in Aufruhr. Disponível em: <http://www.klahrgesellschaft.at/>.

HITLER, Adolf. *Mein Kampf: Eine kritische Edition*. Eds. Christian Hartmann; Thomas Vordermayer; Othmar Plöckinger; Roman Töppel. Berlin/München: Institut für Zeitgeschichte München, 2016.

HOFFMANN, Christoph. *Der Dichter am Apparat: Medientechnik, Experimentalpsychologie und Texte Robert Musils 1899-1942*. München: W. Fink, 1997.

HOFMANNSTHAL, Hugo von. *Der Dichter und diese Zeit*. In: *Gesammelte Werke in zehn Einzelbänden, v. 8. Reden und Aufsätze I*. Frankfurt: Fischer, 1979.

_____. Uma Carta [de Lord Chandos a Francis Bacon]. Trad. Carlinda Fragale Nuñez. *A Tradução em Perspectiva*. Rio de Janeiro: Caetés, 2009.

_____. "Maurice Barrès". In: WUNBERG, Gotthart; BRAAKENBURG, J.J. (Eds.). *Die Wiener Moderne: Literatur, Kunst und Musik zwischen 1890 und 1910*. Ditzingen: Reclam, 2018.

IBSEN, Henrik. *O Pato Selvagem*. Trad. de Vidal e Oliveira. Rio de Janeiro: Globo, 1984.

KAFKA, Franz. In der Strafkolonie. *Sämtliche Erzählungen*. Frankfurt: Fischer, 1976.

KAISER, Ernst; WILKINS, Eithne. *Robert Musil: Eine Einführung in das Werk*. Stuttgart: W. Kohlhammer, 1962.

KESSLER, Harry Graf. *Walther Rathenau: Sein Leben und Werk*. Wiesbaden: Rheinische Verlagsanstalt, 1900. Edição estadunidense.: *His Life and Work*. New York: Kessinger, 2008.

_____. *Journey to the Abyss: The Diaries of Count Harry Kessler 1880-1918*. V. 1. New York: Grove Press, 1961.

_____. *Berlin in Lights: The Diaries of Count Harry Kessler 1918-1937*. V. 2. New York: Grove Press, 1961.

KLEMPERER, Viktor. *Tagebücher 1918-1932*. 2 v. Berlin: Aufbau Taschenbuch, 2000.

KOSELLECK, Reinhart. *Kritik und Krise*. Frankfurt: Suhrkamp, 1973.

_____. *Geschichtliche Grundbegriffe*. Eds. Otto Brunner; Werner Conze; Reinhart Koselleck. Stuttgart: Klett-Cotta, 1972-1997.

KRAUSS, Karl. *Die Fackel*. Wien: Verlag die Fackel, 1889-1936. Disponível em: <https://fackel.oeaw.ac.at/>.

364 ENSAIOS DE ROBERT MUSIL, 1901-1919

KRIEGER, Leonard. *The German Idea of Freedom: History of a Political Tradition*. Chicago: University of Chicago Press, 1972.

LACAN, Jacques. L´Agressivité en psychanalyse. *Écrits*. Paris: Seuil, 1966.

LAGARDE, Paul de. *Gesammelte Abhandlungen*. Leipzig: Brockhaus, 1866.

LANGBEHN, Julius. *Rembrandt als Erzieher*. Ed. Gerhard Krüger. Berlin: Fritsch, 1944.

_____. *Der Rembrandtdeutsche: Von einem Wahrheitsfreund*. Dresden: Glöss, 1892.

_____. *Deutsches Denken – Gedrucktes und Ungedrucktes vom Rembrandtdeutschen: Ein Seherbuch*. Leipzig: Hirschfeld, 1933.

_____. *Dürer als Führer*. München: Müller, 1928.

LUFT, David S. *Robert Musil and the Crisis of European Culture 1880-1942*. Berkeley/London: University of Chicago Press, 1979.

LUKÁCS, Georgy. *"Auf der Suche nach dem Bürger"*. London: Freier Deutscher Kulturbund in Großbritannien, 1945.

_____. *Die Zerstörung der Vernunft: Wider die Nietzsche Verherrlichung*. Werke. Band 9, Neuwied am Rhein: Berlin Spandau, 1962.

MACINTYRE, Alasdair C. *After Virtue*. Notre Dame: University of Notre Dame Press, 1981.

MACMILLAN, Margaret. *Peacemakers: The Paris Peace Conference of 1919 and Its Attempt to End War*. New York: Random, 2002.

MAGRIS, Claudio. *Der habsburgische Mythos in der modernen österreichischen Literatur*. Wien: Zsolnay, 2000.

MANCHESTER, William. *The Arms of Krupp: The Rise and Fall of the Industrial Dynasty that Armed Germany at War*. Toronto: Bantam Books, 1968

MANN, Thomas. *Betrachtungen eines Unpolitischen*. Berlin: Insel, 1922.

MAZZARI, Marcus Vinicius. *Labirintos da Aprendizagem: Pacto Fáustico, Romance de Formação e Outros Temas de Literatura Comparada*. São Paulo: Editora 34, 2010.

MANNHEIM, Karl. Heidelberger Briefe (1921-1922). In: KARÁDI, Éva; VEZÉR, Erzsébet (Eds.). *Georg Lukács, Karl Mannheim und der Sonntagskreis*. Frankfurt: Sendler, 1985.

MICHAUD, Eric. *The Cult of Art in Nazi Germany*. Stanford: Stanford University Press, 2004.

MÖLLER VAN DEN BRUCK, Arthur. *Die Deutschen: Unsere Menschengeschichte*. 8 v. Minden: Bruns, 1910.

_____. *Das Recht der Jungen Völker*. München: Piper, 1919.

_____. *Das dritte Reich*. Berlin: Ring,1923.

_____. *Das dritte Reich*. Disponível em: <https://archive.org/>.

_____. *Der Preussische Stil*. München: Korn,1953.

MÖLLER VAN DEN BRUCK, Arthur; SCHWARZ, Hans. *Das Recht der Jungen Völker*. Berlin: Der Nahe Osten, 1932.

_____. *Sozialismus und Aussenpolitik*. Breslau: W.G. Korn, 1933.

MORGENSTERN, Christian. *Ausgewählte Werke*. Berlin: B. Cassirer, 1905.

MOSER, Walter. Diskursexperimente im Romantext: Zu Musils Der Mann ohne Eigenschaften. In: BAUR, Uwe; CASTEX, Elisabeth (Eds.). *Robert Musil: Untersuchungen*. Königstein imTaunus: Athenäum, 1980.

NEGREIROS, Carmen; OLIVEIRA, Fátima; GENS, Rosa (Orgs.). *Belle Époque: A Cidade e as Experiências da Modernidade*. Belo Horizonte: Relicário, 2019.

NEUMANN, Franz. *Behemot: The Structure and Practice of National Socialism 1933-1944*. London: Oxford University Press, 2009.

BIBLIOGRAFIA E SIGLAS   365

NIETZSCHE, Friedrich. *Genealogia da Moral: Uma Polêmica*. São Paulo: Companhia das Letras, 2009.

PERLOFF, Marjorie. *Edge of Irony: Modernism in the Shadow of the Habsburg Empire*. Chicago: University of Chicago Press, 2016.

PIEFEL, Matthias. *Antisemitismus und völkische Bewegung im Königreich Sachsen 1879-1914*. Göttingen: V & R Unipress, 2004.

PIKE, Burton; LUFT, David. Prefácio a Robert Musil, *Precision and Soul: Essays and Addresses*. Ed. e trad. Burton Pike; David S. Luft. Chicago: University of Chicago Press, 1990.

POTT, Hans-Georg. Geist und Macht im essayistischen Werk Robert Musils. In: ZYBURA, Marek; WÓYCICKI, Kazimierz (Eds.). *Geist und macht: Schriftsteller und Staat im Mitteleuropa des "kurzen Jahrhunderts" 1914-1991*. Dresden: Thelem, 2002. (Arbeiten zur Neueren deutschen Literatur, Bd. 9.)

PUFENDORF, Samuel. De statu imperii. In: ARETIN, Karl Otmar von. *Das Alte Reich 1648–1806. Band 1: Föderalistische oder hierarchische Ordnung (1648-1684)*. Stuttgart: Klett-Cotta, 1993.

PUSCHNER, Uwe. Die völkische Bewegung in Deutschland. In: HEER, Hannes (Hrsg.). *"Weltanschauung en marche": Die Bayreuther Festspiele und die Juden 1876 bis 1945*. Würzburg: Königshausen & Neumann, 2013.

RIEDEL, Wolfgang. *Nach der Achsendrehung*. Würzburg: Königshausen & Neumann, 2014.

RITTER, Joachim. *Historisches Wörterbuch der Philosophie*. Basileia: Schwabe, 1971-2007.

ROSENFIELD, Kathrin H. *Estética*. Rio de Janeiro: Zahar, 2006.

_____. Walter Benjamin e Robert Musil: Uma Amizade Impedida. *Congresso Walter Benjamin*. PUC-CDEA 2018. (Atas no prelo.)

SALTEN, Felix. *Das österreichische Antlitz: Essays*. Berlin: S. Fischer, 1910.

SAVRAMIS, Demosthenes. Soziale Utopien. *Soziale Welt*, ano 8, H. 4, 1957. Disponível em: <https://www.jstor.org/stable/40876342>.

SCHAROLD, Irmgard. *Epiphanie, Tierbild, Metamorphose, Passion und Eucharistie: Zur Kodierung des 'Anderen' in den Werken von R. Musil, C. Lispector und J.M.G. Le Clézio*. Heidelberg: Winter, 2000.

SCHAUNIG, Regina. Von einer unnennbaren Demut geballt und eingeschmolzen: Musil als Feldliterat. *Oberleutnant Robert Musil als Redakteur der Tiroler Soldaten-Zeitung, Musil Studien*, v. 46. Paderborn: Fink, 2019.

SCHMITT, Carl. *Politische Theologie: Vier Kapitll zur Lehre von der Souveränität*. Berlin: Duncker & Humboldt, 2009.

SCHORSKE, Carl S. *Politics in a New Key. Fin-de-Siècle Vienna: Politics and Culture*. New York: Vintage Books 1981.

SCHULZE, Hagen. *Weimar: Deutschland 1917-1933*. Siedler: Berlin 1994.

SICA, Alan et al. (Eds.). *The Unknown Max Weber*. London: Transaction, 2003.

SPENGLER, Oswald. *Der Untergang des Abendlandes: Umrisse einer Morphologie der Weltgeschichte*. München: Deutscher Taschenbuch, 1993.

_____. *Preussentum und Sozialismus*. München: C.H. Beck, 1920.

SPIEL, Hilde. *Vienna's Golden Autumn: From the Watershed year 1866 to Hitler's Anschluss 1938*. New York: Weidenfels and Nicholson, 1987.

SPÖRL, Uwe. *Gottlose Mystik in der deutschen Literatur um die Jahrhundertwende*. Paderborn: Ferdinand Schöningh, 1997.

STERN, Fritz. *The Failure of Illiberalism*. New York: Knof, 1972.

366 ENSAIOS DE ROBERT MUSIL, 1901-1919

_____. *The Politics of Cultural Despair: A Study in the Rise for the Germanic Ideology.* Berkeley: University of California Press, 1974.

_____. *Five Germanys I Have Known.* New York: Farrar, Straus and Giroux, 2006.

THOMAS und Heinrich Mann. *Die Zeit,* 13.02.2014. Disponível em: <http://www.zeit.de/>.

VATAN, Florence. *Robert Musil et la question anthropologique.* Paris: PUF, 2000.

WATSON, Alexander. *Ring of Steel: Germany and Austria-Hungary in World War I.* New York: Basic Books, 2014.

WEBER, Max. *Die protestantische Ethik und der Geist des Kapitalismus.* Stuttgart: Reclam, 2017.

_____. Capitalism and Rural Society in Germany. *Essays in Sociology.* Eds. H.H.Gerth; C. Wright Mills. New York: Oxford University Press, 1946.

_____. *Gesammelte politische Schriften.* München: Drei Masken, 1921.

WILKINS, Eithe. Musil's Affair of the Major's Wife' With an Unpublished Text. *The Modern Language Review,* v. 63, n. 1, jan. 1968.

WINKLER, Heinrich August. *The Age of Catastrophe.* New Haven: Yale University Press, 2015.

WOLF, Norbert Christian. *Revolution in Wien: Die literarische Intelligenz im politischen Umbruch 1918/19.* Böhlau: Wien-Köln, 2019.

_____. *Kakanien als Gesellschaftskonstruktion: Robert Musils Sozioanalyse des 20. Jahrhunderts.* Wien: Böhlau, 2012.

WUNBERG, Gotthart; BRAAKENBURG, J.J. (Eds.). *Die Wiener Moderne. Literatur, Kunst und Musik zwischen 1890 und 1910.* Ditzingen: Reclam, 2018.

ZEYRINGER, Klaus; GOLLNER, Helmuth. *Áustria: Uma História Literária.* Trad. Ruth Bohunovsky. Curitiba: Editora UFPR, 2019.

ZWEIG, Stefan. *Die Welt von Gestern.* Frankfurt: S. Fischer, 1986.

AGRADECIMENTOS

Agradeço em primeiro lugar a Théo Amon pela revisão do manuscrito. Com a perícia do *native speaker* e do tradutor experiente ele realizou preciosas correções da minha tradução – uma ajuda generosa pela qual sou muito grata.

Agradecimentos particulares vão para Norbert Christian Wolf, que me ajudou a esclarecer uma série de questões sobre Musil e sua obra. Ele, Wolfgang Riedel e Harald Gschwandtner me auxiliaram com o envio de obras de apoio que eu desconhecia até então.

Minha gratidão para Lawrence Flores Pereira pela ajuda estilística com os esboços ficcionais.

Merci a Pierre Leterrier, que me ajudou a melhor compreender as metáforas matemáticas musilianas.

E, *last but not least*, queria expressar mais uma vez minha gratidão ao CNPq, à CAPES e ao CDEA – Centro de Estudos Europeus e Alemães pelo generoso apoio que permitiu levar à cabo a pesquisa e a publicação deste volume.

Este livro foi impresso em São Bernardo do Campo,
nas oficinas da Paym Gráfica e Editora, para a Editora Perspectiva